王宇信 著

西周甲骨探论

（增订本）

中国社会科学出版社

图书在版编目（CIP）数据

西周甲骨探论 / 王宇信著 . —增订本 . —北京：中国社会科学出版社，2023. 3

ISBN 978 – 7 – 5227 – 1513 – 1

Ⅰ. ①西…　Ⅱ. ①王…　Ⅲ. ①甲骨文—研究—西周时代　Ⅳ. ①K877. 14

中国国家版本馆 CIP 数据核字（2023）第 039160 号

出 版 人　赵剑英
责任编辑　安　芳
责任校对　张爱华
责任印制　李寡寡

出　　版　中国社会科学出版社
社　　址　北京鼓楼西大街甲 158 号
邮　　编　100720
网　　址　http://www. csspw. cn
发 行 部　010 – 84083685
门 市 部　010 – 84029450
经　　销　新华书店及其他书店

印刷装订　北京君升印刷有限公司
版　　次　2023 年 3 月第 1 版
印　　次　2023 年 3 月第 1 次印刷

开　　本　710 × 1000　1/16
印　　张　23. 75
插　　页　2
字　　数　348 千字
定　　价　118. 00 元

目　　录

上　　编

下　　编

写于增订本书前的话

王宇信

拙著《西周甲骨探论》（中国社会科学出版社 1984 年版，以下简称《探论》），忝为海内外出版的第一部有关西周甲骨研究的专著。本书是西周甲骨文 1956 年被认识后，随历年各地发现的西周甲骨材料的增多，尤其是陕西周原凤雏成批发现后，引起了学术界的巨大震动。特别是凤雏甲骨自 1978 年开始公布，并先后几批陆续发表，直至 1983 年全部西周甲骨面世，共历时六年多。在此期间，学者们追踪陆续公布的西周甲骨文，认识和研究也逐步深入和全面。学者们根据陆续完备的资料，对西周甲骨的族属、特征、分期、所载史迹等进行了创造性探索，认识也由不全面到逐步全面，取得了丰硕的成果。本书就是对西周甲骨材料由部分公布到全面公布过程中，这一研究阶段的全面总结（1956—1984 年），并“为今后的深入研究提供了基础，指出了方向”（李学勤《序》）。

此书出版以后，研究又有了新的深入。总结性的著作《周原甲骨文综述》（三秦出版社 1987 年版）、《周原与周文化》（上海人民出版社 1988 年版）、《周原甲骨文》（台北学生书局 1997 年版）等和大量研究论文面世。1984 年本书初版至 2002 年这一阶段的研究，总结性著作《周原甲骨文》（“夏商周断代工程丛书”，世界图书出版公司 2002 年版），把这一阶段的研究，归纳为三个热点，即王与周方伯、“宗”的位置、“晋周方伯”之“晋”的诠释等。

此外，该总结性著作还指出了《探论》以后的研究第二阶段（1984—2002 年），由于诸家对以上研究热点的理解、诠释不同，因而对周原甲骨的族属也存有不同认识。即出自商人之手；出自周人之手；“庙祭”卜辞出自商人之手，记事刻辞出自周人之手，等等。

周原甲骨研究第二阶段总结性著作，所指出的上述种种问题，我在研究第一阶段的总结性著作《探论》中都有所涉及。但在第二阶段全部材料公布后，我对上述“热点”问题，又有新作发表，并对其问题都有所涉及，研究也有新的前进和突破，在学界产生了一定影响。此外，其间又有邢台有字西周甲骨发表，我将之与周原甲骨进行了比较研究，也取得了一些成果。

《探论》已出版近四十年。在此期间，此书在台湾地区曾出现盗印本。在国内外一些刊物上，也曾出现过几篇书评。此外，《探论》出版后，我的研究又有新的前进，有多篇论文发表，并引起了同行的关注。为推动西周甲骨学研究的全面深入发展，我拟把1984年后发表的多篇论文收入《探论》增订本，以期海内外学界全面认识西周甲骨研究大家庭中的一员——王宇信的一些浅见并展开讨论。

近年来，西周甲骨又不断有新的发现，已发消息的有山东高青“筮数”一组，宁夏姚河塬之西周有字甲骨，特别是周原周公庙有字甲骨又有成批发现，自2009年发布消息后，至今仍在“整理”中。相信不久会公布面世，或将掀起又一个西周甲骨研究新高潮。而《探论》增订本的面世，将为这批甲骨研究新高潮的到来“预热”，并能满足广大西周甲骨研究学者的迫切需要和受到欢迎！

我希望这部《西周甲骨探论》增订本的出版，能在平静了二十多年的西周甲骨研究学问渊薮中，击起一朵朵浪花！

2021年4月29日

初版序（1983）

李学勤

西周甲骨是近年最重要的考古发现之一。从1899年殷墟发现商代甲骨以来，甲骨学作为古文字学的分支学科，已有八十多年的发展史。而我国在20世纪50年代西周甲骨的发现和鉴定，为甲骨学开拓了一个全新的领域，也为古代历史文化的研究提供了新线索。

西周甲骨发现以后曾在学术界引起一定的震动，但联系文献考察，本来是在意料之中。甲骨是古人占卜的遗物，占卜这种数术在我国源远流长，比较系统的论述可追溯到周代。《尚书》的《周书》部分好几篇都提到占卜，其中《尚书》所论尤详。《诗》也有几篇咏及周初的占卜，曾有学者根据《大雅》的《绵》《文王有声》等篇，作出陕西曾发现甲骨的推测，这一推断现在可说是已经被证实了。至于《周礼》有大卜之职，下属有卜师、龟人、菙氏、占人等，职文对占卜等详尽的叙述，足与其他典籍对照印证。在殷墟甲骨发现后，大家把注意力集中到商代，以致一提到甲骨就想到商代的占卜，反而把周代的占卜淡忘了，西周甲骨的发现正好纠正了这种偏见。

50年代起，西周甲骨已先后出土几批，但主要的还是近年陕西岐山、扶风两县间周原遗址的出土品。这些甲骨上面的文字，有的非常纤小，有的虽然稍大而笔划浅细，多不易施拓。试用种种办法拍照，效果也不够理想。目前的研究，很大程度要依靠精心绘制的摹本，虽有这些障碍，有关的研究论著仍发表不少，可见学术界对这项重要发现是相当关心的。不过，材料和论文的发表都很零散，检索不便。为了进一步开展西周甲骨的研究，迫切需要一本综述现有成果的著作。王宇信同志的这本《西周甲骨探论》满足了这一要求。

王宇信同志若干年来从事甲骨学研究，参加编纂《甲骨文合集》。他总结三十多年来甲骨学成绩的《建国以来甲骨文研究》（中国社会科学出版社1981年版）一书，已为大家所熟知。他最近完成的这部新著，一方面对各家研究西周甲骨的论作加以综合总结；另一方面又深入钻研，提出了自己的见解。特别是通过“王”字字形演变的分析，对西周甲骨试行分期，将殷墟甲骨用字形演变进行分期这一行之有效的方法移用于西周甲骨，尤其是有启发意义的工作。至于汇辑材料，附列详细的论著目录，为这方面的继续研究提供便利，犹其余事。

在为《建国以来甲骨文研究》作的序里，我曾谈过一些关于商代甲骨的拙见。在这里，我想援例，也谈几点对西周甲骨的想法，向王宇信同志和读者们请教。

前面说过，甲骨是古代占卜的遗物。过去由于种种历史条件的限制，甲骨学者研究殷墟的商代甲骨，主要是通过拓本释读其文字，很少结合出土甲骨的遗址和共出遗物，对甲骨实物作全面的考察研究。虽然有少数论著，引用古代占卜文献，对当时卜法作过探索，但所据甲骨实物有限，未能有多少收获。甲骨上面的文字，本来是占卜过程的记录，由于缺乏对卜法的了解，对甲骨文字的理解也不可避免有很大的局限性。我们现在研究西周甲骨，应该把它们作为一种文化遗物看待，除读释文字外，对其资料、修治、形制等各方面的特点，都要作仔细的考察。

如果从实物的考察出发，不难看出，殷墟甲骨可以分划成两大系统：一个系统，用我们的分组说法，是由宾组发展到出组、何组、黄组；另一个系统，是由𠂤组发展到历组、无名组。两个系统间有一定的互相关系，但又有清楚的区别，在出土地点、甲骨资料、修治方法、钻凿形式，卜辞格式以至文字的风格上，都有差异。我们曾指出过，与这两个系统相对比，西周甲骨都有较大差距，所以西周的卜法并不是由殷墟甲骨所代表的商代卜法直接发展来的。

在同一时期，存在有不同的卜法，是古代常见的现象。《周礼·大卜》云：“掌三兆之法，一曰玉兆，二曰瓦兆，三曰原兆，其经兆之体皆百有二十，其颂皆千有二百。”所谓“三兆之法”就是三种卜法，和《大卜》下文云：“三易之法”指三种筮法相仿。《洪范》云：“立时人作卜筮，三人占则从二人之言。”也是说卜筮要参用不同的卜法和筮法。《史记·太史公自序》说："三王不同龟，四夷各异卜"，《大卜》的玉兆、瓦兆、原兆，前人曾经为夏、殷、周三代的卜法（详见孙诒让《周礼正义》卷四十七）。由此看来，商、周的卜法属于不同系统，与文献记载是相符合的。

周原凤雏一万多片西周甲骨的年代，是很多学者共同关心的问题。在凤雏甲骨刚刚发现的时候，有些同志根据已整理出的卜辞，认为这些甲骨都属于周文王时。后来经过进一步整理研究，新的材料逐渐刊布，可以看出大部分卜辞没有那么早。我们认为，凤雏甲骨中确相当于文王时的，有 H11：1、82、84、112 四片卜甲。H11：1 和 H11：84 两片已作过释文，王宇信同志已将之收入本书"汇释"部分。H11：82 和 H11：112 两片，我也曾目验过，试隶定如下：

H11：82　……才（在）文武
……贞（?），王其邵（昭）帝
□天□𢦏，𠕋
周方白（伯），□□，囟
正？亡𠂇□□
……王受又（有）又（祐）?

H11：112　彝文武丁必（祕）
贞，王翌日乙酉
其皋，爯斤
□武丁豊（醴）
……氿（畿）卯
……𠂇？王
……

合观四片卜甲，占卜的地点有文武丁祕和文武帝乙宗，即文丁、帝乙的宗庙。所祀对象有成唐（汤）、太甲和武丁，均为商朝名王。所卜之事涉及"𠕋周方伯"，辞中所称的"王"自系商王纣，而"周方伯"最可能是指文王而言，这几片卜甲是确实的帝辛卜辞，但其凿是方形的（或传为圆凿，不确），属于周人卜法的类型，与殷墟常见的不同。

凤雏卜甲中年代最晚的，可能是下列几片：

H11：108	自不枇
H11：131	自不指
H11：135	自不枇
H11：172	自指
H11：188	自不指

这五片文例相同，不似卜辞，而与殷墟甲骨常见的署辞接近。如胡厚宣先生《武丁时五种记事刻辞考》所举：

自匿	《佚存》531、又善斋藏
自匿乞	《簠室》杂 131、132
自匿五十	《续编》5·25·11
自匿六	《燕》386
乞自匿	《库方》1617
散乞自匿	善斋藏

“自不指”与这类有“自”字署辞的最简形式“自匿”是同例的。“不指”当为人名。周原遗址范围内的扶风县齐镇，在墓葬中曾出有不指方鼎，铭为：

> 惟八月既望戊辰，王
> 在上侯应，桒祼，不指锡
> 贝十朋，不指拜稽首，敢
> 扬王休，用作宝𪊨彝。

（《文物》1972 年第 7 期第 12 页图 8）

方鼎的时代约为周穆王初年。凤雏卜甲中的“不指”，估计就是鼎的器主，所以上述几片有“不指”名的卜甲，其年代不会早于昭王。由此，我们可以估定这一批甲骨年代的下限。

西周甲骨的研究，目前还仅仅处于开始的阶段。在周原以及其他地方，很有可能发现数量更多、内容更重要的西周有字甲骨。王宇信同志这本《西周甲骨探论》，既是迄今为止一个阶段的总结，又为今后的深入研究提供了基础，指出了方向。作为学术界第一部关于西周甲骨的这本著作，相信定会得到大家的欢迎。

1983 年 3 月

前言（1983）

史学大师王国维曾深刻地指出：“古来新学问之起，大都由于新发现。”并举例说：“有孔子壁中书出，而后有汉以来古文家之学。有赵宋古器出，而后有宋以来古器物、古文字之学。晋时汲冢竹简出土后，同时杜元凯之注《左传》，稍后郭璞之注《山海经》，已用其说。”[①] 不仅古代如此，而且近现代亦然。就在王国维生活的时代——清末民初，由于殷墟甲骨、流沙坠简、敦煌写经、内阁大库档案以及所谓“四裔”碑铭的不断发现，蔚然形成了几种举世瞩目的新学问；而在中华人民共和国成立以后，由于党和国家对文物考古工作的重视和科学事业的发展，又不断有新的重大发现。这不仅得以使以上各学科又得到了长足的进步，而且随着马王堆帛书、云梦秦简等重要文物的出土，又形成了“简帛学”等不少新的学科。

西周甲骨研究就是中华人民共和国成立以来逐步形成的新学科之一。解放以来，西周甲骨的发现和研究已经走过了它自身两个阶段的历程。即从中华人民共和国成立到 1956 年 10 月，即李学勤先生第一个明确指出山西洪赵坊堆村所出有字甲骨“应当是西周的”[②] 东西以前，为第一阶段。这一阶段主要是完成了对西周甲骨从不认识到认识的飞跃；而从 1956 年底至 1982 年 5 月，是西周甲骨研究的第二阶段，主要是以西周甲骨材料的不断积累和公布为特征的。这一阶段时间较前一阶段时间为长，如果再细分的话，还可将这后一阶段分为前后两个时期。前期当自 1956 年底至 1981 年 9 月，公布了发现甲骨材料的部分并吸引了不少学者对此

---

① 王国维：《最近二三十年中中国新发现之学问》，《学衡》1925 年第 45 期。

② 李学勤：《谈安阳小屯以外出土的有字甲骨》，《文物参考资料》1956 年第 11 期。

进行整理、研究。后一时期是从 1981 年底至 1982 年 5 月，又分几批直到《陕西凤雏西周甲骨文概论》将窖穴 H11、H31 所出有字甲骨材料全部发表；而随着全部材料的公之于世，现已进入了西周甲骨研究的第三阶段——深入整理和研究阶段。

众所周知，在我国浩如烟海的古代史籍中，先秦典籍较少，而且其中不少又经过了后世的删削或窜改。就以较为重要的今文《尚书》为例，其中有一部分为商周时代形成而被保存下来的可信真文件（十五六篇）。有一部分基本上是当时的真文件，但在文字、思想内容方面与文件形成时期稍有差别（十余篇）。另一部分为战国时人利用一些古代材料伪造而成（三篇）。就是《尚书》中较为可信的十五六篇真文献，在流传过程中也每有错简和文字窜改的痕迹。[①] 而埋藏于地下三千多年后才得以重见天日的西周甲骨，以它重要的内容在我国学术百花园中大放异彩。它和古文献、铜器铭文等互相参据，相得益彰，成为研究周初历史、文化弥足珍贵的第一手宝贵资料。西周甲骨愈来愈引起了国内外学术界的重视，成为甲骨学研究领域的一个新分支。这门新学问正方兴未艾，研究有着无限广阔的美好前景。

把这三十多年来西周甲骨的发现和研究成果做一总结，并谈一些我们的看法，为下一阶段的深入研究做些承上启下的工作，就是这本《西周甲骨探论》的写作目的。基于此，我们在本书各篇章的安排上，首先谈到了三十多年来西周甲骨的发现和研究情况，冀图给读者一个鸟瞰图；其次是将历年各家有关西周甲骨文字的精到考释汇集在一起，或许能方便读者在研究时参考和比较，并了解西周甲骨文字考释已达到的水平，从而得到一定的启示；此外，大家所关心的一些重要问题，诸如：西周甲骨的特征、西周甲骨与殷墟甲骨的关系、西周甲骨的分类与用途、西周甲骨的分期及西周甲骨的科学价值和今后研究中尚须深入探索的一些问题等，也谈了一些我们不成熟的意见。本书各篇章从逻辑上说，是个一以贯之一的整体，也就是在内容方面是互相蝉连的。但书中的各篇章又可以独立成篇。这是因为各篇章是陆续写于西周甲骨研究第二阶段的不同时期，由于先后公布材料多少的不同，认识也不断深入。虽然有的

① 参阅刘起釪《尚书学源流概要》，《辽宁大学学报》1979 年第 6 期。

篇章中个别意见后来稍有修正，但总的看法前后并无龃龉；书后的迄今所见“甲骨摹聚”及西周甲骨论著简目等，是为了给学习和研究西周甲骨的同好以及关心这一问题的人们提供一些方便，或许它能使尊敬的读者少受搜集有关资料时的“上穷碧落下黄泉，两处茫茫皆不见”之苦。这本小册子权以作为引玉之砖，以期引起对这些问题感兴趣的学人进行更深入的研究，从而通过大家的努力，使西周甲骨研究的第三阶段取得更为丰硕的成果。

说起西周甲骨的研究，我感到很惶悚。本来我这么多年来主要是在胡厚宣师的指导下参加了《甲骨文合集》的编纂工作，精力大部分放在了商史方面。毋庸讳言，我对西周史是很陌生的，虽然也涉猎了一些金文材料。因而我涉足西周甲骨，难免有些“不务正业”之嫌。我之所以学习和研究西周甲骨，完全是在李学勤先生的启迪和鼓励之下开始的。说来话长，那是1979年的事情了。当时的《中国史研究》刊物尚属草创阶段，借调我去当了一年兼职编辑。工作之余，手头正赶写《建国以来甲骨文研究》这本小册子。近年西周甲骨的发现和研究，当然是书中所需写进的内容之一，因而积累了几份这方面的资料卡片。我的朋友王春瑜同志当年也和我一样借调编辑部，有一天他对我说：“老弟，杂志中常有整页的空白，你是否写个七八百字的东西备用？”我抽空把卡片整理了一下，写了个《周代的甲骨文》这个小补白。又哪里知道，就是这几百字的补白让李学勤先生看到了。1979年10月前后他找到我说：“看来你摸了一下西周甲骨，咱们合写篇文章吧！”因为他当时手头工作很忙，而我的《建国以来甲骨文研究》已经脱稿，所以他把论文的题目、论点都向我和盘托出，商量好由我先铺草稿，然后他再修改。经过他这番耳提面命之后，我进一步搜集资料，花了一个多月的时间写成初稿交给了他。哪知本人不敏，辜负了李先生的厚望，文章又由他推倒重写。虽然他鼓励我，但在懊丧之余深感自己知识的贫乏和功力的不足。此后，我才开始有意识地注意学习和研究不断公布的每一批西周甲骨材料。在接触材料的过程中，也逐步形成了自己的一些想法。这就是我学习和研究西周甲骨起步的经过。

“会当凌绝顶，一览众山小。”记得1982年8月与挚友杨升南同志一起登上泰山之巅——岱顶时，我们一边欣赏祖国壮丽的河山，一边也谈起了二十多年所经历的往事。从 1964 年大学毕业后一起到山东海阳参加“四清”，那里令人怀念的父老，直谈到祖国美好的未来和我们各自的研究计划……是何等的尽兴呵！就是这次我向他谈起关于写作此书的计划和进展的情况，其实这早就在这位好友的预料之中了。他半开玩笑地对我说：“我知道你研究西周甲骨是从一篇补白开始的！”这确是一语中“底”。我深知自己学识浅薄，但还是鼓着勇气把这本小册子写完。如果它还能为读者提供一些方便，就会使我感到无比庆幸了。

在这本小书的写作过程中，常就一些章节安排和内容就教于李学勤先生以及王春瑜、杨升南诸友。按出土单位将甲骨集中，就是李学勤先生建议我这样做的。胡厚宣师也鼓励我写作此书，并建议我拿出去出版，使我增加了将它问津出版社大门的勇气。而编辑室任辉主任，更是不拘一格，接受了我这部习作……对各位师友的帮助和热情鼓励，于此深表感谢并永志不忘！

限于我的水平和接触材料的局限，书中的错误和缺点一定不少，我诚恳地希望各位前辈和广大读者给予严格的批评！

王宇信　谨志

1983 年 5 月于北京劲松小区“松巅听涛室”

上　　编

第一篇

概论西周甲骨的发现与研究

自1899年甲骨文在安阳殷墟被发现以来，到现在已经有八十多年的历史了。经过国内外学者的共同努力，甲骨学已成为一门与历史学、考古学、古代科技史和语言学等多学科有着密切关系的新学科。因此一提起甲骨文，人们便马上会想到这是“殷人刀笔文字”①。而“因于殷礼”的周人有没有甲骨文呢？是否随着商朝灭亡，“失国霾卜”，甲骨文也就自此绝灭了呢？

1940年，何天行曾在上海出版的《学术》第一辑上发表了《陕西曾发见甲骨之推测》一文，他说：“从殷墟发现甲骨卜辞以来，山东城子崖黑陶遗址又发现一块近于甲骨的陶片，刻有‘齐人获六小龟’的记事，于是使我们想到甲骨和近于甲骨文字遗物的发现，还有扩大的可能。”根据是：其一，“在历史上，可以找到显明的证据。如《诗·大雅·文王之什緜》：‘周原膴膴，堇荼如饴；爰始爰谋，爰契我龟。’《緜》是周民族的史诗……大约在殷民族亡灭之前，已经和周人常有往来，彼此交通，周民族学得了殷人占卜的方法，于是在周原一带也利用龟来占卜了。周民族是并未有它固有的文字做基础的；周民族的‘契’刻卜辞，和用龟的方法，完全是从殷民族那里学去的”。其二，“我们拿《水经注》所记高陵县（属陕西西安府境）发见‘背文负八卦古字’的龟和《大雅》‘考卜维王，宅是镐京，维龟正之’的话相引证，知道在陕西西安府附近曾有发见甲骨卜辞的可能（这种卜辞大半恐属于周民族），这似乎已不完全是我们的推测”。为了证实自己的“推测”，何天行还特意在文末加一“附记”说：“据卫聚贤先生讲：数年前马衡先生告，马先生曾在河南见

---

① 刘鹗：《铁云藏龟》自序。

洛阳警备司令赵守愚君，赵为山西人，曾在山西督造公路，曾于山西离石县军渡附近——该处与陕西接境——发现甲骨文甚多，以所得赠马先生。据马云，该物与安阳出土者无异”云云。

我们之所以在这里较多地引述《陕西曾发见甲骨之推测》一文，首先，这是因为该篇的推测确是很有见地，为以后的事实所证明了。其次，是由于此文发表较早，一般读者很难见到，加之这么多年来研究西周甲骨的人也没有谁对它“旧案重提”，因此把它向读者多做些介绍还是很有必要的。虽然这篇文章的“推测”很有道理，但长期以来还是没有出土一片西周甲骨。因此关于有没有西周甲骨这个问题，一直是人们不能解决的谜。

中华人民共和国成立以后，我国在马克思主义指导下的甲骨文研究取得了重要成就，特别是西周甲骨的发现和研究的不断深入，突破了凡谈甲骨则必殷商的成见，从而使西周甲骨的研究成为甲骨学研究领域的一个新分支，并使我们对西周甲骨的认识不断深化。

一　西周甲骨的发现和认识

西周甲骨被人们所认识和发现，也是学者们走过了几年的艰苦探索和再认识历程的。

还是在 1950 年的春天，殷墟四盘磨西地 SP11 内发现了卜骨，主持发掘的学者注意到“内有一块卜骨横刻三行小字，文句不合卜辞通例”① 的问题。这就说明当时就已开始考虑在通常的商代甲骨文外，是否还有其他性质的甲骨刻辞这一问题了。

1951 年，陕西邠县出土一件兽胛骨之上部，骨的臼角未切去，骨背修治得很薄，有钻灼十三处，钻处大而浅，灼痕较小，正面有兆痕②；1952 年，发掘洛阳东郊遗址时，泰山庙废址东侧窖穴（H2）内发现遗物中有方凿龟版③，“其特色是方形的钻和长方形的凿结成一个低洼的正方形，凿则更深一点。这个钻凿与那个钻凿之间，保留了几乎等宽的狭长

① 郭宝钧：《一九五〇年春殷墟发掘报告》，《中国考古学报》第五册。

② 陈梦家：《殷虚卜辞综述》，科学出版社 1956 年版，第 25—26 页及图版捌之右。

③ 郭宝钧、林寿晋：《一九五二年秋季洛阳东郊发掘报告》，《考古学报》第九册。

条，成方形界于钻凿之上。近顶端处钻一圆孔，未透过。这个形制是进步的，它的时代或者较晚”。这是一个重要的发现。虽然学者们看到了郊县和洛阳出土的甲骨与殷墟甲骨有所不同，但还是把前者断为“可能是北殷的遗物”。而后者，“根据历史记载，周武王灭殷以后，周公成王迁殷民于成周，分九里以居之。因此今天洛阳附近的成周近郊，当有西周初期的殷人遗址。殷人遗址可以有殷代物，也可以有西周初物”①，还是作为与殷商甲骨同属一个系统。

直到 1954 年，山西省洪赵县坊堆村的周代遗址里发现了刻辞甲骨②，才把人们对甲骨文的认识移向商朝以外。洪赵出土的甲骨有一块“骨的背面骨臼削去约三分之一，近臼处有钻窝十六个，不规则的排成三至四行；中下部靠左又有钻窝五个，纵列一行”，“窝底正中或稍偏，有纵的刻纹一道”，“刻纹附近有灼痕，不明显，卜骨正面相当钻窝处有许多小兆，八个字”。③ 由于这块有字卜骨的钻窝与凿痕、字体等都与殷墟不同，所以引起了学者的注意。有的学者认为“可能属于春秋或较晚的东西。洪赵春秋时为赵简子采邑，应是晋或赵的遗物”④；李学勤据伴出铜器、陶器等遗物判断，第一个指出应为西周初期物⑤。这一看法已被普遍接受。

此后不久，1956 年又在西周腹地丰镐遗址的张家坡发现了有字甲骨，“现存者为肩胛骨之柄部”，“背面靠一边有圆形钻孔三个，其中一个已残”，“孔壁垂直、平底。靠一边有凿一道，与骨长同方向，极细”。“灼痕不显。正面均有卜兆。在卜兆附近有刻纹极细的文字，一行与骨长同方向，一行与骨宽同方向。”⑥ 因而在西周遗址发现的有字甲骨，自应是西周之物，这是毋庸置疑的。

以山西洪赵县坊堆村第一次有字西周甲骨的发现为契机，打破了多

---

① 陈梦家：《解放后甲骨的新资料和整理研究》，《文物参考资料》1954 年第 5 期。

② 山西省文物管理委员会：《山西省洪赵县坊堆村古遗址墓葬群清理简报》，《文物参考资料》1955 年第 4 期。

③ 畅文齐、顾铁符：《山西洪赵县坊堆村出土的卜骨》，《文物参考资料》1956 年第 7 期。

④ 畅文齐、顾铁符：《山西洪赵县坊堆村出土的卜骨》，《文物参考资料》1956 年第 7 期。

⑤ 李学勤：《谈安阳小屯以外出土的有字甲骨》，《文物参考资料》1956 年第 11 期。

⑥ 陕西省文物管理委员会：《长安张家坡西周遗址的重要发现》，《文物参考资料》1956 年第 3 期。

年以来凡谈甲骨则必殷商的传统看法。学者们再回过头来，对过去出土的一些与商代甲骨作风不尽相同的甲骨进行了再认识，得出了邠县所出甲骨“可能是殷末周初之物”①。而洛阳泰山庙所出甲骨，钻凿形态比殷墟进步，也应是“殷末周初”之物了。②

从没有认识周代甲骨代文，到逐步认识了西周甲骨文，学者探索了五六年之久，这是甲骨学研究领域的一个突破。如果说山西洪赵县坊堆村发现的西周有字甲骨还是特例的话，那么继丰镐地区张家坡遗址发现有字甲骨后，又在1951—1957年的大规模发掘中，出土另一片有字卜骨，“可能是用兽类的肢骨做成的，相当于钻孔的部位，刻有笔道很细的近似文字的记号”③ 的事实，再次证明周代出土有字卜骨绝不是偶然的。因此，有的学者曾满怀希望地说：“我们相信，在将来必能发现更多的非殷代有字甲骨。”④

确是如此。近年来各地不断有西周甲骨出土。1975年，北京昌平白浮村周初燕国墓地也出土了一批甲骨。在一座墓葬（M2）人骨的右上方，“发现数十片残碎卜甲，既有腹甲”，也有背甲。契刻文字两小片，“有‘贞’‘不止’刻辞。甲片均经过修磨，为方凿，不同于殷代的圆凿”。另一座墓葬（M3）“在椁室右侧中部出龟背、腹甲”，“从残片看数量比M2多，约在百片以上。卜骨的背面都经过整治，即凿成方形平底的浅槽，凿孔排列十分整齐，并有灼痕”，“一片刻‘其祀’二字”，一片刻“其尚上下韦驭”。⑤ 此外，还有一片上刻“史告”等字样。⑥

不仅在西周都邑丰镐遗址，也不仅在周初的封国燕、晋等边远地区不断有带文字甲骨出土，而且周人的发祥地——周原一带还发现了成批甲骨。1977年春，凤雏村南西周甲组宫殿遗址的西厢二号房内窖穴H11及H31内，出土甲骨1.7万余片，其中卜甲1.67万多片。为龟腹甲。卜骨300多片，为牛的肩胛骨，已清洗出有字卜甲290余片，并将其中一部

① 陈梦家：《殷虚卜辞综述》，科学出版社1956年版，第26页。

② 陈梦家：《殷虚卜辞综述》，科学出版社1956年版，第29页。

③ 《沣西发掘报告》，文物出版社1962年版，第111页及图版陆叁4。

④ 李学勤：《谈安阳小屯以外出土的有字甲骨》，《文物参考资料》1956年第11期。

⑤ 北京市文管处：《北京地区的又一重要考古收获》，《考古》1976年第4期。

⑥ 此甲现陈列于首都历史博物馆。承蒙齐心学长帮助，得以看清此甲上的文字，特此鸣谢。

分字数较多、内容较为重要的甲骨陆续用摹本及照片发表①，直到 1982 年 5 月全部公布完毕。

特别有意义的是，1979 年又在与凤雏相邻的扶风齐家村发现和采集到西周甲骨 22 件，其中有字甲骨 6 件，总字数超过了 100 字。② 重要的是这里出土的一版龟腹甲较为完整，仅缺甲尾和甲桥部分。此甲背面有方凿 35 个，正面有刻辞四条 23 字，字均守卜兆。这版较为完整的龟腹甲的发现，弥补了过去因出土西周有字龟甲都过于碎小，使我们对周代甲骨的使用和特征的观察与认识受到局限的不足。

总之，西周有字甲骨发现及公布的材料，到 1981 年 9 月底以前主要有以下五处：山西洪赵坊堆村 1 片，有 8 字；陕西长安张家坡 3 片，共 30 字；北京昌平白浮 4 片（仅发拓片 3 张），共 13 字（因这批材料尚未全面整理和缀合，估计有文字甲骨不只此数）；陕西岐山凤雏村 38 片，共 223 字；陕西扶风齐家村 6 片，共 102 字。以上五处先后公布的有字甲骨共 52 片，总字数为 376 字。

令人高兴的是，1982 年周原凤雏村甲骨材料集中分布了！《古文字研究》第六辑（中华书局 1981 年版）刊出徐锡台《周原卜辞十篇选释及断代》一文，发表了凤雏村窖穴 H11、H31 所出卜甲 10 片，其中除 3 片为过去发表过外，7 片为第一次发表；《考古与文物》1982 年第 3 期所载《岐山凤雏村两次发现周初甲骨文》及《周原出土卜辞选释》两文，又公布了较多的甲骨摹本，两文所发表的材料除去与以上几批公布的相重片和两文同期所发摹本自重一片外，新发表摹本 76 张；由于凤雏村甲骨材料发表时比较零碎，并且分见于不同刊物，材料又每每互相重复，还有不少尚未公布，所以研究者很难窥其全豹，综合研究很难进行。值得庆幸的是，《古文字研究论文集》（《四川大学学报丛刊》第十辑，1982 年）所载陈全方《陕西凤雏村西周甲骨文概论》一文，将凤雏 H11、H31 全部有字甲骨 292 片（包括已发表过的）经过“反复查对校正”，分十类发

---

① 这批材料在 1981 年底以前，公布了部分甲骨的照片（或摹本），主要见下列简报及文章：陕西周原考古队：《陕西岐山县凤雏村发现周初甲骨文》，《文物》1979 年第 10 期；徐锡台：《周原出土的甲骨文所见人名、官名、方国、地名浅释》，《古文字研究》第 1 辑，中华书局 1979 年；徐锡台：《探讨周原甲骨文中有关周初的历法问题》，《古文字研究》第 1 辑，中华书局 1979 年版。

② 陕西周原考古队：《扶风县齐家村西周甲骨发掘简报》，《文物》1981 年第 9 期。

表。我们在学习、整理这批材料时，发现其中有两片自重，附录部分实为49片（文中50片），因此全部有字甲骨实为289片。面对这一批甲骨材料，使人有目不暇接之感。凤雏甲骨“共计字903个，合文12个”，再加上齐家、昌平、坊堆、丰镐遗址所出有字甲骨，共达1029字。这对西周甲骨的全面整理和综合研究，对史料较少的西周早期历史的研究，都是弥足珍贵的第一手资料。

二　西周甲骨的研究

西周甲骨的不断出土，特别是周原遗址成批甲骨的出土，对西周早期的政治、经济、文化的研究以及商、周关系和周与一些少数民族关系的研究提供了珍贵的史料。因此，自它一发现起，就愈来愈引起学术界的注意。

近年来，每有新的西周甲骨发现，报刊便及时地将甲骨出土的消息发表，使关心这一重要课题的中外人士迅速得知其每一进展。[①] 不仅如此，还刊出了发掘简报，把科学资料向学术界公布以资研究，促进了西周甲骨的研究和整理工作的深入开展。

正是由于周原成批甲骨的不断发现和资料的陆续公布，所以近年来西周甲骨研究颇为活跃。在有关文字的考释、探索等方面的文章主要有陕西周原考古队《陕西岐山凤雏村发现周初甲骨文》（载《文物》1979年第10期）、徐锡台《周原出土的甲骨文所见人名、官名、方国、地名浅释》及《探索周原甲骨文中有关周初的历法问题》（均载《古文字研究》第1辑，中华书局1979年版）、陕西周原考古队《扶风齐家村西周甲骨发掘简报》（载《文物》1981年第9期）、李学勤、王宇信《周原卜辞选释》（载《古文字研究》第4辑，中华书局1980年版）、李学勤《西周甲骨的几点研究》（载《文物》1981年第9期）、徐锡台《周原卜辞十

① 主要有：《我省周原地区发现一万多片西周早期甲骨》，《陕西日报》1977年10月17日；《陕西周原地区发现一万多片西周早期甲骨》，《光明日报》1977年10月1日；《陕西周原地区发现西周早期甲骨》，《人民日报》1977年10月19日；《陕西出土一万余片周初甲骨》，《文物特刊》1978年3月第43期；《周初甲骨文的发现》，《人民画报》1977年第8期；《扶风发现西周甲骨文》，《文汇报》1980年9月7日；《扶风发现西周甲骨文》，《陕西日报》1980年9月16日。

篇选释及断代》（载《古文字研究》第6辑，中华书局1981年版）、陕西周原考古队《岐山凤雏村两次发现周初甲骨文》（载《考古与文物》1982年第3期）及陈全方《陕西凤雏村西周甲骨文概论》（载《古文字研究论文集》，《四川大学学报丛刊》第10辑，1982年）等。

以上诸文，不仅对凤雏和齐家所出的有字甲骨进行了考释[①]，得以使学界了解甲骨刻辞的重要内容。还有学者对这批甲骨的分期断代做了一定的探索。此外，对西周甲骨的特征也进行了观察研究，或对凤雏甲骨刻辞的文字类型及甲骨的钻凿形态进行了分析。[②] 这一切，为我们探索这批甲骨刻辞应分属西周前期的不同王世提供了线索。

在我国古代典籍中，有关周初史实的记载较少，因而西周甲骨对周初历史的研究很有意义。有人论述了灭商以前的商周关系，认为“周人的受封于商，可能是在太公诸盩时代”，而“在周原甲骨中，有一片上的卜辞可以为上述说法提供有力的佐证”[③]；也有人对西周初期周与楚的关系做了研究，认为周原甲骨中“楚子来告”的刻辞，应“就是鬻熊投奔西周的原始记录”[④]；还有人提出周原甲骨到底是出于殷人之手还是周人之手的问题，认为“这个问题对商、周两族的历史关系，颇为重大”，指出“周原甲骨不是周族的而是商王室的”，“可能是在殷商末年商纣王时，掌管占卜的卜人投奔周人时，携带过去的”，“也必须承认周原甲骨中也还有一小部分卜甲，确乎是属于周人的”。[⑤] 也有人与此意见恰好相反，认为“周原甲骨绝大部分都是文王时代遗物”，“还有成王时代遗物”，“作者出自殷人”[⑥]；周原甲骨中所见方名，除了上述刊布材料的考释中有所涉及外，还有专门的论述文章发表。[⑦]

我们在上节曾谈到，还是在1950年发掘殷墟四盘磨遗址时，有的学

---

① 还有的论文专就一片甲骨进行考释，如田宜超《“王㠯我枝单㝅勿卜”解》，《古文字研究》第6辑，中华书局1981年版。

② 徐锡台：《周原出土甲骨的字型与孔型》，《考古与文物》1980年第2期。

③ 范毓周：《试论灭商以前的商周关系》，《史学月刊》1981年第1期。

④ 顾铁符：《周原甲骨文“楚子来告”引证》，《考古与文物》1981年第1期。

⑤ 王玉哲：《陕西周原所出甲骨文的来源试探》，《社会科学战线》1982年第1期。

⑥ 徐中舒：《周原甲骨初论》，《古文字研究论文集》（四川大学学报丛刊）第10辑，1982年。

⑦ 缪文远：《周原甲骨所见诸方国考略》，《古文字研究论文集》（《四川大学学报丛刊》第10辑），1982年。

者对一块甲骨上的三行小字提出了“文句不合卜辞通例”的问题，后来又在张家坡发现了同类性质的文字，这就是由数字组成的“奇”字，引起了学者们的注意。唐兰先生最早对这一问题进行了研究，认为这是一种由一至八组成的“特殊形式的文字”，“可能是曾经住过现丰、镐地域的一个民族（例如古丰国之类）的文字”。① 李学勤则第一个提出“这种纪数的辞和殷代卜辞显然不同，而使我们想到《周易》的‘九’‘六’”的意见②，由于当时这类文字所见不多，因而这一很有见地的意见没有引起人们的注意。此外，还有一些学者如郭沫若③、裘锡圭④也曾对这类“奇”字进行过探索。由于周原甲骨中也出现了这类文字，才越来越引起了更多学者的注意。张政烺先生首先在 1980 年 11 月于长春举行的“中国古文字学术讨论会”第一届年会上，提出了这种由数字组成的符号是“八卦”的看法。⑤ 此后，张政烺先生在对历年出土的铜器、甲骨上三十二例这类文字进行研究后，论述了这类奇字为“易卦”。其说以“试释周初青铜器铭文中的易卦”为题，发表在《考古学报》1980 年第 4 期上。这篇重要论文，使学术界多年探索而莫衷一是的“奇”字之谜得到了突破，从而使这一难题的研究有了较大地进展。⑥

不少西周甲骨，由于受到三千多年来地下水的侵蚀，所以出土时甲骨表面常被一层水垢所覆盖，再加上文字字体纤小，因而识读十分困难。因此，发现甲骨上的文字和使已发现的文字更为清晰，清除甲骨之上的水垢也是文物考古工作者的研究课题。文物考古工作者把现代自然科学技术成果引入甲骨文研究领域，取得了可喜的收获。⑦

---

① 唐兰：《在甲骨金文中所见的一种已经遗失的中国古代文字》，《考古学报》1957 年第 2 期。

② 李学勤：《谈安阳小屯以外出土的有字甲骨》，《文物参考资料》1956 年第 11 期。

③ 郭沫若：《古代文字之辨证的发展》，《考古学报》1972 年第 1 期。

④ 裘锡圭：《汉字形成问题的初步探索》，《中国语文》1978 年第 3 期。

⑤ 见李学勤《古文字学术讨论会与古文字学的发展》（载《中国史研究动态》1979 年第 3 期）的报道。

⑥ 这方面的论述还有：徐锡台、楼宇栋：《西周卦画试说》，《中国哲学》1980 年第 3 辑；徐锡台、楼宇栋：《西周卦画探源》，《中国考古学会第一次年会论文集（1979 年）》；张亚初、刘雨：《从商周八卦数字符号谈筮法》，《考古》1981 年第 2 期；李学勤：《西周甲骨的几点研究》，《文物》1981 年第 9 期；管燮初：《商周甲骨和青铜器上的卦爻辨识》，《古文字研究》第 6 辑，中华书局 1981 年版。

⑦ 单晧：《周原出土甲骨片水垢清除》，《考古与文物》1981 年第 1 期。

在深入研究西周甲骨的同时，还有一些文章对这些成果作了介绍①，这对广大人民群众认识伟大祖国悠久的历史和高度的文明是有意义的工作。

如此等等。我们可以看到，西周甲骨的研究取得了很大进展。不仅国内学术界对西周甲骨很为重视，而且国外学者对此也怀有浓厚的兴趣。日本、加拿大、德国、美国等不少国家的学者，在他们的著述中引用了西周甲骨的最新材料。美国加州大学伯克利分校历史系教授吉德炜曾就周原凤雏甲骨 H11：84 片上出现的“王”进行探讨，赞成在“文武帝乙”庙里祭祀祖先并晋“周方伯”的这个“王”不是周王而应是商王。他还在北京大学历史系做了有关西周甲骨研究的报告；旅美学者严一萍也对西周甲骨做了考释，对其时代、史实进行了详尽的考证，其见解以“周原甲骨”为题，发表在《中国文字》新一号（艺文印书馆 1980 年版）上。

如果说，中华人民共和国成立以来学术界对西周甲骨的研究，在 1956 年 11 月以李学勤先生提出坊堆甲骨为“周初”说以前为第一阶段的话，那么自 1956 年 10 月到 1982 年 5 月以前为第二阶段。前一阶段主要是完成了对西周甲骨文从不认识到认识的飞跃，形成了甲骨学研究领域的这一新分支。而第二阶段，就是以西周甲骨材料的不断积累和公布为特征。这一时期的主要成果是考释文字、探索分期和甲骨特征，使我们对西周甲骨的认识不断深化。这一阶段的完成是以 1982 年 5 月出版的《古文字研究论文集》全部公布周原凤雏所出 289 片甲骨为标志的。如果这第二阶段再细分的话，还可以分为前、后两个小段。前一小段即从 1956 年到 1981 年 9 月底，共公布有字甲骨 52 片，总字数近 376 个。后一小段即从 1981 年 10 月初至 1982 年 5 月，又分几批直到《陕西凤雏村西周甲骨文概论》将 H11、H31 所出有字甲骨全部发表。

我们相信，在已经开始的第三阶段，人们将根据全部西周甲骨材料，提出并解决新问题，并且还要对以前所受材料局限而得出的看法进行补充、修正和再认识，从而在综合研究的基础上，使认识更加深化。

---

① 《陕西周原考古的新收获》，《光明日报》1979 年 7 月 25 日；《周代的甲骨文》，《中国史研究》1979 年第 3 期。

三　简短的结语

我们在上文指出：西周甲骨第二阶段的前段（即1956—1981年9月底）共公布了有字甲骨照片（或摹本）52片。我们曾对这些当时所能见到的很不完备的材料，结合前人研究成果，进行过初步的整理研究。

西周甲骨与商代甲骨是一脉相承的，但也形成了自己的特征，这正是时代进步性的表现；西周甲骨刻辞不能统而笼之称为“西周卜辞”，而称为“西周甲骨刻辞”则更为确切些。这是因为有的与占卜有关，这就是小部分的卜辞和多量的记事刻辞。有的与占卜无关，即“奇”字——筮数。筮数对占筮的作用与卜兆对占卜的作用相同，都是据之以判断吉凶的；西周甲骨中的“王”应具体分析，有商王也有周王。根据事类、书体、坑位基本上可把凤雏、齐家甲骨分为三个不同时期，即第一期文王时期（包括商帝辛时期甲骨），第二期武、成、康时期，第三期昭、穆时期。限于我们当时所见材料较少，一些看法还有待不断予以补充或修正。为了从不同角度探索西周甲骨，我们上述一些粗浅看法将在本书第三篇《西周甲骨综论》部分中进行阐述。

凤雏西周甲骨全部公布以后，我们继续对新材料作了深入研究，觉得与我们一些原看法并无龃龉。可以进一步来讲：这批甲骨文王时期较少，多为武成康时期；就文王时期来讲，有商人甲骨，也有周人甲骨，以周人甲骨为多；而就商人甲骨来说，以帝乙时为多，帝辛时极少，这与殷墟甲骨第五期出现的现象是一致的。对此，我们将在本书第四篇《再论西周甲骨分期》部分进行讨论。

可以说，西周甲骨是记载周初历史活动的“大事记”。但要使用这批材料，当务之急是做好分期断代的工作。正如有的学者说：“认为是周族人的甲骨，就可以把商亡之前商、周两族关系说成是极为亲密；若说是商族王室的甲骨，就可以把它说成是商周敌对的物证。真是一字之异，则千里是谬。所以这个问题不解决，便使一大批极为珍贵的史料，完全变为无法利用的古董。”① 因此，加强西周甲骨分期的研究，是我们科学

① 王玉哲：《陕西周原所出甲骨文的来源试探》，《社会科学战线》1982年第1期。

地利用这批宝贵材料研究周初历史的前提。这方面的工作和其他不少问题，都还是需要今后进一步深入研究的。

综上所述，西周甲骨的发现和研究，是中华人民共和国成立以来文物、考古工作的重大成就之一。回顾这些年来西周甲骨研究所经历过的两个阶段并把主要成果介绍给关心这一课题的读者，以期吸引更多的人参加讨论，就是本篇写作的目的。

第二篇

西周甲骨汇释

自1956年以来，西周有文字甲骨材料不断分布，不少学者对此进行了研究和考证。在一定意义上可以说，文字的释读，是西周甲骨研究第二阶段所进行的主要工作。因此，我们在这里将历年来学者们有关西周甲骨文字的考释做一汇释，对于集思广益，促进下一个阶段西周甲骨的深入研究当是有所裨益的。我们拟在本篇按每批西周甲骨刻辞公布的时间先后为序，并将历年来学者们的考释也依时间的先后汇搜在有关的刻辞之下。为了节省笔墨，我们把对西周甲骨进行考释的主要并常见的篇名先列于后，以下凡引述有关各家说法时，仅举论文篇名编号如文（1）实即第一篇署“陕西周原考古队”文章、文（2）实即第二篇署“徐锡台”文章等简称，不再罗列作者及篇名、出处。这些文章主要是：

（1）陕西周原考古队：《陕西岐山凤雏村发现周初甲骨文》，《文物》1979年第10期。

（2）徐锡台：《周原出土的甲骨文所见人名、官名、方国、地名浅释》，《古文字研究》第1辑，中华书局1979年版。

（3）徐锡台：《探讨周原甲骨文中有关周初的历法问题》，《古文字研究》第1辑，中华书局1979年版。

（4）陕西周原考古队：《扶风齐家村西周甲骨发掘简报》，《文物》1981年第9期。

（5）李学勤、王宇信：《周原卜辞选释》，《古文字研究》第4辑，中华书局1980年版。

（6）李学勤：《西周甲骨的几点研究》，《文物》1981年第9期。

（7）范毓周：《试论灭商以前的商周关系》，《史学月刊》1981年第1期。

（8）顾铁符：《周原甲骨文“楚子来告”引证》，《考古与文物》1981年第1期。

（9）张政烺：《试释周初青铜器名文中的易卦》，《考古学报》1980年第4期。

（10）严一萍：《周原甲骨》，《中国文字》（新一号），台北：艺文印书馆1980年版。

（11）徐锡台：《周原卜辞十篇选释及断代》，《古文字研究》第6辑，中华书局1981年版。

（12）陕西周原考古队、岐山周原文管所：《岐山凤雏村两次发现周初甲骨文》，《考古与文物》1982年第3期。

（13）徐锡台：《周原出土卜辞选释》，《考古与文物》1982年第3期。

（14）陈全方：《陕西岐山凤雏村西周甲骨文概论》，《古文字研究论文集》（《四川大学学报丛刊》第10辑，1982年）。

（15）徐中舒：《周原甲骨初论》，《古文字研究论文集》（《四川大学学报丛刊》第10辑，1982年）。

（16）缪文远：《周原甲骨所见诸方国考略》，《古文字研究论文集》（《四川大学学报丛刊》第10辑，1982年）。

一　山西洪赵①坊堆村的发现

化宫□三止又疾，贞　　（图1）②

此为李学勤先生（《谈安阳小屯以外出土的有字甲骨》，《文物参考资料》1956年第11期）所释，并谓：“第三字不清晰，可能是‘鼎’字。‘化宫鼎’应是人名。‘三止又疾’即‘三趾有疾’。‘贞’即问。全辞意思是：化宫鼎的三趾有疾，所以卜问”；严一萍释此为“北宫鼎三止又疾

① 山西省洪赵县乃1954年将洪洞、赵县合并所改名，1958年以后又撤销霍汾、洪赵二县，合并设立洪洞县（驻旧洪洞县城）。本书所用县名乃甲骨发现时原简报所用名，特此说明。参看史为乐编《中华人民共和国政区沿革（1949—1979）》，江苏人民出版社1981年版，第33页。

② 即历年各地所出西周甲骨摹本，在本书第六篇《西周甲骨摹聚》所编列顺序统号，从图1始，至图303。

贞”，其说见所著《甲骨学》（上下，台北：艺文印书馆 1978 年版）第 93 页；后李学勤先生在文（6）又说：“原摹本有不准确处，经观察，可能读为‘北宫□三，由（斯）又（有）疾？贞’。”

二 陕西长安张家坡的发现

第一片

五一一六八一

六八一一五一　　（图 2）

李学勤释此为“五一六一”“六一五”，并说“下一兆外侧的‘⌐’形用以指示兆的位置，非文字”。并在文中最早指出“这种纪数的辞和殷代卜辞显然不同，而使我们联系到《周易》的‘九’‘六’”。遗憾的是当时此类文字发现太少，这一精辟的见解没有引起人们的注意；唐兰先生在《甲骨金文中所见的一种已经遗失的中国古代文字》（《考古学报》1957 年第 2 期）一文中认为这是“用数目字当作字母来组成的”一种“特殊形式的文字”，但“这既不是殷文字，也不是周部族先世的文字，但可能是曾经住过现丰镐地域的一个氏族（例如古丰国之类）的文字”；张政烺先生经过多年研究，结合周原甲骨文中此类刻铜器铭文中的材料，释此类奇字为“易卦”。他在文（9）将此“按照奇数是阳爻、偶数是阴爻的原则，写出《周易》的卦名”；张亚初、刘雨也认为是“占筮的八卦数字符号”，其说载《考古》1981 年第 2 期《从商周八卦数字符号谈筮法问题》；管燮初在《商周甲骨和青铜器上的卦爻辨识》（载《古文字研究》第 6 辑，中华书局 1981 年版）一文中，搜集了商周甲骨和青铜器上的这类图形十一例并进行了分析，认为“这些例子的构造有两个特点：一是构成这类图形的符号有‘∧，)(，—，十，×，⌧’六种，这六种符号在同一地区出土的卜骨或同一篇铭文中至多只出现其中的四种”，经过列表比较后，他指出：“‘—’和‘十’、‘×’和‘⌧’不同时出现，这两对符号是互补的。对立的符号只有‘∧，)(，—（十），×（⌧）’四类。二是每一个图形用六个符号累积而成，不多也不少”，因而“这两个特点和易卦的结构完全相同”。并指出：“古代易卦的用途一是占筮纪录，二是表意符号。占筮纯属迷信。易卦表达意思，其作用相当于上古结绳而治的结绳，不是文字……卦爻表达意思，不与语言的词汇、语法结合，直接同思想联系。卦爻是语言文字之外的一套表意符号。”

第二片

六六八一一六

一六六六六一　　（图 3）

诸家之说与上第一片及第三片同，此不赘述。此片摹本采自上引张亚初、刘雨之文中。

第三片

一一六一一一　　（图 4）

文（9）释此为易卦；张亚初、刘雨说见前引文；管燮初说亦见前引文。

三　北京昌平白浮的发现

（一）M2 所出

第一片　　贞　　（图 5）

第二片　　不止　　（图 6）

（二）M3 所出

第一片　　其尚上下韦驭

第二片　　其祀　　（图 7）

此为北京市文物管理处在《北京地区的又一重要考古收获》（载《考古》1976 年第 4 期）一文中所释。昌平白浮所出甲骨现有 6 片陈列于首都历史博物馆。除本文所列 4 片外，其中还有一片卜甲上有小字“史告”二字。我们曾细审陈列之卜甲，发现 M3 已发表过的一片 6 字分作两行契刻，似不能连读为一辞。原释“上下”应以“下上”为是。此甲刻辞应为“其尚下上　　韦驭”。

四　陕西岐山凤雏村的发现

凤雏宫殿遗址出土甲骨中，据文 14 统计目前已清洗出 292 片有文字卜甲发表。这批甲骨中，有一部分在 1981 年以前（即西周甲骨研究第二阶段的前一时期）先后曾以照片（有的附有部分摹本）发表在文（1）（2）（3）中。严一萍先生已将前后发表的凤雏有文字甲骨去其重复，“总计现在可以见到的周原甲骨三十六片”，并对这些当时所能见到的甲骨“加以摹录并考释”发表在文（10）上；另一部分在 1981 年 11 月以后（即西周甲骨研究第二阶段的后期），陆续在文（11）（12）（13）直至文（14）全部发表。我们在作凤雏所出这批甲骨汇释时，为了提供读者查索方便，前一时期公布的材料以文（1）在《文物》上的原发表号为基础，再增加文（2）增加的 5 片顺序排列。而后一时期公布的材料则以文（14）在《古文字研究论文集》（《四川大学学报丛刊》第 10 辑，1982 年）上公布的次序排列（此前发表者除外）。

（一）凤雏 H11 所出

第一片（H11：1　　图 13）①

癸子（巳），彝文武帝

乙宗，贞：王其（卲）祭

成唐，□鼎（贞）㲋（祝）示

𠬝二母（女），其彝

血羊三、豚三，

叀又（有）足。

“癸巳彝文武帝乙宗。”“彝”，文（1）认为是“祭祀的意思”。“文武帝乙”，即商王帝乙，纣辛之父。宗字未释；文（2）释“文武帝乙宗”说：“据《说文》：‘宗，尊祖庙也’，也就是殷纣王的父亲帝乙的宗庙。又据《古今注》说，‘宗庙是古天子诸侯祀其先人之所’”；文（5）认为此辞前辞部分与殷墟卜辞略有不同，“彝”字的用法接近下列五期卜辞：

① “第一片”以汉字字码编号，为摹本“汇释”编号，本书均以汉字字码为“汇释”编统号；H11：1 为该甲骨出土编号。本书《摹聚》及《汇释》均注明原骨出土号，即 H11：×××；图 13 为该《汇释》摹本在本书第六篇《西周甲骨摹聚》编号。本书均以阿拉伯字码为《摹聚》编统号。全书各部分均同此例，即汉字编码为《汇释》号、阿拉伯编码为《摹聚》号，二者互相呼应，据之可将释文与摹本在书中互相查校。

……彝在中丁宗，在三月　　　　　《簠帝》47 =《续》1・12・6
……彝在祖辛……　　　　　　　　《甲》3932

并又考察了其他与“彝”有关的殷墟卜辞后说：

以上诸辞或云“王彝在某宗”，或云“彝在庭”，或云“在某地彝”，推求文意，“彝”字均为居处之义。所以 H11：1 卜辞“癸巳彝文武帝乙宗”，就是说癸巳日居于文武帝乙的宗庙。

“文武帝乙”见于《录遗》275 四祀𠨘其卣。董作宾《殷历谱后记》刊有此卣铭文摹本。丁山在一九四七年《文物周刊》上发表文章予以纠正，并指出“文武帝乙”即帝辛之父帝乙是正确的。

文（10）释“彝文武帝乙宗”谓：彝经典皆训常，诗烝民：“民之秉彝”，传：“彝，常也。”故说文谓：“彝，宗庙常器也。”左昭十五年传：“诸侯之封也，皆受明器于王室，以镇抚其社稷，故能荐彝器于王。”注云：“彝，常也，谓可常宝之器也。”左襄十九年传：“且夫大伐小，取其所得以作彝器。”注云：“彝，常也，谓钟鼎为宗庙之常器。”“彝文武帝乙宗”者，谓以宗庙之常器若钟鼎之属，荐于文武帝乙宗庙。又进一步考证说：“文武帝乙”即帝乙，帝辛之父也。卜辞有称“文武丁宗”，（藏八六・一、续六・七・四、北大一・四・一）则指文丁，似“文武”之尊号，不限于一人；文（14）谓：“‘文武帝乙’之帝乙即殷帝太丁之子，纣之父。”“宗”即祭名，“疑即宗祝”；文（15）谓“文武乃殷代后期帝王通用的美称，颇似后世帝王的徽号。宗与庙同，甲骨文凡称殷先公先王庙皆称为宗。此周原文武帝乙宗乃文王所立以崇祀殷先王，示为殷之属国”；文（16）亦主“周人遂在其国内立庙，祀殷先王”之说，并引述徐中舒先生的话说，“这就好像清代统治时期在各地所建立的万寿宫”。并谓：“依商人习惯说，祭帝乙应以乙日，今此甲以癸巳之日祭，受祭者乃是成唐（汤）并非帝乙。”认为此甲中之“王”，“当非周文王莫属”。在解释“文王既称王，何以祀商王”时，引证王国维《观堂别集》卷一《古诸侯称王说》云：“……盖古时天泽之分未严，诸侯在其国自有称王之俗。则无怪乎文王受命称王而仍服事殷矣。”

"贞：王其刀卩祭成唐□鼎。"文（1）谓："成唐，即成汤"；文（2）同意此说，并谓"此片甲骨文证明周人亦称成汤为'成唐'。《史记·殷本纪》：'主癸卒，子天乙立，是为成汤'。汤伐桀，作汤誓，于是汤曰'吾甚武，号曰武王'。《索隐》说：'汤名履，书曰予小子履是也。'从上可见成汤名履，又称天乙、武王"。又说："这片甲骨文中的王，当即周文王。刀卩疑即昭字。[illegible]疑为祭字。'王其刀卩祭成唐'是周文王祭祀成汤。这反映了周与殷的密切关系"；文（5）认为：

> "刀卩"即"邵"，读为"昭"。同坑另一甲云："王其邵（昭）帝（禘）……"与本辞相似。其下一字试释为"吼"，读为"丮"，《说文》："持也。""丮成唐（鼒）"有向成唐献祭之义，但"吼"字的释读尚有疑问。
>
> "成唐"即"成汤"。"成"字写法与周初金文相同，而与殷墟一期卜辞有异。"唐"字下部，据放大照片，确是从"口"。"鼒"字右上角泐去，但左上方的"爿"还是存在的，不能读为"鼎"字。
>
> 由本辞前半"癸巳彝文武帝乙宗贞，王其昭吼成唐鼒"，已可知辞主是王，所卜是祭祀商代第一位王成汤。按我国古代礼制，祭祀的原则是"神不歆非类，民不祀非族"（《左传》僖公十年），所谓"非我族类，其心必异"（《左传》成公四年）。周虽是商朝的诸侯国，也没有必要（或可能）去祭祀商王的祖先，因为周是姬姓，商是子姓，其间没有共同的联系。辞中之王，居处于帝乙宗庙之中，占问致祭成汤之事，他只能是商王。从帝乙有庙看，这位商王又只能是商代末一个王，即名纣的帝辛。

文（10）说"其'[illegible][illegible]'[illegible]为[illegible]之省，即卸祭之卸"，"作'刀卩'，非"。"[illegible]即[illegible]，祭字也。'成唐'即汤。鼎上一字缺，当为数字"；文（14）亦释为"刀卩吼"，谓"刀卩吼，即昭讯，问讯"；文（15）释为"刀卩（卲同昭）𥘅"。

"□鼎（贞）𥘅（祝）示𠬝二母（女），其彝血羊三、豚三。"文（1）谓：𠬝，郭沫若说："𠬝，服也，义同俘，与牢、匕并举，乃用人为牲”。𠬝二女，谓用二女奴为牲。羊，从羊，谓畜父也。古人用牛、羊、豕三牲曰大牢，用羊、豕二牲曰少牢，此为少牢；文（2）将“血”字隶定为“盟”；文（5）认为“㲋（祝）示”为“禦”字，谓：

“禦”字上部从“午”，从繁笔的“丮”，与常见的“卸”字从“卩”意同。此字应释为“禦”，是商周古文字中常见祭祀名。其下一段可参看下举殷墟卜辞：

甲寅卜贞，三卜用，血三羊，𠕋伐廿，鬯卅，牢卅，𠬝三多，于妣庚。

《前》8·12·6

乙丑卜，酌禦于庚妣，伐廿，鬯卅……　　《前》1·35·5

来庚寅酌，血三羊于妣庚，𠕋伐廿，鬯卅，𠬝三多？

《后上》21·10

癸未卜，禦庚妣，伐廿，鬯卅，卅牢，𠬝三荽？　《前》4·8·2

这些卜辞所述祭祀都是“禦”，或称“酌禦”，所用祭品为“血三羊”等，与H11本辞“血羊三、豚三”近似。

本辞所云“其彝”之彝应指禦祀所陈宗彝，而“血羊三、豚三”为其内容。《说文》：“祭所荐牲血也。”《周礼》、《礼记》均有“血祭”之称。《吴越春秋·越王无余外传》云：“禹乃东巡，登衡岳，血白马以祭。”虽所祭不同，但都是一种以牲血为祭品的祀典。这种用牲法在殷墟卜辞中常见……

而禦祀又经常与血联系在一起，如：

乙卯卜……王禦祖乙……妣，血羊，□宰　　　《铁》67·2

丁未贞，其大禦王自甲，血用白豕九，二示汎牛？在父丁宗卜。

《摭续》64，《萃》79同文

请注意上述各辞中，“禦”常用“血”，所“血”或为羊，或为猪，其色为白，其数常为三或其倍数九，这当为殷礼的规定。H11本辞的礼制完全与此相合。

本辞“𠬝二女”也是祀仪的一部分。“𠬝”字，陈梦家同志说：“象以又按跽人（即俘获之人），谓用俘虏为祭也。”只是推测字形，没有更多的根据。或以“𠬝”字同“俘”联系起来，更与古音不合。

> 我们认为，这一点可参看《善斋吉金录》所收我方鼎……可见“二母”不是女俘，也没有人祭的迹象。按《说文》云：“𠬝，治也。”文献多作“服”。在这里“𠬝”也应读为“服”，训为用、事。H11本辞与我方鼎铭都是说由“二女（母）”参与祀典。所谓“𠬝二女”，即禦祀由“二女”执事，所以下文说“其彝”云云……
>
> 再看前引殷墟卜辞，禦祀有“𠬝三多”之语，其意义也应相近。“多”或“奓”，可能读为“㛊”，《说文》，“美女也”。
>
> 帝辛的“二女”，见于《逸周书·克殷》，文云周武王克商，“先入适王所……乃适二女之所，既缢，王又射之三发……”孔注：“二女，妲己及嬖妾”是很对的……“二女”就是“妻二”。殷墟卜辞称先王妃偶为奭，或称为母（女），称为妻，其义互同。H11本辞的“二女”应指帝辛之妻妲己等二人。

文（10）认为“释‘𥿍’谓即‘祝’字，皆误”，谓：

> 此字与殷墟书契后编下十二·五片之为一字，孙海波甲骨文编入于沬字下曰……案释沬甚是……诗鄘风桑中：“爰采唐矣，沬之乡矣。”毛传：“沬，卫邑。”郑玄笺曰：“于何采唐，必沬之乡，犹言欲为淫乱者，必之卫之都。恶卫为淫乱之主。”孔颖达正义曰：“酒诰注云：沬乡，纣之都所处也。于诗国处鄘，故其风有沬之乡，则沬之北，沬之东，朝歌也。然则沬为纣都，故言沬邦。”水经注淇水注曰：“朝歌城本沬邑。殷王武丁始迁居之为殷都。”是朝歌即殷墟也。今言“沬示”，或泛指殷都宗庙所供奉之神示，则殷之历代祖先周均祀之也。

“𠬝十二母”，此为文（10）所释，认为文（1）漏释“十”字，文（2）漏释“十二”二字；文（14）谓鼎应“训为当”。并谓“𠬝二女”为“乃用被俘的二女为牲”；文（15）释𠬝为服，女为母，谓“二母，乃成唐的二个配偶”。

“其彝血”，文（10）谓：此“彝”即“癸巳彝”之彝，乃以彝器盛血，其牲则“羊三豚三”也；文（15）释血为盟（盟），谓“彝器名”，

“羖三豚三乃彝盟时所杀之牲”。

“叀又（有）足。”文（1）谓：，唐兰先生释为叀，他说，叀古读为惠，惠字古代用为语词，其义与“惟”字同。叀又（有）足，指祭祀所用之牲头足齐全；文（5）释此为“斯又正”谓：

> 本辞末云“囟又正”，H11∶84 则云“囟正”。按殷墟第五期卜辞也常于辞末卜问“正”或“又正”，与此辞辞例相同，如《前》1·20·7、4·38·5、《续》2·7·1、《京人》2951 等等，多与祭祀有关。“囟”字，周原考古队同志释“惠”，或释“廼”，于文义虽无格牾，在字形上仍恐未合。我们认为此字即《说文》之“囟”字，在这里读为“思”或“斯”……“思”、“斯”相通，故《诗·泮水》“思乐泮水”，《礼记·礼器》疏引作“斯乐泮水”；《我行斯野》“言归思复”，开成石经作“言归斯复”。“思”义同“惟”，故《我行其野》“不思旧姻”，《白虎通义》引行“不惟旧因”。
>
> 周原卜辞的“囟”字，也见于宋代金文书中的师询簋。簋铭云：“询其万囟年，子子孙孙永宝用”。“其万囟年”与《诗·下武》“于万斯年”同例。可证“囟”字确应读为“斯”。

文（10）谓：……释“叀”甚是，即契文之而省其也……此片刻辞当是周文王在帝乙之庙，拟徧祭殷之先王自成汤以下，其祭器有鼎有彝，其祭品则“艮”与“羖”“豚”之“血”；文（14）谓“这里的‘叀又足’其意指为祭祀所用之牲头足齐全”；文（15）释为“西又正”，谓“‘西又正’指周大臣。此言文王在文武帝乙宗祠祀成唐及其两个配偶，杀牲为盟，在殷王祖先神明监临下与周大臣同吃血酒，共效忠诚”。

第二片（H11∶4　　图 46）

其微、楚

□乎賁，师

氏受賁

“微”，文（1）谓“微，方国名。《史记·周本纪》记武王伐纣至于牧野，誓曰：‘嗟，我有国冢君，司徒、司马、司空、亚旅、师氏、千夫长、百夫长，及庸、蜀、羌、髳、微、纑、彭、濮人。’《集解》孔安国曰：‘八国皆蛮夷戎狄。羌在西。蜀，叟。髳、微在巴蜀’”；文（2）亦赞同此说，谓“周原甲骨文中的‘微’，疑为巴蜀间的微国”；文（10）也与此说同；文（14）谓：“本卜辞之微国疑指微子启之微”；文（16）赞同顾颉刚先生《史林杂识》微在陕西郿县说。并谓“周人要沿汉水流域发展力量，必须控制此褒斜道门户于手中，拉拢微国，使它成为周人的友邦，从战略考虑，必然出此。直到西周之末，郿始终是战略要地”。

“楚”，文（1）谓“方国名。《史记·楚世家》：‘周文王之时，季连之苗裔曰鬻熊。鬻熊子事文王，蚤卒。其子曰熊丽。熊丽生熊狂，熊狂生熊绎。熊绎当周成王之时，举文、武勤劳之后嗣，而封熊绎于楚蛮，封以子男之田，姓芈氏，居丹阳’”；文（2）谓：“楚见于殷墟甲骨文者有‘于楚有雨’，‘于盂有雨’（《萃》1547）其地与盂接近……《括地记》说：‘归州巴东县东南四里归故城，楚子熊绎之始国也’”；文（10）同意以上二说，并指出“依史记，鬻熊已‘子事文王’，而楚之封子爵，在成王时，H11：83 片有‘楚子’，则此批甲骨，尚有成王时物”；文（14）亦主此说；文（16）认为此楚为文王时。

“□埒赍师氏受赍。”文（1）谓：“师氏，官名。《史记·周本纪》《集解》孔安国曰：‘师氏，大夫官，以兵守门’”；文（3）隶此为“□埒赍师昏舟赍”；文（10）谓：“此两行刻辞与‘其微楚’一行中间有一直线，当属两事。”亦主“师氏”为官名。释“受赍”为“授赍”；文（16）谓：“从周甲刻辞中，我们知道祭天的牺牲玉帛，还有向友邦致送之礼。看来师氏就是接受此种礼物的职官。”

第三片（H11：20　　图 65）

　　叀亡眚

　　祠自

　　蒿于

　　壴

此为文（1）所隶定。曰：“祠，春祭，《尔雅·释天》：‘春祭曰祠。’蒿，地名，或指镐京。壴，亦为地名”；文（2）释曰：

> “蒿”即镐，二者为同音字，可通用。蒿即武王由丰徙镐的镐京……壴，见于殷墟甲骨文和历代的字书。此处“壴”疑假为丰字。

甲文的自“蒿于亯”，当为从镐京到丰京去。周原出土的甲骨文中虽也有丰字（五十一号甲文），但此批甲文不是出自一人的手笔，因而用字不统一是可能的，再者古代用字并不十分严格，假借字很多，如丰京，金文中多做葊字。从二十号甲文的文义看，周王是为了参加祀典，丰是周文王之都，为宗庙所在，由镐京到丰去是合理的。周原一百一十七号甲文为“祠，自蒿于周”。此处的“周”当为岐周。这说明周王祭祀的地点一定是周的都邑所在地，可以作为亯是丰的有力旁证。

文（10）认为文（1）释“眚”误，应为“省”。他赞成文（1）对蒿、亯的考证并认为（2）考释“似欠严谨”。说：“不得谓‘假亯为丰’，即指为‘丰京’也。‘蒿’与‘镐’古音俱在二部，可通”；文（4）亦认为“蒿”“当是地名镐京”，“亯”“亦是地名，殷墟卜辞中屡见”，并定此卜辞为“约当于文王末年，武王初年”；文（15）释此片为“西亡咎，祠自蒿于亯”，谓亯如释为鼓或彭均可通……亯地不详，其地亦当在周原。

第四片（H11：12　图88）

其又大乍，其……

此为文（1）释；文（10）谓：“释‘乍’不确，字犹不识”；文（14）释此片为“其又立乍其……”谓“又（右）立乍”当为“右位乍”，“即作右位也”，与H11：24之“乍天立（位）”当“同样是为建筑宫室而卜”。

第五片（H11：30　图67）

□其

□玙

燎于□

此为文（1）释；文（2）释此片之玙为“邘”，“燎于”后之字为“⿰氵禾”。谓：“‘邘’，《史记·周本纪》：‘明年伐邘……’《说文》：‘邘，周武王子所封，在河内野王是也’。”谓“燎”即“《说文》说：‘燎，柴祭天也’。”“‘⿰氵禾’为地名，殷墟卜辞中常见。《甲骨文编》收入附录（字号是4798）。⿰氵禾是第五期帝王游幸之地，究竟是现在的什么地方，因为牵涉的问题太多，尚不能确定”；文（10）指出释“邗”误，释“涛”字为“地名也”；文（13）释此为“尞于河”，谓“即‘柴祭于黄河’”；文（14）释为“尞于滮”，谓：“地名。当指滮沱之滮，亦即是滮池之彪”，并考证“滮池故地在今陕西长安县西北”。

第六片（H11：27　　图 68）

□于洛

文（1）考释说：“洛，即洛水。此水有二，一发源于陕西商洛县，至洛阳与伊水合流入黄河，一发源于陕北吴旗镇，经甘泉、洛川、白水、大荔入于渭河”，但未确指；文（2）认为此洛应指“出于陕西定边县白于山，东南经保安、甘泉，南流入鄜县，纳沮水，又南流至朝邑合渭水东入于河”之洛水而言；文（10）亦考证“此洛必在陕西，不当在河南”；文（14）释此片为“勺（杓）于洛”，谓“即洛水”。

第七片（H11：84　　图 12）

贞：王桒又（佑）

大甲，曾周方

白（伯），□叀（惟）足，

不（丕）左于受

又（有）又（佑）。

“贞：王其桒又（佑）大甲，曾周方白（伯）。”文（1）考释说：“桒又，即桒佑。太甲，殷帝名。曾，告的意思。周方白，即周方伯”；文（2）“白”下一字隶定作“苣”，考释此句云：“太甲，甲文为合书，是商朝第四个王，是太丁的儿子，成汤的適长孙。帝太甲立三年，因不明，暴虐，不遵守汤法，于是伊尹放太甲于汤之葬地桐宫。伊尹代行国政。帝太甲在桐宫住了三年，悔过自新，伊尹乃返政与太甲……八十四号卜甲是周王祭祀太甲，祈其佑福，这与文献记载的诸侯咸归殷可互为印证。”“‘曾周方白（伯）’，周方伯仍即周文王。《史记·周本纪》：‘……公季卒，子昌立，是为西伯，西伯曰文王……帝纣乃囚西伯于羑里。’《史记·殷本纪》说：‘西伯之臣闳夭之徒，求美女奇物善马以献纣，纣乃赦西伯。西伯出而献洛西之地……赐弓矢斧钺，使专征伐，为西伯。’上述事实说明西伯之名始于姬昌，是姬昌的称号，它反映了周与商朝之间的隶属关系，周是商朝在西边的一个方国”；文（5）释此句所缺之字为“⿱壴皿”，谓：

> 此片王祭太甲，自应为商王。王与周方伯同版，在此辞外，又见于另一片周原卜甲，很显然与周方伯不是一个人。王和周方伯在卜辞中的地位也是大不相同的。王是主持祭祀的人，而周方伯则是“𠷎”的对象。
>
> “𠷎”即《说文》“𠷎”字，“告也”。古书载，与帝辛同时的周君是文王昌，他是商朝的西伯。本辞的周方伯应即文王。
>
> 第五期的殷墟卜辞，有下列几条可与 H11：84 本辞对比：
>
> ……盂方□……𠷎盂方伯炎……田甾正……
>
> 《萃》1190 =《缀》191
>
> 乙丑王卜贞，禽巫九禽，余其障，徵告侯田，𠷎覰方、羌方、羖方、辔方，余其比侯田甾伐四邦方？　　《续》3·13·1
>
> 这两条卜辞都是以敌人（盂方伯炎和覰方等）上告祖先神灵，并通过侯甸加以征伐。至于本辞所云𠷎告周方伯于太甲，究为何故，则没有说明。
>
> “⿱壴皿”字较草，下半的“皿”乍看有些像“其”字。这个字见于《金文编》，即“**齍**”字，《说文》云：“黍稷在器以祀者也。”《周礼·小宗伯》有六**齍**之名，指黍稷稻粱麦苽。在本辞中，“⿱壴皿”指𢀛又（侑）太甲所用的粮食类祭品。

文（7）认为此字应为“盩”，与周方伯连读为“周方伯盩”，论证说：“这里的商王帝辛，为什么在祭祀自己先祖的同时，还要𠷎告周方伯盩呢？这是因为这次祭祀是在周人的岐邑宗庙中举行的，而周方伯盩就是周人的先君祖神太公诸盩”，“既然商王帝辛称诸盩为周方伯，则太公诸盩时周已受到封商当为事实。这与《史记·齐太公世家》中周人以太公诸盩为其先君，可以说是若合符契的”。并认为“太公诸盩在位的年代约与商王武丁相当。而武丁时代的殷墟卜辞中屡有有关商周关系的记载”；文（10）谓：“‘周方伯’下之一字，两者［按：指文（1）、文（2）所列之摹本］写法不同。究不知何者为是”。并谓释“苣”“殊少根据，字不可识”。“王是周王自称，乃有求于太甲之神，册为周方伯。是此片所贞系周文王尚未为方伯之时”；文（11）谓此片中之“王”“不是殷王，而是周文王，它属于第一人称，显示了周君的独立性”，之所以献祭于大甲，“这完全出于对当时政治的需要”。认为本辞中之周方伯，“亦是文王”；文（14）亦主周方伯即文王说，“是殷帝太甲对他的称呼”，但又谓“伯则是殷王帝乙给周王的封号”，“卜辞记载之王当是西伯昌，应是周人自称昌为王”；文（15）认为此辞“是文王为周方伯往殷王宗庙拜受新命之事”。“仅告于大甲一人。”

“不（丕）左于受又（有）又（佑）。”文（1）释“又又，读为有佑”；文（5）释云：

> “不𠂇于受又又”，另一片周原卜辞作“亡𠂇……王受又又”。辞例可与殷墟卜辞相对照……按“𠂇”即“左”字。古代以得助为“又（右、祐）”，不得助为“𠂇（左）”。《左传》昭公四年杜注：“左，不便也。”襄公十年疏：“右便而左不便，故以所助者为右，不助者为左。”殷墟卜辞“亡左自上下于（与）[礻㝵]示，余受又（有）又（祐）”，意谓上下神祇不会不予护助而能得福祐。本辞“不左于（与）受又（有）又（祐）”与之同义。

文（10）谓：

> “不”读为“丕”，“左”当读为“佐”，“受又又”乃殷卜辞之成语……“[illegible]甶足”恐非求年也。

文（11）谓：“不左”即“神祇相助无不顺也”，并谓：“受与纣是同声字。假借‘受’为纣字。‘不左于受’即‘不左助于纣’”；文（14）谓此片“全辞大意周文王求佑于太甲，太甲告周伯丰年厚足，有佑”；文（16）对周人祭祀商的先王进行解释说：“这主要是文王审时度势，在商周力量迥乎不侔的情况下所采取的麻痹帝辛的措施。此外，似尚可做如下的理解：可能是周文王以商上代名王作为‘大神’而加以祭祀。”

第八片（H11：9　　图 66）

大出于河

文（1）谓：“‘河’，疑指黄河”；文（2）释此“河”为“川”字。谓：“此川即指黄河。《尚书·武成》：‘底商之罪，告于皇天、后土，所过名山大川。’传：‘名山华岳；大川，河。’大出也见于殷墟甲骨文……大为副词，出者往也，为介词，川指河，合起来就是大举出军于河之意。《史记·周本纪》记载，‘九年，周武王东观兵’。周原九号甲文可能记录此次武王会八百诸侯，渡河，东观兵于盟津之事”；文（10）亦从文（1）释河。但谓“‘大出’殷卜辞屡见，多与‘方’字相连。如言：‘丙子卜穷贞方其大出，七月。贞方不大出’，似指敌人之来侵扰”。指出以此为“可能记录此次武王会八百诸侯渡河，东观兵于盟津之事”，“则与殷契‘大出’之义不洽”；文（14）亦谓此辞“疑指武王伐纣渡河賁祭之事”。

第九片（H11：83　　图 47）

曰今䴍（秋）

楚子来告

□后□

文（1）䴍字从唐兰释“秋”。“楚子”谓为“楚国之君”；文（2）考证见前第二片所引，此不赘述；文（5）谓：

本片第三行在照片上不够清晰，末一字似从“𢦏”，疑未能定……

此辞的重要在于有“楚子”之名。按《史记·周本纪》和《楚世家》，周文王时鬻熊为臣，“鬻熊子事文王，蚤卒，其子曰熊丽。熊丽生熊狂。熊狂生熊绎。熊绎当周成王之时，举文武勤劳之后嗣，而封熊绎于楚蛮，封以子男之田……楚子熊绎与鲁公伯禽、卫康叔子牟、晋侯燮、齐太公子吕伋俱事成王”。这一记载与《左传》中楚人封先世的叙述基本相符。据此，楚是周成王时受封，成王时期才有“楚子”。如果这些记载不错，H11 本片卜甲应迟至成王之时。

这里应当说明，殷墟卜辞中的“楚”地与楚国无关，这是甲骨学者已经证明了的。

周原卜辞中的“大保”“毕公”都是武、成、康三朝的人物，很难据以推断卜辞的时代期限。“楚子”的出现，为我们提供了一个重要的线索。

文（8）顾铁符谓：

第一行“曰今秋”，是发生事情的时间，可惜没有说出在哪一年。第二行，“楚子来告”，楚子是芈姓的领袖或楚国的君主。他的来是这片卜辞的前提。第三行，“□后□”，可能是楚子来后的活动等。

他认为这批甲骨“总的来说就是武王克商前后不太长的一段时间里”，因此在考证“楚子”应确指楚国的哪个首领时说：

就可以看看在这段时间里，有哪些芈姓的领袖或楚国的君主到过岐阳来过？据现存的文献记载来看，有过两次：一次是《史记·周本纪》：“伯夷、叔齐在孤竹，闻西伯善养老，盍往归之。太颠、闳夭、散宜生、鬻熊、辛甲大夫之徒，皆往归之。”注：“鬻子名熊，封于楚。”所以鬻熊在周文王的时候，是到过岐阳的。另一次《左传》昭公四年：“成有岐阳之蒐。”熊绎在这一次集会中，虽然没有能够参加盟，是到过岐阳的。所以熊绎在周成王的时候，亦到过岐阳。封鬻熊去岐阳的一次和熊绎去岐阳的一次，不仅在周王朝有尚未取得全国政权和已经取得全国政权的区别，在楚国亦有受封之前与受封之后的不同。

关于此，文（8）进一步考证说：

一、《左传》僖公二十六年：“夔子不祀祝融、鬻熊，楚人让之。”这里除了提到祝融之外，只说鬻熊一人，可见他在芈姓一族里的地位，仅次于祝融，不言而喻还在季连、冗熊、熊绎、熊渠……

等人之上。二、论鬻熊的学术地位，他不仅是先秦诸子中最早的一个，同时亦是道家学派的开山祖，可能在当时是一个声闻遐迩的人物。三、鬻熊的投奔西周，一方面是见到帝乙、帝辛对百姓的威胁，同时亦看透了商王朝越来越不得人心。而鬻熊自己，有弃暗投明的意愿，才走到岐阳来的。因此种种，鬻熊到岐阳，受到文王姬昌的重视与尊敬，是理所当然的事。对他的来要进行占卜。并且把这件事刻在卜甲之上，也是意料中的事。至于熊绎到岐阳去，一方面他就是在成王手里因先王的余荫才封的异姓诸侯。《国语·晋语》："叔向谓赵文子曰：'昔成王盟诸侯于岐阳，楚为荆蛮，置茅蕝，设望表，与鲜卑守燎，故不与盟'。"连盟会都没有让他参加，所以即使有"诸侯来朝"或"诸侯来盟"的占卜和甲骨刻辞，亦决不会突出"楚子"。因此，只可能是鬻熊，而"楚子来告"的刻辞，就是鬻熊投奔西周的原始记录。

文（10）谓："据史记周本纪楚子之封在成王时，故此批甲骨尚有成王时物"；文（11）谓："'楚子'即是楚国之君也。楚国之楚，因'楚山'而得名。'楚山'即今终南山，古时又称'华山'。其后楚邑迁于荆山附近"，"'告'与部同声，假借'告'为部字……'告父'即部父，为楚国之君也"，"'后'字当迟用比较恰当"。谓此辞大意是"曰：今秋楚君来，部父迟到"；文（12）释"告"为"告饶"之告，求也。后，读为后嗣之后，继也。谓："来告父后，□"说"盖言来至朝廷请求为其父（熊狂）之合法后嗣"；文（14）谓："'楚子'，楚国之君熊绎之称。""'父后哉'当释'父侯哉'。古'后'与后、侯同。'哉'即伤也。全辞为楚子向周告丧之事"；文（16）谓此辞楚"以立太子之事来告，周史据之以书于甲。'后'字下的字难于辨识，疑是楚太子之名"。并谓："周原甲骨是武王克商以前之物，甲文记'楚子来告'，可见楚的立国应上溯到商代……或者班固所说周封鬻熊为楚祖的说法，更为接近事实的真象。此时楚已被称为'子'，远在周大规模封建诸侯之前，可见子并非爵位，而应为邦国君长的通称。"认为楚国早期活动地区，"应在今河南西南部丹、淅二水之间"，"或即在今丹水、汉水交会处的河南淅川县境。此地密迩荆山，又距关中甚近，周、楚早期有密切交往，实因壤地相近之故”。

第十片（H11：18　　图 72）

出自𪓕

𠂇□

文（1）释此片谓：“‘𪓕’地名，疑是𪓕塞，即今河南信阳平靖关”；文（2）释第一字为“省”，亦谓：“𪓕为地名。《汉书 · 地理志》弘农郡有‘𪓕池’，即今河南渑池县，疑为周之𪓕地”；文（10）云：“第一字细案字形，当作‘出’为是”。并谓：“案此𪓕地，自以接近陕西之渑池较为可信”；文（14）亦主𪓕塞说。

第十一片（H11：3　　图 27）

衣王田

至于帛

王隻（蒦）田

文（1）释道“衣王，即殷王”，“田”“即狩猎”。帛为“地名”。“蒦，即获”；文（2）谓：三号卜甲有“衣王”二字。衣、殷为同声字，故衣王“即殷王”……殷墟卜辞中有“衣”无“殷”。殷人自称商不称殷，周人称殷有敌意，如周初《天亡簋》有“衣王”，《沈子它簋》有“克衣”，都是殷字。《康诰》：“殪戎衣（《中庸》作壹戎衣）”，《大诰》：“天惟丧殷”，《酒诰》：“故天降丧于殷。”这些是周原三号卜甲中的“衣王”即殷王的有力证据。

又考释说：帛是地名无疑了。到底在何处，尚不敢妄断。不过殷王田猎在周的卜辞中予以记录，说明此事与周有关，帛当在陕西或河南与陕西交界处。

文（5）将此片释为“王隹田，至于帛，衣王田”。

并谓：

“隹”即“惟”，“王惟田”即王进行田猎。“帛”，地名，见于殷墟第五期卜辞……日本学者岛邦男氏认为与帛有关的地名应在攸、淮间，与我们的看法略有不同，但帛不会靠近陕西周原则是肯定的。

“衣”，常见于殷墟田猎卜辞，或作“衣逐”……我们曾谈到过“衣”读为“殷”，训为同、合。“衣逐”最近胡澱咸同志也说：“我疑衣字的本义就是围猎。”H11 本辞“至于帛衣王田”，意即前往帛地，与王合围行猎。

这片卜辞的辞主看来并不是王。

文（10）考释此片从文（1）、文（2），谓“王隻田”之“隻”字“其下不从又，仍是‘隹’字”，并说：衣即是殷，“衣王”当是帝辛。“王隹田”之王，乃周王，当即文王。似当时殷王与周王会猎于帛地，殷卜辞中亦曾一见其地，前编二·十二·四片云“癸酉卜在帛贞。王步（于）叕，（亡）灾”，第五期卜辞也，两者当属同时事，帝辛至帛地，而又“步于叕”，不知是去程，抑回程，然为帝辛之巡行田猎，则毫无问题也。今开封之南扶沟有帛乡。陈留风俗传曰：“扶沟县有帛乡帛亭。”（《水经注》引）未知抑此否，此帛乡与周原相距八九百公里，似太远。或者于陕西河南交界之间求之，俟后再考。

文（11）释此片与文（1）相同。并“疑‘帛’地有可能因以‘帛布’草而得名，其地或在华山附近。《史记·殷本纪》‘武乙猎于河渭之间，暴雷，武乙震死’。此与史实相符合。‘至于帛’，即到达帛地”；文（14）谓：“此卜辞记载的殷王田猎之事，其时代较早，既是揭示武王灭商以前的周为商的附属国的实物资料，又说明凤雏村西周宫室（宗庙）建筑基址的时代，当在武王灭商以前，可溯至古公亶父。”

第十二片（H11：68　　图 57）

伐蜀

文（1）谓“蜀，即蜀国”；文（2）谓：

根据《华阳国志》《蜀志》记载，蜀“世为侯伯，历夏商周”……周武王举兵伐纣，庸、蜀、羌、髳、微、纑、彭、濮等出兵协助，表明了天下诸侯咸反殷归周。周原出土的甲骨为先周之物，因此，六十八号甲骨文的伐蜀当为文王伐蜀。

文（10）亦引证《华阳国志·蜀志》的有关记载，谓“此片甲文称‘伐蜀’，当在文王之世，至成王时，臣服已久，故可参与伐纣之役也”；文（14）谓“蜀”即“古蜀国”，说与以上诸家同；文（16）亦认为蜀即古蜀国。并对蜀郡之蜀“与岐周相去辽远，故前人对此颇有疑义”进行了辨析，谓：“周人先‘伐蜀’，后克商，这与战国时秦人的先灭蜀而后规取东方六国先后同符，似出一辙”，“秦、蜀之间古来原有径路可通……周甲所云‘伐蜀’，其用兵实际上并不如后人想象的那样困难”。

第十三片（H11：10　　图 56）

征巢

文（1）释此片曰：“巢，古巢国。《周礼·象胥》序官正义引郑玄注：‘巢伯，殷之诸侯，闻武王克商，慕义而来朝’”；文（2）释此为：

> 巢与周的关系见于《尚书序》所谓：“巢伯来朝，芮伯作旅巢命。”孔安国传说：“巢伯，殷之诸侯，伯爵也，南方远国，武王克商，慕义来朝。”《舆地志》望巢县：“古曰南巢，成汤放桀于此，周初巢伯来朝，春秋为群舒国也。”南巢即今安徽巢县……可能是在殷纣时，巢不服从统治，派兵征伐，此为国之大事，抑或周亦参加此役，故周卜记之。

文（10）谓：“周文王之时，能否及于南巢，可疑也”；文（14）谓：“巢国地望有二处，一在河南新野县，二在安徽巢县”，“此卜辞中之巢似当指安徽巢县之古巢国。与《班簋》铭所记巢相同。当是周公东征淮夷时伐巢国的记载，故当属成王时物”；文（16）说“周甲‘征巢’的巢，有的同志即以巢县当之，对此我颇有疑问。巢县和周原相去甚远，间阻山川，和蜀与周近在肘腋，完全不可同日而语”。“如果我们不是胶执地一定要指为安徽巢县，答案还是不难找到的。《左传·襄公十一年》云：‘卫大叔疾出奔宋……卫庄公复之，使处巢’，此巢在卫国境内，属商的王畿。文王在‘勘黎’之后，兵力已越过太行山，‘入纣境内’，继续扩大战果，‘征巢’自然是顺理成章的事。”又据《班簋》“蜀、巢连言，知其相去当不会太远”。

第十四片（H11：6 + 32　　图 138）

卲曰：竝廼克史

文（1）考释此片说：“卲，《说文》：‘卜问也，从卜召声’”；文（10）“竝”后一字释叀，说：“第四字看照片，当是‘亩’字”，并谓此片最后一字"释'史'似亦可商"，因此字"中间从四，而左面尚有刻画"；文（12）将此片与 H11：32 缀合，隶定全版为"尔囟（唯）克吏（使）告曰：竝（并）囟（唯）克吏（使）"。谓此片与 H11：21"辞例相同，似为卜问出使外方之人"，"尔、竝（并）等乃是所命使臣之人"；文（14）未将此片缀合 H11：32，谓"这里的竝是一位史官"。隶定 H11：32 为"𨻰叀（惟）克史（史）"，谓："𨻰"，疑是"𨻰"字，《说文》："𤐫，塞上亭守湊火者，从𨸏，从火，遂声，徐醉切"，此当为人名；文（15）隶定 H11：6 为"卲曰并西克事"，谓"密在周原之西"，指此为文王伐密事。

第十五片（H11：22　　图 44）

虫伯

文（1）释此曰："即崇伯，疑指崇侯虎"；文（2）谓："虫与崇疑为同声字。'虫伯'，似为崇伯……商代末年有崇侯虎和周文王为同时代人。崇侯虎曾谮周文王于纣王，结果文王被囚于羑里。《周本纪》：'文王……伐崇侯虎，而作丰邑，自岐下而徙都丰。'二十二号卜甲的'虫伯'（崇伯）疑即崇侯虎"；文（10）谓："说文分虫䖵蟲为三部，虫读许伟切，古音在十五部。䖵读古魂切，在十三部。蟲读直弓切，在九部。崇读鉏弓切，古音亦在九部。虫与崇不同声，惟蟲与崇在同部。徐灏说文段注笺引戴仲逵说：'虫与䖵皆蟲之省'。则虫即蟲字，当与崇可通。'虫伯'是否即为崇侯虎，不可知也"；文（14）谓："虫伯"，疑指崇侯虎……该卜辞之崇伯当指商末周初之崇，其封地在今陕西户县；文（16）谓："有的同志以为即崇伯，并指崇侯虎。虫和崇声音虽可相通，但假虫为崇，并无文献足征。"《春秋成公五年》云"同盟于蟲牢"，蟲为虫的重繁，此蟲牢或即虫伯的故国所在。沈钦韩云："《续志》封丘有桐牢亭，曰古蟲牢。《寰宇记》，桐牢亭在开封府封丘县北二里。《一统志》，今俗谓之桐涡。"

第十六片（H11：45　　图 39）

毕公

文（1）谓：毕公，即毕公高。《史记・周本纪》："武王即位……召公、毕公之徒左右王，师修文王绪业。"又"成王将崩……乃命召公、毕公，率诸侯以相太子而立之"。"康王命作策毕公分居里，成周郊，作

《毕命》。”其封地，《史记 · 魏世家》说：“武王伐纣，而高封于毕，于是毕姓。”《集解》：“杜预曰：毕在长安县西北。”《正义》引《括地志》：“毕原在雍州万年县西南二十八里。”即今陕西咸阳毕原。

文（2）谓：毕公的事迹见于文献者，一是随武王灭纣，“……毕公把小钺，以夹武王”，“命毕公释百姓之囚，表商容之闾”。二是灭殷后，武王即位，以“太公望为师，周公旦为辅，召公、毕公之徒左右王，师修文王绪业”。武王死后，毕公又辅佐成王，“成王将崩，又命召公、毕公率诸侯以相天子而立之”。康王即位后曾为作册“分居里，成周郊，作毕命”。由此可知，毕公曾为武、成、康三世的重臣。

文（10）谓：案史记魏世家：“武王伐纣而高封于毕”，则称“毕公”在武王伐纣以后；文（14）亦谓毕公“指毕公高，公是毕公高的爵称”。“毕公之封地”，经考证，亦主“即今陕西咸阳毕原”说。

第十七片（H11：50　　图 38）

大保

文（1）谓：“大保，应即召公奭”；文（10）云：释大保为召公奭“确否待考”；文（14）谓：“‘大保’是召公的官爵”，“大保”还见于H11：15 片，指出：“这两片相较其字体有异”，H11：15 片之“保字作‘儒’与《史叔隋器》（成王时期），《盂鼎》（康王时期）铭中的‘大僊’相同，在子字上均有王字。此片之‘保’作‘[illegible]’与前者当不是出自同一时期一人之手”，“本片之‘保’字与近来周原出土的厉王《㝬（胡）簋》铭……之保作‘[illegible]’一样”，“故此片卜辞当是召太保之后的太保”。

第十八片（H11：19　　图 99）

貘

文（1）释此为“动物名”，谓：《史记 · 司马相如传》：“兽则㺎旄貘犛。”《集解》：“骃案：郭璞曰：‘旄，旄牛。貘似熊，庳脚锐头。’”《索隐》：“张辑云：……貘，白豹也，似熊，庳脚锐头，骨无髓，食铜铁，音陌”；文（10）亦同上说；文（14）释与上诸说约略相同。

第十九片（H11：23　　图 70）

于尚虓

此为文（1）所隶定，无说；文（2）谓：虓当为地名。虓字《类篇》说：“或省作 掳。”掳，《玉篇》“古获切，音掴”，《集韵》音

"虢"。可知椃可作搋，搋又与虢同音，故椃即虢。虢有东虢、西虢之分……二十三号甲文"于尚椃"，疑"尚"为上字，即于上虢这个地方；文（10）认为此虢与《前》4·45·3"椃方"之椃当是一字，"前编称'椃方'当是方国之名，亦为地名"。但对"上虢"之说有所保留，说："案辞不完，难于确指"；文（14）亦同文（1）说，说"疑是上虢"，并举铜器《椃伯彝》铭证"椃为地名"。

第二十片（H112：8　　图 74）

□鬼禜乎宅商西

文（1）谓："鬼疑指鬼方"；文（2）释此片为"入鬼吏（事）乎宎商西"。引证了《竹书纪年》《汉书·西羌传》等古籍后说："鬼为周西方的部落，王季、姬昌均伐过鬼戎。八号甲文的'入鬼吏（事）'，当为鬼入事。说明鬼已宾服入事于周，双方关系和洽"；文（5）释此片为"六年，吏乎宅商，囟……"谓：

> 此辞最后一字原释"西"，细看似仍为"囟"字之变。所云"六年，吏（使）乎（呼）宅商"，假如没有误读，是非常有意义的。
>
> "六年"，也见于 H11：64。商人称祀，周人称年，殷墟卜辞未见称年之例。"六年"显为周王纪年。周文王六年，不可能有"使呼宅商西"这种口气的卜辞。武王六年，据王国维《周开国年表》考订，为既克殷二年，其时商有武庚，武王有疾，不久去世，从情势推断也不可能有"使呼宅商"之事。只有成王六年，即《尚书大传》所载周公摄政建侯卫之年，时在克殷践奄以后。《逸周书·作雒》云："俾康叔宇于殷，俾中旄父宇于东。"朱佑曾《集训校释》："宇，宅也。""宇"字当即"宅"字之误。"宇于殷"就是"宅商"，其事当在成王六年，正与 H11 本辞相合。不过，《周开国年表》本身尚有若干问题，上面意见只能供今后进一步研究的参考。

文（10）谓此片曰：今案第一字模糊不辨。第二字释"鬼"，应存疑。第三字确是"吏"字，应读作"使"，汗简使作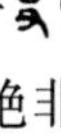可证……"乎宅"殷卜辞屡见。"商西"为地名。此片刻辞作 L 形，绝非卜辞之形式；文（14）亦释此片为"六年，史（使）乎宅商西……"谓："此卜辞六年，

当是周成王六年。商即殷商……‘宇于殷’即是‘宅于殷’，与此卜辞‘宅商西’语气相类。”并指出：“原在《简报》中（按：指《陕西岐山凤雏村发现周初甲骨文》，《文物》1979年第10期）把六年误释为‘×鬼’，不对。”但又说：“六年似是武王六年，成王二年”；文（15）释与上同，谓：“丰，原属崇地，其地正在殷都朝歌之西。《大雅·文王有声》之诗曰：‘既伐于崇，作邑于丰’，六年正是文王作丰之时。周初诗人所谓文王受命称王之说，在此又得一确证”；文（16）释与文（1）同，谓：“鬼即鬼方”，“‘入鬼使’意为接纳鬼方使者”。“‘宅商西’是宅居于商的西部之意。”并论证说：“周文王时，国力虽较公亶父时远为强大，但对鬼方仍采取恭顺态度。”“徐中舒师对鬼方地望作了新的探讨。他认为春秋时隗姓的赤狄即是鬼方之后，赤狄与晋接壤……当在今山西及河北的南部……因此徐中舒先生认为鬼方的根据地，当在山西境内求之，而陕西的泾、洛之间也是其屡代出没之地。周甲言鬼方‘宅商西’和徐中舒师的分析正合。”并指出：“如至今犹株守王国维的旧说，恐怕未必妥当。”

第二十一片（H11：2　　图122）

自三月至

亐（于）三月月唯

五月叀（惟）尚

此为文（1）所释，谓“月唯”一词亦见于晚殷金文；文（3）释本辞最后之“尚”字前较文（1）多一“亡”字，考释道：殷代并无闰月之称，闰月只是重复一个月。周原出土周初甲骨文也用重月表示闰月……这片甲文中的重三月，绝不是四月的笔误，应当为后三月，即闰月；文（10）考释谓：本片之“三月二”，乃第二个三月之标志，明此三月为闰三月，不当读作“月唯”……殷历年中置闰，自祖甲开始，非乙辛时代才有……“叀尚”犹言“唯庶几”矣；文（14）谓：此卜辞“月唯”与“月隹”同（笔者按：见《三代》13：42，2－3）。这里的“三月至于三月”，当指闰月，是研究当时历法的重要资料。

第二十二片（H11：13　　图131）

匕鼎（贞）：既魄（魄）

文（1）释云：匕，人名，指贞卜之人。既，有尽、已的意思……

魄，即魄。《书·康诰》孔传："马云，魄，朏也，谓月三日始生兆朏，名曰魄"；文（3）谓："既魄"，就是既生魄；文（10）谓此辞第一字释匕"实误"，而应作"卜"。论"既魄"曰："魄"字是否为"魄"尚成问题，遑论"生魄"？文（13）谓："既魄"属于月相，周人用其补充殷商的十二干支记日法，而西周金文中常见的有"初吉""既生霸""既望""既死霸"等；文（14）亦谓："魄"即魄。"此'既魄'疑是既生魄之省称。"

第二十三片（H11：26　　图 132）

既吉

文（1）谓：吉与屈、诎、朏古音相近。《说文》："朏、月未盛之明也。"既吉可说成既朏、尽朏之意；文（3）谓："既吉"就是已吉的意思。《卜辞通纂》谓"既"就是尽也。它是否就是金文中的"初吉"呢？尚不敢断定，待以后研究解决；文（10）谓：金文月相中无"既吉"……此"既吉"是否为月相之专名，待考；文（14）谓：此卜辞之"既吉"当可说成既朏，即尽朏之意，似与初吉等同意。

第二十四片（H11：55　　图 133）

隹十月既死□

亡咎

文（1）释曰："既死"二字的后面折去一"霸"字。亡咎，应即无咎；文（3）亦谓此片"既死"下应缺一魄字，被破坏；文（10）释与上同；文（14）谓："既死"之后折去一字，当是魄字。

第二十五片（H11：47　　图 130）

大禝廼

不大追

文（1）谓：大禝，即大还。《淮南子·天文训》："日出旸谷，至于乌次，是为小还。至于女纪，是为大还。"大还，在下午五时以后；文（10）释"廼"为"亩"，谓：案王念孙云："小还、大还，当为小迁、大迁，字之误也。迁之为言，西也。日至昆吾，谓之正中，至乌次，则小西矣，故谓之小迁。至女纪则大西矣，故谓之大还。汉书律历志曰：'少阴者西方西迁也。阴气迁落物'，白虎通义曰：'西方者，迁方也，万物迁落也。'是迁与西同意。若作小还大还，则义不可通矣。旧本北堂书钞天部一，及艺文类聚、初学记天部上、太平御览天部三，引此并作小迁大迁。”（读书杂志）淮南之大还，既是大迁之误，则“大儇”恐不能释作“大还”矣。“大儇”与“大追”之义，待考；文（13）释“大还”与文（1）基本相同。谓本片之“大还，囟不大追”意为“大还之时”，（隹）不大适于逐兽；文（14）以《淮南子·天文篇》释大还，曰：“日出旸谷……至于乌次，是为小还。至于女纪，是为大还。”即今天文学所称之回归线。并云：“《淮南子·天文篇》称大还，在下午五时以后。”释“追”为逐，谓本辞之“‘大追’其义为大肆追逐，驱赶”。

第二十六片（H11：40　　图 125）

隹四月

此为文（1）所释；文（10）谓此“仅有纪时之辞，非卜辞也”。

第二十七片（H11：64　　图 75）

六年

文（1）谓：《尔雅·释天》：“夏曰岁，商曰祀，周曰年，唐虞曰载。”此六年，疑是文王六年；文（3）谓此“足以证明，不但西周中晚期，甚至周初或先周就早已用‘年’了。西周甲骨，时当商代帝乙，可见在那个时期，商用‘祀’，周用‘年’是并存的”；文（10）谓：“案此批甲骨疑有成王时物，则此‘六年’亦可能为武王与成王”；文（14）释此为“亡年”。谓：“亡”即无也。此卜辞“亡年”即年成不好，可见周人对农业的重视。我们原在《文物》1979 年第 10 期《陕西岐山凤雏村发现周初甲骨文》一文中误释为“六年”，当时放大镜倍数小，未看清，这次经用 15 倍放大镜观察，确为“亡年”，特此纠正。

第二十八片（H11：38　　图 16）

王卜

文（1）隶定作此，无释；文（10）谓：此王当是周文王；文（14）亦隶此片为“王卜”。

第二十九片（H11：132　　图 25）

王畬□

文（1）谓：畬即饮。《说文》：“畬，歠也。从欠，畬声”；文（5）释畬后所缺之字为“舂”，谓：

“秦”即“秦”字。本片虽残短，却很重要，所记礼制同于宝鸡戴家沟旧出的塱方鼎，即所谓周公东征鼎。该鼎现在美国旧金山亚洲艺术博物馆，照片铭文见于陈梦家《西周铜器断代》，铭文在内壁和内底上，文为：

惟周公征伐东

尸（夷）丰伯尃（薄）古（姑），咸𢦏，

公归𨐸于周庙。戊

辰，酓秦（秦）酓，公赏塱

贝百朋，用作障彝。

由铭文看，“酓秦酓”也许是饮至一类庆祝凯旋的礼仪。此礼不见于殷墟卜辞，H11 本辞中的王很可能是周王，不是商王。

文（10）谓此片王后一字“象动物，恐非‘酓’字”，并谓对本辞之最后一字“不识”；文（14）谓：“‘酓’即饮也……第三字释秦（秦），卜辞所说当是王飨饮乐之事”。并举铜器《塱方鼎》铭中有关“饮秦”的记录为证，谓：“‘王酓秦’似是周成王举行庆功典礼宴会前的卜辞。”

第三十片（H11：7　　图 158）

八七八七八五

文（1）只画出原形，未释；文（9）指出文（1）原图版倒置，并将上述数字变成阴阳爻，释为易卦离下坎上的“既济”；张亚初、刘雨、徐锡台、楼宇栋亦谓此为易卦卦象，其说见前张家坡甲骨第一片汇释所列篇名及徐锡台等《西周卦画探源》[《中国考古学会第一次年会论文集(1979 年)》] 一文；文（10）迳释为“五八七八七八”，谓“易卦”说“确否待证”；文（14）谓此“由数字二七二七二组成”，无说。

第三十一片（H11：81　　图 156）

七六六七六六

文（1）只画出原形，未释；文（9）释此为上述数字，变成阴阳爻后，为易卦艮下艮上的“艮”；张、徐等说同上片所引文；文（10）考释亦如上片所引文；文（14）释此“由数字七六六七六六组成”，未考述。

第三十二片（H11：15　　图 37）

大保，今二月往于

文（2）考证“大保”谓：当即文献所言的太保召公奭，为周初之重臣。召公随武王伐纣，杀纣后，“武王命召公释箕子之囚”。因其伐纣有功，封召公奭于燕。在成王时，召公曾受命“复营洛邑”，并与周公一起参加过“东伐淮夷，践奄”的战争。成王将崩时，召公受命与毕公共同辅佐康王。这说明太保公奭亦为历武、成、康三朝的大臣；文（10）谓：此字左从“⿱亠口”，是否为保字，值得商榷。往下之“亍”释“于”可疑，此片刻作J形，当非卜辞；文（12）谓：太保，官名，指召公奭。今二月，卜辞常见“今某月”之语，是对“来三月”而言的；文（14）将此片之“保”字与H11：50之保字进行比较后，指出“这两片相较其字体有异”，其说见前第十七片（H11：50）所引，此不赘述。认为此片之“大保”“当是武、成时的召太保”。“二月”，“即正月”。

第三十三片（H11：37　　图43）

宬叔用

此为文（2）所释，曰：宬即郕字，也可书为成字。宬郕通用。周初有宬国，《春秋会要》《世纪》载：“郕，姬姓，伯爵，文王子叔武始封。”郕叔当是郕之叔武。宬之地望待考；文（10）谓：然郕地在鲁，不相近，迳释为文王子叔武始封之郕，恐尚不足取信；文（12）谓：据《史记·管蔡世家》，武王同母弟十人，皆太姒所生。成叔武，其老七也。《正义》引《括地志》云：“成，在濮州雷泽县东南九十一里，汉郕阳县。古郕伯，姬姓之国，其后迁于成之阳”；文（13）释此片正面为“宬叔　用”，反面为“兹考”。谓：“郕”的地望，有两种说法：一说在“泰山钜平县东”，即今山东宁阳县境内；又一说“在怀县西南”，后者的说法可从；文（14）释此片之正面为“宬叔　弗用”，其反面为“兹囟”。谓：“关于郕叔，史书记载不一。一说是周文王之子成伯之后，一说是文王子郕叔季后。由此卜辞可佐郕叔季之说。本卜辞拟定为武王、成王时期。”

第三十四片（H11：116＋107　　图63）

豊

此为文（2）释，其说见第三片汇释所引；文（10）谓：丰为丰镐之丰，当是地名，《史记·周本纪》曰：“明年，伐崇侯虎，而作丰邑，自岐下而徙都丰。”集解：“徐广曰：丰在京兆鄠县东，有灵台”；文（12）

将 H11：51 与 H11：107 片缀合，隶定为“尸其丰（邦）。兹　丰”，并考释道：“尸，主也，守也。丰，即邦字……尸其丰（邦），盖谓主守其邦国之境”；文（14）定此片号为 H11：51［按：定此号为 H11：51 有误，当以（1）所定 H11：116 为是］，隶定为“丰□　　□兹”，无释。

第三十五片（H11：117　　图 61）

祠，自蒿于周

此为文（2）所释，其说见前第三片汇释所引；文（10）亦主此说；文（12）谓：蒿，读为镐，即镐京。周，当指岐周。岐周为周先王宗庙所在，故须自镐京往岐周举行春祭；文（13）谓“蒿”，假借为镐，即镐京也。“周”，即岐周……其地望包括今岐山京当公社贺家村、董家、凤雏村、朱家、周家桥、礼村、王家嘴、京当、官里、呼刘家、岐阳堡及扶风法门公社齐村、上下樊村、召陈、任家、庄白、刘家、黄堆公社黄家村、强家、云塘、齐镇、齐家村等地。此片卜辞的大意是：“周王从镐京往岐周进行春祭”；文（14）亦主周“当指岐周”说。谓：岐周之所以称周，主要为区别宗周镐京，成周洛阳；文（15）谓：此皆为武王自镐京前往周原祀周宗庙之事。

第三十六片（H11：136　　图 22）

今⿱龜火（秋）王囟

克㞷（往）⿱穴必

文（2）释曰：⿱穴必盖国名，西周金文《阳鼎》有“⿱穴必伯”，《趞鼎》有“⿱穴必叔”，丁佛言《说文古籀补补》释“⿱穴必”为“宓”，⿱⿱穴必山为密。古有密须国。《史记·周本纪》记载周文王伐密须。《集解》引应劭曰：“姞姓之国。”谶曰：“安定阴密县是。”故城在今甘肃灵台西；文（10）谓此辞中“释‘⿱龜火’，可商”，并谓“是否即为姞姓之密须，待考”；文（12）谓：“盖指文王所伐之密须也。”并谓《史记·周本纪》之共王所伐之密，“乃是姞姓之密，灭于周初，周王室于其故地复封以姬称之密。周原甲骨，据学者们研究，下限不晚于康王，则本辞所称之王，决非共王可知”；文（14）谓：该卜辞的“王”当是周文王，征伐密须国的战争发生于文王五年的秋天。卜辞属于文王时期无疑；文（15）隶定此片为“今□王西克往密”，谓：“密在周原之西。”

第三十七片（H11：85　　图 157）

七六六七一八其入王□鱼

徐锡台等在《西周卦画探源》文中认为，此“卜甲的出现，更支持我们认为周原卜甲上数字符号即是当时西周早期的重卦卦画本形的论断。在该卜甲的重卦卦画之后已出现卦辞。‘既吉’一辞，当是贞兆辞。这样，使得卦画的内涵比较充实了。《诗·鄘风·定之方中》说的‘卜云其吉’就和八十五号刻辞相吻合。这是卜辞中最简单的辞语”；张亚初、刘雨认为是“占筮的八卦数字符号”，其说见前引文；文（13）隶定此为“七六六七一八曰其　□□既鱼”，谓：“七六六七一八”，变成《周易》中阴阳符号为“䷑”，巽下艮上卦为“蛊”……“鱼”为美意；美与吉义通。“既鱼”训为“其吉”；文（14）隶定此片为“七六六七一八　曰[illegible]　既鱼”，无释。

第三十八片（H11：177　　图 155）

七六八六七六

徐、张等人考释如上片所引文，此不赘述；文（14）谓此片符号“由数字七六六七六组成”，无释；文（12）隶定此片为“七六六六七六”，认为此为“原始卦画”。

第三十九片（H11：24　　图 87）

乍天立（位）

文（14）谓：“乍”，同作，立即位也。乍天立，即作天位……指为建筑天子宫室而祭卜；文（13）谓：“乍”即祚字，保佑也。“乍天立”，当为保佑天位也。

第四十片（H11：82　　图 14）

……文武

……王其邵（昭）帝（禘）

……天……[illegible]（册或典）曶（告）

周方白（伯），叀（惟）

足亡𠂇（左）自（?）……

……王受又（有）又（佑）。

文（14）谓：能看清的第一字尚余残笔[illegible]，疑是彝字残笔……“帝”，即禘，祭名。禘天，即祭天“[illegible]”……观此字形，结合文义，应释册为宜。“亡𠂇”，即无左，其义是没有不得助不吉利的……本卜辞的周方白（伯）指周文王，辞中两出“王”字，当是周人对自己领袖的称谓；文（12）说：以全辞文意推求，第二行王字上，当有升或宗字。文武，即文丁……邵，当读为祰。《说文》：“祰，告祭也。从示，告声”……正，《说文》云：“是也”，译为今语，犹言正确。𠂇(左）……可引申为乖舛，不顺遂之意。“亡𠂇”犹今语“没错”。又读为祐，《说文》云：“祐，助也。”……据上述史籍记载（按：指今本《竹书纪年》及《史记·殷本纪》），对照本片卜辞，可知本辞所称之王，即是帝辛。所称之周方伯，即是周文王；文（13）释本片第三行为“天降典𦉢（告)”，谓：典字，《说文》云：“典，五帝之书也，从册在丌（其）上，尊阁之也，庄都说典大册也。”“𦉢”即告字……“亡𠂇”，即无乖戾之事。此片卜辞大意是：才（在）文武……王其邵祭，天𦉢告诉周方伯无乖戾的灾祸，王就受保佑；文（15）隶定此片作“（上缺）文武□□往其卲（昭）帝（禘），□来𠂇（佐）卜典，𦉢周方伯，西正亡𠂇（佐），王受乂（祐）”，谓：此言文王前往殷文武帝宗，用禘礼祭殷先王。禘为合祭，须有卜人来佐卜典，此处人名缺。𦉢，《说文》作𦉢，告也。𦉢周方伯即文王往殷王宗庙中拜受新命为周方伯之事……只须卜人来佐卜典，不必再用西正佐助，所以王独受神祐。

第四十一片（H11：114　　图115）

弜巳（祀）其

若𠬝叀（惟）

正

文（14）释弜从罗振玉说，谓：“此卜辞之弜当释为辅弼之弼，重之意。”“‘弜巳’即经常重视祭祀。”“此若字与则、顺同意。”释“𠬝”引《说文》“活也，从又从卩事之节也，房六切”。解释全辞大意说：“经常重视祭祀，则治惟正惟顺”；文（12）释弜从张宗骞说，读为弼，与弗字通，谓“卜辞弜字当作否定词无不合”。“若𠬝，当为若俘……故疑‘若𠬝’即今语‘俘虏’也”；文（13）亦从弜用为弗字说，释“𠬝即服字，《说文》云：‘服，治也’”。谓全辞大意为“即不要祭祀，他已顺从归服正道”。

第四十二片（H11：59＋118　　图86）

……天乍，其牛九⿰犇鹿

此为文（12）所缀。文（14）未缀合，分作两处进行考释，释为“天乍其”，另一处释为“其牛九⿰犇鹿”。谓：“牛九”，即九牛。“⿰犇鹿”即犥，《周礼 · 庖人》“掌共六畜六兽六禽，辨其名物。凡其死生鱻薨之物，以共王之膳与其荐羞之物”，孔疏：荐，进也；文（12）谓：乍，迫也，动也。九，疑读为惊（九，惊双声）。九下之字不识，疑为犸字。臆度此辞，其意是：上天乍雷，迫动其牛惊奔犸驰不止。

第四十三片（H11：130　　图116）

受又（有）又（佑）

叀（惟）正

此为文（14）隶定，无释。

第四十四片（H11：133　　图35）

三牢

丁卯王在……

此为文（14）隶定，无考；文（12）隶定为“丁卯，王才（在）☐三牢”，谓：辞义甚明，即丁卯日王在某地，祝告天神，用牲三牢；文（13）隶定此片与文（14）同，谓：此片云用三牢祭祀。

第四十五片（H11：134　　图31）

弜巳（祀）

王⿰非卩（卯？）

文（14）谓：“⿰非卩”，不识。疑是⿰𠂎卩之误；文（12）隶定此片作“弜巳（祀）王☐”，无考。

第四十六片（H11：174　　图8）

贞王其□曰（？）用

胄叀十

胄乎桒受

囟（斯）不（丕）妥（绥）王

文（14）谓：“胄”，即人名……“妥”即绥也。《尔雅 · 释诂》：“妥，止也。”但妥与绥古字通，此读作绥。绥，即安也；文（11）隶定此片为“贞：王其乙旦用　胄，叀乎　胄，乎桒王　囟（惟）不（丕）每（敏）王”。并考释说：“旦”即旦字……“乙旦”，即某一旦也。

“㕣”，即胄字……恭字与拱同意……“恭王”，即是王斂手为拱，垂拱而天下治矣……“每”与美为同声字，可假借“每”为美字。“不美”，即大敏，或大美之意。“囟不每正”，亦就是唯有周王有很大的美德也。该文定此片为“文王晚期作品，亦相当于殷乙、辛时期”；文（12）隶定此片为“贞：王其☐，王用 胄，叀二 胄。☐桒（拜），王 叀不每（晦）。王……”考释此辞之“胄”即“甲胄之胄”，谓：“174号辞意颇难懂，似为王将戎装出征，卜问所选甲胄是否合用”；文（15）隶定此片做“贞，王其𠂤（师），用胄，叀（唯）乎胄，乎𣎆（拜）受，西不妥（同绥，旆也，旆亦旌旂之属）王”，考释说：“此言文王在师中举行再旂大典，乎用殷王所颁赐之胄，而不再用西土原有的大旂。”

第四十七片（H11：112　　图9）

彝文武丁升

贞王翌日乙酉

其桒爯㫃

……文武丁豊（丰）

……王卯……

……𠂇王

文（14）谓：“文武丁”，疑即太丁（文丁）……“升”，贞人名……“桒爯”，为祭名……即举行祭礼仪式。“㫃”……应是如《考古记》所说以象征伐的熊旗六斿之旂。“桒爯㫃”，即是王举行祭祀典礼时用六游之形的熊旗；文（11）隶定此片为“彝文武一必 贞：王翌日乙酉 其桒𠂇（左）爯中，□武一豐。□□□卯 □□□左王”。谓辞中之文武“可能指的‘文武帝乙’”，谓“必”为“祀神之室”，即“神宫”。释“爯中”“即举旗也”。释“豐”“是祭祀时所用的一种器皿”；文（12）隶定此片基本与文（14）同。考释曰：“彝，此处当是在或居之意。升，即神宫，庙室。”谓桒“读若賁，大约是举行国祭或朝会诸侯大典”，爯旗“盖谓太常等九旗并举也”；文（13）隶定此片做“彝文武丁必 贞：王翌日乙酉 其桒左爯中 作武丁豊 □□□□卯 □□□□祐王”。考释谓：……“文武”是一种美称。“丁”即殷王文丁，为殷商第二十九王……爯即偁字。如《尔雅·释言》：“偁，举也。”《说文》：“偁，并举也。”“中”为旗。“偁中”即举旗。如卫盉铭文云“王爯旗于丰”。丰是祭祀时所用的一种器皿……“祐”《集韵》：“佑助也”；文（15）隶定此片做“彝文武宗。贞，王翌日酉其𣎵（拜）爯𠂤”，“丙戌武豊（上缺）𠕁（𣎆同裂）卯（上缺）𠂇（佐）王”。考释道：“‘爯𠂤’金文三年卫盉作‘爯’。𠂤象旂有游形，乃原始象形字，旂从㫃斤声，则是后起的形声字。爯举也，爯旂即举起周方伯旂，此旂也应是殷王所颁。”并谓此片与上片（H11：174）可以“爯旂之事相互发明”：“文王接受新命，在周民族中举起周方伯旂的大典，先一日彝于文武宗，翌日乙酉再往殷王宗庙拜谢爯旂之事。第三日丙戌文多残缺，其可知者，裂卯皆指杀牲言。佐王上当缺‘西正’二字。文王在周民族中举起周方伯旂，也要与西正同饮血酒，同心同德，保卫周邦，效忠殷王。”

第四十八片（H11：14　图28）

楚白（伯）乞（迄）今𥝌（秋）

来囟于

王其则

文（14）谓：“‘楚白’即楚伯，此与H11：4的‘楚’和H11：83的‘楚子来告’之楚相同”。“乞”字从郭沫若训为“迄至之迄”。“囟”字从李学勤先生［按：即文（5）］释作斯、思。“于”字谓“即於也，古时于、於、與通用”，“则”训“即也”。“《广雅》曰：‘则，即也’而‘即’与‘则’古声同而通用，均可训为若……若，即顺也”谓本辞之“于王其则”“意为于王顺利，当指伐楚事”；文（11）释“来囟于”句为“来卬（禦）于”。释“楚伯”引《路史国名记》曰“许氏叔重谓尧以楚伯受命，今之唐州，故湖阳有西唐山”。又引《令簋》铭“隹王伐楚伯在炎”以证。“三”训乞，谓“当为乞求之意”。并谓“本片卜辞中‘卬’字应为享用之意”。考释“则”字时引《周礼·春官·大宗伯》：“王命赐则”并引郑氏注，谓“本片卜辞中‘则’，可能当为采地”。谓此片卜辞大意为：“楚伯至今秋来，享于周王，求赐予他采地”；文（12）隶“来囟于”为“来从于”。谓：楚为子爵，不得称为伯。故本辞之伯乞二字应连读之。伯乞，即熊绎。伯乃伯仲之伯，乞即绎之近音假字。故“楚伯乞”即楚子熊绎。“其则”二字应读为“之侧”。《楚世家》载：“楚子熊绎与鲁公伯禽……俱事成王”，与本辞所言“来从于王之侧”正相符合。因知本辞之王，必指成王；文（15）隶定此片为“晳（此字省止应读为楚）伯乞（迄）今秋来西，王其则”。并引《史记·楚世家》论证“楚在文王、武王时与楚（按：此字为周字之误笔）发生关系，在这里也有一些蛛丝马迹可寻”。

第四十九片（H11：36　图 108）

川（河）告于天甴亡咎

文（14）谓：“‘天’即昊天”，告“为祭名”；文（12）谓此片与 H11：133 片（即第 35·四四片）“似应缀合为一”。（按：其上文字为“丁卯王在　三牢”，与本片 H11：36、图 108 似不能缀合）

第五十片（H11：73　图 144）

𨸏（墜）

文（14）隶定作此，无考。

第五十一片（H1176　图 117）

□曰巳（祀）

此为文（14）隶定，无考。

第五十二片（H11：78　图 91）

七牢

文（14）隶定作此，无考；文（13）引《礼记·礼器》篇谓：“诸侯七介七牢，大夫五介五牢”……

第五十三片（H11：119　图 92）

□其三牢

文（14）隶定作此，无考。

第五十四片（H11：122　图 113）

上帝

文（14）谓：“帝”，即天上的至上神，有主宰天上地下的一切权力。

第五十五片（H11：141　图 119）

弜巳（祀）

文（14）谓：“‘弜巳’，即弼祀”；文（12）释“弜应读为弼，与弗字通。卜辞弜字当作否定词无不合”。

第五十六片（H11：21　图 49）

曰召（侑）甴（惟）

克事

文（14）谓："召" 即友（侑）…… 在此应作侑；文（12）谓：……似为卜问出使外方之人。召同双，即友；文（13）谓：此片卜辞中"吝"当为人名。"曰友囟（隹）克事"应该为言吝能胜此事情的；文（15）隶定此片作"舟（受）召（友）西克事"，谓：言"西克事"……密在周原之西，所指为克密之事，亦无可疑。

第五十七片（H11：77　　图 109）

叀（惟）亡咎

此为文（14）隶定，无说。

第五十八片（H11：200　　图 121）

巳（祀）其

子（?）笙（從）

此为文（14）隶定，无说；文（12）隶定此片为"才（在）楚　祀其小……"亦无释。

第五十九片（H11：202　　图 205）

□丙兄（祝）

此为文（14）隶定，无释。

第六十片（H11：201　　图 192）

兄（祝）

此为文（14）所隶定，无释。

第六十一片（H11：138 + 160　　图 96）

ट（巳）　鵬（鹏）

此为文（14）隶定，并释"第一字当是ट，即巳（祀）字。'鵬'从鸟从朋，当释为鹏"；文（12）读此片与文（14）正好相反方向，隶定作"龖"，并考释曰：详察此字之形，乃如二龙飞腾之状，其头相并，其身相从。当为龖字。《说文》龙部：龖，飞龙也。

第六十二片（H11：35　　图 103）

□䡅（車?）

乘叀（惟）

亡咎

此为文（14）在第一类"卜祭"部分所隶定，无释。后又在同文第八类"杂卜"部分出现，隶定为"□车　乘叀（惟）　亡咎"，考释道：

“车乘”，当指军队。《诗·鲁颂·閟宫》：“公车千乘。”“乘”，即是辆也。每乘兵车人数为二十五人。《周礼·小司徒》云：“五人为伍，五伍为辆”；文（12）隶定此片为“□𢦏（戉）乘，囟　亡咎”。考释道：𢦏疑为戉字，此处假为越。越乘，乃超乘之意。

第六十三片（H11：5　　图 139）

卲曰巳（祀）

引（矧）曰其逐

此为文（14）所隶定。考释曰：“卲”，卜问也。“矧”……又作亦解。

第六十四片（H11：262　　图 118）

秋巳（祀）

此为文（14）隶定，考释曰：“秋巳（祀）”，即秋祭。

第六十五片（H11：11　　图 26）

□子（巳）王其乎更（赓）𠂤父陟

此为文（14）隶定，考释曰：“□子”，当是“□巳”，为干支。更，即赓，续也；文（11）隶定此为“▨子（巳），王其乎更，𠂤（厥）父陟西示”。考释说：“更”当为人名或国族名……地望当在晋阳西南。……“𠂤父陟西示”，与殷墟卜辞中“▨来刍，陟于西示”（前 7·32·4）意近；文（12）隶定此片为“……子，王其乎（呼）更𠂤（厥）父▨，囟亡……”考释谓：更，读为赓，继也。父下之字不识，似为陟字，假为职。

第六十六片（H11：102　　图 69）

见工于洛

文（14）谓：“‘见工’，应是人名，为应侯见工”，谓见于陕西蓝田出土的应侯钟及中村不折氏所藏应侯钟铭。并据《左传》富辰曰：“邘、晋、应、韩、武之穆也”论定“本辞‘见工’当是武王之子”。释“洛”谓“即成周洛阳”；文（12）谓：“见，当读为现，效也。见工，即效工。”

第六十七片（H11：186　　图 79）

出□

文（14）谓出下一字“疑为地名”；文（12）释此为“出谷”，谓：

此盖《小雅 · 伐木》："出自幽谷，迁于乔木"之义；文（13）隶定此片为"出兆□"，谓："出"当脱离或离开字义。"兆"当为地名……"出兆"，即"离开兆地"。

第六十八片（H11∶100　　图 36）

其笁（從）王□

文（14）谓：即跟随王之意。

第六十九片（H11∶80　　图 24）

王其往密

山㚔

文（14）谓："密山，当指密须国之山……本卜辞当是周文王伐密须国之史实之载"；文（11）释此片为"王其往宨　山弁"，谓："'宨'与抵，泜皆是同声字，可通假。宨或假为泜，《山海经 · 北次三经》：'……又北百二十里，曰敦与山……泜水出其阴，而流注于彭水槐水出焉，而东流注于泜泽'，其地或近是。""本片卜辞中'弁'，可能当乐字用。"本片辞意为：王该去宨（抵）山游乐；文（12）隶定此片为"王其往疋（岐）山，㚔"，考释道：本辞之疋，当为从宀止声之字。支、止音同，故疋应读为岐。岐山，即今岐山县祝家庄公社岐阳村北之箭括岭，位当古周原之正北，为周岐之屏障。㚔，举也，引申为登高之意；文（15）隶定此片为"王其往密山□"，谓："……涉及密事……所指为克密之事，亦无可疑。"

第七十片（H11∶31　　图 60）

于密　（正）

周　　（反）

文（14）谓："这里的密与 H11∶80、H11∶136 的密相同，皆指古密须国。'周'即岐周"；文（12）将此片正面亦释密，谓即"指文王所伐之密须也"，反面未释；文（15）谓："所指为克密之事。"

第七十一片（H11∶225　　图 211）

六𠂤（屯）

八𠂤（屯）

此为文（12）所隶定，考释道：𠂤，郭沫若释为屯……本辞之"八𠂤"，未加冠词，不知其指"殷八𠂤"，抑或"成周八𠂤"……简言之，本辞之“六𠂤”“八𠂤”，可分别与数见于金文之“西六𠂤”“殷八𠂤”（或“成周八𠂤”）互相印证。

第七十二片（H11：113　图 29）

辛未王

其逐

虘（虘戈）兕

亡眚

文（14）谓：“‘虘’，即虘戈水，在陕西临潼县东，源出骊山流入渭河。”“‘兕’，即犀牛”；文（12）隶定“虘”字后为“羽（翌）”，考释曰：“此辞之虘，假为虎。羽，假为翌，即明日也。眚……为灾殃。”解释此辞大意为：辛未日卜问王将于明日（壬申）獵逐猛虎，无灾殃吧；文（13）隶定此片为“辛未王　其逐　虘（獻）翌□　亡眚”，考释谓：“王”即周王，疑为王季或文王……“虘”与獻同声通用。《广韵》：“獻，兽名，又曰豕也”；《集韵》云：“虘，獻，虘戈，豕属。或从犬。”第二行第二字疑翌字，第二天。“眚”，《广雅》：“过也，灾也。”“亡眚”即无灾害也。此片卜辞大意是：辛未这一天，周王追逐獻，第二天就无灾害了。

第七十三片（H11：48　图 15）

王其□

兹用

既吉

渭鱼

文（14）谓：“既吉”，当与初吉同意。“渭”，即渭河。“鱼”，即渔也。此卜辞当指周王于渭河捕鱼的事情，说明周人重视渔业；文（12）隶定此片为“渔鲔　既吉　兹用　王其乎……”并谓：“本辞之‘渔鲔’，盖卜问季冬命渔师捕鲔之事。既吉，卜辞恒语……郭沫若说兹用，‘盖言于多次卜贞之中，决用此卜’”；文（13）隶定此片为“王其少□　兹卜，乎（呼）既吉　洒（鲜）鱼”，考释道：“既吉”，即已善，或已美，已好之义。“洒”，借为铣，铣与鲜，为同声字，假借为鲜字。

第七十四片（H11：170　图 102）

庚子

遂其四

文（14）谓："遂"，即逐也；文（12）释基本与此文相同，并谓："盖逐从辵从豕，象追豕之意，今又增攴，攴《说文》云：'击也'，乃追而击之之意，故与逐同"。

第七十五片（H11：232　图 59）

其于伐

䵼□

文（14）谓："䵼"，学术界争论颇多，意见不一，唐兰释为胡，郭沫若释为舒，他说："当即荆舒之舒，亦即徐楚之徐，南国中徐楚为大邦，自殷亡以来累世与周为敌，周人忌其名则称之为荆舒"……并引《路史·国名记》卷六及卷九，考证本卜辞"疑系成王时期，周公东伐淮夷时所卜"；文（12）释此片为"其于伐䵼侯"，谓：䵼，古邦国名。䵼侯之名，见于遇甗，其铭云："遇使于䵼侯。"又遇鼎云："师雒父徣衛至于䵼。"录簋云："伯雍父来自䵼。"䵼之地望，由 1973 年蓝田县出土䵼叔鼎推测，似在蓝田。唯上述四器，时代均属西周晚期，故其所称䵼侯、䵼叔，当是周人灭之而复封之䵼邦国君，与本辞之䵼侯绝非一人。本辞之䵼侯，当是商周之际的䵼邦之国君。盖文王伐崇，作都于丰，䵼邦与之接壤而其国君䵼侯拒不宾服，以故周师进而伐之。"䵼侯"二字倒书，大概表示仇恨情绪。

第七十六片（H11：17　图 172）

族其于□（狐?）

此为文（14）所隶定，考释曰："族"，即诛也。《书·泰誓》云："罪人以族"……"狐"？疑地名；文（12）隶定此片为"族其长▨"，无说；文（13）隶定此片为"族其邘箙"，谓："族"即簇字，为众矢所集也……"其"为助词，为当或该字义。"邘"即于字，用为放在字义。最后一字疑为箙字。《说文》云："箙，弩矢，弓矢箙也，从竹服声"。所谓箙，即盛矢之袋……"族其邘箙"这句话，用今天的语言来说："就是簇置于簇袋中。"

第七十七片（H11：97　图 58）

克蜀

文（14）谓：这片的"蜀"与 H11：68 号的"伐蜀"的"蜀"相

同，即古蜀国。其时代相当在周文王时期。

第七十八片（H11∶101　　图 71）

利阜（阳?）

文（14）谓："利"，古与黎音同互用。本卜辞疑是黎阳山名。亦曰黎山，即今河南省濬县东南之大伾山。在大伾山东北汉置黎阳县。《汉书·地理志》注云："黎山在其南，河水经其东，县取山之名，取水之阳以为名"；文（13）隶定为"[illegible]（黎）昜（阳）"，考释道："黎昜，《汉书·沟洫志》……近黎阳南大金……从隄阳北，尽魏界……河从河内……北至黎阳为石隄……西北抵黎阳观下……决黎阳遮害亭，放河使水入海"。《水经注》曰："黎阳故城在黎崇山北。"《尚书》中有"文王戡黎"，故"黎阳"当为古黎国之都邑。

第七十九片（H11∶25　　图 100）

曰魖

此为文（14）隶定，考释引《说文》："魖，鬼皃，从鬼，虎声，虎乌切"；文（12）隶定此片为"曰豜"，谓：曰，发语词，与粤、爰等字义同。豜，貏同。《史记·司马相如传》："陂池貏豸"，《类编》"貏，皮寄切，兽名"；文（13）隶定此作"白貘"，谓："貘"，说文所无，"貘"与貔声近，假借为貔字。"白貘"即白貔也。《说文》云："貔，豹属，出貉，从豸毘声，诗曰献其貔皮，周书曰如虎如貔，貔猛兽。"

第八十片（H11∶104　　图 64）

周

文（14）谓：此周当为岐周，与 H11∶117 和 H11∶31 的"周"同。

第八十一片（H11∶94　　图 45）

[illegible]（[illegible]）子

此为文（14）所隶定，谓："[illegible]"，即虹……"虹子"，即古虹国的子之称。《路史·国名记》卷四云："虹，尧封之，今县隶宿。"《舆地志》云："尧封禹为夏伯，邑于此，有庙"；文（12）隶定此片为"[illegible]子"，谓：[illegible]字不识，略似极字。

第八十二片（H11∶184　　背图 206）

周

此为文（14）所隶定，谓："周"，亦指岐周。

第八十三片（H11：89　图 97）

鼎（鹏）

文（14）谓此鹏“与 H11：138 同”（即前第六十一片）。

第八十四片（H11：29　图 98）

鼎（鹏）　（正）

见出　（背）

此为文（14）所隶定，无考。

第八十五片（H11：64　图 76）

□饥商

文（14）谓：“饥”，《说文》：“饥，击踝也，从丮从戈，读若踝。”“商”，即指殷商，此片当是文王时期的卜辞。

第八十六片（H11：166　图 62）

周（?）

文（14）谓：疑是“周”字之残笔。

第八十七片（H11：42　图 107）

郿廼□□用牡（?）

此为文（14）所隶定，考释谓：“郿”，《说文》：“‘郿’殷诸侯国，在上党东北，从邑㸚声，㸚古文利，《商书》西伯戡郿，即奚切”古郿国。《史记·周本纪》文王“明年，败耆国”……《括地志》云：“故黎城，黎侯国也。在潞州黎城县东北十八里。”《尚书》云：“西伯既戡黎”是也。在今山西长治县西南。又《左传》宣公十五年：“弃仲章而夺黎氏地。”宋《路史·国名记》：“黎氏故国……文王所戡者，与纣都接，今潞城东十八里有故黎侯城、黎亭”；文（12）隶定此片为“……新邑，〼受〼，用牲……”考释谓此片与前第三十二片（H11：15）“大保，今二月往于……”及第六十六片（H11：102）“见工于洛”三片连读，谓“颇似《书·召诰》前段用以叙述营筑洛邑经过之文”，即“惟二月既望……惟太保先周公相宅。越若来三月……戊申，太保朝至于洛。卜宅，厥既得卜，则经营……乃以庶殷攻位于洛汭，越五日甲寅位成，若翼日乙卯，周公朝至于洛，则达观于新邑营。越三日丁巳，用牲于郊，牛二。越翼日戊午，乃社于新邑，牛一，羊一，豕一”；文（13）隶定此片为“㸚邑廼定盍用牲”，考释曰：第一字为利字。“利”与黎字同声，可通假……

“黎邑”当为方国名。《舆地广记》云：“上党县，故黎侯国。《书》所谓西伯戡黎，《诗》所谓狄人追逐黎侯是也，汉为壶关县，属上党郡。”《说文》云：“黎者侯国，在上党东北。”《水经·诸水注》云：“迳壶关县故城西，又屈迳其城北，故黎国也，有黎亭。”在今山西侯马附近。“迺（乃）”为连接词。……

第八十八片（H11：62　　图 135）

贞（?）乎寶卜曰

文（14）谓：“寶”，即人名；文（12）谓：寶（从宀、玉、贝、父声）与宝（从宀、玉、贝、缶声）同。于本辞中，当指卜人名；文（13）谓周为“人名”，“宝，人名”。

第八十九片（H11：86　　图 40）

畢

文（14）谓：当是毕公高之毕。疑是古毕国之毕，文之昭也。

第九十片（H11：92　　图 52）

龙

乎见

莒

文（14）谓：“龙”与“莒”疑是人名；文（13）隶定此片为“龙乎（呼）见　莫”，谓：龙为人名，“见，视也，又姓”。“莫”为人名。

第九十一片（H11：116＋175　　图 41）

宬叔族

文（14）谓宬叔，即郕叔，为文王子武王弟。与 H11：37 之宬叔同。郕是国族名，周武王灭商后所封其弟季于此，在今山东宁阳县北。“族”，官职也……文（12）谓：据《史记·管蔡世家》武王同母弟十人，皆太姒所生。成叔武，其老七也。《正义》引《括地志》云：“成，在濮州雷泽县东南九十一里，汉郕阳县。古郕伯，姬姓之国，其后迁于成之阳。”

第九十二片（H11：70　　图 48）

眔旦其……

文（14）谓：“眔”，逮也，及也，与也。“旦”，疑是周公旦。

第九十三片（H11：115　　图 77）

于商其舍若

文（14）谓："商"指殷商。"舍"，客馆也。《周礼·天官·序官》："掌舍"注："舍，行所解止之处。""若"，句末语词，与然同；文（11）谓："商"与赏是同声字。可假借"商"为赏字，赏与赐义同。"其"训为该字。史书关于"舍"的记载，如《仪礼·觐礼》："天子赐舍曰：伯父，女顺命于王，所赐伯父舍"，郑氏注："赐舍，犹致馆也。"《说文解字》："馆，客舍也。"故"商其舍，若……"就是"赏该舍，顺……"；文（12）谓：舍，假为赦。若，象人跪而两手上举之形，表示弱者降服强者，败者降胜者。故若可训顺，《书·尧典》："钦若昊天"，传："敬顺也。"牧野之战，纣师倒戈。度本辞之"☒商，其舍若"，盖谓既克商，则赦其倒戈归顺者。

第九十四片（H11：58　图204）

宰

文（14）谓："宰"，官名。

第九十五片（H11：278　图42）

宬叔

文（14）与文（12）释同。其说见前第九十一片所引，此从略。

第九十六片（H11：54　图110）

河既吉

此为文（14）所隶定，无释；文（13）隶定此片为"㲻，既吉☐"，谓：《说文》云："㲻，没也，从人，奴历切。"人于水中没也，即沉也。见《广韵》"沉，没也"。故㲻假为沉字，即用人水祭。此片卜辞大意是：用人水祭，是吉利的。

第九十七片（H11：39　图187）

佳二

文（14）谓：本卜辞疑是"佳二月……"

第九十八片（H11：127　图141）

乙卯豚（墜？）

此为文（14）隶定，无释；文（12）隶定此片为"乙卯豚（卜）"，谓：豚，疑即卜。

第九十九片（H11：128　图142）

己酉隊（墜?）

此为文（14）隶定，无释；文（12）隶定此片为“己酉㒸（卜）”。

第一〇〇片（H11：187　　图 143）

乙丑隊（墜?）

此为文（14）隶定，无释；文（12）隶定此片为“乙丑㒸”，并谓：《洛诰》记载周公营筑洛邑前，频频占卜，并以卜得吉兆及所规划图纸上报成王的情况说：“予以乙卯，朝至于洛师。我卜河朔，黎水；我乃卜涧水东，瀍水西，惟洛食；我又卜瀍水东，亦惟洛食。伻来，以图及献卜。”上列三卜日期，己酉，乃三月戊申“太保朝至于洛，卜宅”之次日；乙卯，即周公“朝至于洛师”占卜洛邑位址之当日；乙丑，则乙卯后十日也。

第一〇一片（H11：185　　图 120）

㐅（癸）巳

此片为文（14）隶定，谓：“”，疑是峰字，象山巅其上。

第一〇二片（H11：144　　图 126）

甲申□

此文为（14）隶定，无释。

第一〇三片（H11：65　　图 136）

弗用丝卜

文（14）谓：“丝”即兹，此片卜辞表明占卜多次有所选择；文（13）谓：“弗用兹卜”，即不用此卜。

第一〇四片（H11：208　　图 215）

伐□

此为文（12）隶定，无释。

第一〇五片（H11：123　　图 95）

（朕?）

其麗

此为文（14）所隶定，谓：第一字疑是朕之残字。“麗”即数也……文（12）迳释此为“其麗”，谓：丽，古文作丽，与本辞丽字上作蚰，下作鹿者形甚相近。《说文》："麗，旅行也。""其麗"者，盖卜问旅行之事也。又疑麗当读为旅。《书 · 禹贡》"蔡蒙旅平"，孔传："祭山曰旅。"《论语 · 八佾》："季氏旅于泰山。"马融云："旅，祭名也。礼，诸侯祭山川在其封内者。"以此言之，则本辞之"其麗（旅）"，或又当为卜问举行旅祭之事也；文（13）隶定本片为"其麗"，谓："其麗"一词，见《诗 · 文王》："商之孙子，其麗不億……"毛传云："麗，数也。"郑笺："商之孙子，其数不徙，億言多之。"

第一〇六片（H11：125　　图 89）

五百牛

文（14）、文（12）均隶定若此，无说。

第一〇七片（H11：98　　图 82）

女（汝）公用

甹卩（聘）

此为文（14）所隶定，谓：这片卜辞似是指嫁女所用聘礼的事。"公"，即公爵；文（11）谓："[illegible]"即[illegible]，为[illegible]字，或作甹卩字，从印甹声。其与甹阝、聘、甹只等皆为同声字，可假为聘字。《礼记 · 王制》："诸侯之于天子也，比年一小聘，三年一大聘，五年一朝。""汝公用聘"，即是周公用朝聘也；文（12）隶定此片作"☐公用　甹卩（甓）"，谓：第一字不识。"用甹卩（甓）"，犹"用事"之意。

第一〇八片（H11：10　　图 137）

鼎（贞）

此为文（14）隶定，无考。

第一〇九片（H11：16　　图 194）

今用

此为文（14）隶定，无说。

第一一〇片（H11：28　　图 90）

曰戠（新?）叀（惟）亡

咎

此为文（14）隶定，考释曰："戠"，疑新字。《说文》："新，取木也，从斤新声。"此字从戈，当与从斤同，以戈取木也；文（12）隶定此片作"一戠，囟（惟）亡　咎"，考释道：戠（见《金文编》第 649

页)，疑假为骍。骍，即赤色牲。《礼记·檀弓》云："周尚赤，牲用骍。"一戠，疑如《洛诰》："祭岁，文王骍牛一，成王骍牛一"之意。

第一一一片（H11∶33　　图 201）

　　丏（于）

此为文（14）所隶定，无说。

第一一二片（H11∶34　　图 202）

　　守

此为文（14）所隶定，无说。

第一一三片（H11∶41　　图 50·51）

　　崮（戠?）曰其……

此为文（14）所隶定，谓：第一字疑是戠。

第一一四片（H11∶41　　图 94）

　　骁骕

此为文（14）所隶定，谓："骕"，捶马衔使走也。《公羊传》定八年："阳越下取策，临南骕马，而由乎孟氏。"注："捶马衔走"。陈立义疏："鄂本捶作摇，绍熙本亦作摇，《广韵》：'骕马，摇衔走也'则作摇亦通"。"骁"，《说文》："骁，马行疾走皃，从兑声"。《诗·大雅·绵》："混夷骁矣"，《传》，"骁，突也"。故本辞意为摇马衔使马奔驰；文（12）隶定此片作"㺬犸"，考释道："㺬，《说文》云："马行疾来貌也。"《大雅·绵》"混夷骁矣"传："骁，突也"笺："混夷惶怖惊走，奔突入柞棫之中。"犸，《说文》云："马有疾足也。"段注："奔秩绝尘字当作犸"……本辞之㺬犸，盖言疾足良马之奔驰状态，或为马之善跑者之代称。

第一一五片（H11∶43　　图 140）

　　卲

此为文（14）隶定，无考。

第一一六片（H11∶44　　图 190）

　　佳□

此为文（14）隶定，无说。

第一一七片（H11∶46　　图 73）

　　上隮（逹?）

此为文（14）隶定，无释；文（12）隶此片为“上隃（隃）”，考释道：《说文》隃字作隃，隃，即隃之初文。《尔雅·释地》：“北陵西隃，雁门是也”，郭注“即雁门山也”。《说文》隃字下，段注：“雁门山，在山西代州二十五里，有雁门关。”本辞之“上隃”，盖卜问上登雁门山也。

第一一八片（H11：49　　图185）

唯

此为文（14）所隶定，无说。

第一一九片（H11：53　　图101）

隹□

此为文（14）所隶定，谓：卜辞二字，一字残；文（12）隶定此片作“雔”，考释道：《说文》雔部：“雔，双鸟也，读若醻。”段玉裁以为即雔之初文，说：“今则雔行而雔废矣。”

第一二〇片（H11：56　　图111）

夜亯

此为文（14）隶定，无释；文（13）谓：《尔雅·释诂》云：“享，献也”；《广雅·释言》云：“享，祀也。”《孝经》云：“祭则鬼亯之”，“夜享”，意不明。

第一二一片（H11：57+155+163　　图80）

壬卜□

此为文（14）所隶定，谓此片（H11：57）“卜辞三字，一字残”，因未缀合，故不可连读；文（12）将此片与H11：155、H11：163缀合，隶定为“中甹”（嬖），谓此片与前五十四（H11：122）片之“上帝”两辞，“其意似若《召诰》所云：‘王来绍上帝，自服于中土……其作大邑……其自时中乂’……中甹应即引文中之‘中乂’。乂，治也，同嬖。嬖以辟得声，甹以粤得声。辟、粤双声，故嬖甹得以通假”。

第一二二片（H11：61　　图32）

王身

此为文（14）隶定，无释；文（13）考释曰：“王身”，西周毛公鼎铭文曰：“乃族吾（斁、敔）王身。”“王身”即“朕身”，西周井氏钟铭文中有“朕身”。《广韵》云：“身，亲也。”故“王身”即朕身，或王亲也。

第一二三片（H11：62　　图 188）

隹

此为文（14）所隶定，无释。

第一二四片（H11：63　　图 217）

此为文（14）所隶定，谓："卜辞一字。"按：此为刻画符号，不似文字。

第一二五片（H11：66　　图 203）

（南?）

此为文（14）隶定，无释。

第一二六片（H11：69　　图 174）

□

□其□□

大丫（呼?）

此为文（14）所隶定，谓此片"七字"，无释。

第一二七片（H11：71　　图 179）

其

此为文（14）所隶定，谓："正反两面共有卜辞三个，正面二字残泐不清，背面卜辞一。"

第一二八片（H11：72　　图 17）

王用

此为文（14）隶定，无释；文（12）置此片方向与文（14）相反，释此片为"周王"，考释曰：小盂鼎铭云："用牲禘周王、□王、成王。"其所禘三王顺序，周王居首，成王居末，可证周王必指文王。本辞之周王同之。

第一二九片（H11：74　　图 54）

庶

文（14）谓："庶"，《说文》："庶，屋下众也。从广炗，炗古文光字。"林义光《文源》："庶，众也，古作，从火石声，从光取众盛之意。"此当指庶人。

第一三〇片（H11：75 + 126　　图 33）

□

□王其

此为文（14）所隶定，谓此片“卜辞二行四字，残字三”；文（12）将此片与 H11：126 缀合，隶定为“今春王其……”

第一三一片（H11：87　　图 114）

其受異鼎□

此为文（14）所隶定，考释曰：“‘’，当是異鼎之合文，于省吾先生说：‘甲骨文新異鼎之異应读作翌，古文字有異无翼，以異为翼，翼为異的后起字……商和西周时代有花纹的各种彝器，外部往往有几道突出的高棱，好象鸟的羽翼，故典籍称之为翼……異鼎，指鼎之有翼者言之’”；文（12）谓：異鼎合文。異，假为禩。禩，即祀之古文。禩鼎，疑为祭祀用鼎也；文（13）隶定此片作“……其肜　異鼎商……”谓：“肜”为祭之第二天又举行祭祀。異鼎合文……異即禩，亦即禩字，《说文》：“祀，祭无巳也，从示巳声。祀，祀或从異。”“異鼎”即祭祀祖先之鼎。

第一三二片（H11：88　　图 183）

白

此为文（14）所隶定，无说。

第一三三片（H11：93　　图 105）

货

此为文（14）隶定，考释说：“货”，《说文》：“货，财也，从贝化声。”这片甲骨文至为重要，反映了当时商业贸易的情况。

第一三四片（H11：95　　图 198）

毋

此为文（14）所隶定，无释。

第一三五片（H11：103　　图 173）

□乍其

此为文（14）所隶定，无释。

第一三六片（H11：105　　图 55）

氒（厥?）殸（?）

此为文（14）所隶定，无释；文（13）隶定此片为“氒”（厥）妩

（奴）"，考释道"妣"与奴为同声字，假借为奴字。《说文》云："奴、婢皆古皋人。""厥奴"即其奴也。

第一三七片（H11：106　　图214）

　　市不

此为文（14）隶定，无释。

第一三八片（H11：107　　图175）

　　□九其□

此为文（14）所隶定，谓本片"卜辞四字，第一、四字残"无释。

第一三九片（H11：108　　图148）

　　自不（丕）休（栺？）

此为文（14）所隶定，无释；文（12）隶定此片作"自不杁"，谓："杁，象人依木之形，会其意当为休字……"《说文》木部："休，息止也。从人依木。"《易·乾卦》："天行健，君子以自强不息。"自不休，当如"自强不息"之意。周原卜辞中频频出现，盖周人成语，抑或周卜辞之术语。

第一四〇片（H11：109　　图197）

　　女

此为文（14）所隶定，无释。

第一四一片（H11：124　　图104）

　　车乘

此为文（14）所隶定，无释。

第一四二片（H11：129　　图176）

　　劦万其

　　不

此为文（14）所隶定，无释。

第一四三片（H11：131　　图147）

　　自不栺

此为文（14）隶定，无释；文（12）隶定此片为"自不栺"，谓栺"亦休字也"，考释见前第一三九片所引，此不赘述；文（13）谓："自"从也。"不栺"一词，见同坑所出的H11：135、H11：108，二片均云："自不休"；《广韵》云："栺"与"旨"为同声字，"栺"假借为旨字。

《说文》云："旨，美也。"休亦为美义，休旨义通。

第一四四片（H11：135　　图 146）

自不指

此为文（14）所隶定，谓：以上两片之不指，在铜器铭文中为人名。此作何解，尚待研究；文（12）隶定此片作"自不杋"，释为"休"字，其说见前第一三九片所引，此不赘述。

第一四五片（H11：139　　图 127）

己

此为文（14）所隶定，无释。

第一四六片（H11：148　　图 78）

商

此为文（14）所隶定，无释。

第一四七片（H11：149　　图 208）

千

此为文（14）所隶定，无释。

第一四八片（H11：150　　图 193）

马□

此为文（14）所隶定，谓本片"卜辞二字"，无释。

第一四九片（H11：151　　图 207）

正乚

此为文（14）所隶定，无释。

第一五〇片（H11：152　　图 195）

辛

此为文（14）所隶定，无释。

第一五一片（H11：153　　图 53）

庶緜

此为文（14）所隶定，无释，文（12）隶定此片作"庶緜（顽）"，考释道：緜，此处读为顽（緜、顽叠韵）。顽，众也，即民众也。《书·咎陶谟》："庶顽谗说。"《史记·夏本纪》作"诸众谗嬖"。以庶作诸，以顽作众，可证庶顽即诸众民之意。本辞之庶顽，疑指《召诰》所云："太保乃以庶殷攻位于洛汭"之"庶殷"（众殷民），抑或指《多士》序所云："成周既成，迁殷顽民"之"殷顽民"；文（13）隶定为"庶䜌（蛮）"，谓"庶"众互训，所以说西周金文中的"庶人"与殷墟卜辞中的"众人"应是相当的。三人为众，多人为群，故庶、众、群为多之义。"䜌"即蛮字。……"庶蛮"，即众蛮，或群蛮。如《春秋会要》中载有"群蛮"。

第一五二片（H11：154　　图 218）

乎见

此为文（14）所隶定，无释。

第一五三片（H11：156　　图 182）

虫

此为文（14）隶定，无释。

第一五四片（H11：157　　图 186）

曰

此为文（14）隶定，无释。

第一五五片（H11：159　　图 152）

自

此为文（14）隶定，无释。

第一五六片（H11：222　　图 134）

周隹（?）告

此为文（14）隶定，考释道："告"，为祭名。周即指岐周；文（12）隶定此片为"周隹（惟）吉"，无释。

第一五七片（H11：161　　图 123）

□五百

□

此为文（14）所隶定，谓："卜辞三字，残"，无释；文（13）隶定此片作"□□ □五牢"，考释谓："五牢"，《礼记·礼器》云："大夫五介五牢"，郑氏注："大夫五介五牢者，侯伯之卿，使聘也。"

第一五八片（H11：163　　图 81）

中

此为文（14）所隶定，无释。

第一五九片（H11：165　　图 213）

隹

此为文（14）所隶定，无释。

第一六〇片（H11：167　　图 23）

王鼎

此为文（14）所隶定，无释；文（12）亦隶定作此，无说。

第一六一片（H11：168 + 268　　图 11）

叀二胄

此为文（14）所隶定，无释；文（12）谓：叀字古用为语词，其义当与惟字同。胄，《说文》云："兜鍪也"，即甲胄之胄。

第一六二片（H11：171　　图 106）

墉

此为文（14）所隶定，谓：卜辞一字，残。

第一六三片（H11：172　　图 149）

□自訾

此为文（14）隶定，无释。

第一六四片（H11：176　　图 83）

䩴

此为文（14）隶定。

第一六五片（H11：178　　图 196）

女

此为文（14）所隶定。

第一六六片（H11：179　　图 129）

癸

此为文（14）隶定。

第一六七片（H11：81　　图 171）

亚

此为文（14）隶定。

第一六八片（H11：182　　图 170）

氿

此为文（13）所隶定，谓：《说文》云："氿，水崖枯土也，从水九声"，《尔雅》曰："水醮曰氿，居洧切。"《水经注 · 沔水》："褒水又东南迳三交城，城在三水之会故也，一水出长安西，一水西北出氿池。”

第一六九片（H11：183　　图189）

隹

此为文（14）所隶定，无说。

第一七〇片（H11：188　　图145）

自不指

此为文（14）所隶定，无释；文（12）谓此字“亦休字也”，说详上第一三九片所引，此不赘述。

第一七一片（H11：189　　图21）

曰吉

其五

正王（?）受

此为文（14）隶定，无说；文（12）隶定此片为“曰吉　其五祀，王受……”亦无说；文（13）隶定此片为“正，王　其五，　曰吉”，考释曰：“‘正’为祭名……于省吾先生云：‘甲骨文祭名之正，应该作禜，正禜叠韵，故通用。’于又云：‘甲骨文多以正为征伐，而禜则是禳除殃患之祭，两者义也相函。’　‘其五’，即周王进行了五次正祭。‘吉’，善也，庆也，好也。此片大意是：周王进行五次正祭，都吉。”

第一七二片（H11：195　　图124）

月□

此为文（14）所隶定，无说。

第一七三片（H11：198　　图191）

夙（夗）

此为文（14）所隶定，无释。

第一七四片（H11：199　　图169）

𡳿

此为文（14）所隶定，无说。

第一七五片（H11：203　　图199）

其年

此为文（14）所隶定，无说。

第一七六片（H11：209　　图166）

吉

此为文（14）所隶定，无释。

第一七七片（H11：210　　图 34）

王

其五牛（?）

文（14）谓此片“二行四字”，无释。

第一七八片（H11：213　　图 128）

癸

此为文（14）所隶定，无说。

第一七九片（H11：221　　图 200）

小

此为（14）所隶定。

第一八〇片（H11：207　　图 167）

九

此为文（14）所隶定。

第一八一片（H11：223　　图 164）

示

此为文（14）所隶定。

第一八二片（H11：229　　图 212）

既

此为文（14）所隶定。

第一八三片（H11：237　　图 10）

叀三胄

此为文（14）所隶定，无释；文（12）考释见前第一六一片（H11：168+268）所引，此不赘述。

第一八四片（H11：238　　图 216）

鹿?（心?）

此为文（14）所隶定，无释。

第一八五片（H11：239　　图 180）

□其（反面）

此为文（14）所隶定，谓本片“正面二字，背面二字”，无释。

第一八六片（H11：240　　图 181）

　　其

此为文（14）所隶定。

第一八七片（H11：242　　图 165）

　　敬（?）

此为文（14）所隶定。

第一八八片（H11：244　　图 151）

　　自

此为文（14）所隶定。

第一八九片（H11：245　　图 150）

　　自

此为文（14）所隶定。

第一九〇片（H11：247　　图 163）

　　甲

此为文（14）所隶定。

第一九一片（H11：248　　图 162）

　　叀（惟）不

此为文（14）所隶定，无释。

第一九二片（H11：250　　图 209）

　　示（?）

此为文（14）所隶定，无释。

第一九三片（H11：246　　图 18）

　　王用

此为文（14）所隶定，无释。

第一九四片（H11：256　　图 210）

　　兼

此为文（14）所隶定。

第一九五片（H11：259　　图 112）

　　凤（风）双

此为文（14）所隶定，无说。

第一九六片（H11：261　　图 30）

□（贞）王

此为文（14）所隶定；文（12）隶定此片作“商王彡（肜）”，谓：第一字残，似为商字。第三字即肜字，祭名，祭之明日又祭曰肜……

第一九七片（H11：264　　图 84）

公

此为文（14）所隶定，无说。

第一九八片（H11：272　　图 161）

抒

此为文（14）所隶定。

第一九九片（H11：273　　图 85）

徝（德）□

此为文（14）所隶定，无释；文（12）隶定此片为“德御”，谓：御与用为双声，德御，可读为德用，殷墟卜辞恒语“兹御”又恒作“兹用”，可为此证。《召诰》：“肆惟王其疾敬德，王其德之用”，《梓材》：“肄王惟德用”，即此辞“德御”之义也。

第二〇〇片（H11：276　　图 168）

五

此为文（14）所隶定。

第二〇一片（H11：277　　图 184）

曰隹

此为文（14）所隶定，无释；文（12）隶定此片为“卜隹（惟）”。

第二〇二片（H11：233　　图 19）

其王

此为文（14）所隶定，无说。

第二〇三片（H11：90　　图 154）

六六七

此为文（14）所隶定，无释；文（12）谓此片为“八六七……”曰：我们于周金文、甲骨中只见此等原始卦画，而由阴阳爻所组成有如《周易》所列之卦画，从未之见，可知司马迁所言，乃得自传闻，非有确据。

第二〇四片（H11：91　　图 153）

六六七七六

此为文（14）所隶定，无释；文（12）隶定此片为“六六七七”，考释见上片所引，此不赘述。

第二〇五片（H11：263 图 159）

七六六

此为文（14）所隶定，无释；文（12）隶定此片为“七八八……”考释见上第二〇三片（H11：90）所引，此不赘述。

第二〇六片（H11：235 图 160）

六六十

第二〇七片（H11：60 图 177）

□其

亡咎

此为文（14）所隶定，无说。

第二〇八片（H11：191 图 20）

周王▨

□

文（14）谓此片“卜辞皆残”，无隶定文；按：此片上之“周王”二字尚可辨识。

第二〇九片（H11：99 图 93）

二牢

文（14）谓：即指祭祀时用牲之数为二。或二牛，或一牛一羊，或二犬等；文（13）谓：此片卜辞是说祭祀，用牲二牢。

第二一〇片（H11：111 图 178）

□□

□其□

（二）凤雏 H31 所出

据文（12）披露，凤雏窖穴 H31“位于该遗址的西厢二号房间（紧靠北隔墙，东距檐墙 3.6 米），与 H11 同在一室。H31 开口于建筑基址第四层。窖口呈圆形，直径 0.95—0.97 米，深度达到 0.55 米处向下又呈方形，边长 0.73—0.75 米，窖深 1.73 米，底部东高西低。四壁上段有厚

1.3 米的夯土，当属基址的夯土台基”……甲骨从第二层开始发现，直到窖穴底部分层摆布。共出土先周卜甲、卜骨 413 片，据文（14）统计，H31 出土有字卜甲 10 片，并对其中的 8 片做有考释，2 片（H31：9、H31：11）收入附录部分。我们在这里将 H31 所出有字甲骨集中，以便读者研究和查考方便。

第一片（H31：2　　图 288）

唯衣（殷）雞（箕）

子来降

其执罘

乒（厥）史

在旃尔卜

曰南宫辪

其乍（作）

此为文（14）所隶定，考释曰：“衣”，即殷也，与唯字合书。“雞”，疑即箕也。箕是商的诸侯国。商纣诸父，名胥余，为太师，封子爵，国于箕，故称箕子……从本片卜辞“箕子来降，其执罘毕史”看，佐证书传之确，所以称“降”而不称朝。同时也说明并非箕子一人来降，且带有随从人员，而其自然归在岐周之文武帝乙的宗庙。本片卜辞年代当在武王克殷后的第二年……“执”，《说文》：“捕罪人也，从丸从㚔，㚔亦声，之入切。”……旃尔（音毡尔），当是地名，疑旃尔在匈奴族地区……“南宫辪”，为人名……是南宫括抑是南宫伯达，在疑似之间；文（12）隶定此片为“唯衣（殷）尨（微）子来降。其执，罘（暨）乒（厥）吏（史）。才（在）𠭯（庙），尔卜曰：南宫郃其乍（酢）”。考释道：唯衣二字合文。衣，读为殷。尨，同为。甲文为字，作以手牵象之形，此字又增幺，乃以手持绳以牵象之形，盖与为同意。此处读作微。执，本是拘执之意，文象罪人两手被桎梏之形。此处应该读为“周郑交质”或人质之质。“其执，暨乒（厥）史”，意为“质留微子及其随行史官”……𠭯，孳乳为庙。尔，卜人名。郃字之卩，与人旁同，故郃即佁。《论语·微子》：“周有八士：伯达、伯适、仲突、仲忽、叔夜、叔夏、季随、季騧。”《逸周书·克殷解》：“乃命南宫忽……乃命南宫伯达”，有人据此认为八士都是南宫氏。佁、随音近，本辞之南宫佁，疑即周初南宫氏八士中之季随其人。乍，假为“酬酢”之酢。“南宫佁具乍（酢）”意为“可命南宫佁备酒食接待微子及其史官一行”。文（15）隶定此片作“唯衣鸡子来降，其执暨厥史（事），在，尔（乃）卜曰：南宫辝（台辛）其乍（酢）”。谓：此衣鸡子即殷箕子……此执即当释为絷，言絷留箕子及其随从执事之人于地，卜以南宫辝与之酧酢，即以客礼接待之意……

第二片（H31：1　　图 292）

巳唯左

此为文（14）隶定，谓：“巳”與祀通用，其意为祭祀。“左”，指方位，在此为左右之左：文（12）隶定此片为“巳（祀）唯”。

第三片（H31：3　　图 289）

八月辛卯卜

曰其瘦（梦）取

往叀（惟）亡咎

隻（穫）其五十人

此为文（14）所隶定。考释曰：瘦，疑是梦字或体；文（12）隶定此片作“㞢（往），囟（惟）亡咎。隻（穫）其五十人。六月辛卯卜，曰：其痟取（去）……”考释道：往……意为前往征伐。亡咎，相当殷墟卜辞屡见之“亡囚”，即无灾祸之意。本辞大意为：此次征伐，无殃祸，可俘五十人。《周礼·天官·疾醫》职云：“春时有痟首疾”注：“痟，酸剥也，首疾，头痛也。”取，应为去。痟去，即痟病痊愈；文（15）隶定本片之一部分为“往西无咎，隻其五十人”，谓：密在周原之西，所指为克密之事，亦可无疑。

第四片（H31：4　　图 291）

卲曰母（毋）

既弗（勿）克尤宣（？）

用

队戠亩亡咎

乃则舁

此为文（14）所隶，考释道：“卲”，《说文》：“卜问也，从卜召声，市诏切。”“尤宣（?）”，疑为地名……“队”《说文》：“从高队也，从𠬝豕声。徒对切。”“⿺走戈”，商承祚先生说，即步武之本字……“弉”，疑是舁字的别构……文（12）隶定此片为“……用队（坠）俼，囟（惟）亡咎。乶则弅（畀）☐，既弗克☐　岾曰：每”，考释曰：“俼，读为武，即步武之武。弅，即畀字上加倒人，与畀同意。坠武，犹言下行，弅☐，则是上升，坠武与畀☐相对为文。”本辞大意是：“下行，无害；可以下而复上……岾即占，与占同。每即晦……”

第五片（H31：5　　图 290）

（密）囟城

此为文（14）所隶定，谓：“‘囟’作斯，密斯城即于密城，当指密须国已被占领”；文（12）隶定此片作“鬼城”，考释谓：“第一字笔画残缺，疑是处字。”引郭沫若说此字“乃客之古文，此处读为格，至也”。并说：“鬼城当即九侯城（鬼、九双声，故轨、宄均从九得声）”；文（15）隶定此片为“密西城”，谓：密在周原之西，所指为克密之事亦无可疑。

第六片（H31：6　　图 296）

文（14）谓：此片“卜辞一字”，但没有隶定字形。

第七片（H31：7　　图 293）

卜

此为文（14）隶定，无考释。

第八片（H31：8　　图 295）

旨（武?）

此为文（14）所隶定，无考释。

第九片（H31：9　　图 294）

第十片（H31：10　　图 297）

五　陕西扶风齐家村的发现

第一片（H3［2］1：1　　图 300）

保贞宫

吉

囟御于休令（命）

囟御于永冬（终）

用由逋妾

此由亦此亡

文（4）释此片云：“保贞宫”是“保”卜问营造宫室的事……御，祭名，杀人牲致祭，是用牲的一种方法。休令即休命，永冬即永终，是金文中常用语，意为美善、永恒……由，人名。这条卜辞记的是让一个叫由的人去捕逃亡的女奴，结果，去追的人也一去不复返了；文（6）谓：“御”为“进、致”，“由”疑读为占“繇”，“逋妾”即逋逃的女奴。

第二片（NH1〔3〕：1　　图298）

王以我牧单马豚卜

文（4）谓：单，周时有单国。这是一条卜问畜牧业的卜辞，文（6）释此片为“王以我牧单兕？□卜”。谓：“以”义为从。“我牧”，我之郊野。“单”，疑为“兽（狩）”字之省。全辞系卜问王是否自我邑的郊野狩兕，可见辞主并不是王；田宜超《“王㠯我枚单㝝勿卜”解》（载《古文字研究》第六集）一文对此片进行考释尤详。隶定此片为“王㠯我枚单㝝勿卜”，谓：“‘㠯’借为‘与’”，我字“用为第一人称代词”，“而此则表示单数。盖因商、周方言不同，其语法互异故尔”。“‘枚’借为‘谋’。”“盖‘枚卜’者，谓先谋而后卜也。然古义久晦……及至当代，庞朴撰《枚卜新证》，又以‘枚’为决疑之术，拟诸卜、筮之畴，其立论既无墙据，殆犹治丝而棼之。尝徧检历代典籍，其记载古人决疑之术，皆以卜、筮，而不以‘枚’；其言‘枚’，必兼及卜、筮。由此观之，‘枚’之不可拟于卜、筮，亦已明矣。”并谓“‘单’与‘射’，声母、韵腹皆同，故其音义相通……夫周人曰‘单’，商人曰‘射’者，因商周方言不同，其语言互异故尔。周灭商以后，由于受商方言之影响，周人亦曰‘射’”。“‘勿卜’者，《春秋左氏·桓公十一年传》引楚大夫鬬廉曰：‘卜以决疑，不疑何卜’，‘单㝝’之事，人谋可定，故曰‘勿卜’也。”

第三片（T1〔4〕：1　　图301）

今（?）又（有）言曰：弗食氒（厥）

褱。延（诞）隹（唯）氒（厥）（甹）

𫓧（或䥓）。又言曰：既丧（疑?）

迺（鄘）。

此为文（4）所释，谓：与庸、墉为一字。毛公鼎“余非又昏”，当作庸。召伯簋“仆章土田”，即《诗》“土田附庸”。鄘，《说文》谓：“南夷国”，又周国名，武王克商，分朝歌以南为鄘。这条辞义不明；文（6）将此片分读为两辞，即，

（下）：又（有）言？曰：既丧疑乃融。

（上）：毋又（有）言？曰：弗食䰾，

征（诞）隹（惟）氒（厥）御（?）饫。

说：字细小不易辨识。推测两辞是对贞的问句，而“曰”字以下是占辞。

第四片（采集：108　图 303）

（正面）一六一六六八

（反面）一八六八五五　六八一一一一（左）

六九八一八六　九一一一六五（右）

文（4）谓此为“数卦”。

第五片（采集：94　图 299）

□▽乙

□伐（?）曰巳

□□贞，王其曰：

骊

此为文（4）隶定，无考释；文（6）谓此片：“文字都很模糊，只有一‘骊’字可以确认。”

第六片（采集：112　图 302）

□□□

卜曰：其衣车马

囟（唯）又（有）□

文（4）隶定作此；文（6）释为：“□□贞卜曰：其衣车马，囟（斯）又騳?”考证说：按殷墟卜辞常卜“衣逐”，即合逐之意，这里的“衣车马”指聚合车马。“又騳”可能读为“有遇”。

据不完全统计，西周有字甲骨已正式发表摹本（或照片）的材料，

计有：山西洪赵坊堆村1片，8字；陕西长安张家坡3片，共30字；北京昌平白浮4片（发表拓本3纸，尚有1片未发表），共13字；陕西岐山凤雏文（14）披露共292片，“共903字，合文12个”；陕西扶风齐家村6片，共102字。总计以上五处先后公布的有字西周甲骨已达306片（各片摹本见本书第六篇《西周甲骨摹聚》），字数1000个以上。这批有字甲骨，对史料较少的西周早期历史研究，是弥足珍贵的史料。正因为如此，国内、外学者致力于这些材料的整理、考释和研究者不乏其人。真是仁者见仁，智者见智，发表了不少很有见地的意见，这就为下一阶段文字的深入研究奠定了坚实的基础。我们在本篇把近年来各家对西周甲骨的考释汇集在一起，就是为了使读者从中受到启发和教益，为下一阶段文字的深入研究及进一步认识西周甲骨提供一些方便。

第三篇

西周甲骨综论

从西周甲骨的被认识，也就是从研究的第一阶段起（1956 年底），直到西周甲骨研究的第二阶段（即 1982 年 5 月以前），学者们的主要精力都放在材料的整理、文字的考释方面。本书第二篇《西周甲骨汇释》就反映了这方面的成果；与此同时，对西周甲骨的特征、性质和用途、分期断代等问题，也在字里行间透露了一些看法（虽然尚无系统论述）。在第二阶段的后期（即全部周原甲骨材料陆续公布以后，从 1981 年 10 月至 1982 年 5 月以前），学者们对上述问题进行了较为深入的探索。我们拟在本篇对以上学术界十分关心的几个问题，结合前人成果和自己的研究，谈一些粗浅的认识。

一　西周甲骨的特征及与殷卜辞的关系

我们曾经说过，1954 年山西洪赵坊堆发现有文字甲骨，1956 年李学勤先生第一个确认为西周初期物以后，学者们完成了对西周甲骨从不知到知的飞跃，结束了认识西周甲骨的第一个阶段。此后，随着周代遗址刻辞甲骨的不断发现，学者们在整理和研究文字的同时，也在做西周甲骨特征及其与殷卜辞关系的观察和探索。但限于字数太少和发现的有文字龟甲和兽骨（特别是龟甲）都破损得很是厉害，难于对其特征进行较为全面的认识和概括。

近年来，随着周原凤雏和齐家村成批有字甲骨的出土，特别是齐家村出土一版仅缺甲桥和甲尾的较完整有字龟腹甲（H3〔2〕：1），才使我们对刻辞在龟上的分布、与卜兆的关系，龟甲的整治与钻、凿、灼等情形有了较为全面的认识。以对周原甲骨的此种认识为基点，再与其他远离西周中心地区出土的有字甲骨相参照；并把有文字的甲骨与其他西周遗址出土的无文字卜甲、卜骨相印证，真是举一反三、触类旁通，西周甲骨的特征基本被概括出来了。这方面，陕西周原考古队和李学勤教授等做了不少的工作，这些对西周甲骨特征发凡启例性的研究是很有意义的，其说见所撰文（4）（为节省笔墨，我们在本篇所涉及的著述，仍采用本书第二篇《西周甲骨汇释》所编“常见篇名”序号。以下皆同）及文（6）。[篇名亦见本书第二篇所列“常见篇名”（6）]。西周甲骨的主要特征表现在以下几个方面。

（一）甲骨的整治方面

卜甲主要使用的是龟腹甲，里面经过铲挖平整，正如文（6）所指出的“甲首经掏挖后留有宽厚边缘，一望可知与殷墟、济南大辛庄等地的商代卜甲不同”。《文物》1981 年第 9 期图版一·1 卜甲（H3〔2〕:1）的正面和背面照片可供我们参考。这种整治的作风，还见于“一九五二年河南洛阳泰山庙发现的半版龟腹甲，甲首部分的修治方式与此完全相同，其中央有一浅圆穴。同样的圆穴也见于齐家村 H3 的无字甲。在周原其他地点，还出土过类似的卜甲”，洛阳所出甲骨照片，发表在《考古学报》第九册和《殷虚卜辞综述》图版八上，我们将其与周原卜甲相比较，确实说明腹甲的这种整治方法已成了“定制”；卜骨使用的主要是牛的肩胛骨，一般是“先把牛胛骨的骨臼和中脊部分锯割掉，使骨壁变薄，与肩胛扇取平，有的还加锉磨”，如齐家 NH1 : 1 胛骨未切臼角，其臼部削去一半。齐家村采 : 94、80FQN 采 : 112 等都是肩胛骨的上部，骨臼的修治与此同。至于其他地方所出的有字西周甲骨，如洪赵坊堆村、沣西张家坡，骨臼和背面的修治也与齐家基本相同。而一些西周遗址出土的较完整无字卜用胛骨，如陕西郃县、洛阳新发现的西周初期铸铜遗址的卜用胛骨的整治也基本与齐家相同。①

（二）钻凿形态方面

西周卜甲一般都是方凿［极个别是圆凿，如齐家（H3〔2〕:2）］，

---

① 洛阳铸铜遗址卜骨、卜甲可参看《洛阳发现西周前期青铜器铸造遗址》，《文物特刊》1977 年第 35 期。

方凿排列整齐、密集。有人对周原卜甲的凿形式做过分析，认为基本是“分组排列”，从残存卜甲看，“大体以三个为一组”。凿孔之间，横距小，纵距大。排列以横为组者多，以纵为组者少。[①] 在凿的靠外部有一道较深的竖槽。有文字的卜甲，如凤雏、齐家、北京昌平白浮等地是如此。无字的西周卜甲，如洛阳泰山庙、洛阳铸铜遗址出土的卜甲以及凤雏、齐家、白浮等地与有文字卜甲同出的大量无字卜甲也是如此。因此，卜甲作方凿当是西周的普遍作风；西周的卜骨一般是在修整好的胛骨背面施圆钻，然后在窝底靠外部凿一竖槽，即文（6）所说的“呈所谓猫眼状”。钻孔的排列不规整，上从骨臼、下到肩胛扇附近都有分布。西周卜骨的这种圆钻，不仅齐家、凤雏、洪赵坊堆村、沣西张家坡出土的有字卜骨是如此，而且陕西邠县、洛阳铸铜遗址等地所出西周无字卜骨也是如此。

（三）灼与兆

甲骨的整治和施灼，都是为了控制在正面所呈的卜兆，以借此判断吉凶的。因此，各地西周甲骨在整治、钻凿形态等方面作风的一致性，在灼后所呈现于正面的兆纹，也必然会显示出共同的作风。卜甲施方凿，而且靠外部有一竖槽，在施灼后，由于向内的部分较薄，裂纹（兆枝）必然向内。卜甲上的灼痕较大，过重的烧炙使整个方凿呈现焦黑状。这在较完整的卜甲，如齐家 H3〔2〕：1，背面有方凿三十五个，左右两边的卜兆都朝向龟板中间的“千里路”，就可以把灼与兆的情形观察清楚；而牛胛骨，由于性干而脆，烧灼则较轻，灼处一般呈黄褐色小圆点。由于圆钻中间的竖槽稍靠外部，所以正面所呈现的兆枝必然向内。齐家卜骨 NH〔3〕：1、采：94、80FQN 采：112 等胛骨，兆枝相对，这是西周卜骨的独特作风。

（四）刻辞甲骨一般以骨臼一方为下

殷墟卜骨以骨臼一方为上，而西周卜骨正与此相反。这个特征是张政烺先生最早指出的。他在研究 1956 年张家坡出土的一骨上两行小字（一行与骨长同方向，一行与骨宽同方向）的卜骨时就已发现这一现象，

① 徐锡台：《周原出土甲骨的字型与孔型》，《考古与文物》1980 年第 2 期。

他在文（9）的注1中指出："殷墟卜骨使用胛骨皆骨臼向上，张家坡、四盘磨带奇字的肩胛骨则不同，皆臼向左，以便左手把持，右手刻字。可知1是正着刻的（按：即简报谓与骨长同方向者：五一一六八一。此文字走向是上方为骨扇，下方为骨臼）。"齐家村出土的有字卜骨诸如T1〔4〕:1、NH1〔3〕:1、采:108（背）、80FFQN采:112等都是以骨臼一方为下，骨扇一方为上的。而卜骨采:94、采108（正）都为横刻。因此文（4）谓："有由肩胛扇一端向骨臼一端竖刻，也有横刻的，但不见从骨臼一端向肩胛扇一端竖刻的。以肩胛骨上一端为上，骨臼一端为下，可能是西周甲骨的一个特征。"但也有特例，如文（6）所指出的："坊堆村卜骨的特殊处，是它以骨臼为上，与其它西周卜骨相反。"

（五）文字

西周甲骨上的文字一般都很少，而且字迹细小，需要放大几倍才能辨识清楚。不仅周原，而且远离周原的北京昌平白浮甲骨也是如此。有人将周原出土卜甲上的字型分为大、中、小三类，并认为文字型体基本上是竖长方形。① 由于齐家村较为完整而且字数较多的龟甲和胛骨的发现，才得以使我们对文字与卜兆的关系和文字的分布有所认识。齐家卜甲H3〔2〕:1将六条辞都分别刻于相关兆枝的一侧，文（6）指出这种"顺着兆枝的走向，也就是朝着腹甲中线'千里路'横向纵行，这是商代卜辞没有见过的"，有字卜骨，如采:94几条刻辞中，有的辞分布于兆枝一侧，也是在殷墟卜辞中不见的。

如此等等。西周甲骨的这些特征，由于目前发现和发表的有文字完整甲骨太少，即使刊出了一些零碎的材料，但发表时，有的简报对卜兆与文字的关系等方面介绍不清或拓本模糊，给较全面研究西周甲骨特征带来了不少困难。当然，判断西周甲骨要用这几项特征进行全面的综合分析。随着今后材料的不断增加，有的特征还会得到补充，也有的可能还要修正。但在卜甲和卜骨的钻凿形态方面，无论有字的还是无字的，无论是周人的发祥地，还是远离王畿的边远地区，概莫能外，都显示出西周甲骨的独特作风。

① 徐锡台：《周原出土甲骨的字型与孔型》，《考古与文物》1980年第2期。

“周因于殷礼。”代殷而起的周王朝继承了商王朝在政治、经济和文化等方面的全部遗产，在利用甲骨进行占卜方面当然也不会例外。我们认为西周甲骨与殷商甲骨仍处于一个系统，西周甲骨在不少方面与殷墟甲骨有着共同性。主要表现在以下几个方面：

1. 出土情况

殷墟卜辞主要是王室之物，出土于河南安阳小屯村，此地即《史记·殷本纪》正义引《竹书纪年》所谓的“盘庚迁殷，至纣之灭，二百七十三年，更不徙都”的晚商都城；而西周甲骨主要出土于周原和丰镐地区，周原是周人早期建都之地，《史记·周本纪》记载古公亶父因避戎狄，“乃与其私属遂去豳，度漆沮，逾梁山，止于歧下”。《集解》引徐广说：“山在扶风美阳西北，其南有周原。”裴骃按：“皇甫谧云：‘邑于周地，故始改国曰周。’”直到文王末年迁丰，武王时都镐，此地是周人宗庙宫室之所在，地位一直很重要。而镐京离丰京不远，《诗经·大雅·文王有声》“考卜维王，宅是镐京，维龟正之，武王成之”，《毛诗》郑笺说：“丰邑在沣水之西，镐京在沣水之东。”因此。周原和丰镐地区的张家坡出土的甲骨也应是周王室之物；殷墟甲骨有的出土于宫殿区，被埋在宫殿基址之下或打破宫殿基址的灰坑里，如甲十二基址上窖为 D42（内出一期卜甲 2 片）、乙七基址被 H17 打破（内出五期卜甲 7 片）等①；而西周凤雏宫殿遗址打破西厢的 H11 灰坑，也出土了近 1.7 万多片卜甲。殷代甲骨不仅出土于殷墟的中心地区，而且宫殿、宗庙区以外，诸如侯家庄、后冈、四盘磨、大司空村直至殷墟以外的郑州二里冈②等地都有发现。西周甲骨也是如此。除了中心地区的周原、张家坡等地有所发现外，在远离西周中心地区的北京、山西等地也有发现。在遗址以外，商代甲骨还有出土于墓葬中的现象。如殷墟 M331，曾出土 1 片有字甲骨（《乙》9099）。③ 藁城台西村 M14、M56、M100 三座墓中，也在二层台的位置上每墓出土卜骨 3 片。④ 而西周甲骨也有于墓葬中出土的。如北京昌平的西

---

① 石璋如：《小屯》（第一本），《遗址的发现与发掘：乙编，建筑遗存》，第七章“基址的时代”表一二七：与基址有关的甲骨之时期，1959 年台湾出版。

② 参见拙著《建国以来甲骨文研究》，中国社会科学出版社 1981 年版，第 26—27 页。

③ 李济：《记小屯出土之青铜器》，《中国考古学报》，第三册。

④ 河北省文物管理处台西考古队：《河北藁城台西村商代遗址发掘简报》，《文物》1979 年第 6 期。

周墓 M2、M3 内，出土不少卜甲，有的上面刻有文字。如果说，不少商代甲骨的埋藏是属于“散佚”和“废弃”的话，那么出土 1.7 万多片甲骨和有“管理人”殉葬的 YH127 坑应是有意“储存”了。[①] 商代有意储存甲骨并不是偶然的现象。1973 年安阳小屯南地 H62 坑内埋藏 20 片经过整治、凿、灼的卜骨，但没有一片有刻辞。另一窖穴 H99，主要用于放置骨料，内出未经加工牛胛骨 31 片，牛肋条骨 1 片和卜骨 10 片。其中有刻辞的 8 片，习刻 6 片。[②] 这些显然是有意识的“储存”；而西周凤雏村宫殿遗址 H11 窖穴内出土的大批甲骨，当同此制，也是“有意的储存”。因此我们说，西周甲骨与商代甲骨的出土情况是基本相同的。

2. 钻凿形态方面

虽然在十几万片商代卜甲中，我们还未见到有方凿的出现，但卜骨上的圆钻在殷墟甲骨中却早已存在。商代卜骨的“圆钻里边包含长凿”也颇有几例，严一萍在《甲骨学》（艺文印书馆 1978 年版）第 546 页说：

> 目前所见，这种现象只限于武丁期的卜骨。如：京都大学人文科学研究所的 B3228 及 0707［图四二（按：即严著附图号，下同）］。《殷契拾掇》二的 186（图四三·一—二）及 477（图四四），《库方二氏藏甲骨卜辞》的 1739（图四五），《ROM》[③] 的 77·39（图四六）、129、516（图四七）52、730（图四八）等都是。[④]

此外，严著还列举了圆钻与凿杂陈的现象。如：严著第 559 页之“胛骨第五式”（《甲》2902、2903，严定为第四期文武丁时代，我们认为应是第一期武丁时“𠂤组卜辞”）、第 565 页之“胛骨第八式”（史语所藏无字卜骨，未著录，编号为 2·3·0441。严定此为第一期）、第 567 页之

---

① 董作宾：《乙编》序，《中国考古学报》第四册；胡厚宣：《殷墟发掘》，学习生活出版社 1955 年版，第 99—101 页。

② 《一九七三年安阳小屯地发掘简报》，《考古》1975 年第 1 期。

③ 即许进雄编《明义士收藏甲骨文集》，加拿大皇家安大略博物馆，1972 年。

④ 本书定稿付印前夕，收到日本松丸道雄教授惠赠《东京大学东洋文化研究所藏甲骨文字》（图版篇）。该书 1983 年 3 月出版，收入故河井荃庐氏、田中救堂氏、三浦清吾氏等旧藏甲骨，编为 1315 号，另有补遗若干片。此书将龟甲、兽骨之拓本与原物摄影“二位一体”著录并分期分类编纂，颇具特色。此书中之 B0241b、B0458b、B0969b 等亦为圆钻中包含长凿式。

“胛骨第九式”（《殷契拾掇》二 · 159 正反。严定此为武乙时期），以及第 569 页之“胛骨第十式”（《乙》9105 反。严定为文武丁时，我们认为是第一期武丁时代“𠂤组卜辞”）。如此等等。虽然圆钻的形制、钻法、工具与西周甲骨不尽相同，但周代卜骨中的圆钻早在武丁时代就已开了先河，不能说两者了无关系；西周胛骨正面卜兆往往两两相对，采取相反的方向。虽然商代胛骨上卜兆相对没有这么规整，但也有一些胛骨同一钻处两边施灼，致使骨面呈现相反兆枝的现象。而商代的腹甲，通常是背面钻凿相对的以“千里路”为中心，左右两半各施钻凿数目相等。左面钻在右，凿在左。右面与此相反。经过灼后，正面所呈现的兆枝左、右两边自然都朝向中间的“千里路”。这一点是与西周卜甲相同的，但像胛骨上出现的兆枝相反的情况在龟腹甲上也有存在。严一萍在《甲骨学》第 542—546 页上说：

> 但是有一种象丘湾遗址出土的腹甲相同，左右两边各有一个或两个钻凿采取相反方向的。如《乙编》866（图三九一 · 一—二。按：严著附图，下同），怀履光《中国古代的骨文化》的 1000b（图四〇 · 一—二）这是武丁期的卜甲，在文武丁时代也有，《掇二》187（图四一）就是。张秉权先生告诉我，这样钻凿情形在史语所藏无字的腹甲中，还有好几片发现。

请注意：又是武丁时期已经出现。卜甲上的兆枝相对虽然在西周卜甲还没有见到，但这对研究西周胛骨上兆枝相对的起源还是有参考价值的。可能是龟甲分作若干鳞片，本来就易于破损，再加上钻凿密布，加热施灼后就更易破碎了。如果再使兆枝相对，不仅破残更甚，而且不易契刻文字。而胛骨浑然整体，骨质较龟甲为韧，灼后兆枝相对较之龟甲不易破碎。所以到西周时代，相对兆枝的作风便固定在胛骨上了，而且错落有致，非常严整，这与商代混杂散乱大不相同。但追溯其源，当自商代始。

3. 文字与辞例

从 1956 年 10 月至 1981 年底，即第二阶段前期已发表的 52 片西周甲骨上契刻的 376 个文字可以看出：大部分文字在商代已经使用，说明西周文字与商代是属于一个系统。而西周甲骨上新出现的文字，只不过是时代前进增创的新字而已。就文字的结构看，不是属于另一个新的造字系统；周代甲骨刻辞虽然有顺兆枝走向千里路这种特例，但文字一般守兆，还保留着商代卜辞与卜兆有着密切关系的遗风；西周甲骨中虽然较完整的卜辞发现不多，但作为严格意义上的卜辞来讲，凤雏 H11：1 有前辞、贞辞，H11：84 有贞辞，这种辞例在殷墟甲骨文中比比皆是。至于记事刻辞等，在殷墟卜辞中也可找到其相同的型式。此外，西周甲骨上的“易卦”（我们认为是“筮数”，其看法见下节所述），在殷墟四盘磨遗址出土的甲骨上也有发现。因此，就文字与辞例等方面来看，西周甲骨也与商代卜辞有着密切的联系。

4. 甲、骨分埋

从目前各地出土的西周刻辞甲骨的情形，我们可以看出周人是将龟甲和兽骨都用于占卜的。但昌平、凤雏出土的甲骨是以龟甲为主，而坊堆、沣西、齐家村等地又是以兽骨为主。特别是凤雏出土卜用甲骨 1.7 万多片，胛骨所占比例甚小，而昌平墓中所出则全是龟甲。这种龟甲与兽骨分埋的情形在殷墟也可以见到。如著名的 YH127 坑出土 1.7 万多片甲骨中，胛骨只有 8 片。其他如“大龟四版”“大龟七版”出土时也很单纯。1971 年小屯西地一号探沟集中出土胛骨 21 片，1973 年小屯南地发现了集中出胛骨的灰坑，如 H99、H62 等。这就是学者们早已指出的殷人“甲骨分埋”[①]。这种现象，文（6）作了科学论证：“经过研究证明，有不少与 YH127 坑的龟甲同时占卜的同文胛骨，散见各种著录中，龟甲的集中发现只说明它们不与骨存放在一起。”这说明，西周甲骨不仅取材、整治和使用等方面与商代有不少相同之处，就是用毕处理——甲、骨分埋也是和商代相同的。

周人虽然进入阶级社会较殷人为晚，直到古公亶父时代，才建立了国家，但在此以前就与商王朝发生了接触。殷墟甲骨文第一期武丁时代的刻辞里有不少周人与商人发生联系的记载，在这方面前面所列文（7）范毓周有详细的整理和论述。虽然他释凤雏 H11：84 的“周方伯”就是“太公诸盩”，我们不敢苟同，但他文中较为全面地收集了武丁时代商人

---

① 董作宾：《乙编》序。

与周人有了交往的甲骨材料还是可供参考的。作为西周甲骨重要特征的钻凿形态方面，正是在武丁时期的甲骨上出现了它的“祖型”，这是值得我们注意的。古公亶父以后，季历、文王时期周人与商朝的联系更为密切，周文化接受商文化的强大影响是完全可能的。

因此，我们认为西周甲骨与殷墟甲骨的许多共同性，正说明它们之间是有着一定的渊源关系。而上面所归纳的西周甲骨的特征，规定了它与殷墟甲骨的不同本质。这些特征不是独创的，而是早在殷人那里就始露端倪，加以继承和发展而形成，是时代进步性的表现。

二　西周甲骨刻辞分类略析

已如前述，现发表过的52片有字西周甲骨，一般字数较少，很多小片难以缀合复原，文句残泐不完，使我们对其类属的认识受到很大局限。既然我们承认西周甲骨文与殷商甲骨文有一脉相承的关系，那么我们结合商代甲骨刻辞的分类对西周甲骨刻辞进行分析不仅必要，而且还会受到很大的启示。我们认为，西周甲骨刻辞有的与占卜有关（如卜辞及与占卜有关的记事刻辞），有的刻辞与占卜无关（如筮数）。

众所周知，商代甲骨刻辞基本都是卜辞。这是因为“殷人信鬼”，几乎天天卜，事事卜，以决定自己的一切行动。卜辞都是问句，一条完整的商代卜辞，由前辞、贞辞、占辞、验辞这几个部分组成。虽然在卜问时可以省略其中的某些部分，但正、反对贞，刻辞迎兆是殷卜辞的定制。而在西周甲骨中，很难见到这样完整的形式。凤雏第一片（H11：1），是一片有前辞和贞辞的卜辞，这在西周甲骨中，如此完整的卜辞还是仅见。而凤雏第十四片（H11：6），是一条占辞，凤雏第七片（H11：84）是一条只有贞辞的卜辞。齐家第一片（H3〔2〕：1）其中有两条构成了贞辞和占辞，齐家第六片（采集：112）是一条贞辞。这些辞由于具有前辞（如：“癸巳彝文武帝乙宗贞”）或“卜贞”“贞”或“卜曰”“占曰”等，可以使我们看出与殷卜辞的辞例有一定的相同之处，因而可以说是卜辞。但在西周甲骨中，这样的卜辞稀如凤毛麟角。就是这些为数不多的“卜辞”，与商代卜辞比较起来，也很不典型。商代虽然有的卜辞省略后字数很少（甚至只有一个字），但我们根据正、反对贞的原则，仍可判断其为卜辞。而西周甲骨就很困难。如较完整的龟甲齐家第一片（H3〔2〕：1），此片上的三组辞都和一定的卜兆有关，第2、3辞和第5、6辞都分列于一个卜兆兆枝的两侧，而第1、4辞分别契刻在左右不相对应的卜兆兆枝一侧，这里找不出对贞的痕迹。除了第5辞根据其上的“贞”字，我们可判断为卜问句外，其余各辞就很难断为贞辞了。因此，这片完整的龟甲可代表其余残碎龟甲之一般，说明周人卜辞是不左右对贞的，也很少是问句——卜辞。

商代甲骨文中还有一部分记事刻辞。记事刻辞多是与占卜无关的记事，如甲桥、甲尾、骨面，骨臼、背甲刻辞等。但也有一些记事刻辞杂陈于卜辞中间，当与所卜之事有一定关系。如：《菁》3.1“己卯，媚子寅入[illegible]羌十”、《甲》2386“己未，又岁于且（祖）乙牡卅宰隹旧岁”、《甲》3361“癸卯，[illegible]于义京羌三人卯十牛。右”，等等。西周甲骨刻辞中。也有不少这样的辞例。有的学者（如文10）曾指出，周原甲骨中有非卜辞，如凤雏H11：8（图74）“此片刻作L形，绝非卜辞之形式”、第三十二片（H11：15 · 图37）“此片刻作J形，当非卜辞”、第二十六片（H11：40 · 图125）“仅有纪时之辞，非卜辞也”等。在西周甲骨刻辞中，“非卜辞”当然远非此数。除了上面我们所谈可以判断为卜辞者外，其余不少记人名、官名、方名，或记时、月相等少者一两字，多者十或二十余字的刻辞，与其笼统地说是卜辞，还不如说是与占卜有关的记事更明确些。

这些西周记事刻辞比上述商代记事刻辞与占卜有着更为密切的关系，可能记录的是举行占卜的事因，而不是问疑视兆、判断吉凶的结果。明显的例子就是坊堆村卜骨（图1）和齐家第二片（NH1〔3〕：1 · 图298）了。坊堆村卜骨刻辞为“化宫鼎三趾有疾贞”，记载用此骨施灼的事因，是化宫鼎这个人有了足疾，而不是通过卜占呈兆以判断死还是不死。而齐家第二片刻辞是“王以我牧单兕豚卜”，说的是用此骨施灼占卜的事因为王用我的牧场去狩猎。至于用“我牧”狩猎是吉是凶，狩得兕豚与否，那就要问后根据卜兆来判断了。与此辞例相近的刻辞在商代甲骨文里也有。如：《文录》690“癸卯卜，行，贞今夕亡囚？在自裳卜”。这是说，癸卯日，贞人行问：“今天晚上没有灾祸吧？”这是一条完整的第二期卜辞。而“在自裳卜”，记的是这次占卜在自裳这个地方举行，由于灼后呈兆，才得以判断今晚是否有灾祸。显然这四个字不是卜辞。这样的例子在商甲骨文中还有不少，我们就不再列举了。因此，我们认为西周甲骨刻辞中除了为数不多的卜辞外，多数应是记录举行占卜事因的“记事刻辞”。这些辞，只不过是占卜后随手刻来，将此次占卜事由简单记下，聊以备忘而已。

除了与占卜有关的刻辞外，西周甲骨上还有一种与龟卜或骨卜无关的特殊数字记号，这就是占筮用的“筮数”。如张家坡第一片（图2）、第二片（图4），凤雏第三十片（图158）、第三十一片（图156）及第三十七片（图157）、第三十八片（图155），齐家第四片（图303）等片上的刻辞。学者们有关这些“奇字”的研究讨论和它们就是“易卦”的种种看法，我们在第二篇《西周甲骨汇释》部分已做了介绍。可以说，近年来的研究，“为科学地认识和解决这个棘手的问题迈进了关键性的一步”①。

《周易》是我国古代的一部筮书，由“经”和“传”的两个部分组成。《周易》的经是卦。卦有八个经卦，八个经卦再相重为六十四卦所组成。据《史记·周本纪》载“西伯囚羑里，盖益《易》之八卦为六十四卦”，相传是周文王所作。每一卦都有卦象、卦名。卦名以乾坤为首。而每卦卦象由六爻构成，爻以阴（－－）阳（—）符号组成。以阴阳对立为核心的六爻排列的不同，决定了每卦卦名的不同。

西周甲骨上由六个数字组成的“奇”字，李学勤先生在文（6）中已指出了它们和占卜的关系及性质。他说：“据《尚书·洪范》等书所述，古代占问祸福，卜与筮作为两种独立的方术，每每并用，即《礼记·曲礼》所谓‘卜筮不相袭’。古人常在卜以前揲筮，如《周礼·筮人》郑注所说：‘当用卜者先筮之，于筮之凶，则止不卜。’特别是在占问大事的时候，应先筮而后卜。《筮人》云：‘凡国之大事，先筮而后卜。’这时为了参照，就可以将筮得的数刻记在有关卜兆旁边，表明其间关系。估计西周甲骨上的数字符号，都是卜前所行关于同一事项揲筮的结果，与卜兆有参照的联系，却不是由兆象得出来的。”古代占筮时，为了防止遗忘，将每次揲筮的结果记录下来，这在古书里也有记载。《仪礼·士冠

① 张亚初、刘雨：《从商周八卦数字符号谈筮法的几个问题》，《考古》1981年第2期。

礼》“筮，与席所卦者”，郑玄注“所卦者，所以画地记爻”。《少牢馈食礼》“卦以木卒筮，乃书卦于木”，郑玄注“每一爻画地以识之，六爻备书于版”，以便筮师根据记录下来的结果判断吉凶时参考。西周甲骨上的六位数字，当为揲蓍六次的总记录，我们可称之为“筮数”。

但我们可以看到，西周甲骨上的筮数还没有《易经》上那样严格的卦名。特别是易卦为首的乾、坤二卦的天、地对立观念，在商、周初是不存在的。甲骨文中虽然上天的观念已经存在，但通常用“帝”字来表示。[①] 周初虽然已经出现了“天”字，但与之对立的“地”字在金文中是不存在的。[②] 正如郭沫若所说：“金文无与天对立之地字，天地对立之观念，事当后起，则乾坤对立之观念亦当后起矣。”[③] 因此，即使这些筮数就是阴阳爻，但距离创造出易卦以乾坤为首的六十四卦名恐怕还要有一段距离。因为在人们头脑中还没有“天、地”对立观念的商末周初，是不可如此自觉并如此严格地将这些筮数称为乾、坤等卦名的。

此外，《周易》的六十四卦每卦是由六爻构成的。由以阴阳对立观念为核心的阴爻（- -）、阳爻（—）符号的排列组合不同，构成了六十四卦的不同卦象。在商末周初，阴、阳对立的观念和天地对立的观念一样也还没有出现。据近人梁启超研究，“阴阳两字连属成一名词，表示无形无象之两种对待的性质，盖自孔子或老子始”。他对一些先秦古书如《诗经》《书经》等书中出现的阴、阳二字进行了统计以后发现，“阴阳二字连用者，惟《公刘》‘既景乃冈，相其阴阳’一语。谓在山冈上测日影，察其向背云尔；与后世所谓阴阳之义迥别”，并指出：“由此观之，商周以前所谓阴阳者不过自然界中一种粗浅微末之现象，不含有何等深邃之意义。”[④] 文献中出现的周人把阴阳作为一种对立的神秘力量是在西周末期幽王二年。《国语·周语（上）》记载伯阳父在解释“三川皆震”的原因时说：

> 夫天地之气，不失其序……阳伏而不能出，阴迫而不能烝，于

---

① 参见胡厚宣《殷卜辞中的上帝和王帝》（上、下），《历史研究》1959 年第 9、10 期。
② 郭沫若：《金文无所考》，《金文丛考》，第 32—33 页。
③ 郭沫若：《金文无所考》，《金文丛考》，第 46 页。
④ 梁启超：《阴阳五行说之来历》，《古史辨》第五册（下），第 343—348 页。

是地震。今三川实震，是阳失其所而镇阴也。阳失而在阴……

阴阳观念出现以后，经过孔、老，直到战国“阴阳家”才使之神秘起来。所以，《易经》中把爻以阴、阳命名，或称之为代表阴阳的“九”“六”等数字，亦当为较晚“阴阳说”盛行的战国之世。因此，殷末周初的筮数，恐怕还没有达到《庄子 · 天下篇》所谓的“《易》以道阴阳”的发展阶段。

《考古》1976 年第 4 期发表的汪宁生《八卦起源》一文，对我们认识商周筮法的发展阶段是很有启示的。文中列举的流行于我国少数民族地区的“数卜法”，特别是四川凉山彝族的占卜法“雷夫孜”，与我国古代揲蓍的八卦十分相近。此法在占筮时，“由于数分两种而卜必三次，故有八种可能的排列组合，即共有八种答案”。这与“八卦”由阴、阳三个符号排列组合的原理很相近。八卦重为六十四卦，是由于卦象少，不敷社会生活发展的占筮需要而增加的。再加之数学的发展，因此八卦的卦象排列组合成六十四卦。这也是筮术又一进步发展的表现。西周筮数是六位数字，说明已经比“雷夫孜”由三位数构成一卦的筮法有了进步，而接近于《易经》中的别卦了。

虽然如此，西周甲骨上的筮数衍化为别卦还是要假以时日的。郭沫若在《有关〈易经〉的信》中说：“看来，《易》之制作是由长期积累所成，其中有西周时代的原始资料，但也有春秋时代的资料”，“《周易》的完成应当在春秋末年或战国初年”。这是因为“在原始筮书中，可能只有卦象而无卦名，八卦和六十四卦的卦名是后来附益上去的。六十四卦的卦名就有一套哲理在内，并不简单”①，这对我们认识西周甲骨上的“奇字”是筮数很有启发。

《左传》僖公十五年说：“龟，象也；筮，数也。”杜注：“言龟以象示，筮以数告，象数相因而生，然后有占，占所以知吉凶，不能变吉凶。”所谓龟“象”，即灼后在龟甲上呈现的兆象，《左传》定公九年，“卜过之，龟焦”。注云：“龟焦，兆不成，不可以行事也。”这是因为烧

---

① 郭沫若：《有关〈易经〉的信》，《中国史研究》1979 年第 1 期。并参考郭沫若《周易之制作年代》，《青铜时代》，科学出版社 1962 年版。

灼太甚，龟壳被灼焦了，以致不能呈兆判断吉凶；而所谓的“数”，最早应就是揲蓍草所得的数字。西周甲骨上契刻的六个数字应是揲蓍所得的总数字——筮数。筮数不是卜兆，但它的作用与卜兆是相同的。卜兆是占卜时判断吉凶的依据，而筮数是占筮时判断吉凶的依据。

通过上面的分析，我们初步把西周甲骨刻辞分为与占卜有关的刻辞，其中一小部分为卜辞，但多数是记事刻辞；与占卜无关的刻辞是筮数（虽然广义地说它们刻在卜骨上，也应与占卜有一定的关系），是揲蓍的记录，其对占筮的作用与卜兆对占卜的作用是相同的。

三　再论西周甲骨中的“王”并初探西周甲骨的分期

西周甲骨主要是王室的，如凤雏、齐家、沣西等地所出。也有一部分可能为诸侯国的，如坊堆、昌平等地所出。这些甲骨刻辞，无论是王室的还是诸侯国的，从字体上看都有共同性，说明各诸侯国与周王朝在文化上的一致性。这就是由于西周王朝政治和经济对诸侯国强烈影响的结果，甚至连边远地区也不能例外。如远离宗周的燕国，虽然文献中有关周初与王室联系的材料较少，但北京琉璃河出土的《堇鼎》记载说：

> 匽（燕）侯命堇饙大保于宗周。庚申，大保赏堇贝，用作大子癸宝障䵼　[illegible]

这就说明了第一代燕侯就曾派人去宗周觐见其父太保召公奭。① 不少出土铜器说明，还离王畿的燕国与周王朝保持着密切的联系。② 西周各地出土甲骨刻辞字体的共同性，与西周各地出土铜器的作风、字体的一致性是相同的，都是与西周王朝政治、经济、文化密切联系的结果。

凤雏、齐家甲骨中都出现了“王”。凤雏第一片（此号所谓“第一片”为该片在《西周甲骨汇释》中排列顺序号。以下皆同，不再注）

---

① 《文物考古工作三十年》，文物出版社 1979 年版，第 4 页。

② 晏琬：《北京·辽宁出土铜器与周初的燕》，《考古》1975 年第 5 期。

（H11：1 · 图 13[①]）写作、第七片（H11：84 · 图 12）写作、第二十八片（H11：38 · 图 16）写作、第三十六片（H11：136 · 图 22）写作。第十一片（H11：3 · 图 27）写作、第二十九片（H11：132 · 图 25）写作。齐家村第二片（NH1〔3〕：1 · 图 298）写作、第五片（采：94 · 图 299）写作。总的说来，已公布的周原甲骨共有 8 片上出现了 9 个“王”字。从上摹字形看来，基本可分三型：

第一型 。字体严整，写作一贯三之形，与殷墟卜辞第五期的王字写法基本相同。

第二型 。字体劲遒、豪放，写作上二横平行，下一横略斜。而一竖贯穿上二横后，在二横与三横中间分叉交于第三横上。

第三型 。字体潇洒、圆润，写作上二横平行，下一横略有弧度。而一竖贯穿上二横并自第二横下分叉与下一横相交。

将周原甲骨中出现的“王”考证清楚，对我们进行西周甲骨分期的探索和利用西周甲骨研究周初历史是很有意义的。我们在文（5）曾对凤雏第一片（H11：1）及第七片（H11：84）卜辞中出现的“王”进行过探讨，认为他们应该指的是商王帝辛。这些片上出现的王字，属于我们划分的第一型王字。当时我们曾在文（5）论证说：

> 有些周原卜辞中的“王”不是周王，而是商王帝辛。同辞的“周方伯”指后来被称为文王的西伯昌。这些卜辞，从其辞主而言，是确实的帝辛卜辞。如所周知，殷墟卜辞究竟是否包括帝辛时期的卜辞，迄今仍是未能澄清的问题。如今在周原竟发现了帝辛卜辞，实在是饶有兴味的事。
>
> 不能不注意到，周原卜甲在卜法上具有与殷墟卜甲很不一样的特点。岐山卜甲的整治多为方凿，这与过去陕西某些地点，以及洛阳泰山庙、昌平白浮等地所出作风一致，而不同于殷墟卜用甲骨的钻凿形式。这可以解释为周人卜法有本身的特点，周原发现的帝辛卜辞虽系为商王占卜，卜者可能为周人，所用为周人所特有的卜法；

---

① “H11：1”为此片出土编号；“图 13”为此片摹本在本书《西周甲骨摹聚》编号。以下同，不再注。

另外一种解释是，帝辛时期卜法已有一定变革，出现了与前此不同的新形式。这两种说法孰是孰非，目前还难于判断。

如果按照前一种解释，我们对商代末年商周间的关系可以有更多的理解。周本为商朝属国，商王文丁杀周季历，双方结下了深深的仇恨。文王仍为商臣，曾被帝辛囚于羑里。他虽暗中时刻在做灭商的准备，但表面上仍臣服商朝。因而帝辛时有周人入朝服事，为他占卜，这是不足为奇的。

周文王的卜辞也是有的。那就是第二十八片（H11：38·图16）“王卜”和第三十六片（H11：136·图22）“今秋王由（斯）克往宓”之王。西伯姬昌在位五十余年，据《史记·周本纪》载“诗人道西伯，盖受命之年称王而断虞芮之讼”。正义说：“二国相让后，诸侯归西伯者四十余国，咸尊西伯为王。盖此年受命之年称王也。《帝王世纪》云：‘文王即位四十二年，岁在鹑火，文王更为受命之元年，始称王矣’。”西伯曾经称王，从上述记载看当是无疑的。因此，第二十八片上的“王”应就是周文王。严一萍文（10）也主此说。此“王”字的写法与上述二片一致，也正说明了文王与商王帝辛是同时代人；西伯称王的“明年，伐犬戎。明年，伐密须。明年，败耆国”。第三十六片之宓，徐锡台在文（2）释为密，谓即文王所伐之“密须国”甚是。由此看来，不仅甲骨上的史实与文献记载相合，而且此片上的“王”字，从字体上也可以看出与第一片、第七片指商王之“王”字和第二十八片指文王之“王”字的写法也是基本相同的。因此第三十六片与密有关的王应指周文王。从以上分析看来，周文王时期的王字写法与殷墟甲骨文第五期帝乙、帝辛时期的写法基本相同，因此第一型的“王”字应是文王时期当没有什么可以怀疑的了。

那么，第二型的“王”字又应属于哪些王呢？这二型的王与第一型的王字同出于西周宫殿基址H11内。据文（1）报道，H11“窖穴开口于建筑基址的3B层”，打破了西周宫殿遗址；而3B层，“为房屋废弃后的堆积层”，“这里出土的Ⅱ式陶鬲（T37〔3B〕：2），与沣西张家坡西周墓地M147：4陶鬲，形制和纹饰都完全相同（见《沣西发掘报告》图版染伍·6），M147：4鬲的时代西周晚期，这里出土的陶罐T36〔3B〕：7，与沣西客省庄西周居址中 H433：4 罐，不论形制和纹饰也完全相同（见《沣西发掘报告》图版伍染·1），H433：3 也为西周晚期。因此，这组建筑物的使用下限，当延长到了西周晚期”。① H11 开口在房屋废弃后的西周晚期堆积层下，其使用年代可能当在此以前，为西周中期及以前的遗迹。此坑中出土甲骨上第二型的“王”，也可能就是中期以前的王了。而第一型的王是周文王时代的字体，那我们便可以在文王以后的诸王中去寻找了。有第二型王字的第二十九片（H11：132·图 25）上有“王酓森”字样。我们在文（5）中曾考证过，指出此辞中出现的“酓森”事类在成王时的《塱方鼎》中曾出现过。这是记载周公东征凯旋后，于周庙举行“饮至”典礼之事。此片之“王酓森”，可能记载的亦是此事。如果是这样的话，此王可能是成王。另一片〔即第十一片（H11：3·图 27）上的王〕，从字形上看与此片相同，当与第二十九片上的王时代相去不远；第三型的王字出现在齐家第二片（NH1〔3〕：1）和第五片（采：94）上。第二片出土有明确的地层关系，文（4）指出齐家村东遗址第五层为“西周中期灰坑和墓葬，出土甲骨的灰坑 H3、H4 都属于这一层”，而“此件标本不应晚于穆王时期，这与灰坑的地层关系也大体相符”。这就规定了第二型的王介于一型和三型的王字之间，应在文王以后和穆王以前。我们再进一步从有二型王字甲骨刻辞的事类方面去考察，也能证明此型王字应在文王以后，大体相当武、成、康之际。

我们可将凤雏 H11 出土甲骨上的书体基本分为两大类。一类是与有一型王的甲骨上书体相近的刻辞，其余多数就是与有二型王的甲骨上书体作风相近的第二类。试看第二类书体的甲骨上所记史实：

第二片（H11：4）“微、楚”（图 46）

微，文（1）、文（2）、文（10）均主为武王伐纣时参与牧野之战的微。微与周在武王时代发生联系的史实还有金文可证，如著名的《史墙盘》铭文说：

> 微史剌（列）且（祖）廼（乃）来见武王，武王则令周公舍寓

① 《陕西岐山凤雏村西周建筑基址发掘简报》，《文物》1979 年第 10 期。

于周，卑（俾）处甬（容）① ……

楚，如前汇释所证，文王及成王时都与周发生过联系，武王时发生联系不见文献记载。

本片由微在武王时与周发生联系，基本可定在武王时。

第九片（H11：83）“楚子”（图47）。文（1）、文（2）、文（5）、文（10）都认为乃成王时所封。文（10）并指出“H11：83片有‘楚子’，则此批甲骨，尚有成王时物”，此说可信。

第十六片（H11：45）“毕公”（图39）。文（2）指出“毕公曾为武、成、康三世的重臣”。此片文句简约，具体王世不可判断。要之，或为武、成、康这段时间之物，当无疑问。

第十七片（H11：50）“大保”（图38）及第三十二片（H11：15）“大保”（图37）。文（2）亦曾指出“大保”即召公奭，“亦为武、成、康三朝的大臣”，此说可信。则此二片甲骨，自应属武、成、康三世，文句简约，其具体王世亦不可属。

由上引第二类书体诸片可以看出，这类书体所出现之人物、事类为武、成、康三世之时。这与H11所处的层位关系也是一致的。因此，我们所划分的第二型“王”字所指，应是文王以后，昭王、穆王以前这一时期在位的王——武王、成王、康王。

至于我们所划分的第三型“王”字，上面已经谈过，由于地层关系明确，应在穆王以前，所以指的当是昭王、穆王时期在位的二王。

我们参照有“王”字出现的西周甲骨上的其他刻辞书体，基本上可以把西周甲骨的书体分为三类：第一类即有一型王字的甲骨，此类文字书体严整、谨饬，颇有小心谨慎之遗意，正反映了周人在文王时代“阴修德行善”，积聚力量以伐殷的进取精神；第二类即有二型王字的甲骨及与此类甲骨书体作风相近的刻辞。此类书体劲遒、豪放，正是周武王至康王这段时间，践商奄，迁薄姑，分封诸侯，“刑错四十余年不用”的文治武功极盛时期时代精神的写照。山西洪赵所出甲骨应属这一类书体；而第三类有三型王及其同类的书体，潇洒、圆润、飘逸，正是昭王、穆

① 《陕西扶风庄白一号西周青铜器窖藏发掘简报》，《文物》1978年第3期。

王时在守成中潜伏着危机，特别是穆王纵欲逸乐，“车辙马迹遍于天下”的时代精神的反映。昌平白浮甲骨刻辞基本可划入此类书体。

因此，西周甲骨从书体上我们基本可以分为三类，每一类书体又代表一个不同时期：第一期文王时期（与帝乙、帝辛同时），第二期武王、成王、康王时期，第三期昭王、穆王时期。这在山西坊堆村、北京昌平出土甲骨的坑位上也可得到旁证。坊堆村甲骨所伴出的铜器“都属于殷商形制，或最迟不晚于西周”①。而所出一件竖纹簋，与成王时的康侯簋形制接近②；北京昌平白浮，虽然两墓所出甲骨书体略有差别，但总的作风是一致的。贯耳壶与长安普渡村所出穆王时的贯耳壶形制相同③，可断昌平甲骨的下限不会晚于穆王。因此，上述两处较边远地区所出西周甲骨的坑位，也为我们将两类书体分属于三个不同时期提供了佐证。

综上所述，我们把在西周甲骨上出现较多的“王”字分为三种不同类型，考证出不同类型的王分属于不同时期。再将与其共存的文字相印证，又可能将西周甲骨刻辞的书体分为三类，每一类书体都有自己一个时期的独特风尚。而每一类书体的时代性，不仅在周原有地层证据，就是在边远地区也得到了地层的旁证。因此，三类书体也是三个不同时期的反映。西周甲骨的第一期应为文王时期，与殷墟甲骨文第五期时代约略相同。第二期应为武王、成王、康王时期；第三期应为昭王、穆王时期。

四 简短的结语

通过本文的叙述，我们可以看到西周甲骨有着自己的特征，特别是在钻凿形态方面有着与殷墟甲骨刻辞不同的质的规定性。但西周甲骨与殷墟甲骨是一脉相承的，这些特征是其时代进步性的表现；西周甲骨刻辞有一部分与占卜有关，这就是一小部分卜辞和多量的记事刻辞。但也有的与占卜无关，那就是占筮时契刻在甲骨上的筮数。由于《周易》内容复杂、严密，产生的时代较晚，与其说这些筮数就是易卦，还不如说

① 《山西洪赵县堆坊村古遗址墓葬群清理简报》，《文物参考资料》1955 年第 4 期。
② 陈梦家：《西周铜器断代（一）》，《中国考古学报》第九册，1955 年。
③ 《长安普渡村西周墓的发掘》，《考古学报》1957 年第 1 期。图版肆 3 · 012 号壶。

与现今保存在少数民族中的“数卜法”，特别是与彝族的“雷夫孜”更接近些。

西周甲骨刻辞中出现次数较多的“王”，是我们探索甲骨分期的一把钥匙。只有将这些王的时代考证清楚，才可以把这些有王甲骨刻辞和无王甲骨刻辞从事类、书体等方面进行分期。根据现已刊布的不完全材料，我们初步将西周甲骨分为三个不同时期。虽然每一期中的书体还有细微差别，但总的作风还是与相应期别的书体接近的。这三个不同时期的划分，不仅从刻辞内容上找到了证据，而且也得到了出土甲骨坑位的旁证。

由于我们受接触材料的局限，一些看法可能是错误的，这将随着今后材料的不断增多而重新加以认识和修正。同时，我们也希望，不仅要及时公布材料，还要对每片西周甲骨的钻凿形态、正面所呈的兆象、伴随出土物等，提供更为详备的科学资料，这无疑对下一阶段的深入研究是有关键意义的。

第四篇

再论西周甲骨分期

1982年5月出版的《古文字研究论文集》(《四川大学学报丛刊》第十辑),将陕西岐山凤雏宫殿基址所出289片西周有字甲骨公布,使人眼界大开,感到无比快慰!这是因为它不仅把自1979年以来陆续在不同刊物上发表的凤雏西周甲骨零星材料集中起来,而且还将其余从未发表的材料也公之于众。这意味着学者们在前一时期所据不完备材料而得出的看法将得到验证、补充,或要重新认识、进行必要的修正。在全面掌握材料的基础上,经过分析、比较、综合,得出较为科学的结论,这无疑对西周甲骨研究的进一步深入是大有裨益的。

西周有字甲骨的释读,是将这批珍贵的史料应用于西周史研究的必要工作。学者们在这方面做了不少努力,得以使人们了解西周甲骨的内容;但对西周甲骨进行分期断代,则是利用这批材料将周初历史的探索建立在科学的基础上的关键工作。凤雏和齐家甲骨的全部发表,使我们对西周甲骨分期断代进一步深入研究有了可能。由于扶风齐家村所出甲骨较之岐山凤雏所出甲骨片数为少,而且时代亦较明确,因此人们把西周甲骨分期断代探索的重点集中在片数较多、内容较为丰富的凤雏H11、H31窖穴所出的有字甲骨上。虽然还没有专门系统的论证分期断代文章发表,但在一些简报、考释文章的字里行间,也透露出学术界对西周甲骨分期断代的不同看法。主要有以下几种:

第一,周原甲骨(主要指凤雏所出)不是周族而是商王室的。“绝大部分是商王室的卜辞”,“很可能是在殷商末年商纣王时,掌握占卜的卜人投奔周人时,携带过去的”,但“也必须承认周原甲骨中也还有一小部分卜甲,确乎是属于周人的”,“时代应略晚于商王室卜辞”。[①]

---

① 王玉哲:《陕西周原所出甲骨文的来源试探》,《社会科学战线》1982年第1期。

第二，“周原甲骨绝大部分都是文王时代遗物”，但“也当有成王遗物在内”。[①]

第三，周原甲骨“从字体和内容看”，“似可分为前后两期”——武王克商以前和克商以后。[②] 与这种看法基本相同者还有李学勤[③]、徐锡台等[④]。李学勤并进一步指出了“凤雏卜辞史事和人物，大抵属于西周前期”，即“凤雏甲骨的年代上起周文王，下及康、昭”。[⑤] 陈全方同志根据凤雏全部有字甲骨材料的研究，也认为大体可分两期——武王克商以前和克商以后，“早到周文王，迟到成康”，并将凤雏所出时代较为明确的甲骨 35 片做出“岐山凤雏村部分西周甲骨文时代表”[⑥]。

第四，最早相当于殷墟卜辞廪辛、康丁、武乙时说。周原甲骨的发现者之一徐锡台同志，在《古文字研究》第六辑所载《周原卜辞十篇选释及断代》一文，认为“从三、十一、十四、八十号等四片卜辞的内容与字体与书体看，当属于周文王早期，或王季晚期作品”，也就是相当于“殷墟卜辞第三、四期，属于廪辛、康丁、武乙时卜辞”。文中所列其他六片，“属于文王晚期作品，不会有什么问题的”。

如此等等，不一而足。学者们有关西周甲骨分期断代的探讨，对科学地使用这批材料意义极大。上述各种不同意见的发表，说明分期问题还远远没有解决。因此，对西周甲骨断代分期这一复杂而重要的问题，需要我们今后从多方面做进一步深入的研究。

我们在 1981 年底撰写本书第三篇《西周甲骨综论》时，曾据当时所能见到的 52 片西周甲骨进行过分期断代的研究，这就是该篇第四节“再论西周甲骨中的‘王’并初探西周甲骨的分期”。我们认为，“西周甲骨的第一期应为文王时期，与殷墟甲骨文第五期时代约略相同。第二期应

---

① 徐中舒：《周原甲骨初论》，《古文字研究论文集》（《四川大学学报丛刊》第十辑），1982 年 5 月。

② 陕西周原考古队：《陕西岐山凤雏村发现周初甲骨文》，《文物》1979 年第 10 期。

③ 李学勤、王宇信：《周原卜辞选释》，《古文字研究》第四辑，1980 年 12 月。

④ 徐锡台：《周原出土的甲骨文所见人名、官名、国名、地名浅释》，《古文字研究》第一辑，1979 年 8 月。

⑤ 李学勤：《西周甲骨的几点研究》，《文物》1981 年第 9 期。

⑥ 陈全方：《陕西岐山凤雏村西周甲骨文概论》，《古文字研究论文集》（《四川大学学报丛刊》第十辑），1982 年 5 月。

为武王、成王、康王时期。而第三期应为昭王、穆王时期”。凤雏宫殿遗址所出甲骨主要为第一、二期之物（以二期为多），而扶风齐家所出甲骨主要为第三期之物。因为我们当时所依据的主要是凤雏发表的极不完备的资料，因而认识受到了很大局限。现在，凤雏有字甲骨材料全部刊布，我们把上述看法与更多的新材料相印证，觉得并无很大出入。因此，有必要再结合新发表的一批材料，继续对西周甲骨分期这一重要问题进行再探讨。

一 “王”字的纵向差异和横向不同与西周甲骨分期

众所周知，殷墟甲骨文的分期是从 1928 年第一次科学发掘殷墟后开始提出的。当时因从三处不同地方出土的甲骨上看到了有“字形之演变，契刻方法与材料之更易”的不同，才开始了“把每一时代的卜辞，还他个原有时代”的探索；又经过 1929 年第三次科学发掘殷墟，在所谓“大龟四版”上发现了“贞人”，1933 年董作宾在《甲骨文断代研究例》这一甲骨学史上重要名作中提出了甲骨文分期断代的“十项标准”，自此凿破鸿濛，将殷墟二百七十三年甲骨的一团“浑沌”分为五个不同时期。而“在这断代分期的十项标准中，最重要的是世系、称谓和贞人，而这三项的核心又是世系”①。正是以世系这根贯穿殷墟甲骨的主线为依据，推衍出其他有关诸项标准，从而纲举目张，殷墟甲骨才得以被分为武丁、祖庚·祖甲、廪辛·康丁、武乙·文丁、帝乙·帝辛等早晚不同的五个时期。既然我们承认周原甲骨与殷墟甲骨应属于一个系统，“它们是一脉相承的”。虽然西周甲骨形成了自己的特征，但“这些特征不是独创的，而是早在殷人那里就始露端倪，加以继承和发展而成，是时代进步性的表现”②。“殷鉴未远。”那么在我们进行周原甲骨分期探索的时候，也就可以从殷墟甲骨的分期研究中得到启示。

我们在对凤雏所出 289 片有字甲骨和齐家 6 片有字甲骨进行考察后，

---

① 参见拙著《建国以来甲骨文研究》，中国社会科学出版社 1981 年版，第 17—20 页。

② 参见本书第三篇《西周甲骨综论》第一节“西周甲骨的特征及与殷卜辞的关系”。以下凡再涉及此文，均简称《综论》。

发现没有一个可以一以贯之的世系作为我们分期断代探讨的基础，因而也不能据此推断出称谓、贞人进行西周甲骨分期断代研究。但是，在西周甲骨中却有一个经常出现的“王”字，我们认为“将周原甲骨中的‘王’考订清楚，对我们进行西周甲骨分期的探索和利用西周甲骨研究周初史实是很有意义的”①。

我们在《综论》第三节“再论西周甲骨中的‘王’并初探西周甲骨的分期”曾根据1981年9月以前发表的极不完备的周原甲骨材料（凤雏42片、齐家6片）中出现的“王”字，进行过初步的分析。在这48片甲骨中，有以下几片上出现了“王”字，即，

凤雏：H11：1、H11：84、H11：38、H11：3、H11：132、H11：136。

齐家：NH1〔3〕：1、采94。

我们曾将以上8片甲骨上出现的九个“王”字分为三型，即，

“第一型 。字体严整，写作一贯三之形，与殷墟卜辞第五期的王字写法相同。

第二型 。字体遒劲、豪放，写作上二横平行，下一横略斜。而一竖贯穿上二横后，在二横与三横中间分叉交于第三横上。

第三型 。字体潇洒、圆润，写作上二横平行，下一横略有弧度。而一竖贯穿上二横并自第二横下分叉与下一横相交。

出现第一型王字的甲骨有凤雏H11：1、H11：84、H11：38、H11：136，出现第二型王字的甲骨有凤雏H11：132、H11：3，出现第三型王字的甲骨有齐家NH1〔3〕：1、采94等。

我们曾将这些片上所载史迹并结合与这些片书体相近的有关片上所载的史迹和坑位进行分析，基本上可以把三个不同类型的“王”字划分为三个时期，即“第一型的‘王’字应是文王时期”（与商帝乙、帝辛同时），而第二型的王字“应在文王以后，大体相当武、成、康之际”，至于第三型的王字，因“出土地层关系明确，应在穆王以前，所指的当是昭王、穆王时期在位的二王”。

① 见本书第三篇《西周甲骨综论》第三节“再论西周甲骨中的‘王’并初探西周甲骨的分期”。

在西周甲骨研究第二阶段（1956—1982 年 5 月）的后期，陈全方同志于 1982 年 5 月出版的《古文字研究论文集》上发表的《陕西岐山凤雏村西周甲骨文概论》（以下简称《概论》）一文中，刊布了凤雏所出全部有字西周甲骨。我们可将这批材料与上述初步看法相补充、印证，并做进一步探讨。

全部 289 片西周甲骨中，共有带“王”字的 27 片（其中包括我们上面所举凤雏 6 片在内）。应该指出的是，凤雏这 27 片甲骨上出现的“王”字，基本上都属于第一型和第二型，而没有较晚的第三型，这与我们在《综论》中根据当时所见到材料中出现的“王”字类型和事类、书体，将凤雏所出甲骨放在第一期和第二期基本是一致的。现在，我们则再根据新发表的材料，对我们原来所划分的“王”字类型和时代，做进一步的分析和修正。

第一型　王。此型王字我们在《综论》中定为第一期，即为文王时代。主要有：

第一片（H11：1）·13（一）[①]

癸巳，彝文武帝乙宗贞：王其邵吼成唐鬳，禦，艮（服）二女，其彝：血羊三，豚三，囟（斯）又正。

此片“王”字作上二横平，下一横稍有弧度，一贯三之竖直。我们在《周原卜辞选释》[②] 中曾考证此片之“王”应为商纣王，此不赘述。

第二片（H11：48）·15（七三）

王其□　兹用　既吉　渭鱼

此片之“王”上部虽残，但可看出所残者应为一横，此王字作三横一竖贯之。《概论》释渭“即渭河”。鱼，“即渔也”。说“此卜辞当指周王于渭河捕鱼的事情”。此说可从。《史记·齐太公世家》云：“吕尚盖尝穷困，年老矣，以渔钓奸周西伯。西伯将出猎，卜之……于是周西伯猎，果遇太公于渭之阳。”《正义》引《括地志》说：“兹泉水源出岐州岐山县西南凡谷。《吕氏春秋》云‘太公钓于兹泉，遇文王’……”所谓西伯出猎占卜曰：“所获非龙非彨，非虎非熊，所获霸王之辅”。虽属迷信，

---

① H11：1 即原甲骨片出土编号，13 即该片在《西周甲骨摹聚》摹本所编顺序号，（一）即该片考释在《西周甲骨汇释》所编顺序号。以下皆仿此，不再注。本书各号可互相查校。

② 李学勤、王宇信：《周原卜辞选释》，《古文字研究》第四辑，1980 年 12 月。

但此片之“王”字据《综论》分析为一型，乃指文王。片上所记之“渭渔”，可证史载文王曾出猎渭滨可信，得姜尚于渭阳之事亦非子虚乌有。据《毛诗文王序》《正义》引皇甫谧说：“（文王）未受命时，已得太公”[①] 的记载，可以进一步推知：此片之王应指“未受命”时之周文王。

第三片（H11：38）·16（二八）

王卜

此片之“王”字写作三横平，竖直，应为文王，说详《综论》。

第四片（H11：72）·17（一二八）

王用

此片之“王”字写法与第二片、第三片相同，时代自应相近。

第五片（H11：82）·14（四十）

……文武……王其邵（昭）帝（禘）……天……册，礐……周方伯，囟（斯）正，亡左……王受又（有）又（佑）

此片之“王”字写法，作上二横平直，下一横略呈弧形，与第一片字形接近。《概论》谓：“本卜辞的周方白（伯）疑指周文王，辞中两出‘王’字，当是周人对自己的领袖之称。”此“领袖”为何人，文中没有确指。但我们据《概论》所列“岐山凤雏村部分西周甲骨文时代表”定此片为“约当于文王时代”，可以推知此“王”应为周文王。若依此说，则在本辞中，主祭者、受佑者为周文王，而受礐者［此礐字在殷墟甲骨中常与战事有关，详见我们在《周原卜辞选释》（《古文字研究》第四辑）所引］也为周文王（即周方伯）。同是一个周文王，在同一辞中既主祭、受祐，又被礐伐，一身而三任焉！身份如此之不同，于理不通，此其一也；在凤雏有字甲骨中，周文王迳称王，如 H11：136“今秋王囟（斯）克往密”即是。而没有在一条卜辞中，周文王既称为“王”，又在同辞中称为“周方伯”者。在一辞中一人而不同称谓，实使人莫之所属，此其二也！我们认为此片如作下面的解释，才可避免上面所提出的二点格牾：本辞“文武”以下残，补齐所缺文字应为如 H11：1 之“文武帝乙宗”或为 H11：112 之“文武丁升”。据近人研究，商代末年“对近世直系祖先不但举行多种特殊祭祀，而且还赋予他们多种称呼……对文丁

① 徐宗元：《帝王世纪辑存》，中华书局 1964 年版，第 84 页。

则称文武丁，还单称文武、文，又称文武帝，共四称”[①]。因此本片在商王文丁庙“䎽周方伯”之“王”，应为殷墟甲骨第五期之帝乙（称其父文丁为文武丁）或帝辛（称其父帝乙为文武帝乙）。而“周方伯”，当即周文王，在商“文丁杀季历”[②] 后袭王位，与商王帝乙、帝辛基本为同时人。如果这样理解本辞中的“王”，就不致发生“王”与“周方伯”的互相捍格了。

第六片（H11：84）·12（七）

贞王其桒（求）又（侑）大甲，䎽周方伯，盡，囟（斯）正，不𠂇（左）于受又（有）又（祐）

此片之“王”字写法亦上二横平直，下一横略呈弧形。我们曾考证说：“此片王祭太甲，自应为商王……王和周方伯的地位也是大不相同的”，在辞中周方伯是受“䎽”的对象，我们曾以殷墟五期甲骨《萃》1190（《缀》191）之“䎽盂方伯炎”和《续》3·13·1之“䎽䖒方、羌方……”为例，说明“䎽”与战事有关。[③] 究竟商、周战事起于何因？可能是因为商王帝乙“二年，周人伐商”[④]，因此商人对周人发起反击，才将“䎽周方伯”之事进行占卜并记录下来。因而此片中的王，很可能为帝乙。

第七片（H11：167）·23（一六〇）

王贞

此片之“王”字上二横平直，下一横略斜，字形与第十四片（H11：136）之王字基本相同，应为“受命”后之文王，说详下。

第八片（H11：112）·9（四七）

彝文武丁升，贞王翌日乙酉其桒（求），爯𠂇……文武丁豊　……王卯……𠂇（左）王……

此片之“王”字上二横平直，下一横略有弧度，字形与上举第五片之王字基本相同。文武丁即商王文丁，行祭于文丁之庙的王应为商王帝乙。此片为商帝乙时物。

---

① 参见常玉芝《说文武帝》，《古文字研究》第四辑，1980年12月。
② 范祥雍：《古本竹书纪年辑校订补》，中华书局1957年版，第23页。
③ 李学勤、王宇信：《周原卜辞选释》，《古文字研究》第四辑，1980年12月。
④ 范祥雍：《古本竹书纪年辑校订补》，中华书局1957年版，第23页。

第九片（H11：174）·8（四六）

贞王其曰用胄，叀□胄乎（呼）桒（求），受囟（斯）不（丕）妥（绥）王

此片之二“王”字均写作上二横平直，下一横略有弧度之形。“”字我们在《周原卜辞选释》一文中释作“囟”通斯，而不释作叀。此片同辞出现与，可证二字确非一字。此片刻辞难解，唯据王字的写法和其他文字的作风看，与上举第五片（H11：82）、第六片（H11：84）、第八片（H11：112）基本相同，其时代当相接近，应为帝乙时物。

第十片（H11：189）·21（一七一）

曰吉　其五　正王受

此片之“王”字写作三横平直，作风与上举第二片（H11：38）、第三片（H11：48）、第四片（H11：72）诸片相近，应为“未受命”时文王之物。

第十一片（H11：233）·19（二〇二）

其王

此片“王”字亦写作三横平直，与第十片之王字写法作风相同，时代亦应接近，当为文王“受命”前之物。

第十二片（H11：191）·20（二〇八）

……王……

此片之“王”字写作上二横平直，下一横作倾斜状，与上举第七片（H11：167）之“王”字作风相同，应指文王，说详下第十四片（H11：136）。

第十三片（H11：246）·18（一九三）

王用……

此片之“王”字亦写作上二横平直，下一横作倾斜状，与上举第七片（H11：167）、第十二片（H11：191）等片作风相同，应指文王，说详下第十四片（H11：136）。

第十四片（H11：136）·22（三六）

今秋王囟（斯）克往密

此片之“王”字，过去所发表之摹本（直至一九八二年五月出版之《考古与文物》第三期所载之《岐山凤雏村两次发现周初甲骨文》所发摹

本）都摹作上二横平直，下一横作倾斜状之“王”字形，与第三片（H11：48）指周文王“受命”前之王字作三横平直者“王”字形不尽相同，而与上举第七片（H11：167）、第十二片（H11：191）、第十三片（H11：246）等片之王字写法基本一致，如图一所示。《概论》一文公布凤雏全部有字甲骨时，经过了他们的“反复查对校正”，而且放大比例也较过去为大，因此“王”字作“王”形，一贯三之竖划的最下部被一小斜划交叉于竖的直干之上，需放大十六倍方显，可见这斜划之纤细。今依图一之第（3）改。我们在《综论》中考证“今秋克往密”之“王”应为周文王。文王克密之事，当在受命后之第二年，即《史记·周本纪》所载之“明年，伐犬戎。明年，伐密须”，而周文王“受命之年称王而断虞芮之讼”《正义》说：“二国相让后，诸侯归西伯者四十余国，咸尊西伯为王，盖此年受命之年称王也。《帝王世纪》云：‘文王即位四十二年，岁在鹑火，文王更为受命之年，始称王矣’。又《毛诗〔疏〕》云：‘文王九十七而终，终时受命九年，则受命之元年年八十九也’”。据此，我们可以推断文王伐密须在九十一岁时，此片所记当为文王晚期九十一岁事（参见本文图一）。

第十五片（H11：80）·24（六九）

王其往密山畀

此片之“王”字写法与上片（H11：136）同，我们据字形便可推断此片为文王受命后（即文王晚期）之物。再从本片所载“王其往密山”之史迹看，《概论》说：“当指密须国之山”，认为此片“亦当是周文王伐密须国之史实记载”。这与我们据“王”字字形所推断的时代相同。

总观上述，以上凤雏宫殿遗址15片甲骨中的“王”字按字形基本可归纳为二种：王和王。前者作三横一竖（王）较早，应在文王受命以前，即商王帝乙、帝辛时的殷墟甲骨第五期，我们定之为Ⅰ型。后者做二横平直，下一横略倾斜并在直竖的下部被一小斜划斜交（放大高倍方显。王）较晚，应在文王受命以后，我们定之为Ⅱ型。王字这种字形上前后不同的变化，是得到了有该型“王”字出现甲骨上所载史迹证明了的，这是纵向的关系；我们还可以看到，同一型（即同一大的时期）的“王”字，又有略微的差异，即“式”之不同。Ⅰ型“王”字基本可分二式：

Ⅰ型1式为王，上二横平直而下一横略弧。

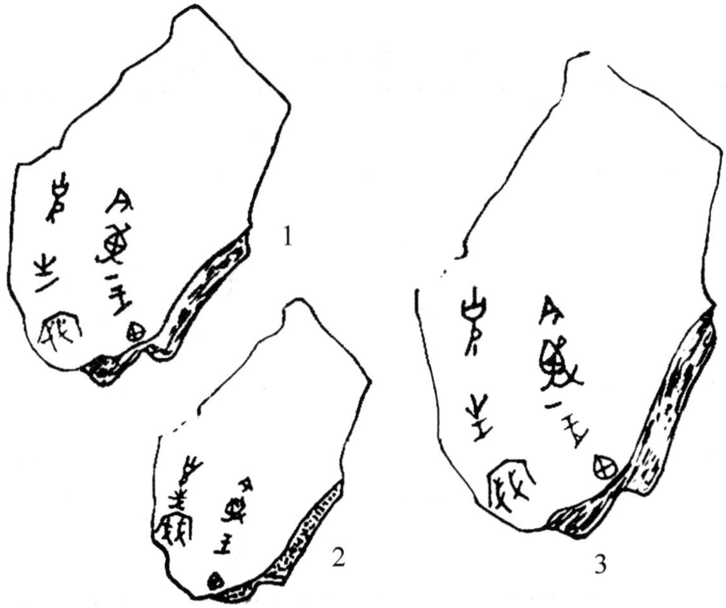

图一　凤雏 H11∶136 历次发表摹本比较图

注：1.《周原出土的甲骨文所见人名、官名、方国、地名浅释》所发（《古文字研究》第一辑，1979 年 8 月）。2.《岐山凤雏村两次发现周初甲骨文》所发（《考古与文物》，1982 年 5 月）。3.《陕西岐山凤雏村西周甲骨文概论》所发（《古文字研究论文集》，1982 年 5 月）。

Ⅰ型 2 式为王，三横均平直。

根据甲骨所载史迹判断，1 式之“王”（王）乃指商王帝乙、帝辛。而 2 式之“王”，乃指受命前之周文王；Ⅱ型“王”字亦可分为二式：

Ⅱ型 1 式为王

Ⅱ型 2 式为王

我们可以看出：Ⅱ型 1 式之“王”从字形结构上看，既有与Ⅰ型 2 式王字相同之特点，三横直竖。也有与Ⅱ型 2 式相近之处，即第三横虽然没有与直竖底部之斜划相交，但作倾斜状。很显然，Ⅱ型 1 式之王字处在Ⅰ型 2 式与Ⅱ型 2 式王的过渡地位，为同一系统的中间环节，但更与Ⅱ型 2 式接近些。既然Ⅰ型 2 式据 H11∶48 的考证为周文王受命以前，而Ⅱ型 2 式据 H11∶80 的考证为周文王受命以后，那么更接近Ⅱ型 2 式的Ⅱ型 1 式“王”字，亦应属于文王受命以后的初期。为了便于比较，特列表如下：

表一　文王时期殷甲骨与周甲骨比较表

殷甲骨					周甲骨				
型式	字形	王世	片号	事类	型式	字形	王世	片号	事类
Ⅰ型1式		帝乙	H11：84、H11：82、H11：112、H11：174	文武丁升、文武、瞀周方伯	Ⅰ型2式		文王受命前	H11：38、H11：48、H11：72、H11：189、H11：233	王……渭渔
		帝辛	H11：1	文武帝乙宗	Ⅱ型1式		文王受命后	H11：167、H11：191、H11：246	
					Ⅱ型2式			H11：136、H11：80	王……往密

我们通过比较后，可以发现在文王时期，周人甲骨既与殷人甲骨作风有相近之处，但也有所区别。即文王受命以前的甲骨，就"王"字的写法来说，较同坑所出帝乙、帝辛甲骨之"王"字更为谨饬，虽然有的书体显得草率，如 H11：48；但此时已于渭滨得姜尚，其时已接近文王晚期受命之年。一般来说，其他各片书体还是较为严整的。值得注意的是，在帝乙甲骨中，有两片与战争有关，如 H11：82 片之"瞀周方伯"及 H11：84 之"瞀周方伯"，可能与帝乙二年周人伐商，商人对此进行反击之史事有关。这类甲骨在与殷为世仇的周人发祥地周原出土，是饶有兴味并值得我们深入研究的。

Ⅲ型　。"王"字写作上二横平直，下一横写作或平直，或斜直或稍呈弧形。竖划在中一横与下一横中间一分为二，二分叉与下一横划相交。我们在《综论》之第四节"再论西周甲骨中的'王'并初探西周甲骨分期"中，曾将此型王字定为Ⅱ型。因《概论》将凤雏全部有字甲骨材料发表，我们又在原定的Ⅰ型王字（）与Ⅲ型王字（）中间找出了过渡型的王字（）（即本文所分析的Ⅱ型），故将在《综论》中所划分的Ⅱ型王（）字依次编后，即改为本文的Ⅲ型。

第一片（H11：3）·27（十一）

王隹田　至于帛　衣王田

此片之“王”字（）写法介于本文上述Ⅱ型“王”（）字与扶风齐家村所出甲骨之Ⅳ型（《综论》称之为Ⅲ型，本文编次为Ⅳ型）“王”（）字之过渡状态。我们在《综论》中曾据坑位关系推断说：“H11开口在房屋废弃后的西周晚堆积层下，其使用年代可能当在此以前，为西周中期及以前的遗迹。此坑中出土甲骨上第二型的‘王’（即本文为Ⅲ型者），也可能就是中期以前的王了”。第Ⅰ型的“王”与第Ⅱ型的“王”字为文王时期，而第Ⅳ型的“王”字（即《综论》中称之为Ⅲ型者）根据齐家村地层关系应为昭、穆时代，因此介于Ⅱ型和Ⅳ型之间的Ⅲ型“王”字（即《综论》称之为Ⅱ型者）上限不会早于文王，而下限不会晚于昭、穆，自应为中间环节的武、成、康时代。由于此片所载史迹不能据以判定确指何王，故只能笼统定此片为武、成、康时物。

第二片（H11：132）·25（二九）

王畲（饮）舂（秦）

我们曾据成王时的《塱方鼎》铭文出现的“畲秦畲”与此片之“王畲舂”相近，说“也许是饮至一类庆祝仪式的礼仪。此礼不见殷墟卜辞”，认为此片中的“王很可能是周王，不是商王”①，我们在《综论》中曾进一步论定“此王可能是成王”。

第三片（H11：14）·28（四八）

楚白（伯）乞今秋　来囟（斯）于　王其则

据此片“王”字之字形，我们迳可定此片为武、成、康时期之物。《陕西岐山凤雏村西周甲骨文概论》② 考证“楚伯”之楚与H11：4的“楚”、H11：83的“楚子来告”之楚相同，认为“本卜辞‘于王其则’意为于王顺利，当指伐楚伯事，似为成王二年”。此片为成王时物可信。

第四片（H11：261）·30（一九六）

商王彡（肜）

据此片之“王”字，可定此片为武、成、康时期。据《史记·周本

① 李学勤、王宇信：《周原卜辞选释》，《古文字研究》第四辑，1980年12月。

② 陈全方：《陕西岐山凤雏村西周甲骨文概论》，《古文字研究论文集》，《四川大学学报丛刊》（第十辑）1982年5月。

纪》商纣兵败身死，武王“封商纣子禄父殷之余民”，并设“三监”以监之，此“商王”可能是周人对武庚之称呼。又：武庚叛乱后，“周公奉成王命，伐诛武庚、管叔，放蔡叔。以微子开代殷后，国于宋”，也可能为成王后周人对微子的称呼。因此此片为武、成时期物。此片可证周灭商后，称武庚、微子之辈臣服周之商族首领为“商”王，故将 H11：3 片之“衣王田”释为“殷王田”之说不确。

第五片（H11：11）·26（六五）

……巳王其乎（呼）赓卒父陟

此片之“王”字写法与第二片（H11：132）同，虽所载史迹不能确考指何王，但据“王”字字形可判断此片为武、成、康时代。

第六片（H11：61）·32（一二二）

王身

从本片之“王”字字形判断，应为武、成、康时期。

第七片（H11：75+126）·33（一三〇）

……王其

从此片之“王”字字形判断，应为武、成、康时期。

第八片（H11：100）·36（六八）

其从王……

从此片之“王”字字形判断，应为武、成、康时期。《两次发现》定此片为成王时，其说见下文第二节之武王时期第十一—第十三片所引。

第九片（H11：113）·29（七二）

辛未王其逐戏兕……亡眚

从此片之“王”字字形判断，应为武、成、康时物。

第十片（H11：133）·35（四四）

丁卯王在……三牢

从此片之“王”字字形判断应为武、成、康时物。

第十一片（H11：134）·31（四五）

弜巳（祀）　王卯

从此片之“王”字字形判断，应为武、成、康时物。

第十二片（H11：210）·34（一七七）

王　其五牛

从此片之“王”字字形判断，应为武、成、康时物。

以上Ⅲ型“王”字共出现在凤雏12片甲骨之上。我们可以看到，武、成、康时期之Ⅲ型王字不像文王时期之王字字形变化较多。这也从一个方面说明了凤雏所出文王时代甲骨，不仅有与其时代相当的殷人甲骨，而且就周文王时期的甲骨来说，也有前、后期的不同，这就是Ⅰ型2式之“王”字向Ⅱ型1式、Ⅱ型2式之“王”的发展、变化。因此，我们必须对凤雏甲骨上的“王”字进行具体分析。如果把凤雏甲骨都说成商人甲骨，就不能解释何以从字形上（且不谈甲骨所载史迹）Ⅰ型1式与Ⅰ型2式以及Ⅰ型与Ⅱ型“王”字写法的不同；如果把凤雏甲骨都看作文王甲骨，且不说Ⅰ型1式与Ⅰ型2式“王”字之不同——商、周甲骨之不同，就是Ⅰ型2式与Ⅱ型、Ⅲ型的“王”字也有所不同。因为笼统地看作文王时代，是绝对不能包容武、成、康时期的Ⅲ型“王”字（王）的。就更不用说文王甲骨还有早、晚之不同，即受命前之Ⅰ型2式之“王”与受命后之Ⅱ型“王”字之不同了。

Ⅳ型　王。此型王字即我们在《综论》中所划的Ⅲ型。此型王字不见凤雏所出有字甲骨上，见于齐家所出NH1〔3〕：1及采94上。我们在《综论》中将其时代定为昭穆时期，于此不再详论。之所以在此处又列出“王”字，是为了在弄清周原甲骨“王”字发展序列时，作为一个阶段，以资比较。

通过以上对周原甲骨（主要是凤雏）中出现的“王”字进行分析，我们可以发现：王与王之间有横向的不同，那就是Ⅰ型1式（王）与Ⅰ型2式（王）；也有纵向的差异，即Ⅰ型2式（王）→Ⅱ型1式（王）→Ⅱ型2式（王）→Ⅲ型（王）→Ⅳ型（王）。横向的不同是殷、周两大民族的不同。而纵向的差异，是周人甲骨时代先后不同的有规律演变。我们可用下表说明之：

表二　周原甲骨王字字形演化表

	字形	时代	备考
Ⅰ	王1式　王2式 ↓	文王（受命前）	Ⅰ型1式为帝乙、帝辛甲骨，与文王时期相当
Ⅱ	王1式 ↓ 王2式	文王（受命后）	

续表

	字形	时代	备考
Ⅲ		武、成、康	
Ⅳ		昭、穆	

周原甲骨中有“王”字出现的甲骨，一般字数较多，而所记史事也较重要，如 H11：1 片就有 30 多字。因此，弄清甲骨上出现的“王”字应指何王，不仅对探索西周甲骨分期有着重要意义，而且对研究西周早期的历史也是很有意义的工作。我们对西周甲骨中“王”的探索还是初步的，这方面的工作还需今后进一步深入进行，并期待将来能发现更多的新材料来加以验证。

二　甲骨所载史迹与西周甲骨分期

“事类”虽然是殷墟甲骨分期断代的十项标准之一，但不是决定性标准。因为只有用世系、称谓、贞人这三项主要标准确定了甲骨的时代以后，该时代甲骨上经常出现的事类才能成为划分该时代甲骨的参据。因此，殷墟甲骨上的“事类”作为分期断代的十项标准之一，原是从世系、称谓、贞人这三项主要标准衍化出来的；与此相反，周原甲骨上记载的史迹——事类，却往往可以和古文献的记载结合起来，从而考定甲骨的时代。

我们在上节分析的西周甲骨上“王”字所确指之王，就是由甲骨上所载史迹——事类决定的，因而可以进一步比较出“王”字写法在每一差异和不同时期的发展。所以说周原甲骨所载史迹不仅可确定有“王”字出现甲骨的时代，其他不少无王字出现的甲骨也可依事类进行分期断代。因此西周甲骨所载史迹在进行分期断代研究时，其作用与殷墟甲骨上的世系同样重要。

周原凤雏有字甲骨，除上面所谈有“王”字各片可以分为两个时期，即文王时期（包括文王受命前、后）及武、成、康时期外，还有不少片据所载史迹也可以分为二个时期，即文王时期（受命后）及武、成、康时期。

（一）文王时期

第一片（H31：5）·290（五）

密囟（斯）郭（城）

《概论》说："'囟'作斯，密斯城即于密城，当指密国已被占领"，定其时代为文王时。我们认为"密斯郭（城）"之郭在此应为动词，密为宾词。宾词前置在殷墟卜辞中常见，即为"郭（城）斯密"。文王即位后之二年灭密，得此甲骨知建城郭于此以守之。《概论》定为文王时可从。此片之书体与H11：136·图22（三六）、H11：80·图24（六九）等前已论定为文王时甲骨书体相同，当为文王九十一岁或稍后之物。

第二片（H11：31）·60（七〇）

"于密"（正）；"周"（反）

《概论》释密"指古密须国"，周"即指岐周"，定其时代为文王时，此说可从。此片当亦在文王九十一岁伐密以后之物。

第三片（H11：68）·57（十二）

伐蜀

《周原出土的甲骨文所见人名、官名、方国、地名浅释》[①]及《概论》均定此片为文王时。

第四片（H11：110）·56（十三）

征巢

陕西周原考古队[②]及《周原出土的甲骨文所见人名、官名、方国、地名浅释》[③]释此"巢"为"古巢国"，并谓："可能是在殷纣时，巢不服从统治，派兵征伐，此为国家大事，抑或周亦参加此役，故周卜记之。"此片当为文王时物。

第五片（H11：232）·59（七五）

其于伐𢦏

① 《周原出土的甲骨文所见人名、官名、方国、地名浅释》载《古文字研究》第一辑。

② 《陕西岐山凤雏村发现周初甲骨文》，《文物》1979年第10期。

③ 《周原出土的甲骨文所见人名、官名、方国、地名浅释》载《古文字研究》第一辑。

《两次发现》谓“㝬”，古邦国名，由出土铜器推知其地望“似在兰田”。“本辞之㝬”，当是商周之际的㝬邦之国君。“盖文王伐崇，作都于丰，㝬邦与之接壤而其国君㝬侯拒不宾服，以故周师进而伐之”。若此说可信，本片当为文王时物。

（二）武、成、康时期

第一片（H11：4）·46（二）

其微楚　氒贲师氏受（舟）贲

我们在《综论》部分曾引《史墙盘》铭中的追述，认为“微与周在武王时代发生联系”，“师氏”之职见《尚书·牧誓》，定此片为武王时。“楚”在武王时于史无载，最早见成王时《令簋》，因此此片下限最迟不会晚于H11：83·47（九）片之“楚子”，或为成王时物。

第二片（H11：117）·61（三五）

祠自蒿于周

《两次发现》认为“岐周为先王宗庙所在，故须自镐京往岐周举行春祭”。《诗经·文王有声》“考卜维王，宅是镐京”，镐京乃武王所都，因此本片可能为武王时。

第三片（H11：20）·65（三）

祠自蒿于壴　囟（斯）亡眚

此片之壴为地名，地望不详。但字体基本与上片相同，时间当亦接近。

第四片（H11：37）·43（三三）

“宬（郕）叔……用”（正）；“兹贲”（反）

第五片（H11：116 +175）·41（九一）

“宬（郕）叔族”

第六片（H11：278）·42（九五）

“宬（郕）叔”

上列三片之“宬叔”，《概论》谓“即郕叔，为文王子武王弟”，又谓“郕是国名，周武王灭商后所封其弟季于此，在今山东宁阳县北”，此说可从。此三片可定为武王时物。

第七片（H31：2）·288（一）

唯衣，鸡（箕）子来降，其执罘乓史。

在旃尔卜，曰："南宫𬮦其乍"

第八片（H31：3）·289（三）

"八月辛卯卜，曰：其梦，取。

隻（获）其五十人，往，囟（斯）亡咎"

上举两片同出于窖穴 H31，出土时相邻而且书体作风也颇相一致，当为同时物。H31：2 片"唯衣，鸡（箕）子来降"句，《概论》断读为"唯衣（殷）鸡（箕）子"，谓"衣"即殷，"鸡"即箕，"箕是商的诸侯国，商纣诸父，名胥余，为太师，封子爵，国于箕，故称箕子"。"鸡"释为箕子之箕可从，但我们认为此"衣"应为祭名，即殷卜辞中衣祭，此祭亦见于武王时之《大丰簋》。"衣"不应与箕子相连读为"殷箕子"，而应与唯相连读为"唯衣，箕子"。

而且辞中"唯衣"二字合文，也说明"衣"与"鸡（箕）"应分开。其意是说：举行大合祭之后，箕子来降……此片所记之事，或为武王灭殷后，或如《史记·周本纪》所载之"武王已克殷，后二年，问箕子所以亡"之事。《概论》定此片为克殷后二年。第八片（H31：3）当与此片约略同时。

第九片（H11：9）·66（八）

大出于河

陕西周原考古队释此"河"为黄河①；徐锡台释为"川"，谓"此川即指黄河"并据《史记·周本纪》载"九年，周武王东观兵"。认为该片"可能记录此次武王会八百诸侯渡河，东观兵于孟津之事"②。据此，则此片为武王时物。

第十片（H11：115）·77（九三）

于商其舍若

《概论》释此片之"舍"为"客馆"，并引《周礼·天官·序官》"掌舍"注"舍，行所解止之处"，此说可从；"若"，其意为顺利。此片所记（可能是王）在商国宿次顺利之事。《概论》之"岐山凤雏村部分

① 《陕西岐山凤雏村发现周初甲骨文》，《文物》1979 年第 10 期。

② 《周原出土的甲骨文所见人名、官名、方国、地名浅释》，《古文字研究》第一辑。

西周甲骨文时代表”定此片为成王时期，恐不确。查，到过商国土地上之周王有季历、文王、武王。季历被杀，文王被拘于羑里，无从记其留商顺利。只有武王伐纣，曾率师在商地勾留。而成王年幼即位。周公东征，其时他并未随周公亲赴东土督战。因此，该片可能为武王时物。

第十一片（H11：27）·68（六）

于洛

第十二片（H11：102）·69（六六）

见工于洛

第十三片（H11：42）·107（八七）

新邑……廼……用牲

“洛”即洛邑。《两次发现》谓：“见当读为现，效也。见工即效工。新邑即洛邑”。该文并认为 36（六八）H11：100 之”其从王……”、33（一三〇）H11：75 + 126 之“今春王其……”、37（三二）H11：15 之“大保　今二月往……”、第十二片之“见工于洛”、第十三片之“新邑……廼……用牲”诸片应连读，谓“颇似《书·召诰》前段用以叙述营筑洛邑经过之文：‘惟二月既望……惟太保先周公相宅……’”若如此，则第十片、第十二片、第十三片当为周成王时物。

第十四片（H11：83）·47（九）

曰今秋　楚子来告　父后哉

我们在《周原卜辞选释》[1] 一文中指出：“楚是在周成王时受封，成王时期才有‘楚子’”，定此片为周成王时。

第十五片（H11：8）·74（二十）

六年史乎（呼）宅商西

我们在《周原卜辞选释》一文中曾指出：文王六年及武王六年都不可能有“使呼宅尚西”之事，“只有成王六年，即《尚书大传》所载周公摄政四年建侯卫之年，时在克殷践奄以后”。我们认为“宅商”与《逸周书·作雒》之“俾康叔宇于殷”相合，“具事当在成王六年”。此片当为成王时物，或记康叔封卫之事。

第十六片（H11：164）·76（八五）

---

① 《周原卜辞选释》，《古文字研究》第四辑。

……㦸商

《概论》释“㦸”字引《说文》“㦸，击踝也，从丮从戈，读若踝”，定此片为“文王时期的卜辞”；查：与商王国发生军事行动的周王有文王、武王、成王。史载文王二年伐商失败，汲取教训，“阴行善”①。按情理说，绝不敢明目张胆将此击踝商朝之事记在甲骨上；武王即位以后，“东观兵，至于孟津”②，又开始对商采取军事行动，最后于牧野之战打败了商纣王，灭掉了商朝；而成王时，周公东征，诛武庚，践奄伐夷。因此，公开记述伐商之事只有武王、成王时期才有可能。

第十七片（H11：15）·37（三二）

大保今二月往

第十八片（H11：50）·38（十七）

大保

我们曾在《周原卜辞选释》一文论述“太保”为历武、成、康三朝人物。上述两片当在此时。

第十九片（H11：45）·39（十六）

毕公

第二十片（H11：86）·40（八九）

毕

《周原出土的甲骨文所见人名、官名、方国、地名浅释》谓：毕公在文献中见于武王、成王、康王三朝。故此二片可能为此时期物。

第二十一片（H11：22）·44（十五）

虫（崇）白（伯）

诸家均谓此“虫伯”为崇伯，即文王所伐之崇侯虎，定此片为文王时物。释崇伯可从，但定此片为文王时似可商榷。我们检视全部凤雏有字甲骨后，可以发现：周人凡涉及敌国，无不加上“伐”字之类与战争有关的动词，如H11：68·57（十二）之“伐蜀”，H11：110·56（十三）之“征巢”，H11：232·59（七五）之“伐䧹（胡）”，H11：136·22（三六）之“克往密”，H11：164·76（八五）之“㦸商”等；而称

① 《史记·周本纪》。

② 《史记·周本纪》。

其友邦、臣服者或其臣下，则不加与战争有关的动词。称臣服者或降者如：H11：4·46（二）之“其微、楚”，H31：2·288（一）之“鸡（箕）子”，H11：83·47（九）之“楚子”，H11：14·28（四八）之“楚伯乞”，H11：261·30（一九六）之“商王”等。而称其臣下，如H11：37·43（三三）“宬（郕）叔”，H11：15·37（三二）之“大保”，H11：45·39（十六）之“毕公”等，皆不加与征战有关的动词。如此等等，是一饶有兴味的现象。此片之“虫（崇）伯”，直书其官名，与上述各片称臣下职官名同例，当不应为与之敌对之崇侯虎。可能此“虫（崇）伯”为周灭崇侯虎后，重新分封者。后世金文中如裘卫诸器中出现之崇伯，当为周初所封崇伯之后人。此外，该片文字飘逸、圆润，与文王时之谨饬作风不同，而更与齐家所出昭、穆时代甲骨书体有某些接近，开了第三期（昭、穆时代）书体作风之先河。因此，我们定此片为武、成、康时期物。

以上我们根据凤雏甲骨所载史迹并参考近人成说，将上列26片甲骨归纳为三个时期，即文王时期5片，武王、成王、康王时期21片。此节所分析之26片甲骨再加上我们在第一节所分析的有“王”字出现之甲骨27片，两项共得53片，基本上可以代表了凤雏甲骨中的最主要内容。

为了提供学者对西周甲骨做进一步研究和使用这批资料探讨周初历史的方便，我们在这里将《概论》一文所列35片甲骨的“岐山凤雏村部分西周甲骨文时代表”略加补充和修订，做成表三“岐山凤雏甲骨文所见诸‘王’时代表”及表四“岐山凤雏甲骨文时代表”，列之如下：

表三　岐山凤雏甲骨文所见诸“王”时代表

片号	字形	型式	内容	《概论》所定时代	《十篇选择》所定时代	本文所定时代
H11：112·9（四七）	王	Ⅰ型1式	彝文武丁升，贞王翌日乙酉其桒，再𠂢……文武丁豐……沈卯……广王	约文王时期（与殷帝乙、帝辛时期相当）	文王晚期（与殷帝乙、帝辛时期相当）	帝乙

续表

片号	字形	型式	内容	《概论》所定时代	《十篇选择》所定时代	本文所定时代
H11 : 82 · 14（四十）		Ⅰ型1式	……文武……王其邵（昭）帝（禘）……天𤔲𦉜周方白（伯），囟（斯）正·亡𠂇……王受又（有）又（佑）	约文王时期（与殷帝乙、帝辛时期相当）		帝乙
H11 : 84 · 12（七）		Ⅰ型1式	贞王其𠦪又（侑）大甲、𦉜周方白（伯）、𧇾，囟（斯）正不𠂇于受又（有）又（佑）	约文王时期（与殷帝乙、帝辛时期相当）	文王晚期（与殷帝乙、帝辛时期相当）	帝乙
H11 : 174 · 8（四六）		Ⅰ型1式	贞王其曰用胄，叀□胄乎（呼）𠦪，受囟（斯）不（丕）妥（绥）王		文王晚期（与殷帝乙、帝辛时期相当）	帝乙
H11 : 1 · 13（一）		Ⅰ型1式	癸巳，彝文武帝乙宗贞：王其卲（昭）吼成唐鼒，禁，𠬝（服）二女（母）其彝：血羊三，豚三，囟（斯）又（有）正	约文王时期（与殷帝乙、帝辛时期相当）		帝辛
H11 : 48 · 15（七三）		Ⅰ型2式	王其□　兹用　既吉渭鱼			文王受命前
H11 : 38 · 16（二八）		Ⅰ型2式	王卜			同上
H11 : 233 · 19（二〇二）		Ⅰ型2式	其王			同上

续表

片号	字形	型式	内容	《概论》所定时代	《十篇选择》所定时代	本文所定时代
H11：72 · 17（一二八）		Ⅰ型2式	王用			同上
H11：189 · 21（一七一）		Ⅰ型2式	曰吉　其五　正王受			同上
H11：167 · 23（一六〇）		Ⅱ型1式	王贞			文王受命前后
H11：191 · 20（二〇八）		Ⅱ型1式	……王……			同上
H11：246 · 18（一九三）		Ⅱ型1式	王用……			文王受命前后
H11：136 · 22（三六）		Ⅱ型2式	今秋王囟（斯）克往密	文王时期（与殷帝乙、帝辛时期相当）		文王受命后
H11：80 · 24（六九）		Ⅱ型2式	王其往密山舁	文王时期（与殷帝乙、帝辛时期相当）	文王早期（与殷禀辛、康丁、武乙时期相当）	同上
H11：132 · 25（二九）		Ⅲ型	王畣舂	成王		成王
H11：14 · 28（四八）		Ⅲ型	楚白（伯）乞今秋来，囟（斯）于王其则	成王	文王早期或王季晚期（与殷禀辛、康丁、武乙时期相当）	成王

续表

片号	字形	型式	内容	《概论》所定时代	《十篇选择》所定时代	本文所定时代
H11：3·27（十一）		Ⅲ型	王隹田　至于帛衣王田	文王时期	同上	武、成、康时期
H11：261·30（一九六）		Ⅲ型	商王彡			同上
H11：113·29（七二）		Ⅲ型	辛未王其逐戏兕……亡眚			同上
H11：100·36（六八）		Ⅲ型	其从王……	《两次发现》定成王时		同上
H11：11·26（六五）		Ⅲ型	……巳王其乎（呼）赓毕父陟		文王早期，王季晚期（与殷廪辛、康丁、武乙时期相当）	同上
H11：61·32（一二二）		Ⅲ型	王身			同上
H11：75+126·33（一三〇）		Ⅲ型	……王其			同上
H11：133·35（四四）		Ⅲ型	丁卯王在　三牢			同上
H11：134·31（四五）		Ⅲ型	弜巳　王卯（?）			同上
H11：210·34（一七七）		Ⅲ型	王　其五牛			同上

续表

片号	字形	型式	内容	《概论》所定时代	《十篇选择》所定时代	本文所定时代
齐家 NH1〔3〕: 1		Ⅳ型	王㠯我牧单兕豚卜	《扶风县齐家村西周甲骨发掘简报》定昭、穆时代		昭、穆时期
齐家采 94		Ⅳ型	□卯□王曰□	同上文		同上
FQ7（原号 81FQ 采 17）		Ⅳ型	王其罘	《周原甲骨文》扶风县出土甲骨 81FQ 采：17		昭、穆时期

表四　岐山凤雏甲骨文所载史迹与所出甲骨文时代表

片号	内容	本文所定时代	《概论》所定时代	《两次发现》所定时代	《十篇选释》所定时代
H31：5 · 290（五）	密囟（斯）郭（城）	文王受命后	文王时代		
H11：31 · 60（七〇）	于密	同上	同上	文王时代	
H11：68 · 57（十二）	伐蜀	文王时代	同上		
H11：110 · 56（十三）	征巢	同上	成王时代		
H11：232 · 59（七五）	其于伐䟴（胡）	同上	同上	文王时代	
H11：4 · 46（二）	其微楚　乍贲 师氏受贲	武王时代	同上		
H11：117 · 61（三五）	祠自蒿（镐）于周	成王时代	武、成时代		
H11：20 · 65（三）	祠自蒿（镐）于壴	同上	文王末武王初		

续表

片号	内容	本文所定时代	《概论》所定时代	《两次发现》所定时代	《十篇选释》所定时代
H11：37·43（三三）	宬（郕）叔弗用，兹叀	武王时代	武、成时代	武王时代	
H11：116＋175·41（九一）	宬（郕）叔族	同上	同上	同上	
H11：278·42（九五）	宬（郕）叔	同上	同上	同上	
H31：2·288（一）	唯衣，鸡（箕）子来降，其执罘其史	同上	同上	同上	
H31：3·289（三）	隻其五十人，往，囟（斯）亡咎	同上	同上		
H11：9·66（八）	大出于河	同上	疑武王时代		
H11：115·77（九三）	……于商其舍若	同上	成王时期	武王时代	文王晚（与殷帝乙帝辛时相当）
H11：27·68（六）	于洛	成王时代	文王时期	成王时代	
H11：102·69（六六）	见工于洛	同上	成王时期	同上	
H11：42·107（八七）	新邑……廼……用牲	同上	同上	同上	
H11：83·47（九）	曰今秋　楚子来告父后哉	同上	同上	同上	文王晚（与殷帝乙、帝辛时代相当）
H11：8·74（二十）	六年史乎（呼）宅商西	同上	同上		
H11：164·76（八五）	……氒商	武成时代	文王时期		

续表

片号	内容	本文所定时代	《概论》所定时代	《两次发现》所定时代	《十篇选释》所定时代
H11：15 · 37（三二）	大保今二月往	武成康时代	疑成王时期	成王	
H11：50 · 38（十七）	大保	同上	约武成康时期		
H11：45 · 39（十六）	毕公	同上	文王时期		
H11：86 · 40（八九）	毕	同上	疑武成时期		
H11：22 · 44（十五）	虫（祟）白（伯）	同上	文王时期		

注：（1）表三、表四之片号说明：H11：1、2、3……即为该片出土号。阿拉伯字码 1、2、3……即该片在本书第六篇《西周甲骨摹聚》编号。括号内之汉字编号，如（一）、（二）……为该片在本书第二篇《西周甲骨汇释》编号。三者可互相查校。

（2）表三、表四引述论著之简称：

《概论》——《陕西岐山凤雏村西周甲骨文概论》，《古文字研究论文集》（《四川大学学报丛刊》第十辑），1982 年。

《两次发现》——《岐山凤雏村两次发现周初甲骨文》，《考古与文物》1982 年第 3 期。

《十篇选释》——《周原卜辞十篇选释及断代》，《古文字研究》第六辑，中华书局 1981 年版。

《周原甲骨文》——《扶风县出土甲骨》（81FQ 采 1 – 17），世界图书出版公司 2002 年版。

三　略谈周原甲骨的字形书体与甲骨分期

众所周知，每一时期殷墟甲骨的字形和书体，都有其不同的变化和独特的作风。因此，我们可以根据字形和书体的变化，进行殷墟甲骨的分期。在我们进行周原甲骨分期研究的时候，也不妨从这两方面进行尝试。

（一）先看字形

我们可先根据本文一、二两节时代明确的五十三片西周甲骨，着手进行字形方面的分析。应该说明的是，我们没有见到凤雏全部西周甲骨实物，因此在进行字形分析的时候，不免有“纸上谈兵”之嫌。此外，前后不同时期发表的摹本，放大比例大小不一，也很难进行字形大小的比较。我们仅据比例相同的摹本加以比较后，确如有同志所指出的，周原凤雏甲骨“文字型体基本是竖长方形”，字号可分为大型、中型、小型三种。[1]

饶有兴味的是，这53片甲骨文中，除了上面我们所指出的“王”字有横向的不同和纵向的变化较为明显外，其他各字很难找出字形的时代早晚之变化。因此，我们感到想用字形的变化（除了“王”字以外）来进行西周甲骨分期是很困难的。可以说：此路不通，舍之可也！

（二）再看书体

我们在《综论》中曾说，文王时甲骨“字体严整、谨饬”，武、成、康时期甲骨字体“劲遒、豪放”。在这里，我们再对这五十三片时代明确的甲骨做进一步的分析。

有Ⅰ型1式“王（王）”字出现的甲骨和有Ⅰ型2式“王（王）”字出现的甲骨虽然时代相同，总的书体作风也基本一致，但仔细观察、品味，我们仍可发现有Ⅰ型1式“王”字（王）的几片甲骨与Ⅰ型2式“王”字（王）甲骨书体作风方面还有某些细微差别。这就是：Ⅰ型1式王字甲骨片［H11：112·9（四七），H11：82·14（四十），H11：84·12（七），H11：174·8（四六），H11：1 ·13（一）］上，文字较多，虽然“严整、谨饬”，但显得字体柔弱；而Ⅰ型2式“王”字甲骨［H11：48·15（七三），H11：38·16（二八），H11：233·19（二〇二），H11：189·21（一七一），H11：72·17（一二八）］也较“严整、谨饬”，但行款不甚规整，字体刚劲有力，略有生硬之感。它们书体作风方面的共同性，说明其时代的一致（即文王受命以前的时期和殷帝乙、帝辛时期同时），而书体作风方面呈现的某些差异，正反映了族别——殷民族与周民族甲骨的不同。

Ⅱ型1式“王”字（王）甲骨［H11：167·23（一六〇），H11：191·20（二〇八），H11：246·18（一九三）］和Ⅱ型2式“王”字

① 徐锡台：《周原出土的甲骨字型与孔型》，《考古与文物》1980年第2期。

（）甲骨［H11：136·22（三六），H11：80·24（六九）］以及另外几片无“王”字甲骨［H11：31·60（七〇），H31：5·290（五），H11：68·57（十二），H11：110·56（十三），H11：232·59（七五）］基本属于文王受命以后的文王后期。我们可以看到，这一时期字体基本上还和前期一样的“严肃、谨饬”，但更显得刚劲有力，开了武、成、康时期“动道、豪放”之先河。

Ⅲ型“王”字（）甲骨［H11：132·25（二九），H11：14·28（四八），H11：3·27（十一），H11：261·30（一九六），H11：113·29（七二），H11：100·36（六八），H11：11·26（六五），H11：75+126·33（一三〇），H11：133·35（四四），H11：134·31（四五），H11：210·34（一七七）］，以及［H11：4·46（二），H11：117·61（三五），H11：20·65（三），H11：37·43（三三），H11：116+175·41（九一），H11：278·42（七五），H31：2·288（一），H31：3·289（三），H11：9·66（八），H11：115·77（九三），H11：27·68（六），H11：102·69（六六），H11：42·107（八七），H11：83·47（九），H11：8·74（二十），H11：164·76（八五），H11：15·37（三二），H11：50·38（十七），H11：45·39（十六），H11：86·40（八九），H11：22·44（十五）］诸片，皆属于武、成、康时期。这一时期的甲骨书体作风与我们在《综论》中所说的“劲遒、豪放”基本是一致的。但上述诸片在总的作风相同之中，在书体风格方面也还有细微的不同：

（1）显得略为严整、谨饬者，以H31：2·288（一）及H11：83·47（九）等片为代表。

（2）刚劲、粗犷有力者，以H11：37·43（三三），H11：8·74（二十）等片为代表。

（3）略呈圆润、飘远者，以H11：11·26（六五），H11：22·44（十五）等片为代表。

虽然我们不能再进一步判断这三种书体风格甲骨之早晚，但第三种“略呈圆润，飘逸者”开了较晚时期齐家所出昭、穆时代甲骨书体之先河，或当比前两种稍晚。

根据书体风格，我们还可以发现H11：237·10（一八三）片之“叀三肻”及H11：168+268·11（一六一）之“叀二肻”与Ⅰ型1式“王”

字出现之 H11：174·8（四六）片作风相近，当同为帝乙时物；值得注意的是，文王时代甲骨（与殷帝乙、帝辛同时）多记“受又（有）又（佑）”，而武、成、康时期多记“无咎”。据此，则 H11：130“囟（斯）正……受又（有）又（佑）”也应为殷帝乙（或帝辛）时物。它们不仅辞例相间，而且重文“又又”也与殷墟甲骨五期一致。再从书体方面看，风格也是一致的。此外，在周原甲骨中文王时代多用“受又（有）又（佑）”作吉语，而武、成、康时期几见“亡咎”，但不见殷墟甲骨中常用之“亡尤”“无囚”等语。因此，“亡咎”或为周人较为常用的记灾祸术语。

四　简短的结语

综上所述，我们从周原凤雏甲骨中的“王”字变化、甲骨所载史迹以及字体书体等方面进行了分期的探索，不少地方还是很不成熟的。我们可以看到，凤雏甲骨中，文王时期（包括帝乙、帝辛时商物）共有 23 片（有“王”15 片、事类可定 5 片、书体可定 3 片）。除去这部分甲骨以外，其余各片基本可作武、成、康时期处理。西周 289 片有字甲骨除去《概论》附录部分 49 片因文字不能辨识，可能为刻画者外，实际有字可识读者仅 240 片左右。这 240 多片甲骨再除掉文王时期的 23 片，就剩下武、成、康时期 217 片了。而在文王时期的 23 片甲骨中，还包括了帝乙、帝辛时期的商甲骨 8 片。这些数字可以说明：周原凤雏甲骨主要当为周人之物，而并非“绝大部分是商王室的卜辞”；而就在这一批甲骨中，文王时期才 15 片左右。这一事实又说明了周原凤雏甲骨绝大部分应是武、成、康时代的遗物，而并非“绝大部分都是文王时代遗物”。周人甲骨上“王”字从Ⅰ型 2 式⟶Ⅱ型 1 式⟶Ⅱ型 2 式⟶Ⅲ型的有规律发展变化，说明周人在甲骨上契刻文字，自文王受命前就早已开始直至武、成、康、昭、穆时期是一脉相承的，而且形成了与殷甲骨不同的独特特征。

在凤雏宫殿（或宗庙）遗址出土的甲骨中，商人甲骨虽然片数不多（仅 8 片），但字数较多而且内容重要。这些甲骨主要为帝乙之物，帝辛很少（仅 1 片）。虽然殷墟第五期甲骨学者一般认为是帝乙、帝辛时物，但也有认为第五期“卜辞乃帝乙末年徙朝歌以前之物”①，因而对有没有帝辛卜辞表示了怀疑。有人根据对商代祭祀卜辞的研究，考证出《龟》1.13.18之“［壬寅］卜，贞翌日癸卯，王其［又彳于］妣癸［彐又］，正，王受又又”辞中的“妣癸是文丁之配，帝辛称其为妣，因此这条卜辞应为帝辛时所卜”②。虽然如此，殷墟第五期卜辞中确为帝辛时期者实在不多。凤雏殷人甲骨帝乙、帝辛卜辞的比例也是与殷墟甲骨第五期卜辞相近的。殷人甲骨中有两片明确记载“晋周方伯”，用现在的话说就是要进攻周族的“战斗动员令”。这些殷人甲骨在周人发祥地与记有周人重大活动的“档案”同出，当和周人灭殷后对“九鼎”的性质一样。史载周武王“命南宫括、史佚展九鼎保（宝）玉”③，而周“成王定鼎于郏鄏，卜世三十，卜年七百，天所命也”④。作为战利品的殷人甲骨（不少与进攻周族有关）存放周原，一是发泄对殷人的仇恨；二是为了炫耀胜利并使后世子孙永不忘记。因此，有的学者认为这些甲骨为殷末叛臣太师、少师或内史挚携来，或认为是武王伐纣后所劫掠而来，是不无道理的。

周原凤雏甲骨大部分为与占卜有关的记事刻辞，只有一小部分是卜辞，关于这一点我们在《综论》“西周甲骨分类略析”一节已做了阐述。这些甲骨，记载了不少周初重大历史事件和重要职官。虽然文辞简约，但在一定意义上说，就是记载周初历史活动的“大事记”，对周初历史研究具有十分珍贵的史料价值。

周原凤雏甲骨分期断代的研究，是一件较为复杂但也很重要的工作。限于我们的水平和没有见到全部甲骨实物，特别是有关钻凿形态方面的材料更是无从寓目，我们的一些看法就不免会产生错误。但我们深知，这一问题的解决，是需要从多方面探索和更多人的研究，才能集思广益，得到更深入的认识。因此我们不嫌谫陋，权将上述不成熟看法作为引玉之砖，以期引起对凤雏甲骨分期研究问题的深入争论。

---

① 郭沫若：《戊辰彝考释》，《殷周期铜器铭文研究》。

② 常玉芝：《说文武帝》，《古文字研究》第四辑。

③ 《史记·周本纪》。

④ 《左传》宣公三年。

第五篇

简论西周甲骨的科学价值
并展望今后的研究

已如前述，历年各地出土西周有字甲骨300多片，上刻文字1030个左右。虽然文辞简约，文字最多的片也仅30字左右，但它们具有重大的科学价值。充分发掘西周甲骨所记载的周初史实，将会对史料不多的西周早期历史研究产生深刻的影响。

西周甲骨研究是一门新兴的学科，为了发挥这门年轻的学问在历史研究中的重要作用，还有不少问题需要我们在下一阶段进行深入的探索和研究。

因此，我们在此篇简略论述一下西周甲骨的科学价值及对今后的研究工作进行展望是很有必要的。

一　西周甲骨的科学价值

我们这里所说的西周甲骨的科学价值，主要指的是西周甲骨在西周史研究方面的重要意义。至于西周甲骨的发现形成了甲骨学研究领域的新分支，它在甲骨学史上的学术价值则更是自不待言的。但归根结底，我们对西周甲骨的研究，是为西周史的研究服务的。

（一）周人在文王时已进入“成文历史时期”的铁证

有的学者把西周初期社会所处的历史发展阶段估计得偏低了一些，认为文王时期周人还是处于野蛮时代的高级阶段，尚未跨入阶级社会——成文历史时期的门坎。周文王只不过是一个“自朝至于日中昃，不遑暇食”[①] “秉鞭作牧”[②]，成天顾不得吃饭，忙于种地和放牧牛羊的“野蛮人”部落酋长。持此说法的学者们较常引用的材料就是《尚书·无逸》中的“文王卑服即康功田功”这句话。

近人赵光贤先生认为，这是“因为后来讲《尚书》的人一直是把它讲错了。今天我们应以古文字训诂为依据，找出它的正确解释”。指出前人把“‘卑服’解释为穿着卑贱的或破旧的衣服，这是完全错了的”，并考证“俾、服、率、从、顺诸字完全同义，都作‘服从’、‘顺从’解”。而“‘康功’之‘康’应读作‘赓’，即赓续，继续之意”。所谓“康功田功”，应解释为“上‘功’字是‘攻’的借字，当动词用，作治理解；下‘功’字训事。‘田功’即农事，‘康功田功’应当解作继续管理农事，表示文王对农业的关心。这与周人一贯重视农事的传统相合，丝毫也不意味着文王亲自下田种地”。因此赵光贤指出：如果把“文王卑服即康功田功”这句话“当作文王在当时尚未脱离农业劳动，亲自下田种地之证，我以为这样的理解是没有根据的”[③]。

由于古代典籍的诂训最容易发生歧义，所以史学家往往各持异说，对同一历史事件得出完全不同的结论。但西周甲骨，特别是文王甲骨的出土，却为我们提供了周人在文王时早已由“野蛮”时代进入“文明”时代无可移易的铁证。

根据我们在本书第四篇《再论西周甲骨分期》部分的整理，文王甲骨（包括与其时代相当之商人甲骨）共有 20 片左右。[④] 虽然片数不多，但内容颇为丰富，再现了周初文王时周人的历史活动。文王甲骨的发现，再一次证明了“到目前为止的一切社会的历史都是阶级斗争的历史”[⑤]。因此，西周甲骨只能说明周文王已是有较高“文明”的“成文历史”时期的阶级社会的“王”，而不是尚处在“野蛮”时代的部落酋长。

也有人会说，在“野蛮”时代的高级阶段，不是也已经产生了文字了吗？这与认为文王是这个历史阶段的部落酋长并无矛盾。

---

① 《尚书·无逸》。

② 《楚辞·天问》。

③ 参看赵光贤《周代社会辨析》，人民出版社 1980 年版，第 215—219 页。

④ 参看本书第四篇《再论西周甲骨分期》所列表三：岐山凤雏甲骨文所见诸“王”时代表；及表四：岐山凤雏甲骨文所载史迹与所出甲骨文时代表。

⑤ 《共产党宣言》，《马克思恩格斯选集》第 1 卷，人民出版社 1972 年版，第 250 页。

我们说：否！矛盾是有的。众所周知，文字的产生和发展有着相当长的历史。这就首先必须弄清文王时西周甲骨是处在文字的产生阶段还是已经到了发达阶段。只要我们看到了文王甲骨以后就会承认：此时文字已经相当成熟，这是长期发展的结果。我国文字最早产生的历史，应从原始社会母系氏族繁荣阶段的半坡陶器上的“刻划”述起。[①] 山东大汶口文化中发现的陶文，也使这一问题的研究更加深入。[②] 无数事实说明，在“野蛮”时代的高级阶段，文字就已经产生，“从铁矿的冶炼开始，并由于文字的发明及其应用于文献记录而过渡到文明时代”[③]。文王甲骨，已经不是草创时期了，而是经过长期发展的成熟文字。甲骨上所记史实，可以使我们“确切地说，这是指有文字记载的历史”[④]。文王甲骨本身就说明了它已不是尚处在野蛮时期的高级阶段的创制时期，而是进入了“成文历史”时期，即有文字记载的历史时期的标志。

其次，我们正确体会一下恩格斯在1884年为《家庭、私有制和国家的起源》一书第一版所写序言中的两段话，将使我们认识文王甲骨的发现对当时所处社会阶段的认识会有所启发。这就是“有文字的时代”不能与有“成文历史时期”混为一谈。恩格斯在这篇序言中谈到了氏族的解体、国家的产生、血缘的结合变为地域的结合以后，写道：“在这种社会中，家庭制度完全受所有制的支配，阶级对立和阶级斗争从此自由开展起来，这种阶级对立和阶级斗争构成了直到今日的全部成文历史的内容。”这里所说的“全部成文历史”，显然是指人类社会进入第一个阶级社会以后的历史，而不包括原始社会。恩格斯的这个意思，在下面论述摩尔根的功绩时，就把“成文历史”和原始社会的历史区别得更为清楚了。他继续写道：“摩尔根的伟大功绩，就在于他在主要特点上发现和恢复了我们成文历史的这种史前的基础，并且在北美印第安人的血统团体中找到了一把解开古代希腊、罗马和德意志历史上极为重要而至今尚未

---

① 郭沫若：《古代文字之辩证的发展》，《考古》1972年第3期。

② 参看《大汶口文化讨论文集》有关论述。齐鲁书社1979年版。

③ 《家庭、私有制和国家的起源》，《马克思恩格斯选集》第4卷，人民出版社1972年版，第21页。

④ 《共产党宣言》，《马克思恩格斯选集》第1卷，人民出版社1972年版，第251页注①。

解决的哑谜的钥匙。”① 因此，原始社会末期已经产生了文字，但有文字的原始社会，只不过是“成文历史”的史前基础，是今日文明史赖以发展起来的史前时期。

只要我们正确理解了经典作家所说的“成文历史”时期与有文字的原始社会末期不是一个历史阶段，就可认识何以说且不管训诂学家对古代文献章句的争论，而文王甲骨本身就是周人“野蛮”与“文明”的分水岭，是周人进入阶级社会的铁证了。西周甲骨不可估量的学术价值就在于此。

不特此也。古文献的记载也说明了这些。《诗经·大雅·绵》追述周人在古公亶父时的事迹时说：

> 乃召司空，乃召司徒，俾立室家。
> 其绳则直，缩版以载，作庙翼翼。
> 捄之陾陾，度之薨薨。筑之登登，
> 削屡冯冯。百堵皆兴，鼛鼓弗胜。
> 迺立皋门，皋门有伉。迺立应门，
> 应门将将。迺立冢土，戎丑攸行。
> ……

《史记·周本纪》也记载了古公亶父为躲避戎狄的侵扰，“乃与其私属遂去豳，度漆沮，逾梁山，止于岐下”。不仅“豳人举国扶老携弱，尽复归古公于岐下”，而且“及他旁国闻古公仁，亦多归之”。“于是古公乃贬戎狄之俗，而营筑城郭室屋，而邑别居之，作五官有司……”

上引《诗经》中的“司空”“司徒”和《史记》中的“作五官有司”，说明周人自古公亶父时就已“设官分职”。《史记·周本纪》集解引《礼记》说：“天子之五官曰司徒、司马、司空、司士、司寇，典司五众。”这正是国家和旧的氏族不同的重要特征之一，即“是公共权力的设立，这种公共权力已不再同组织为武装力量的居民直接符合了”②。而古

---

① 《家庭、私有制和国家的起源》，《马克思恩格斯选集》第 4 卷，人民出版社 1972 年版，第 2 页。

② 《家庭、私有制和国家的起源》，《马克思恩格斯选集》第 4 卷，人民出版社 1972 年版，第 167 页。

公亶父将“他旁国”“亦多归之”的人民，已不能再收入自己的氏族，“乃贬戎狄之俗，而营筑城郭室屋，而邑别居之”。这正是“按地区来划分它的国民”的国家形成的另一个重要特征。周原上矗立的坚固、雄伟的城郭，是周族内部阶级矛盾发展到不可调和的标志和埋葬氏族制度的坟墓。而作为权力象征的耸入云霄的宗庙、宫殿，使周人在古公亶父时代迈入了“文明”时代的门坎。因此，周人当远在文王以前，即古公亶父时代就已经进入了阶级社会，建立了国家。这与我们分析的文王时甲骨文字已经相当成熟，周人进入文明时代还应早在文王以前的看法是一致的。

（二）周初历史活动的“大事记”

西周甲骨上所记周初重大历史事件，不少可以和古文献的记载相印证。我们在这里不妨简略叙述一下较为重要者，或许对读者进一步认识这批甲骨的科学价值有所帮助。

殷周两大民族，很早就发生了交往。商代后期往来更加频繁，这在殷墟甲骨文中有所记载。对此，范毓周在《试论灭商以前的商周关系》（载《史学月刊》1981 年第 1 期）有详细征引，此不赘述。周人在商王文丁时代，与戎狄进行了艰苦的斗争，周季历曾被“命为殷牧师”①。为了遏制周人的发展，不久商王“文丁杀季历”②，此后周人与商王朝结下了世仇。

文王即位以后，为报父仇，曾在帝乙“二年，周人伐商”③。虽然此战的结局于史无载，但我们从后来文王曾被帝辛囚于羑里，被释后，含辛茹苦作灭商的准备等记载可以推知，当时国力较弱的周人可能被强大的商王朝打败了。对史籍记载较少的这次周人伐商活动，陕西凤雏所出西周甲骨中有所反映。这就是我们在本书第四篇《再论西周甲骨分期》中定为帝乙时物（与文王时代基本相当）的第 12 片（七）H11：84 的商王帝乙祭祀祖先太甲，卜问曹伐周方伯之事及第 14 片（四十）H11：82 的

---

① 《后汉书·西羌传》注引《竹书纪年》。
② 《晋书·束皙传》引《行书纪年》。
③ 《太平御览》，八十三。

商王帝乙[①]眢伐周方伯之卜。至于第 8 片（四六）H11：174、第 9 片（四七）H11：112、第 10 片（一八三）H11：237、第 11 片（一六一）H11：168 +268 等片所记的“再旷”“肯”等，亦当与此次战争有关。值得注意的是，记录伐周的殷人甲骨在周原发现，这一饶有兴味的现象是值得我们继续研究的。

在周初文王经营翦商和武王灭商过程中，姜尚（即太公望）起了重要作用。有的学者认为，“姜太公就是当时羌族的领袖，也就是跟从武王伐纣的庸、蜀、羌、髳、微、纑、彭、濮的‘羌’。‘姜’、‘羌’是一个字，无庸多论”，而“主要的证明是，有关姜太公的传说和羌族的文化发展阶段相合”。“因为周国和羌人同受商国统治者的压迫，商王更唆使犬戎族寇周，所以周国和羌族很容易联合起来，共同反商。太王之妻为太姜，武王之妻为邑姜，成王之妻为王姜，都显示出这种联合。因为羌族受尽商国奴隶主的压迫，所以在牧野大战中，姜族的首领姜太公同仇敌忾之心尤切”。因此，在伐商的战斗中，姜尚总是冲在前面：“在武王即位第二年观兵孟津时，姜太公就是打前锋的。”“过了两年之后，纣暴虐滋甚，遂伐纣。在正式作战时，姜太公仍是总指挥”。并推测说：“大概随从武王东征的这一支羌族，后来变成‘华夏族’的一部分，齐、许、申、吕诸国皆是；未随从武王东征的另一部分本土羌人，还游牧于渭水上游甘肃及青海一带，这就是后来的羌族。”[②]

姜尚不仅在武王时战功卓著，而且早在文王时就已成为周人统治集团中的重要成员。“周西伯昌之脱羑里归，与吕尚阴谋修德以倾商政，其事多兵权与奇计，故后世之言兵及周之阴权皆宗太公为本谋。”文王时“天下三分，其二归周者，太公之谋居多”。武王灭商以后，姜尚为巩固周王朝的统治，笼络民心，继续出谋划策。史载“散鹿台之钱，发钜桥之粟，以振贫民。封比干墓，释箕子囚。迁九鼎，修周政，与天下更始。师尚父谋居多”[③]。正因为姜尚在文王和武王时所起的特殊作用，所以在

---

① 第 12 片（七）H11：84 例说，本文凡举各甲骨编号，为方便于《搜聚》《摹聚》中方便查找并互校，将一片之序号列在一起；一片之阿拉伯字码（第 1、2、3……）为《西周甲骨摹聚》编号，其后括弧内（一、二、三……）之编号，为《西周甲骨汇释》编号，其后 H11：1、2、3……为该片出土编号。以下同此，不再注。

② 参看孙祚云《诗经与周代社会研究》，中华书局 1979 年版，第 43—47 页。

③ 《史记 · 齐太公世家》。

周初“于是封功臣谋士，而师尚父为首封。封尚父于营丘，曰齐”[①]。

正因如此，周人将文王遇姜尚作为一件重大的事情。古书里关于姜尚的身世和文王于渭滨遇姜尚的传说不少，马骕《绎史》卷十九（三代第九）“文王受命”部分辑录颇详，此不赘引。特别是《史记·齐太公世家》里记述的“吕尚盖尝穷困，年老矣，以渔钓奸周西伯。西伯将出猎，卜之，曰‘所获非龙非彲，非虎非罴，所获霸王之辅’。于是周西伯猎，果遇太公于渭之阳……载与俱归，立为师”这段话，颇有迷信色彩。但我们剥去这段记述的神秘色彩，再与西周甲骨第15（七三）H11：48片之“渭渔”相印证，可知文王于渭滨得姜尚并非子虚乌有。据记载，文王时的一些名臣诸如散宜生、南宫括、闳夭都曾“学乎吕尚”[②]，可见他在周王国的特殊地位。文王将渭滨遇姜尚作为大事记载在甲骨上，也充分证明了这一点。

文王受命以后，为了巩固自己的后方和剪除商王朝的羽翼，以图向东方发展，曾采取了一系列军事政治措施。《诗经·大雅·皇矣》说：“密人不恭，敢距大邦，侵阮徂共。王赫斯怒，爰整其旅，以按徂旅，以笃周祐，以对于天下。”《诗经·大雅·文王有声》说：“既伐于崇，作邑于丰，文王烝哉。”《尚书大传》卷四将文王这一系列军事政治措施归纳为“一年断虞、芮之质，二年伐邘，三年找密须，四年代畎夷，五年伐耆，六年伐崇，七年而崩”；《史记·周本纪》的记述与此大同小异，说：“明年（即受命二年）伐犬戎，明年（三年）伐密须（现甘肃东南灵台），明年（四年）败耆国（现山西长治西南）……明年（五年）伐邘（现河南西郊沁阳），明年（六年）伐崇侯虎，而作丰邑，自岐下而徙都丰，明年（七年）西伯崩”。这一系列经营，为其后武王灭商奠定了基础。因此文王甲骨上出现的“今秋王囟（斯）克往密”〔22（三六）H11：136〕、“王其往密山舁”〔24（六九）H11：80〕、“密囟（斯）郭（城）”〔290（五）H31：5〕、“于密”〔60（七〇）H11：31〕以及“伐蜀”〔57（十二）H11：68〕、“征巢”〔56（十三）H11：110〕、“其于伐𢦏”〔59（七五）H11：232〕等片，就是周“文王受命，有此武功”[③]

① 《史记·周本纪》。
② 《后汉书·史弼传》注引《帝王世纪》。
③ 《诗经·大雅·文王有声》。

的历史纪录。

周武王继承文王翦商的未竟事业，先后采取了两次军事行动，终于在公元前 1027 年灭掉了商王朝。一次就是武王“东观兵，至于孟津”，因察知殷尚未可伐，故“乃还师归”。史载这次“武王渡河”，可与凤雏甲骨“大出于河”〔66（八）H11：9〕相印证；另一次是“二月甲子昧爽，武王朝至于商郊牧野”，战幕一经拉开，“纣师皆倒兵以战，以开武王。武王驰之，纣兵皆叛纣”①。这场决定性的著名牧野大战的战斗导致了商朝的灭亡和周朝的建立。《诗经》《尚书》《左传》《荀子》《孟子》《逸周书》等古籍都有关于此次战役的记述，但以较晚的《史记》为详。1976 年陕西临潼出土的《利簋》② 和西周甲骨的出土，为研究武王灭商和校订有关的史籍提供了不少新材料。特别是“唯衣鸡（箕）子来降，其执罘氒（厥）史”〔288（一）H31：2〕有关箕子的记述，可与《史记·周本纪》之“武王已克殷，后二年，问箕子殷所以亡”互相参照。

“小邦”周猝胜“大国”殷，如何巩固统治确实使周武王劳神焦思，“自夜不昧”。在“天下未集”的情况下，周武王早死，而“成王少，周初定天下，周公恐诸侯叛周，公乃摄行政当国”。这个时期关系到西周王朝生死存亡的最重大历史事件就是“周公东征”和“营洛邑”了。周公经过“伐诛武庚、管叔、放蔡叔”和进一步以“召公为保，周公为师，东伐淮夷、残奄，迁其君薄姑”。三年多的东征，彻底摧垮了殷人的反抗势力，周王朝才得以真正控制广大被征服的殷人地区；而营筑洛邑，则是为了在“此天下之中，四方入贡道里均”③，即加强对被征服地区的控制。有关周公东征和营建洛邑的记载，见于《尚书》《左传》《孟子》《逸周书》《史记·周本纪》等。成王时的《𡒉方鼎》《保卣》④ 等铜器的铭文和西周甲骨“王畬舂”〔25（二九）H11：132〕为这个时期的“东征”提供了实物证据；而西周甲骨中的“于洛”〔68（六）H11：27〕和

① 《史记·周本纪》。

② 临潼县文化馆：《陕西临潼发现武王征商簋》，《文物》1977 年第 8 期；唐兰：《西周时代最早的一件铜器利簋铭文解释》，《文物》1977 年第 8 期。

③ 《史记·周本纪》。

④ 参看黄盛璋《保卣铭的时代与史实》，《考古学报》1957 年第 3 期；又郭沫若《保卣铭释文》，《考古学报》1958 年第 1 期。

“见工于洛”〔69（六六）H11：102〕等片，则与1965年出土的《何尊》[①]铭文一起，将使周初营建洛邑的研究更加深入。

周公所营洛邑的具体方位以及洛邑、成周与王城的关系，历来众说纷纭，近年有了新的进展。童书业先生指出：“战国以前之书，未有单称雒邑之一部（洛阳）为成周者，以洛阳为成周，与王城分而为二，乃秦、汉之际人习见战国时事而发之误说矣。”认为“分王城与成周为二地，乃战国时周分东西后所逐渐形成之讹说，以前原无此分别观念也”[②]；李民则据《尚书》中的《周书》以及甲骨、金文和考古材料，对洛邑、成周与王城的关系做了考证，指出：“洛邑之名甚早，可追溯到周武王时期，后来周公主建洛邑，洛邑一度被称为‘新大邑’、‘新邑洛’。不久，周成王亲政，洛邑又始名为成周，终西周之世，洛邑、成周二者并名。及至春秋时期，‘王城’之名又起，但它开始并不独立于成周，而是居于成周之西偏。析言为王城、为成周，统言则仍为成周。直到战国年间，东西两周分治，王城与成周遂分为两地。”他从近年洛阳考古工作“发现了一个很重要的现象”，“即在今洛阳火车站北边的台地上，发现并试掘了西周前期的铸铜作坊遗址，其面积为二十八万平方米。这一遗址的北边，是庞家沟西周墓地，在那里共发掘了三百多座西周墓，从出土的铜器铭文中可以看到‘康伯’、‘毛伯’、‘太保’等字样。上述这些重要的发现，无一不在瀍河的西岸。仅此即可看出，瀍西实为周人所居。此一发现与古文献之记载又可以相互印证”。而西周时“洛邑的范围既包括涧瀍之间的周人聚居区，也包括瀍水以东的殷人聚居区”[③]。

至于西周甲骨中出现的官名、人名、方国名，不少也可以和古代文献相印证，我们就不在此处罗列了。仅此荦荦大者，就可以看到周初不少重大历史事件在西周甲骨中都得到了反映。因此我们说，西周甲骨是周初历史活动的“大事记”。

---

① 参看唐兰《𫹭尊铭文解释》，《文物》1976年第1期；李学勤先生看法与唐先生不同，认为此器是康王五年时物，见《何尊新释》，《中原文物》1981年第1期。

② 童书业：《春秋左传研究》，中华书局1980年版，第223—225页。

③ 李民：《说洛邑、成周与王城》，《郑州大学学报》1982年第1期。

二　今后研究的展望

通过以上各篇的叙述，我们可以看到：中华人民共和国成立以来西周甲骨的研究取得了很大成绩。在中外学者的共同努力下，西周甲骨研究已经走过了它两个阶段的历程。这就是前面已经谈过的从 1949—1956 年由不认识到认识西周甲骨的飞跃为第一阶段，从 1956 年底至 1982 年 5 月为第二阶段。如果说，前两阶段主要是以材料的整理和文字的考释为特征的话，那么现已开始的深入发展阶段，就将是以分时期、考周史等为研究的重点。

虽然这三十多年的西周甲骨研究取得了不小成绩，但很多工作才仅仅是开始。因此在今后的研究工作中，还有不少问题需要我们进一步深入研究，也还有不少工作需要我们今后进一步去做好。这就是：

其一，在西周甲骨的著录方面。中华人民共和国成立以来，虽然在洪赵坊堆、沣西、昌平白浮、凤雏、齐家等地不断有西周甲骨发现，但迄今为止，还没有一部较为理想的著录全部西周甲骨的著作出版。虽然我们在本书第六篇《西周甲骨摹聚》将上述地点所发现的甲骨做一搜集，以提供学术界研究的亟需；但限于我们的条件和个人能力的限制，只是依据发表过的甲骨摹本汇聚在一起，这就不可避免地产生以下缺陷：一是摹本比例不一。因为西周甲骨文字纤细，故发表时一般都经过放大处理。但原发表的摹本放大比例不一，我们又无缘得睹全部西周甲骨实物，故只能将这些比例不一的摹本收入《西周甲骨摹聚》中。虽然这些珍贵资料暂能满足读者研究之亟需，但比例不一将会使读者无从划分西周甲骨文字的字型并进行比较；二是摹录文字的精确性问题。甲骨发表时以摹本为主（虽已发表少量照片），但在放大临摹时，往往对文字的点划描绘不精。例如我们在第四篇所列举的“王”字〔（22（三六）H11：136〕，该片在 1979 年 8 月《古文字研究》第一辑、1982 年《考古与文物》第三期和 1982 年 5 月出版的《古文字研究论文集》（《四川大学学报丛刊》第十辑）上发表摹本的前后写法就不尽相同（见前文第四篇图一）。当然并不只此一片，我们仅举此一例也就够了。文字临摹的精确性不高，将会使我们的研究受到影响。

科学地著录西周甲骨，是我们研究的基础工作。殷墟甲骨的著录为我们提供了很好的借鉴。董作宾先生不止一次地主张将一块甲骨的照片、拓本、摹本三种方法并用，曾说：“在甲骨出土的六十年间，三种方法都是用过的。但是一件材料三种全用的并不太多。”① 胡厚宣师也对著录甲骨颇有研究，他根据多年工作的体会说：“著录甲骨，当然是以拓本为最好，但有时遇到纤细的笔画，就拓不出来。照片比较真实，但一些刻划的字体，就不容易看得清楚。摹写本虽然笔画容易失真，但是根据原骨摹录，字迹笔画就看得明晰。三者各有短长……”② 我们在著录西周甲骨时，由于原骨文字过于细小，因此墨拓是不可能显示文字的。但可以将放大照片和摹本“合二为一”，互相参考，就会给研究者带来很大方便。当然，将这些甲骨的放大照片和摹本编为一书时，还应尽量采取相同的放大比例。虽然西周甲骨数量不多，但目前进行这一工作依靠个人的力量和一个单位是不能做好的。我们希望有关领导部门组织力量协作，尽快地编出一部包括各地所出全部西周甲骨，而且是照片和摹本互为表里、全书放大比例一致的科学著录书。这是西周甲骨深入研究的需要。

其二，是文字考释的工作今后还需要深入去做。文字的考释和篇章的通读，是我们得以利用这批材料研究西周历史的前提。近年来，学者们在这方面做了不少工作，本书第二篇《西周甲骨汇释》对此有所反映。但也毋庸讳言，由于种种条件的限制，诸如摹本字迹不清、对西周甲骨刻辞是卜辞抑或记事刻辞以及相随而来的读法（左行、右行等）的理解不同，所以同一条刻辞或某些关键的字，诸家往往释读大相径庭。因此，我们亟盼在照片、摹本二位一体的西周甲骨著录出版后，使文字的考释工作更前进一步。

其三，就是我们对西周甲骨的认识还有待深化。三十多年来，虽然完成了对西周甲骨由不知到知的飞跃，也涉及西周甲骨的特征、与殷卜辞的关系、用途及读法等方面的问题，但不少还有待今后的深入研究和有待新出土的西周甲骨予以补充和修正。历年出土的甲骨，胛骨比较完整，但数量少。龟甲虽然出土数量多，但都比较碎小。因此，卜骨的特

① 董作宾：《殷虚文字乙编摹写本示例》，《董作宾先生全集》乙编，第七册。

② 胡厚宣：《苏联国立爱米塔什博物馆藏甲骨文字》，《甲骨文与殷商史》第二辑，上海古籍出版社 1991 年版。

征基本被认识了，但也尚须今后出土更多的肩胛骨予以补充、丰富。而龟甲，较完整并刻文字的只有齐家一版（300·［一］H3〔2〕：1）。虽然学者得以据此甲并结合有文字碎甲、其他地方出土无字龟甲总结出西周龟卜的特征，但对刻辞规律的认识还是很不完备的；虽然我们在本书提出了西周甲骨刻辞中应包括卜辞和记事刻辞，而以记事刻辞为多，不应笼而统之地称为“西周卜辞”的问题，但这一研究也仅仅是开始；此外，西周甲骨是周人所固有，还是与殷墟甲骨一脉相承，抑或本身（例如凤雏所出）就是殷人的，在学术界也有不同看法；西周甲骨上的异形文字，是“八卦”还是“筮数”也看法不同。至于西周甲骨究竟是“王室”之物，还是大贵族私人占卜机构所藏的问题，尚未有人涉及。如此等等，都是在下一阶段需要我们从不同角度深入探讨的。

其四，关于西周甲骨分期的探索。我们在本书第四篇《再论西周甲骨分期》中说过：“对西周甲骨进行分期断代，则是利用这批材料将周初历史的探索建立在科学的基础上的关键工作。”并指出：“目前，虽然还没有专门系统地论证分期断代文章发表，但在一些简报、考释文章的字里行间，也透露出学术界对西周甲骨分期断代的不同看法。”我们曾列举了当前学术界对西周甲骨分期断代的四种主要意见并指出：“上述各种不同意见的发表，说明这一问题还远远没有解决。因此，对西周甲骨断代分期这一复杂而重要的问题，需要我们今后从多方面做进一步深入研究。”尽管我们在第三篇，特别是第四篇论证了对西周甲骨分期断代的看法，但这些还是很初步的工作。为了充分发挥这批珍贵史料的作用，搞好分期断代研究工作是当务之急。因此，这方面的工作是今后应大力加强的。

利用甲骨上的钻凿形态变化，进行殷墟甲骨分期断代的探讨，始终都有人在进行这方面的研究①，并取得可喜的进展。“殷鉴未远。”对西周甲骨钻凿形态的研究，也是我们今后进行分期断代探索的一个途径。因此，我们希望今后再公布西周甲骨材料时，应连同其背面钻凿形态也一并提供给学术界，以便从多种途径对西周甲骨分期进行研究。

① 许进雄：《卜骨上的钻凿形态》，艺文印书馆 1978 年版。于秀卿、贾双喜、徐自强：《甲骨的钻凿形态与分期断代研究》，《古文字研究》第六辑，中华书局 1981 年版。

其五，西周甲骨（特别是凤雏 H11、H31 所出有字甲骨）内容非常丰富，对史料较少的周初历史研究十分珍贵。虽然近年学者们利用这批材料对周初的历史、周与商的关系、周与一些方国的关系以及天文历法等方面进行了一定的探索。但由于对这批甲骨性质认识的不同和分期断代研究得不够深入，往往同一甲骨刻辞得出不同的结论。总的来讲，利用西周甲骨研究周初历史也是今后应当加强的一个方面。将西周甲骨结合西周铜器铭文、考古材料、《尚书》以及其他文献进行深入研究，将会使西周史的研究别开生面。

其六，已如本书前言所述，我国先秦古籍较少，就是流传至今的一些先秦古籍，诸如《尚书》等，也是真伪相参，不少经过后世人的删削或窜改。殷墟甲骨出土后，不少学者利用甲骨材料，对一些先秦古籍（特别是《尚书》）的不少篇章进行整理研究，取得了很大成绩。刘起釪先生《甲骨文与〈尚书〉研究》① 一文对此有详细论证，此不赘述。西周甲骨和铜器铭文一样，是保留下来最可信的周初第一手历史资料。因此，利用这批材料整理、勘校先秦古籍，也是很有意义的工作。

其七，西周甲骨文字纤细，需要放大高倍方能辨识。文字契刻清秀、圆润，有很高的艺术价值。如此细小、娴熟的文字是怎样刻写并使用什么工具，都是使人百思不得其解的谜。因此，对西周甲骨契刻方法的研究，也是我国微雕史和书法史研究上非常有意义的工作。

如此等等，不一而足。三十多年来形成的这一甲骨学研究领域的新分支——西周甲骨学，今后还有许多工作需要进一步去做，还需要我们付出更多的劳动，使这门新学科更加完善。

三　简短的结语

综上所述，西周甲骨具有很高的科学价值。西周甲骨（特别是文王甲骨）的发现，是周人早已由“野蛮时代”进入“文明时代”的标志。文王甲骨已不是文字的创造发明阶段，而是经过了长期发展，用它写成

---

① 刘起釪：《甲骨文与〈尚书〉研究》，《甲骨文与殷商史》第二辑，上海古籍出版社 1986 年版。

“成文历史”，即有文字记载的阶级社会历史。周初不少重大历史事件再现在西周甲骨上，为史料较少的周初历史研究增加了大量可信的珍贵资料。

虽然三十多年来西周甲骨研究取得了不少成果，但许多工作才仅仅是开始。不少问题需要我们今后继续深入研究，不少现象还需要我们认识和再认识。西周甲骨的研究正方兴未艾。在已经开始的深入研究新阶段，我们要群策群力，集思广益，通过辛勤的劳动去开创西周甲骨研究的新局面！

第六篇

西周甲骨摹聚

几点说明

一、本篇所收甲骨为1982年5月以前所著录者。

二、本篇将历年各地所出有字西周甲骨摹本聚为一编，以便研究者翻检查考。每片一号，收入背面者一般与正面同编一号〔个别片因正、背面摹本比例不一（如51号、52号），为避免读者误会，分编两号〕。全篇从1号统编至303号，其中51号、52号乃一片之正、背，179、234为一片之正、背（误编二号），故实收甲骨摹本301片。

三、本篇所收甲骨，为方便研究者对甲骨进行分析、比较计，按原出土单位集中编次。各单位的号数是：

（一）山西洪赵坊堆村	1号	（1片）
（二）沣西张家坡	2—4号	（3片）
（三）北京昌平白浮	5—7号	（3片）
（四）岐山凤雏H11	8—287号	（278片）
（五）岐山凤雏H31	288—297号	（10片）
（六）扶风齐家	298—303号	（6片）

四、本篇所收甲骨摹本，排列编号用阿拉伯数字码（即1、2、3、4……），编号后随括弧内之汉字字码（即一、二、三、四……）为本书第二篇《西周甲骨汇释》编号。每片《摹聚》之阿拉伯字码与《汇释》之汉字字码共列，可据之相互查校。即可据《摹聚》（1、2、3、4……）相应片号的摹本，在《汇释》部分的汉字编码（一、二、三、四……）部分找出该片诸家的考释。也可据《汇释》号（一、二、三、四……）

在相应的《摹聚》编号（1、2、3、4……）中，将甲骨摹本与诸家对该片的考释相核校。

五、凤雏、齐家所出甲骨片数较多，内容也比较丰富，基本按政治、经济、文化、其他四大类自 8—303 统号编次。其余各地点，诸如坊堆、白浮、沣西出土甲骨片数较少（或内容较单纯），故不予分类。

六、本篇所收摹本都注明出土时编号、放大比例，如 13（一）号的（H11：1）27：1 即是，H11：1 为编号灰坑 11，而 1 为此坑先后甲骨出土号，27：1 为放大比例。具体地说，13 为该片摹本《摹聚》编号，其（一）为该片考释在《汇释》编号。个别摹本因刊布时无比例，我们又不能见到原骨，故该片之比例只得暂付阙如。

七、齐家卜甲（H3〔2〕：1）为西周卜甲中最大最完整者，对研究西周甲骨的特征、性质等具有重要意义。但此片发表之摹本为原甲缩小 1/3，故字迹更使人不易辨识。因我们不能得到原摹本，只得将此缩小后的摹本（1/3）再放大为 9.5×13.5 收入；齐家卜骨（T1〔4〕：1）亦据缩小摹本（1/2）再放大为 9.5×13.5 摹本收入此篇，特此说明。

八、缀合片摹本除《概论》所做者外，其余皆为《岐山凤雏村两次发现周初甲骨文》所做。

九、本篇摹本主要依据下列著述所刊布者：

（一）《山西省洪赵县坊堆村古遗址墓葬群清理简报》，《文物参考资料》1955 年第 4 期。

（二）《山西省洪赵县坊堆村出土的卜骨》，《文物参考资料》1956 年第 7 期。

（三）《沣西发掘报告》，文物出版社 1963 年版。

（四）《北京地区的又一考古重要收获》，《考古》1976 年第 4 期。

（五）《从商周八卦数字符号谈筮法》，《考古》1981 年第 2 期。

（六）《陕西凤雏村西周甲骨文概论》，《古文字研究论文集》（《四川大学学报丛刊》第十辑），1982 年。

（七）《岐山凤雏村两次发现周初甲骨文》，《考古与文物》1982 年第 3 期。

（八）《扶风齐家村西周甲骨发掘简报》，《文物》1981 年第 9 期。

（九）1982 年 5 月，《概论》将凤雏 H11、H31 出土西周甲骨 289 片全部公布以后，权威版本《周原甲骨文》（2002 年版）在整理甲骨文时，“用 20 倍显微镜观察甲骨上的每一个字，辨别字的笔划与笔锋”，并“根据有无刻锋和笔画形状的差别，来判断是否为字，并已分字和刻划符号的不同”，发现周原甲骨中有“非刻划甲骨”共 57 片，“非字甲骨”共 16 片，并在《前言》“二、整理方法”中将出土号一一列出。我们在增订本《探论》中，将此重大成果加以反映。即凡《摹聚》著录甲骨涉及《周原甲骨文》所剔出甲骨出土号者，皆在该片《摹聚》号下画一“○”为标记，以示与其他摹片相区别，提供研究者注意，以免再对该片进行徒劳无功的研究考校。特此说明。

（十）直至 2003 年 12 月岐山周公庙遗址又发现西周甲骨，并于 2003 年至 2008 年持续进行发掘，取得了重大收获。周公庙五处地点共出土 7561 片卜甲，总字数达 2200 余个。值得注意的是，这批甲骨出现的“王季”“叔郑”等，为古文字中首见。此外，一些周初重要历史人物，如文王、周公、毕公等也出现在甲骨中。此外，还有祭祀、月相、筮数等重要材料，对西周甲骨研究的深入很有价值。遗憾的是，这批重要材料，至今还在整理中，只于 2009 年 3 月在北京大学召开过一次座谈会。这一批重要材料，从 2008 年的成批出土，至今已是 14 年多了！学术界望眼欲穿，希望这批材料早日公布，以掀起一个西周甲骨研究新高潮！

想当年，1977 年 10 月传出周原有字甲骨 1. 7 万多片发现的消息，引起海内外甲骨学者的极大关注。周原甲骨自 1979 年 8 月开始公布，至 1982 年 5 月全部面世，共用了不到 3 年时间。由于学者们见到了大量西周甲骨材料，学者们的研究也逐步深入，并随材料的全部公布，进入研究的高潮，很快地在甲骨学研究领域形成了一个新分支学科——西周甲骨学。从此，打破了凡谈甲骨，则必殷商的传统看法。因此，我们感谢周原甲骨文的发现者、研究者徐锡台教授、陈全方教授，是他们及时把周原甲骨材料推向学术界，才加速了西周甲骨学发展的进程！我们在此也希望，周公庙甲骨的发现者，能尽量克服困难，像徐锡台、陈全方两位先生一样，拿出精神，拿出对学术发展的使命感，早日整理完成并公布这批珍贵的材料，造福学术，润泽学林！

因这批重要材料迟迟未能面世，我们在第十五篇《凤雏（H11、H31）成批甲骨公布后各地（特别是周公庙）西周甲骨的大发现》，将一些零星发现的新材料尽可能加以介绍，诸如北京琉璃河、镇江营、洛阳甲骨、邢台南小汪甲骨、高青陈庄甲骨、宁夏彭阳姚河塬甲骨等，并将所搜集到的摹本，附于该地点介绍文后。

托“纪念甲骨文发现120周年座谈会”之福，国家博物馆专门举办了“证古泽今——甲骨文文化展”，展览上特意展出了岐山周公庙出土几版有代表性甲骨，使人耳目一新！此外，王春法主编《证古泽今》和李运富《甲骨春秋》大型纪念甲骨文发现120周年画册，也收入高倍放大的彩色周公庙等遗址新出重要甲骨，使更多的人得以一睹“千呼万唤”始出来的周公庙甲骨的真容。我们在本书中，也努力把终于面世的几版周公庙出土甲骨收入，以便与更多的学术界朋友一起“奇文共欣赏”，享受发现的快乐！

（一）山西洪赵坊堆村

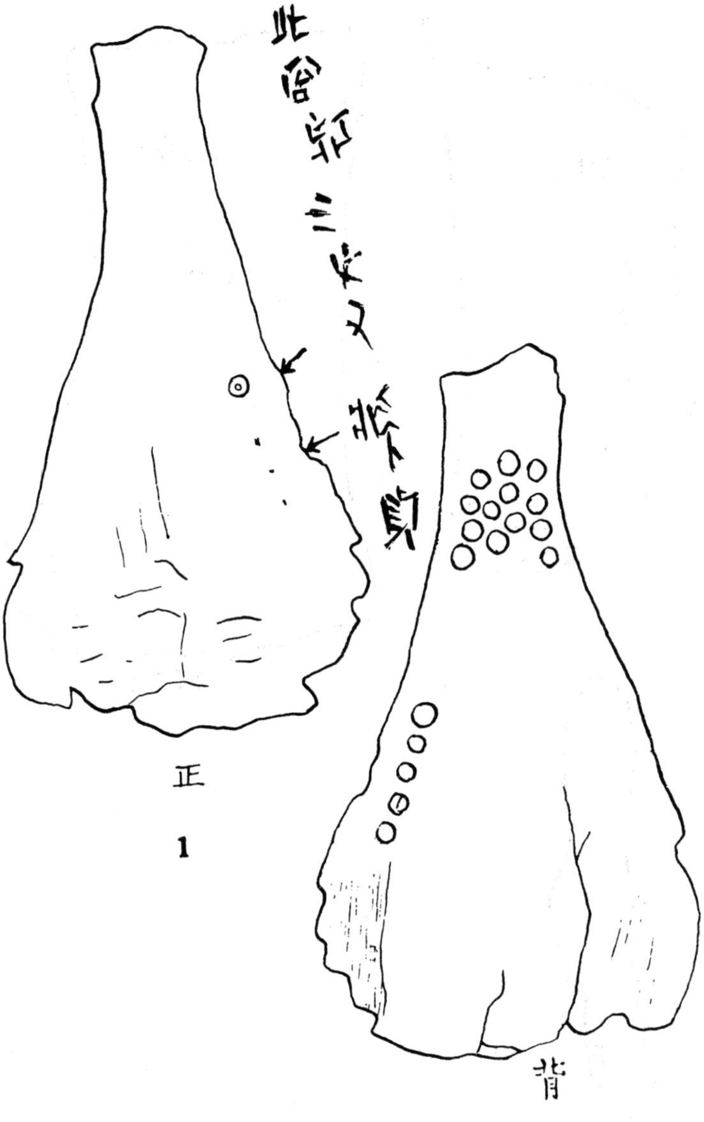

1

（二）沣西张家坡

2（一）

3（三）

4（二）

（三）北京昌平白浮

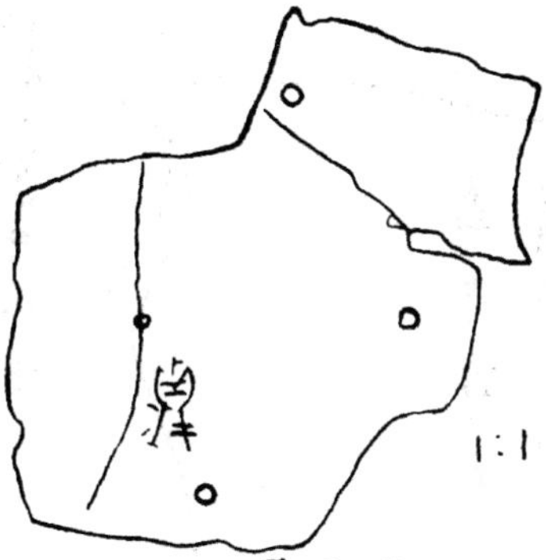

5（一）

6（二）

7（二）

（四）岐山凤雏 H11

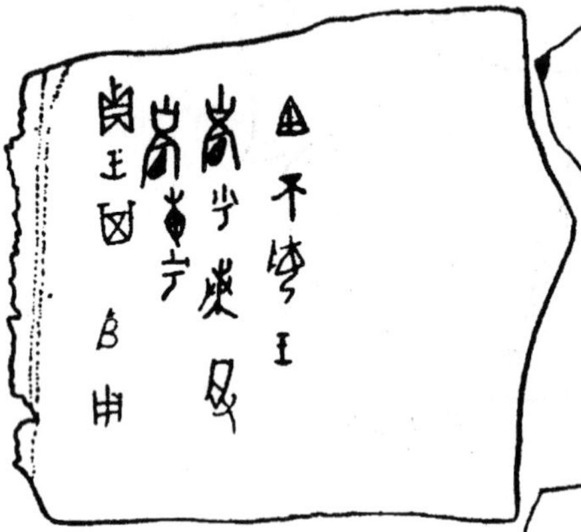

(H11：174) 16：1

8（四六）

(H11：112) 5：1

9（四七）

10（一八三）

(H11：237) 9：1

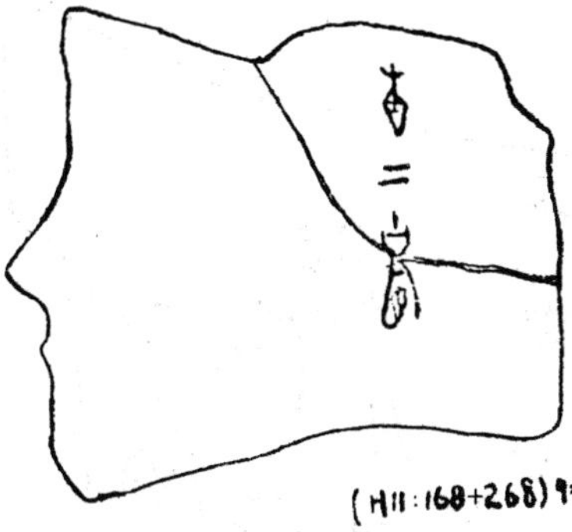

(H11:168+268) 9:1

11（一六一）

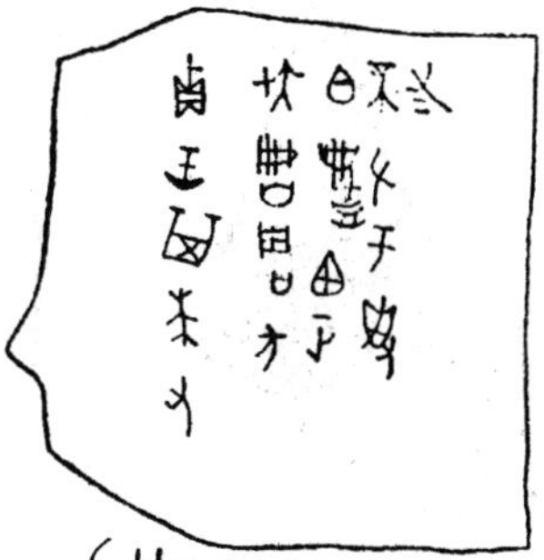

（H11:84） 5:1

12（七）

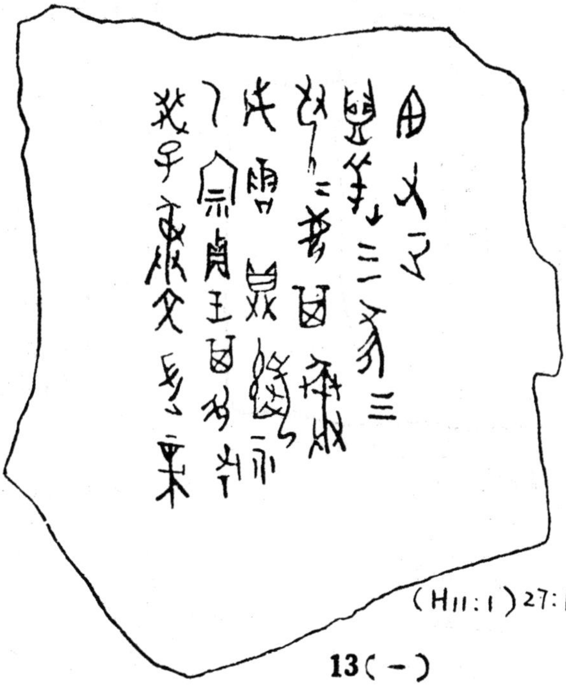

（H11:1）27:1

13（一）

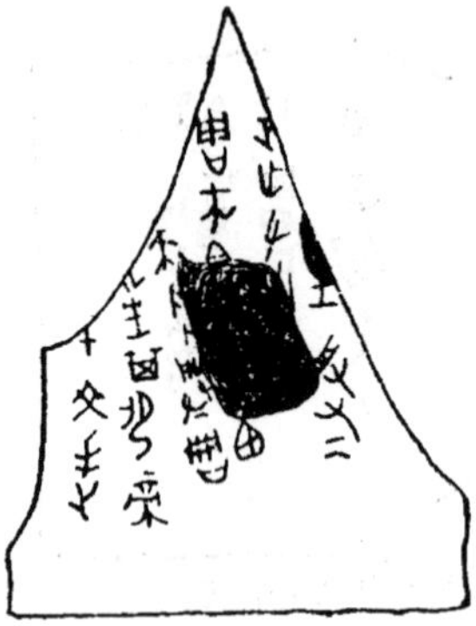

(H11:82) 5:1
14（四十）

(H11:48) 12:1
15（七三）

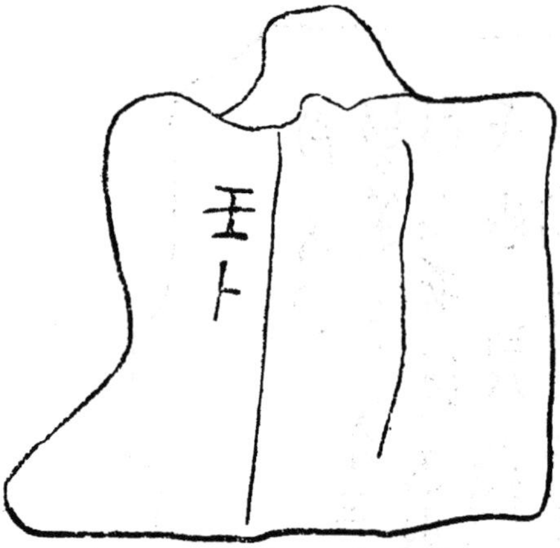

(H11:38) 16:1
16（二八）

(H11:72) 4:1
17（一二八）

(H11.246) 1:1
18（一九三）

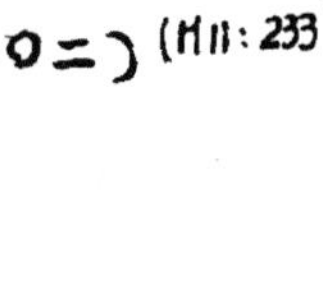

19（二〇二） (H11:233) 1:1

(H11:191) 4:1

20(二〇八)

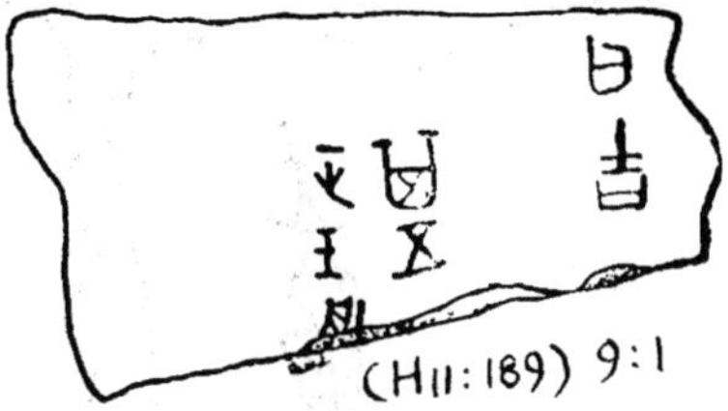

(H11:189) 9:1

21(一七一)

23(一六〇)

(H11:167) 1:1

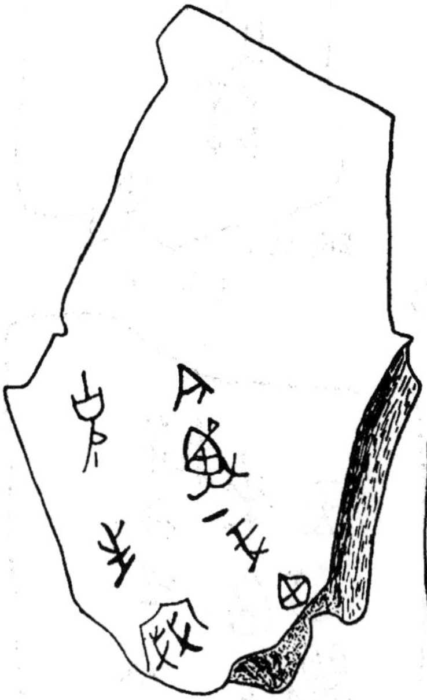

(H11:136) 16:1

22(三六)

(H11:80) 9:1

24(六九)

(H11:132) 16:1

25（二九）

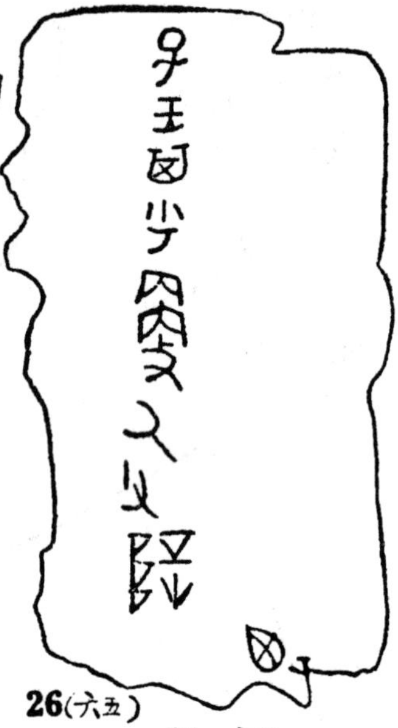

26（六五）

(H11:11) 16:1

(H11:3) 10:1

27（十一）

28（四八）

(H11:14) 16:1

(H_{11}:113) 25:1

29(七二)

(H_{11}:261)

1:1

30(一九六)

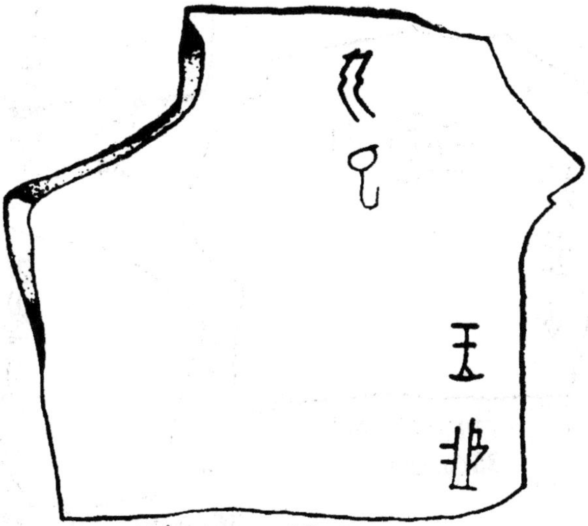

(H_{11}:134) 25:1

31(四五)

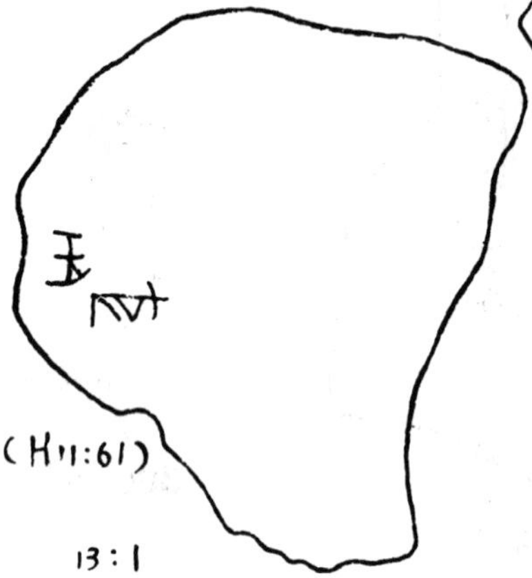

（H11:61） 13:1

32（一二二）

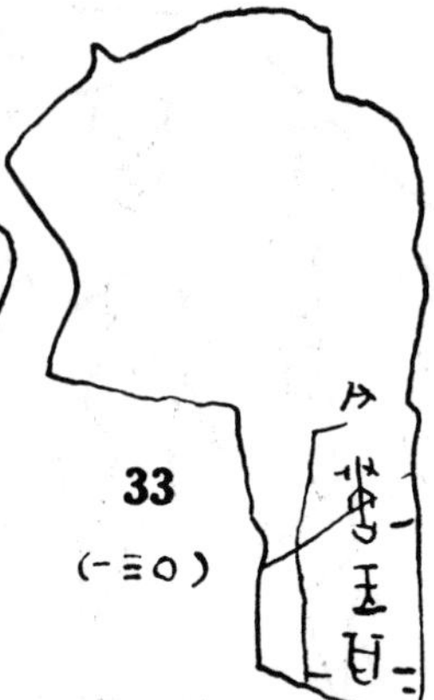

33（一三〇）

（H11:75+126） 2:1

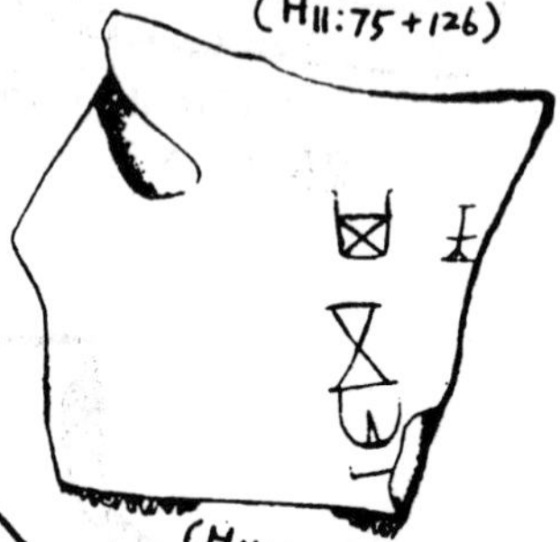

（H11:210） 25:1

34（一七七）

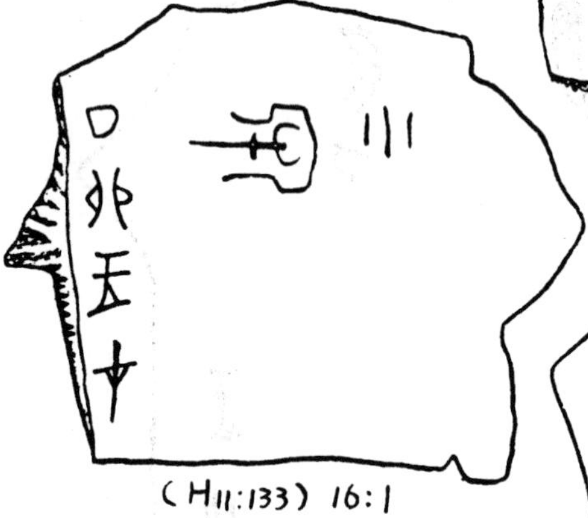

（H11:133） 16:1

35（四四）

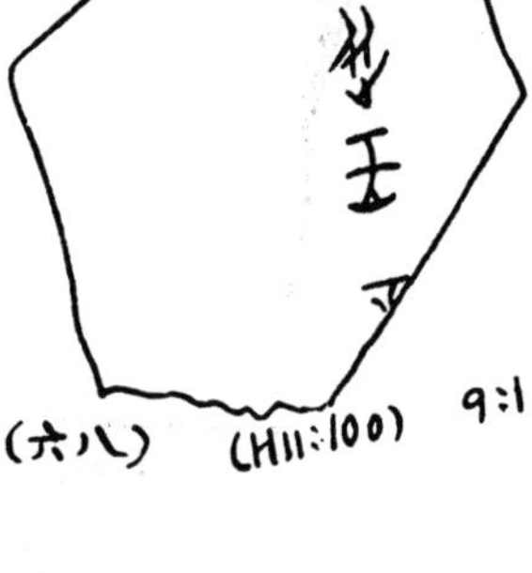

36（六八） （H11:100） 9:1

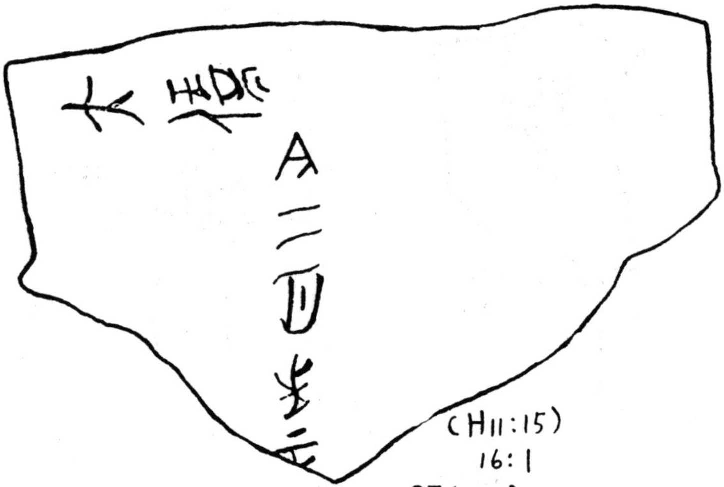

(H11:15)
16:1
37(三二)

(H11:50) 36:1
38(十七)

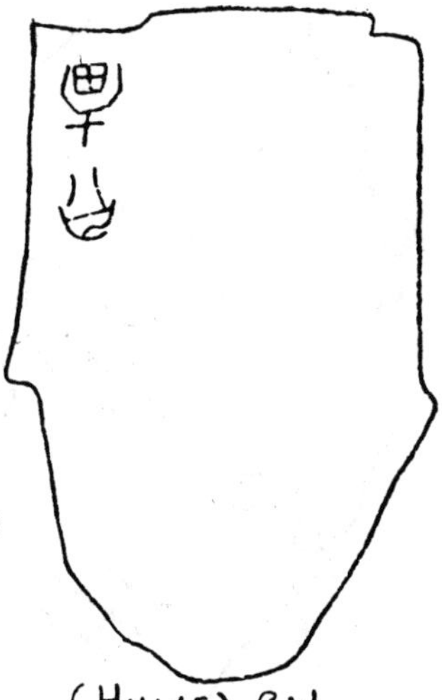

(H11:45) 9:1
39(十六)

(H11:86) 9:1

40(八九)

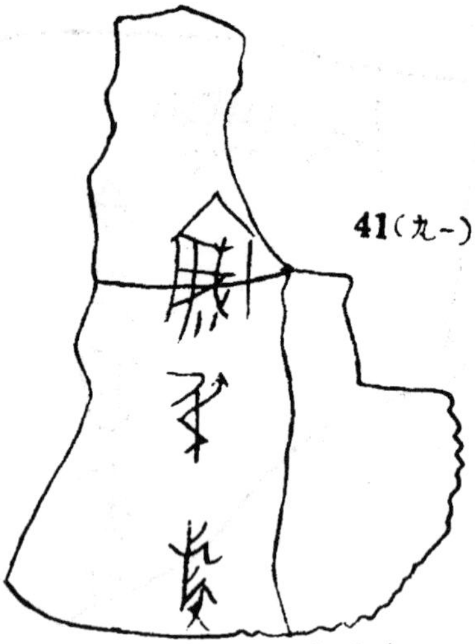

41(九一)

(H11:116+175) 4:1

42(九五)

(H11:278) 1:1

43

(三三)

(H11:37正面) 16:1

(H11:37背面)

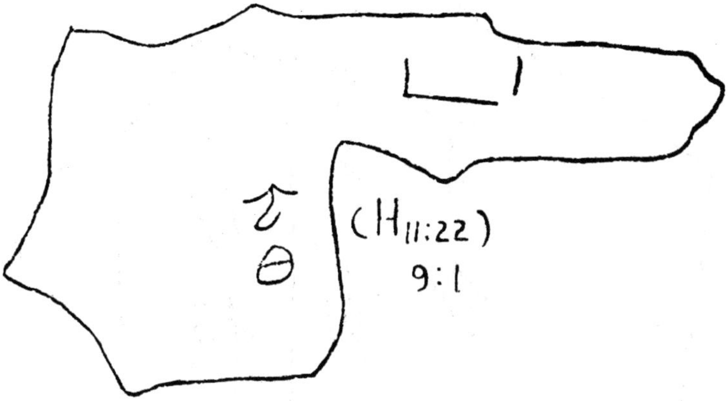

44（十五）

(H11:94)20:1

45（八一）

（H11:4）25:1 **46**（二）

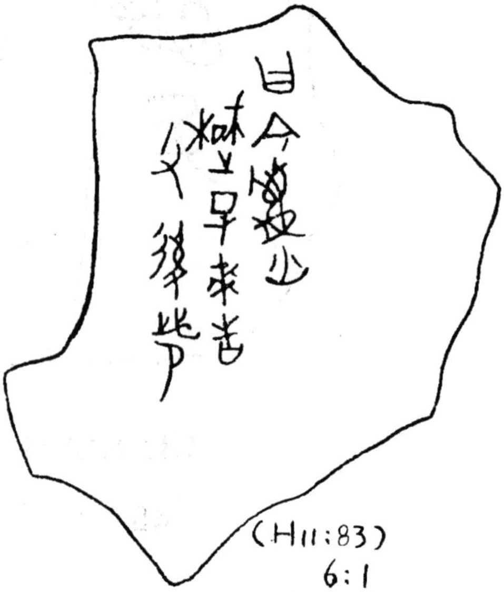

47（九） （H11:83）6:1

(H11:70) 4:1

48（九二）

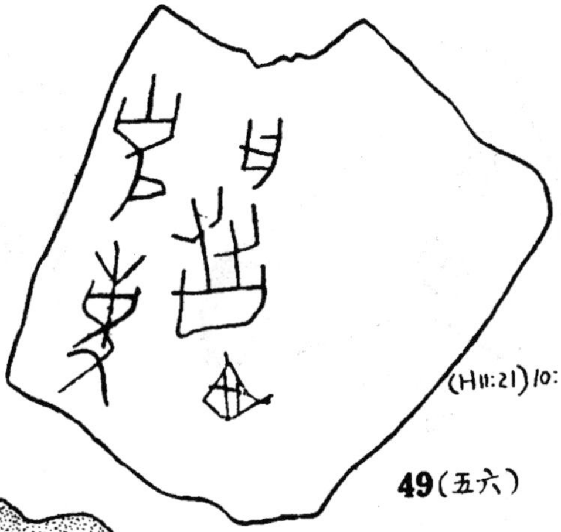
(H11:21) 10:1

49（五六）

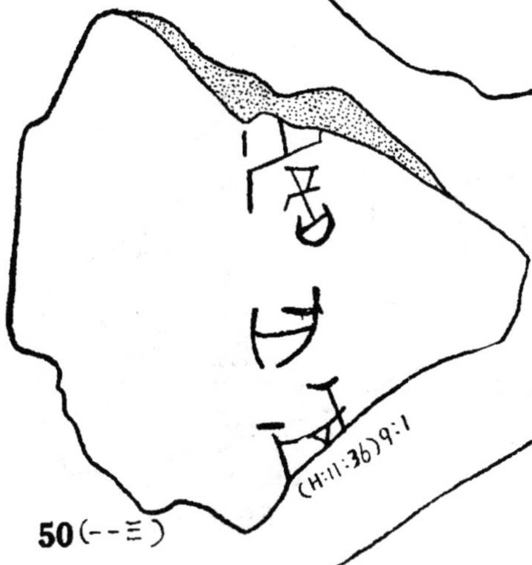
(H11:36) 9:1

50（一一三）

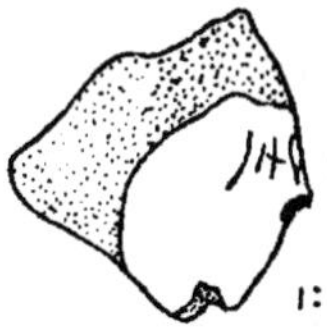
1:1
(H11:36背面)

51（一一三）

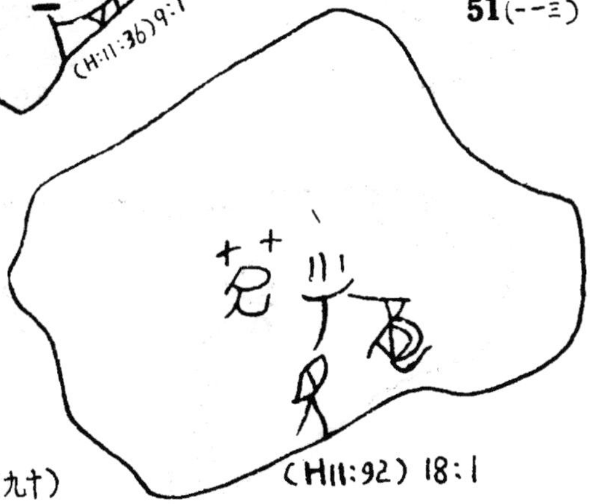
(H11:92) 18:1

52（九十）

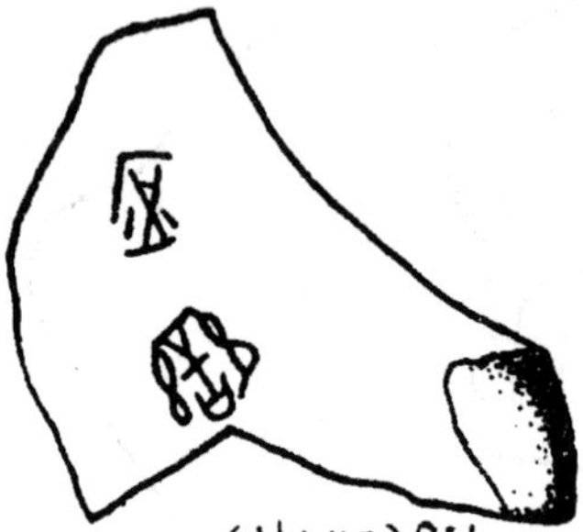

(H11:153) 9:1

53(一五一)

(H11:74) 4:1

54(一二九)

(H11:105) 9:1

55(一三六)

(H11:110) 9:1

56(十三)

57(十二)　(H11:68) 16:1

(H11:97) 1:1

58(七七)

(H11:232) 9:1

59(七五)

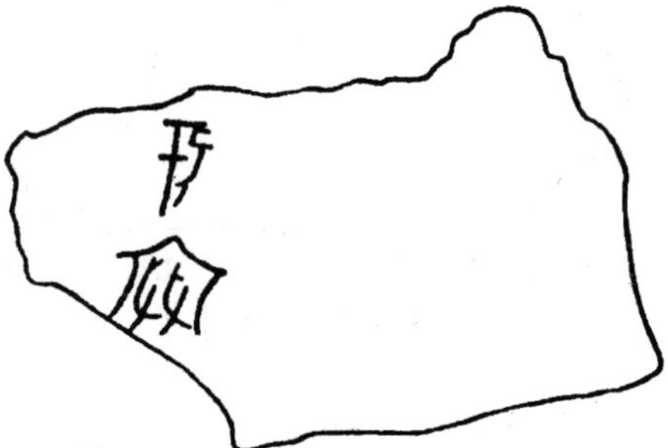

60(七〇)

(H11:31正面) 4:1

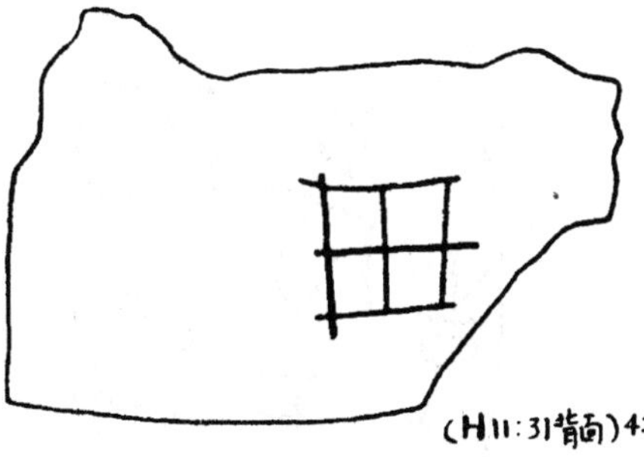

60(七〇)

(H11:31背面) 4:1

(H11：117) 9：1

61（三五）

(H11：166) 1：1

62（八六）

(H11：51+107)
2：1

63（三四）

64（八十）

(H11：104) 4：1

(H11：20) 25：1 65（三）

(H11:9) 9:1

66(八)

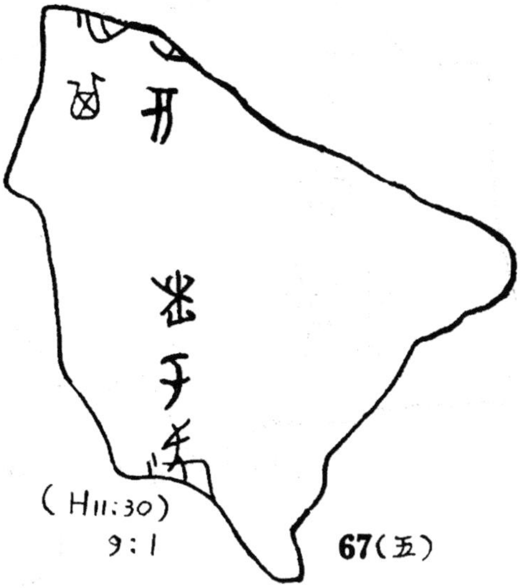

(H11:30) 9:1

67(五)

(H11:27) 9:1

68(六)

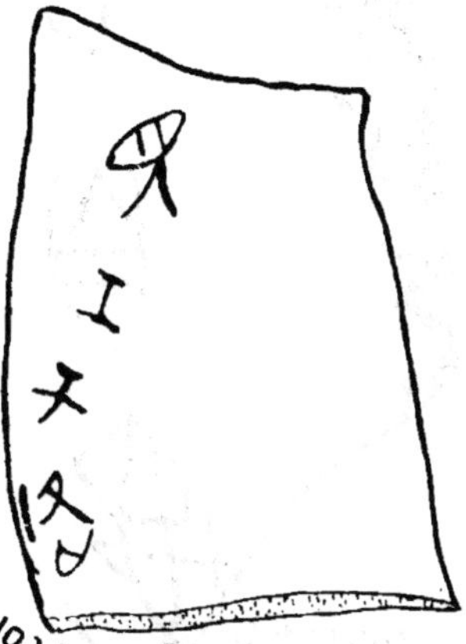

(H11:102) 9:1

69(六六)

(H11:23) 16:1

70(十九)

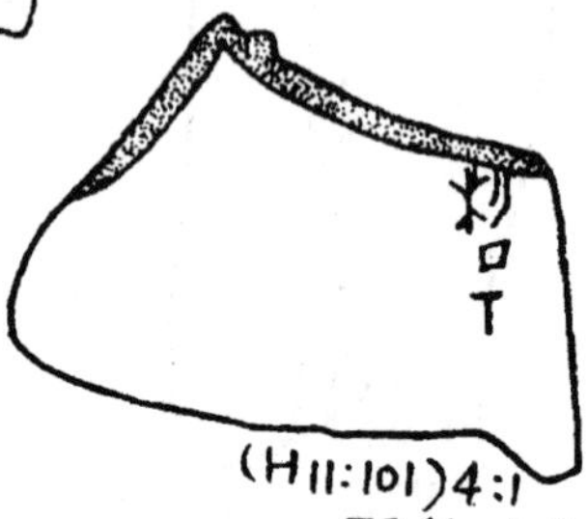

(H11:101)4:1

71(七八)

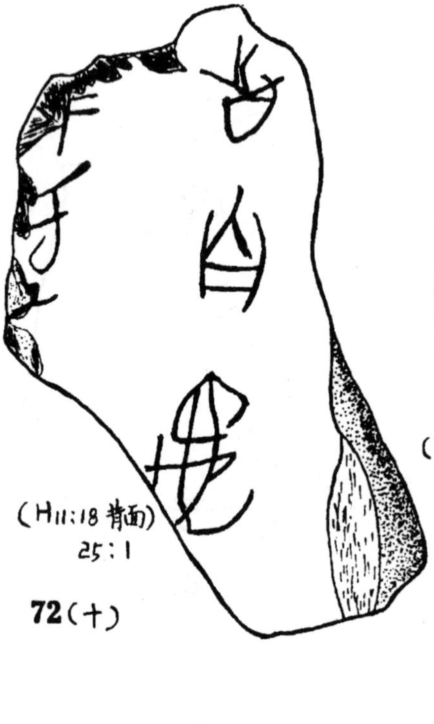

(H11:18背面)
25:1

72(十)

(H11:46)
4:1

73(一一七)

74(二十)

(H11:8)　19:1

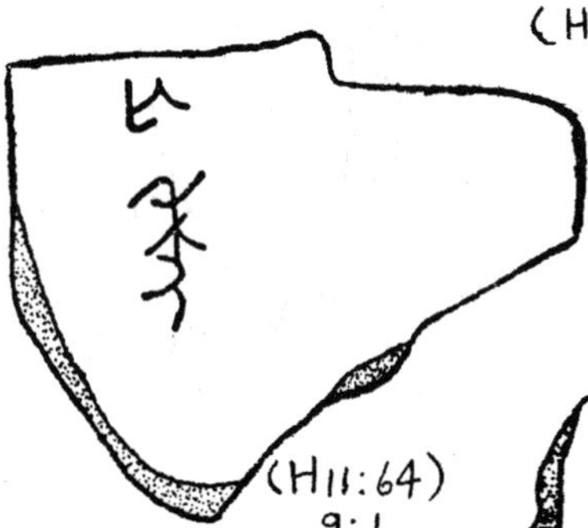

75(二七)

(H11:64) 9:1

(H11:164) 4:1

76(八五)

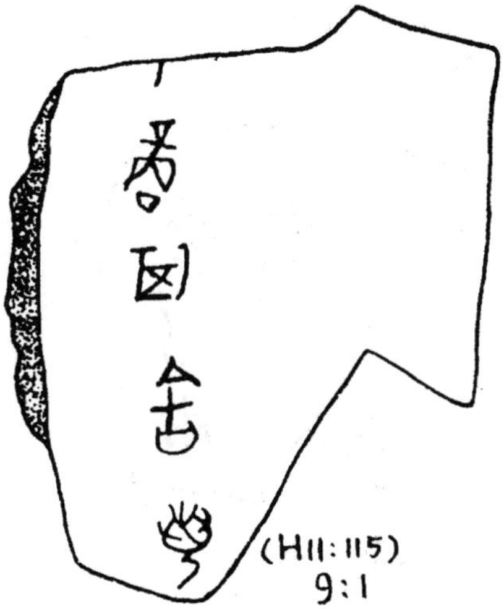

(H11:115) 9:1

77(九三)

78(一四六)　(H11:148) 9:1

79(六七)　(H11:186) 1:1

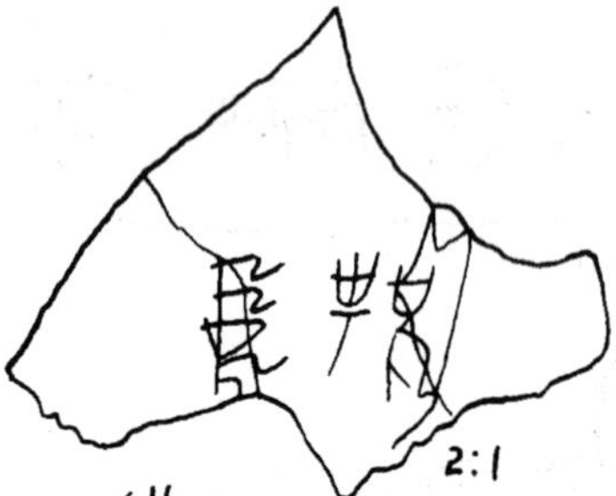

2:1

(H11:57+155+163)

80(一二一)

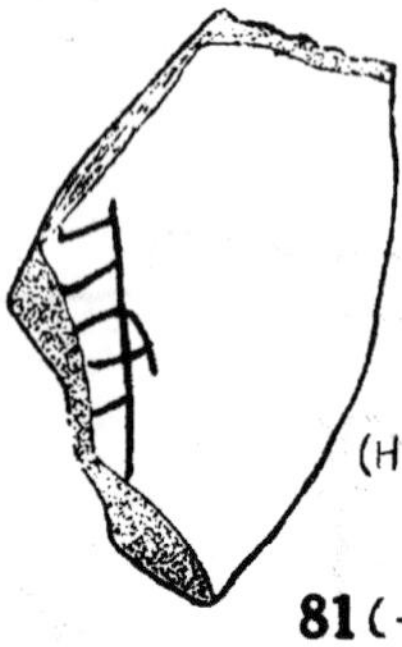

(H11:163)
4:1

81(一五八)

(H11:98)
4:1

82(一〇七)

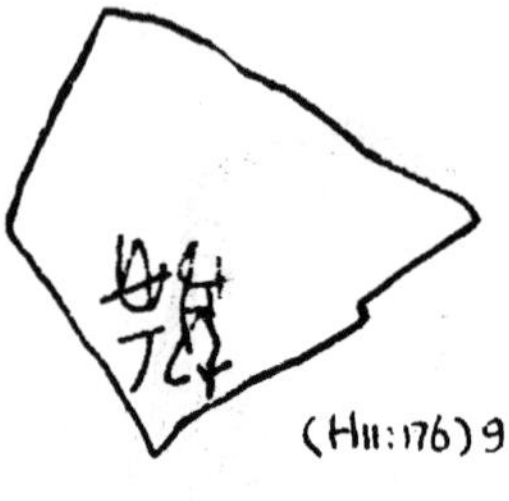

(H11:176) 9:1

83(一六四)

84（一九七）
（H11:264）1:1

（H11:273）1:1
85（一九九）

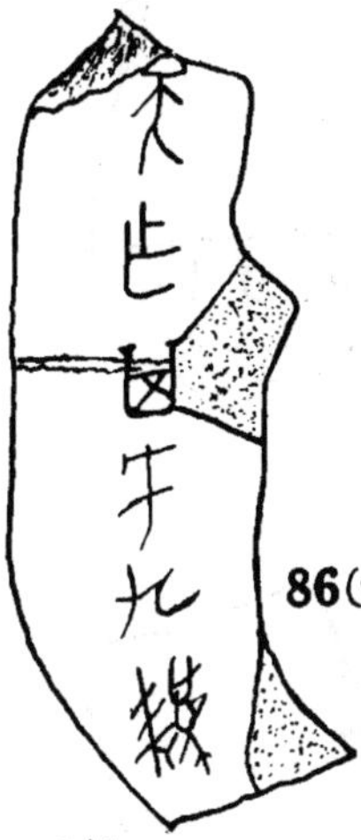

86（四二）
（H11:59+118）
4.5:1

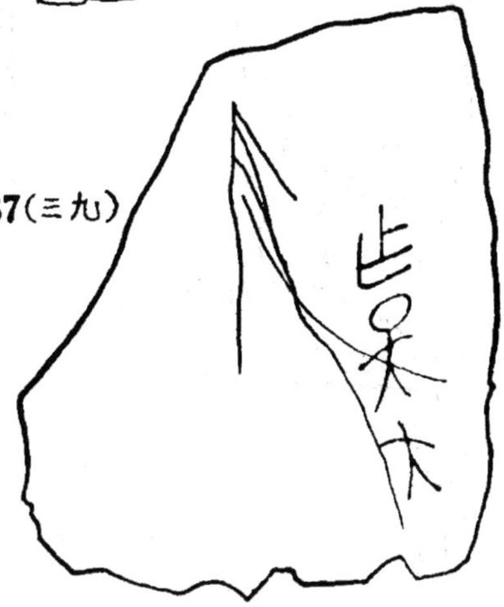

87（三九）
（H11:24）　25:1

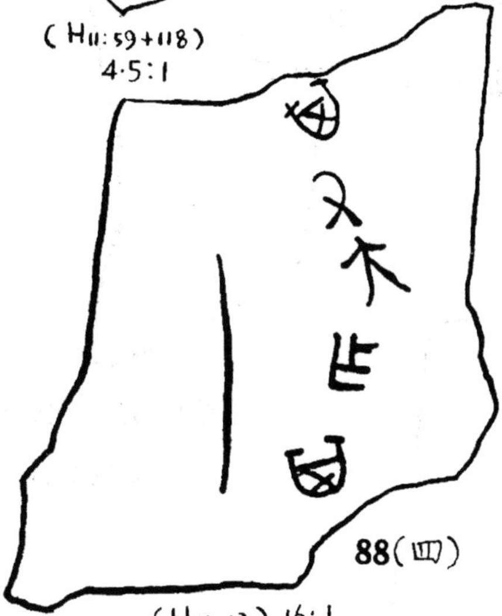

88（四）
（H11:12）16:1

（H11:125）4:1
89（一〇六）

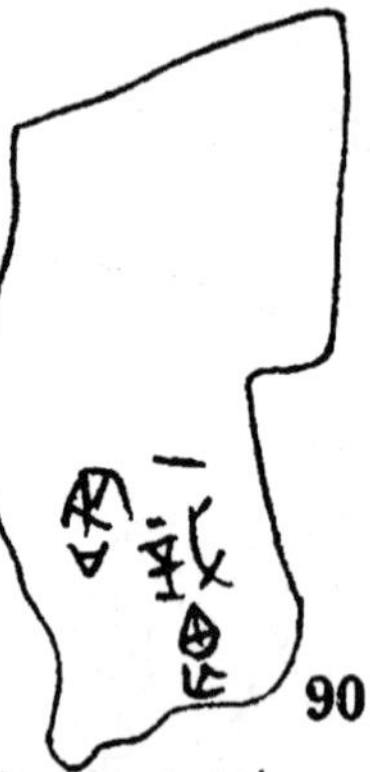

90（一一〇）

（H11:28）4:1

（H11:78）9:1

91（五二）

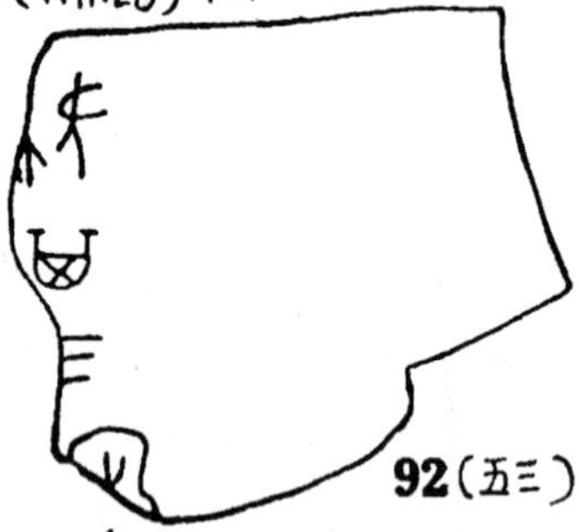

92（五三）

（H11:119）16:1

（H11.99） 25:1

93（二〇九）

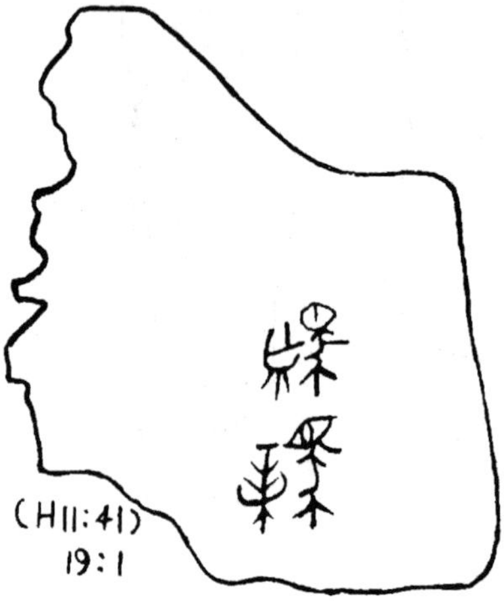

（H11:41）
19:1

94（一一四）

(H11:123)　16:1

95(一〇五)

(H11:138+160) 4:1

96(六一)

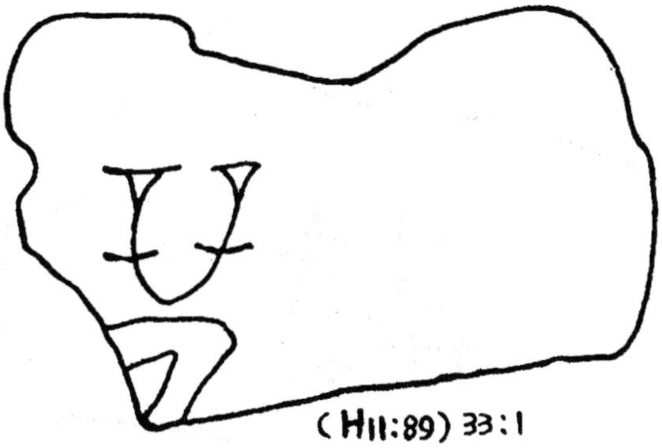

(H11:89) 33:1

97(八三)

（H11:29正面）9:1

98（八四）

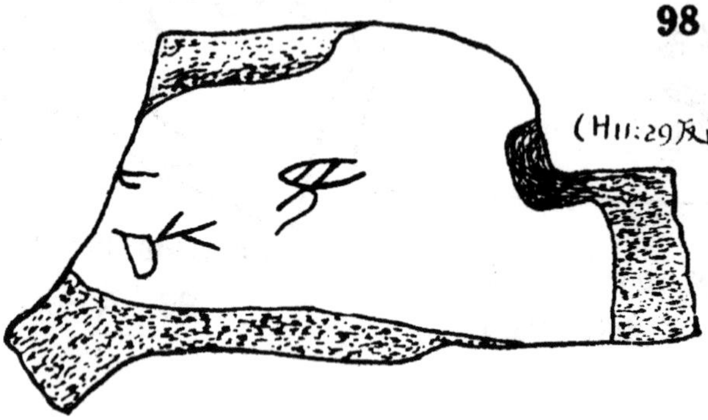

（H11:29反面）9:1

（H11:19）16:1

99（十八）

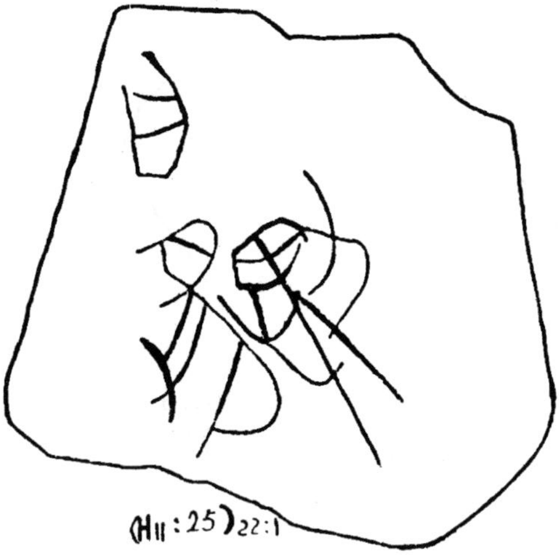

(H11:25) 22:1

100(七九)

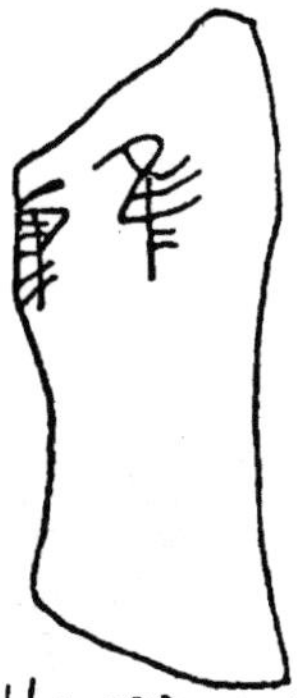

(H11:53) 4:1

101(一一九)

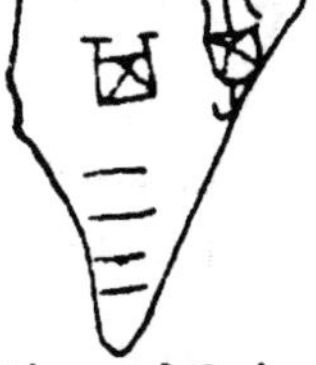

(H11:170) 9:1

102(七四)

(H11:35) 6:1

103(六二)

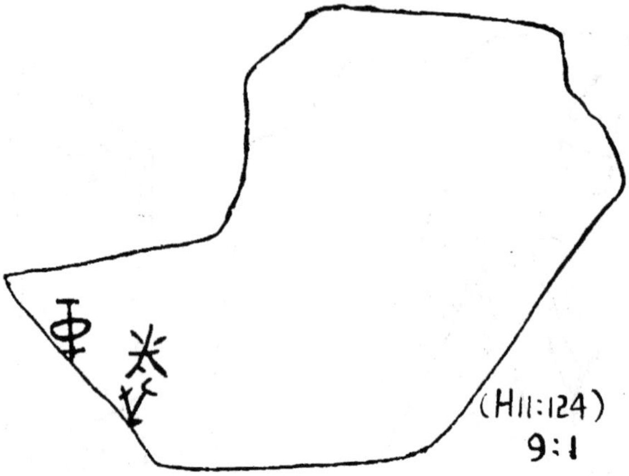

(H11:124)
9:1

104（一四一）

(H11:93) 16:1

105（一三三）

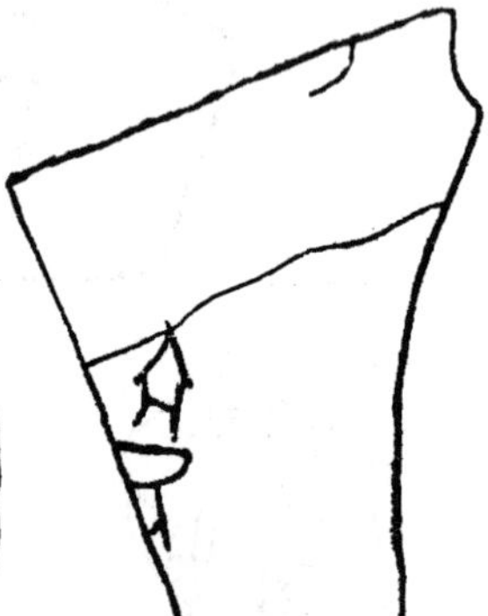

(H11:[illegible]) 4:1

106（一六二）

(H11:42) 16:1

107(八七)

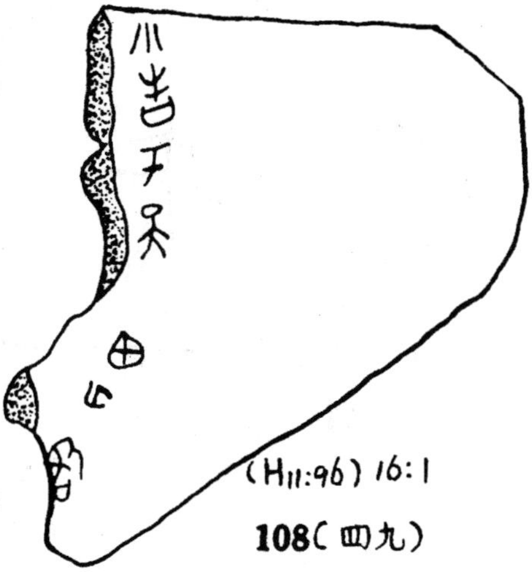

(H11:96) 16:1

108(四九)

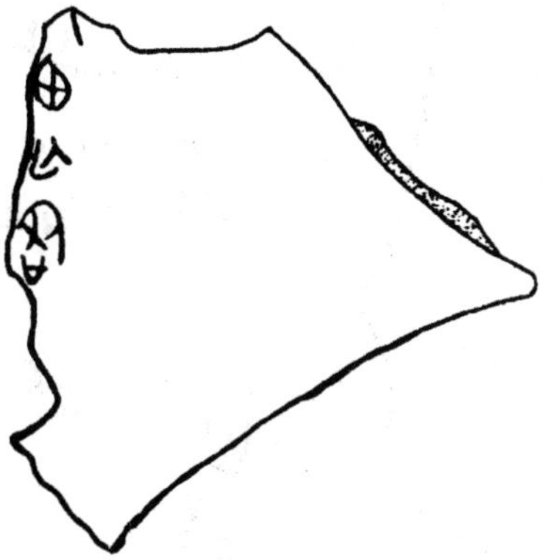

(H11:77) 9:1

109(五七)

(H11:54) 4:1

110(九六)

(H11:56) 18:1

111(一二〇)

(H11:259) 9:1

112(一九五)

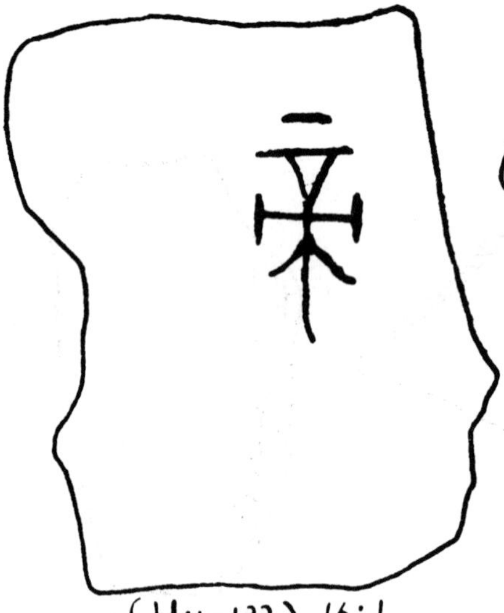

(H11:122) 16:1

113(五四)

(H11:87) 9:1

114(一三一)

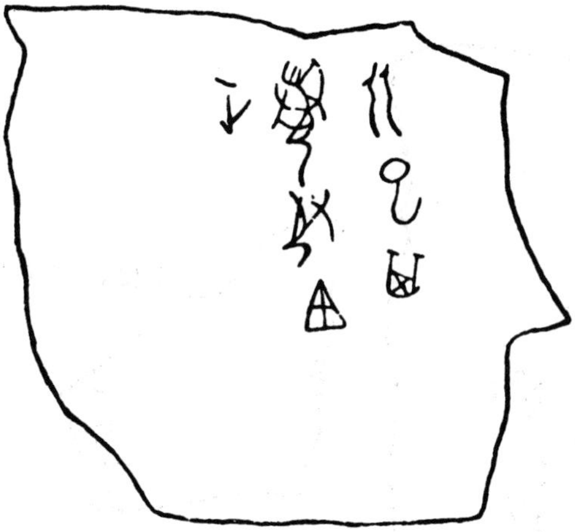

(H11:114) 16:1

115(四一)

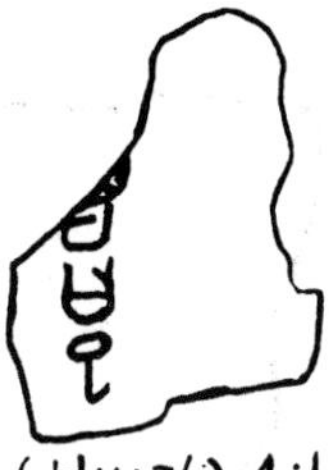

(H11:76) 4:1

117(五一)

(H11:262) 1:1

118(六四)

○

(H11:130) 16:1

116(四三)

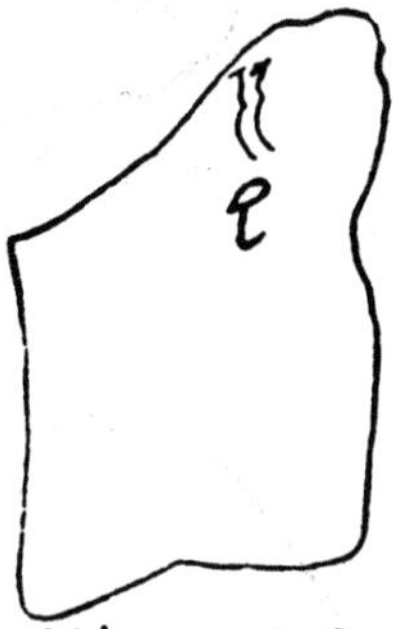

(H11:141) 9:1

119(五五)

(H11:185) 36:1

120(一○一)

○

(H11:200) 1:1

121(五八)

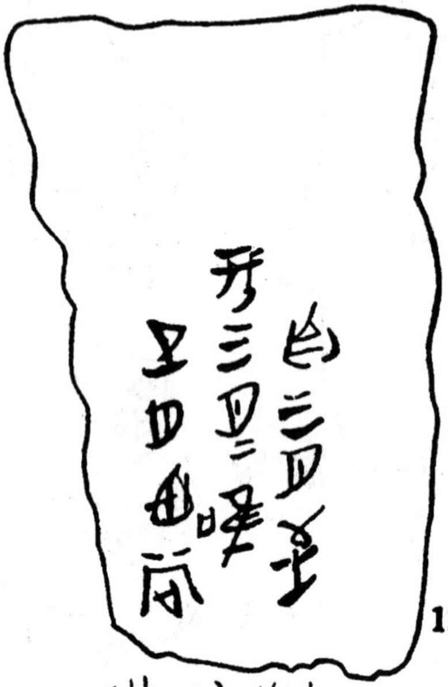

(H11:2) 16:1

122（二一）

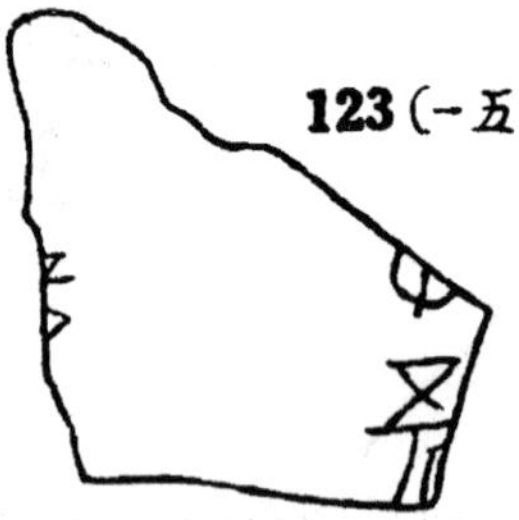

123（一五七）

(H11.161) 4:1

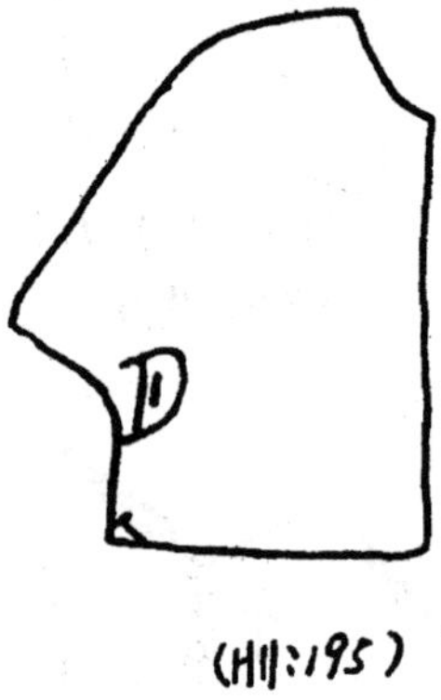

(H11:195) 9:1

124（一七二）

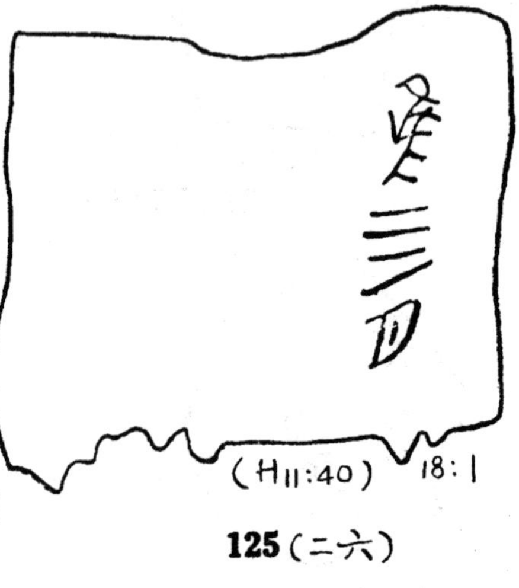

(H11:40) 18:1

125（二六）

126（一〇二）

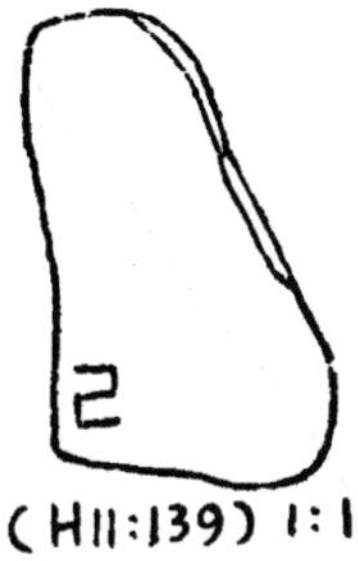

127（一四五）

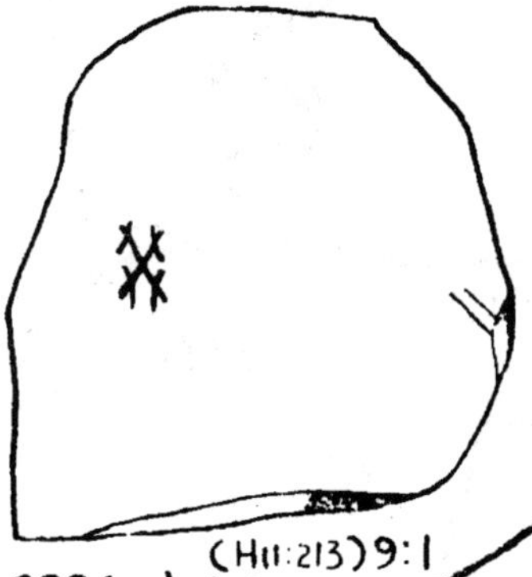

128（一七八）

129（一六六）

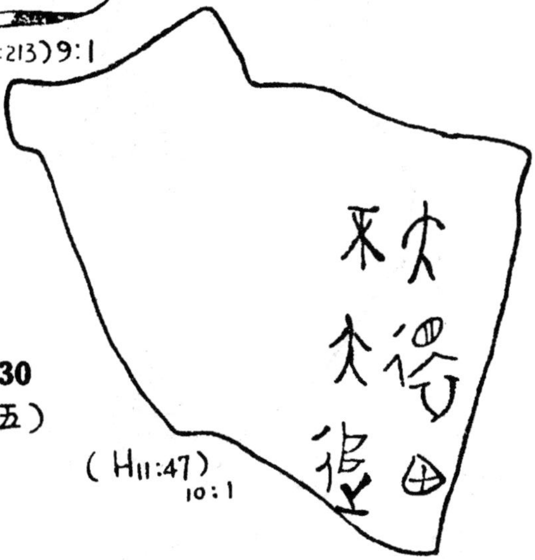

130
（二五）

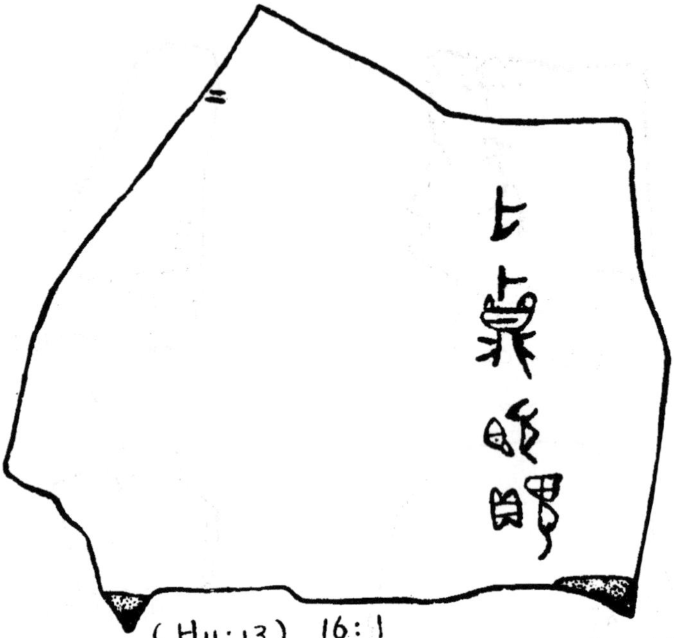

(H11:13) 16:1

131(二二)

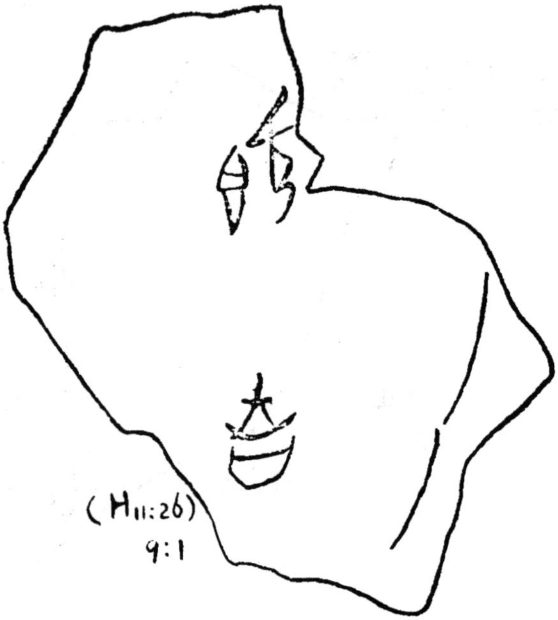

(H11:26) 9:1

132 (二三)

(H11:55) 4:1

133(二四)

(H11:222)4.5:1

134(一五六)

(H11:82) 16:1

135(八八)

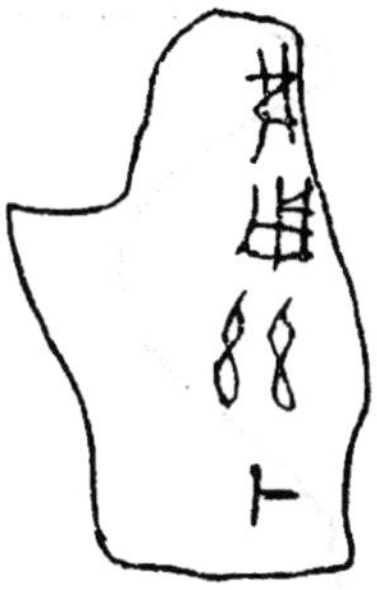

(H11:65) 4:1

136(一〇三)

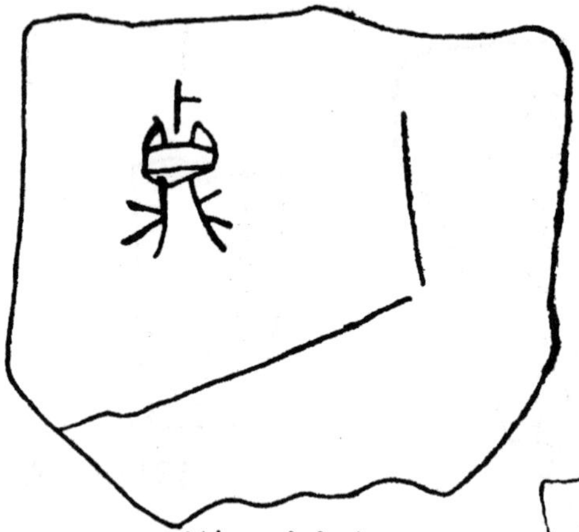

(H11:10) 20:1

137（一〇八）

138（十四）

(H11:6+32) 2:1

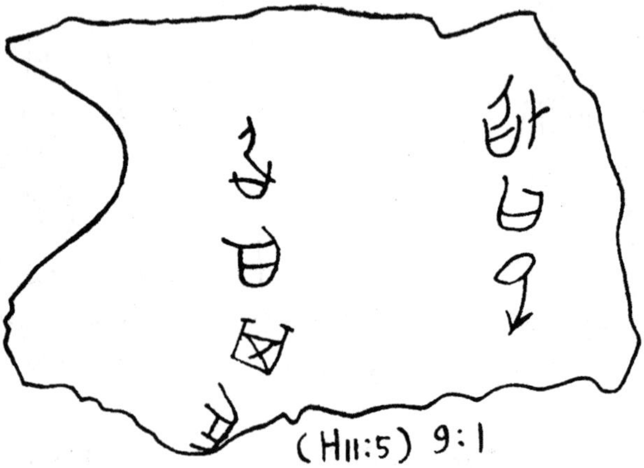

(H11:5) 9:1

139（六三）

(H11:43) 4:1

140（一一五）

(H11:127) 1:1

141（九八）

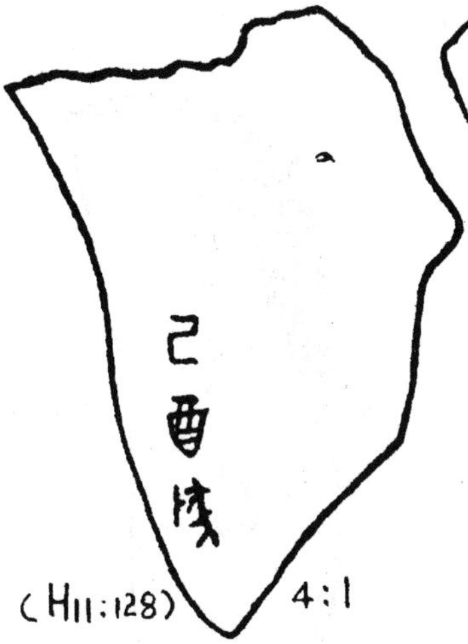

(H11:128) 4:1

142（九九）

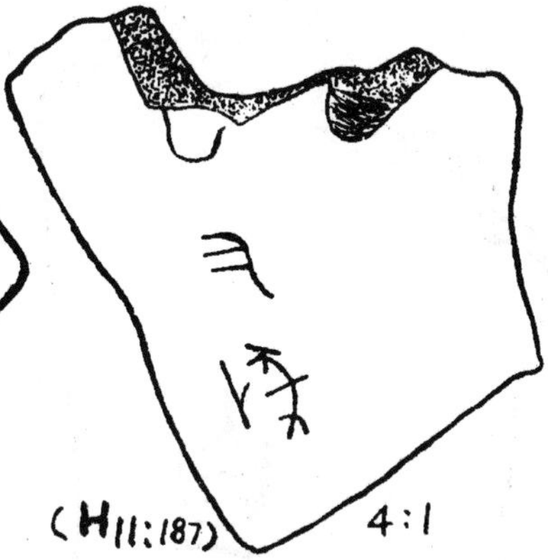

(H11:187) 4:1

143（一〇〇）

(H11:73) 4:1

144（五十）

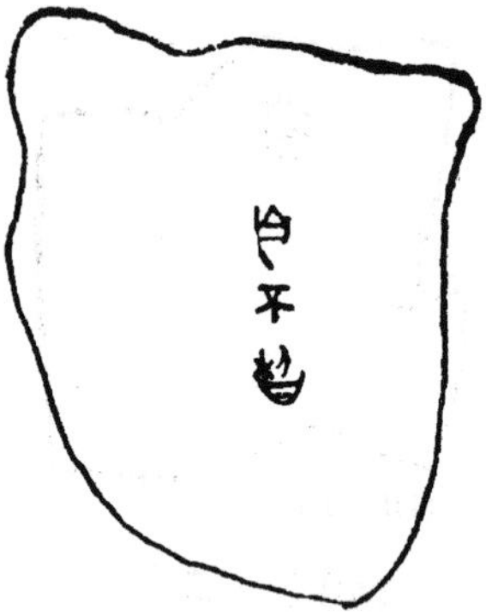

(H11:188) 4:1

145（一七〇）

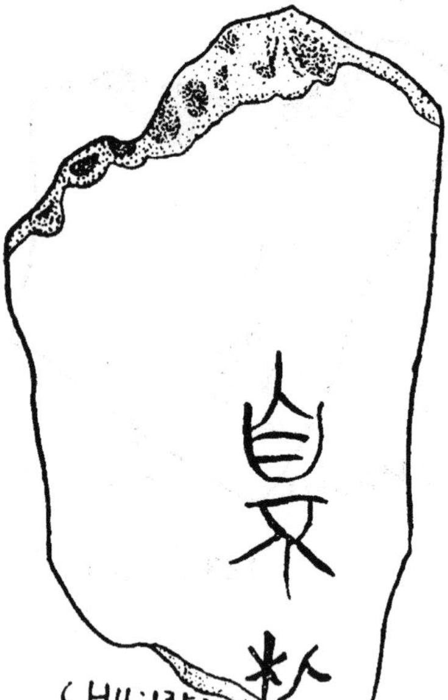

(H11:135) 16:1

146（一四四）

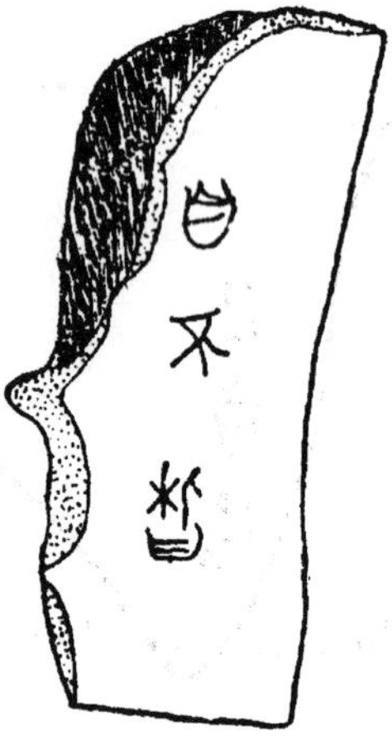

(H11:131) 4:1

147（一四三）

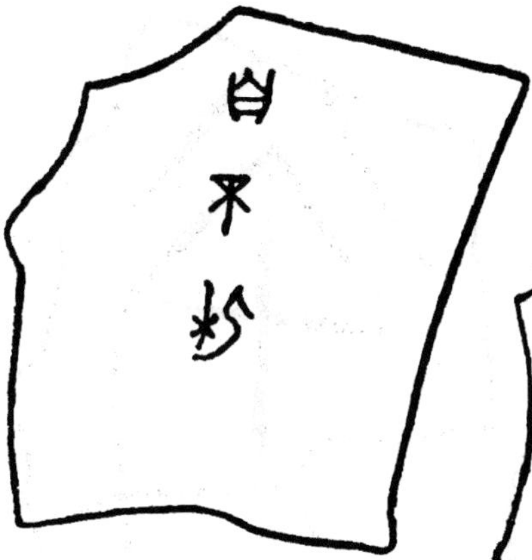

(H11:108) 9:1

148（一三九）

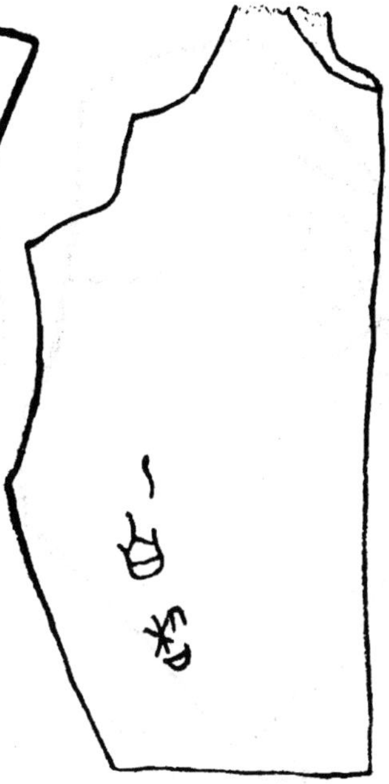

(H11:172) 9:1

149（一六三）

(H11:245)

1:1

150（一八九）

(H11:244) 1:1

151（一八八）

(H11:159) 4:1

152（一五五）

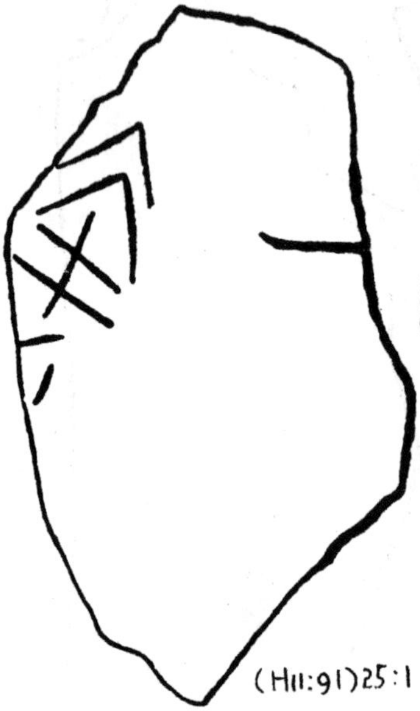

(H11:91)25:1

153(二〇四)

(H11:90) 50:1

154(二〇三)

(H11:177) 9:1

155(三八)

(H11:81) 9:1

156(三一)

(H11:85) 9:1

157(三七)

158
(三十)

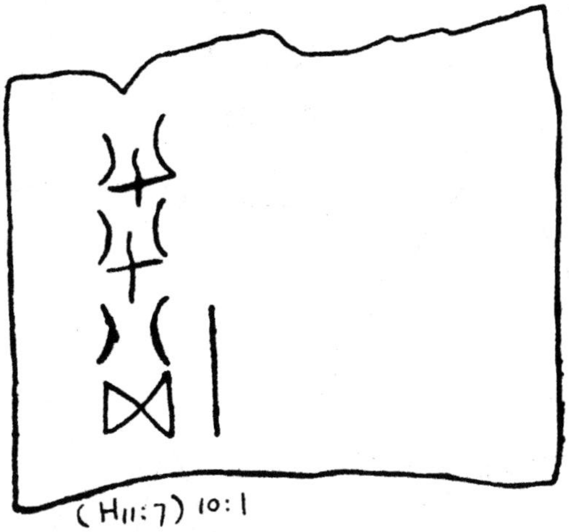

(H11:7) 10:1

(H11:263)

1:1

159(二〇五)
○

160(二〇六)
○

(H11:235) 1:1

(H11:272) 1:1

161（一九八）

(H11:248) 1:1

162（一九一）

(H11:247) 1:1

163（一九〇）

164（一八一）

(H11:223) 1:1

(H11:242)

1:1

165（一八七）

(H11:209) 25:1

166（一七六）

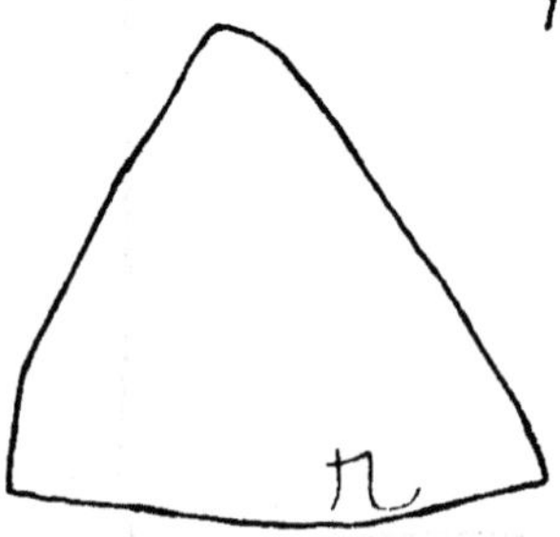

167（一八〇）

(H11:207) 25:1

(H11:276)

168

（二〇〇）

169（一七四）

(H11:199)

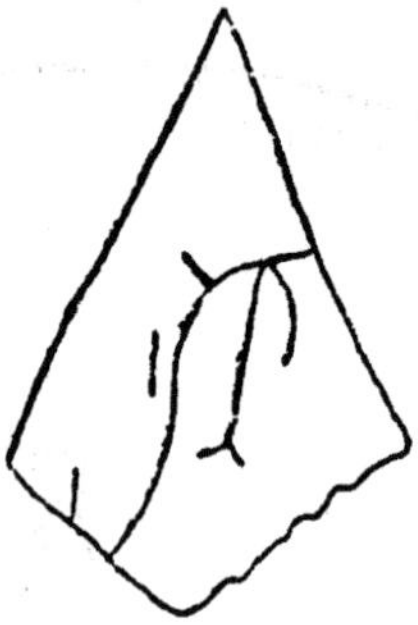

170（一六八）

(H11:182) 16:1

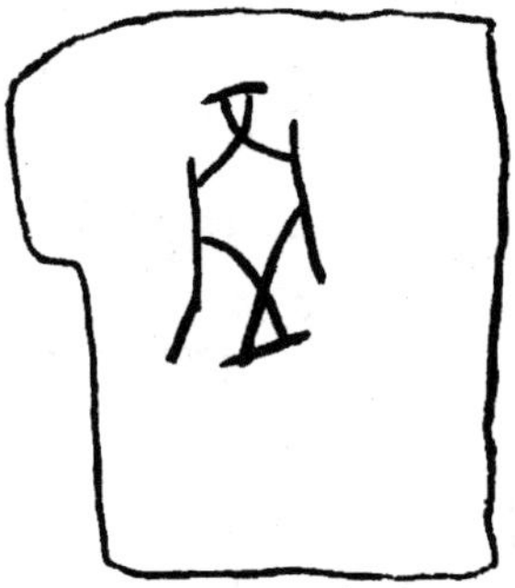

(H11:81) 16:1

171（一六七）

(H11:17) 16:1

172（七六）

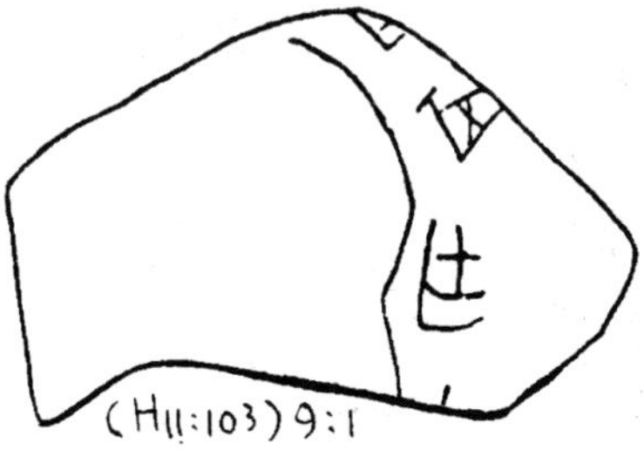

(H11:103) 9:1

173（一三五）

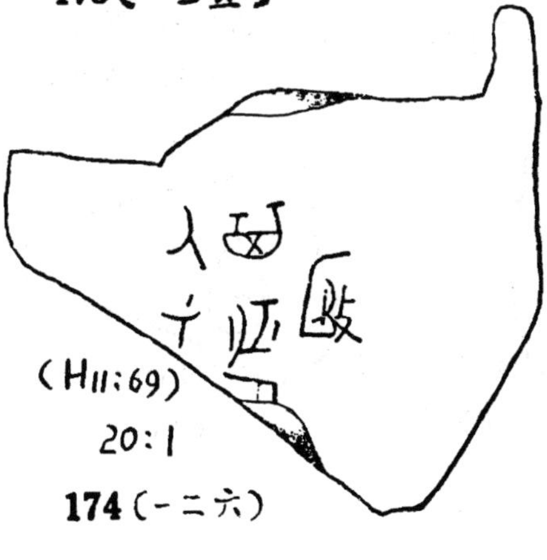

(H11:69)

20:1

174（一二六）

H11:107

9:1

175（一三八）

(H11:129) 16:1 **176**(一四二)

(H11:60)4:1 **177**(二〇七)

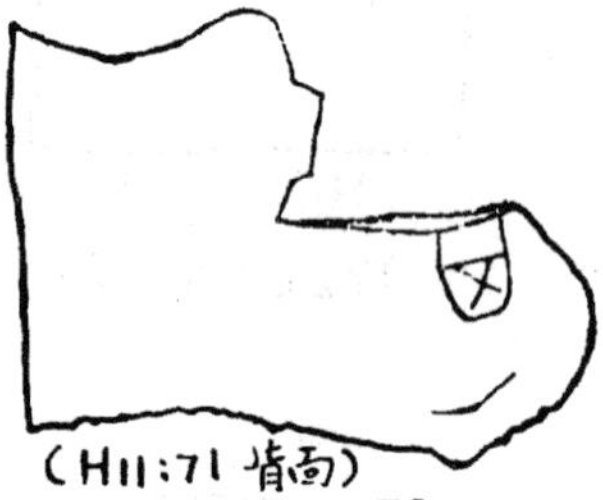

(H11:71 背面) 4:1 **179**(一二七)

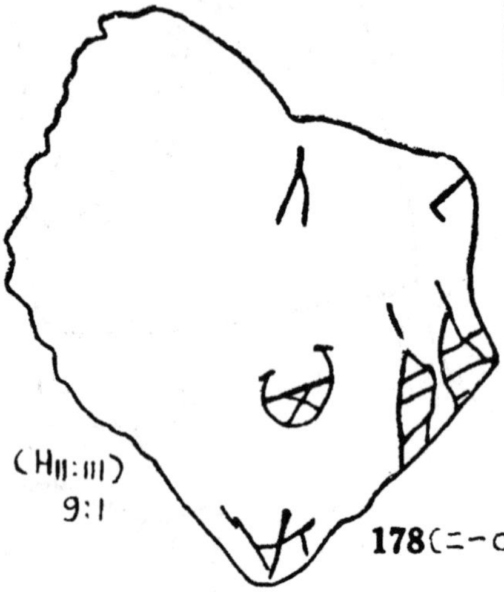

(H11:111) 9:1 **178**(二一〇)

(H11:239)背面 1:1 **180**(一八五)

(H11:260) 1:1 **181**(一八六) ○

182(一五三) ○ (H11:156) 4:1

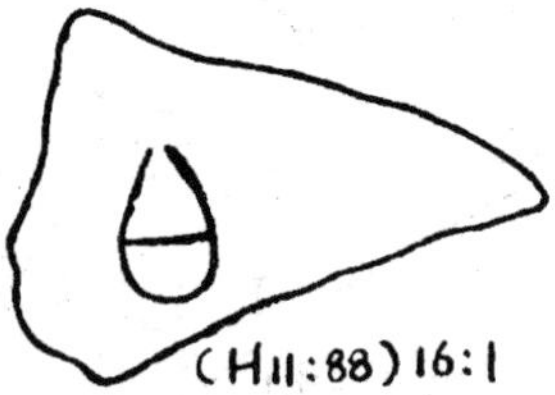

(H11:88)16:1 **183**(一三二)

(H11:277)

184(二〇一)

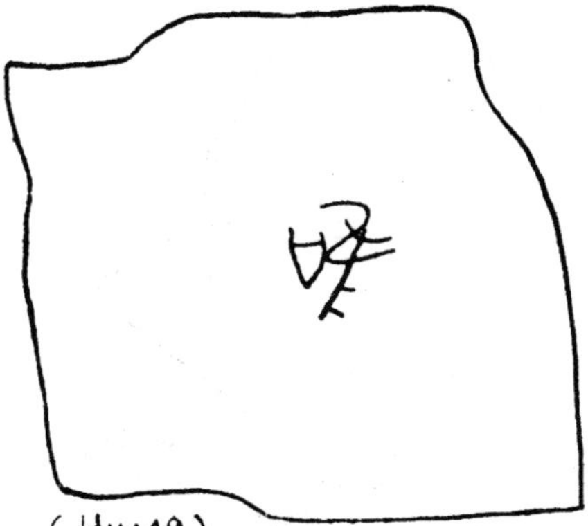

(H11:49) 24:1

185(一一八)

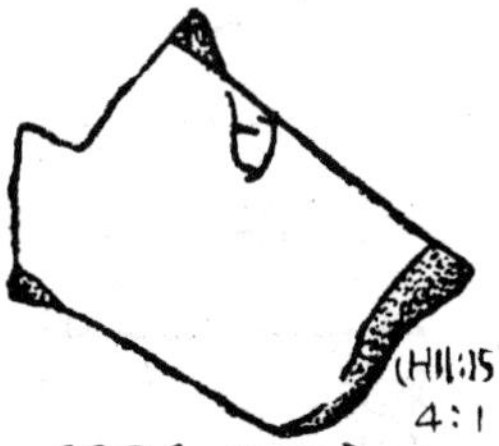

(H11:157) 4:1

186(一五四)

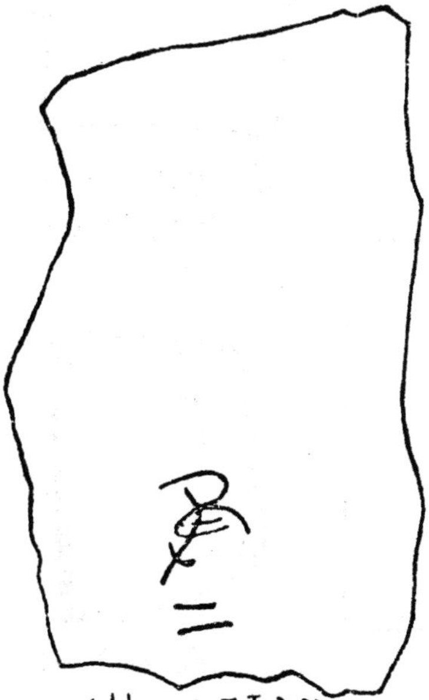

(H11:39 正面) 25:1

187(九七)

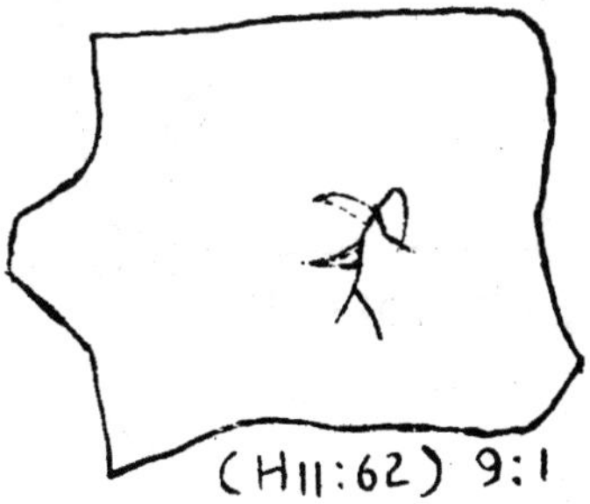

(H11:62) 9:1

188(一二三)

○

(H11:183) 16:1

189(一六九)

（H11:44正面）
9:1
190（一一六）

（H11:198） 4:1
191（一七三）

（H11:201） 9:1
192（六十）
○

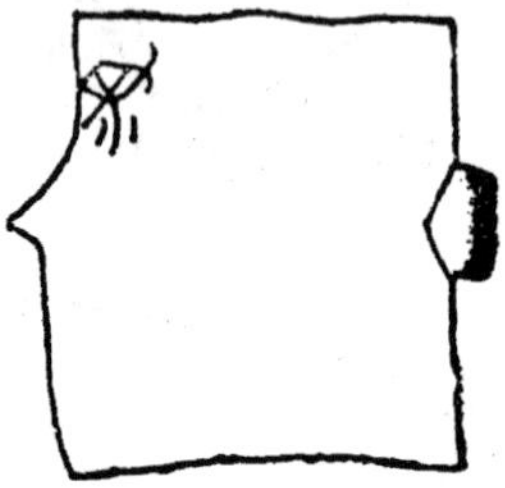

（H11:150） 9:1
193（一四八）
○

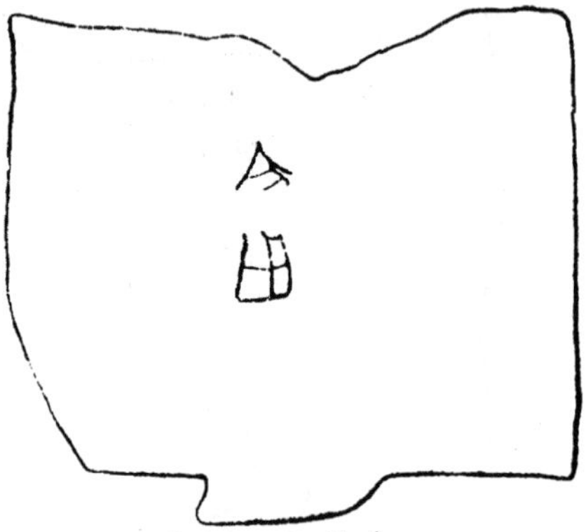

（H11:16） 16:1
194（一〇九）

（H11:152） 9:1
195（一五〇）

(H11:178) 9:1

196（一六五）

(H11:109) 9:1

197（一四〇）

(H11:95) 28:1　198（一三四）

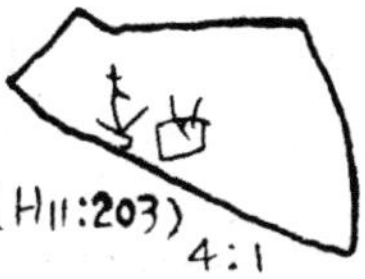

(H11:203) 4:1

199○

（一七五）

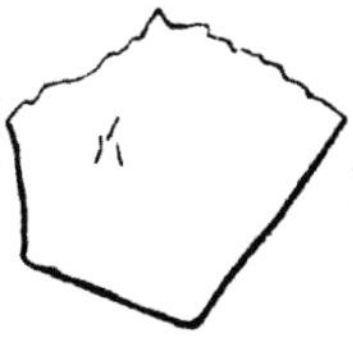

(H11:221) 1:1

200○（一七九）

201（一一一）

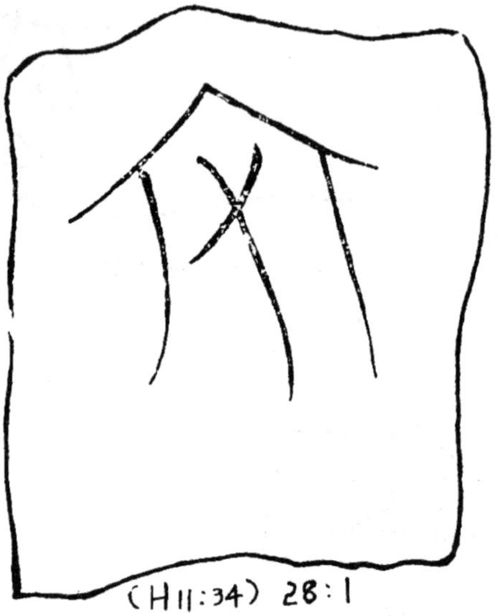

202（一一二）

(H11：66) 4：1

203（一二五）

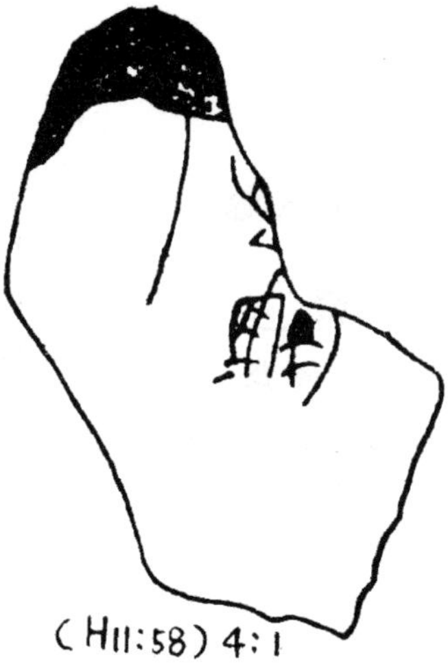

（H11：58）4：1

204（九四）

（H11：202）　25：1

205（五九）

(H11:194)1:1

206（八二）
○

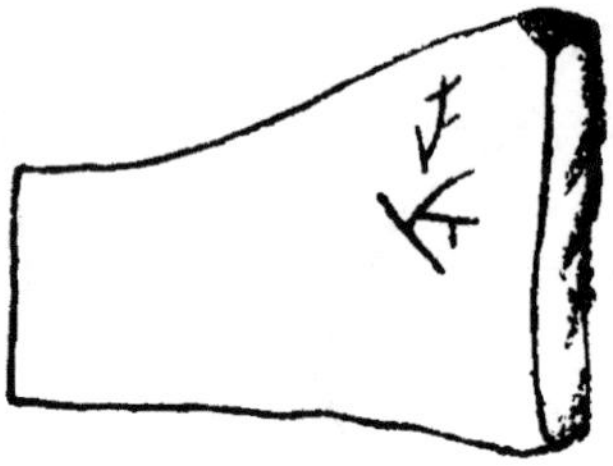

(H11:151) 9:1

207（一四九）

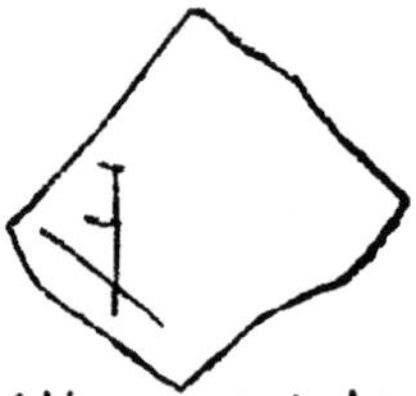

(H11:149) 4:1

208（一四七）
○

(H11:250)

背面

209（一九二）
○

(H11:255) 1:1

210（一九四）

(H11:225)1:1

211（七一）
○

(H11 229) 1:1

212（一八二）

(H11:165)1:1

213（一五九）
○

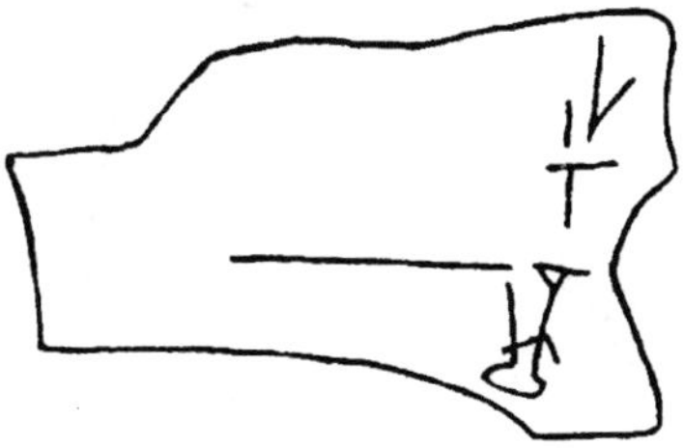

(H11:106)　4:1

214（一三七）

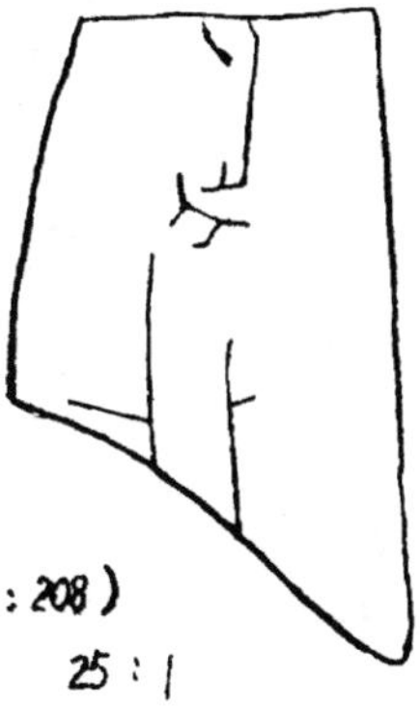

(H11:208)

25:1

215（一〇四）
○

(H11:238)　1:1

216（一八四）
○

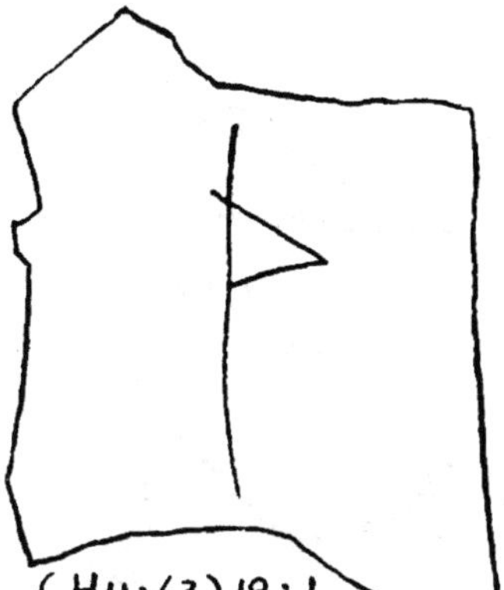

(H11:63) 18:1

217（一二四）

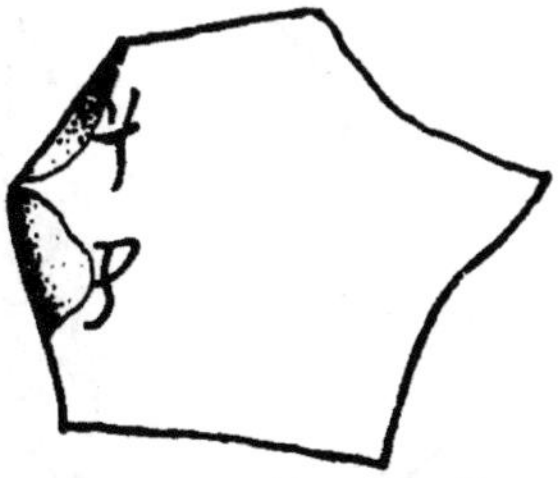

(H11:154)　9:1

218（一五二）

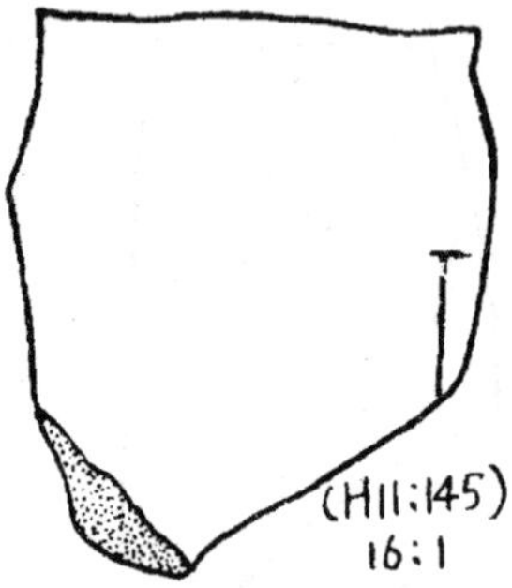

(H11:145)
16:1

219

(H11:147)
16:1

220

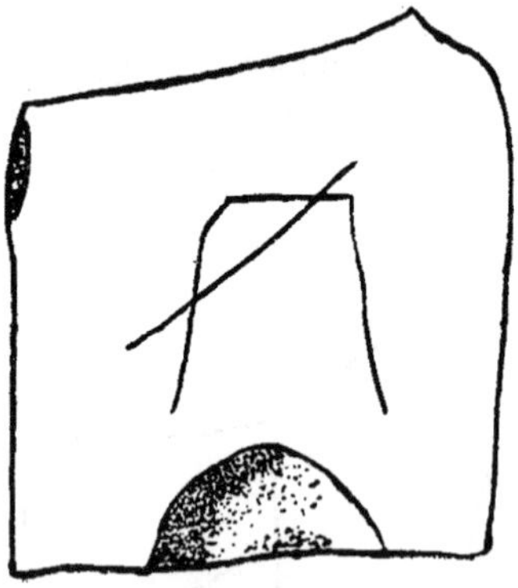

(H11:173) 9:1

221
○

(H11:79) 9:1

222
○

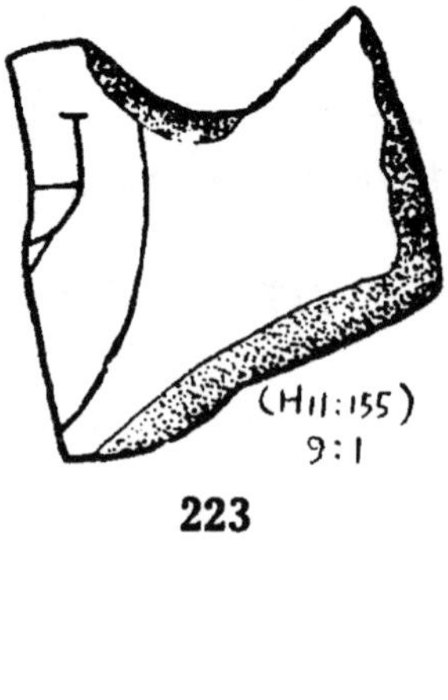

(H11:155)
9:1

223

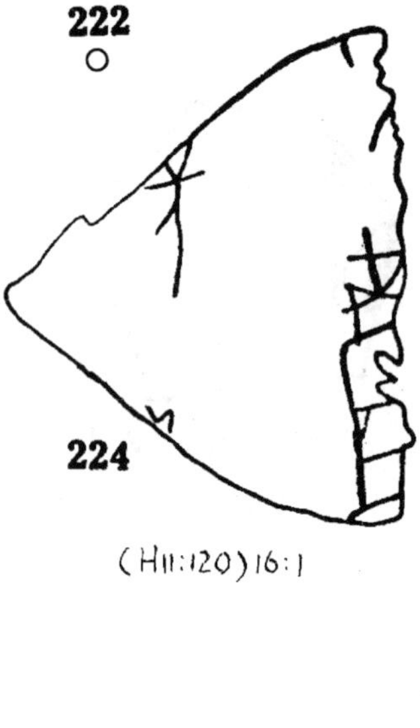

224

(H11:120) 16:1

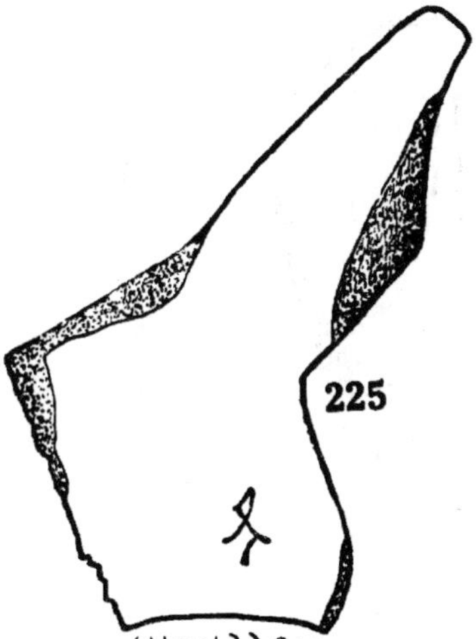

225

(H11:162) 9:1

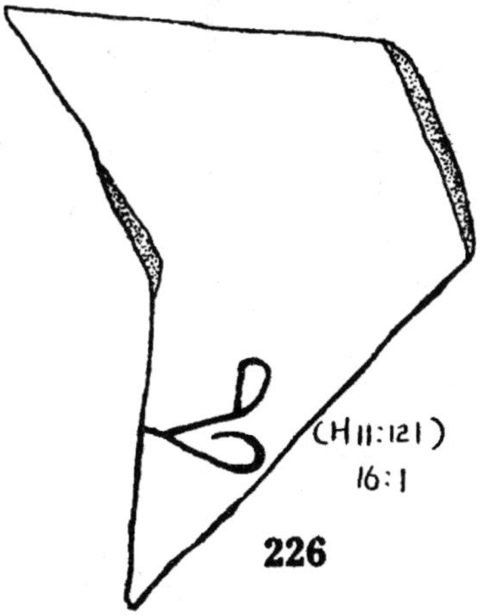

(H11:121) 16:1

226

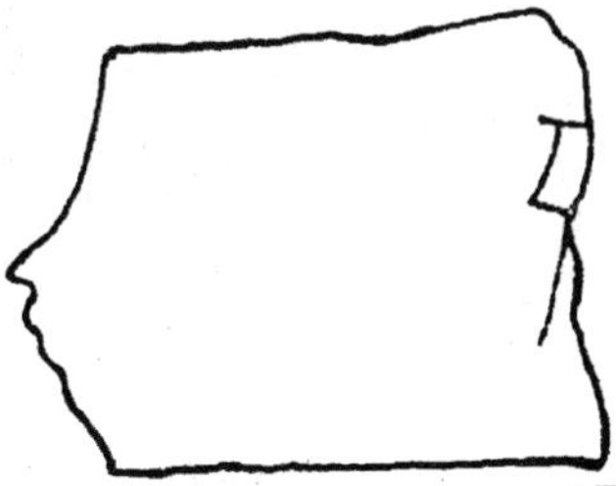

227

(H11:142) 9:1

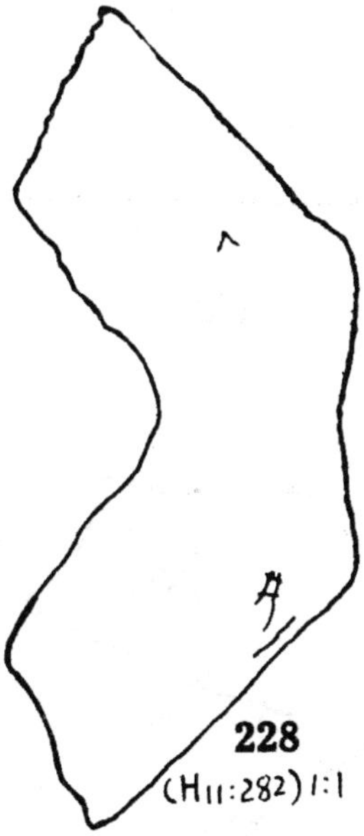

228

(H11:282) 1:1

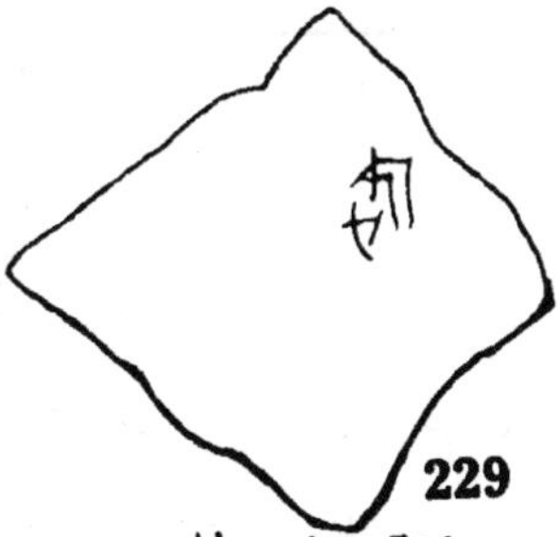

229

(H11:265) 9:1

(H11：252) 1：1

230

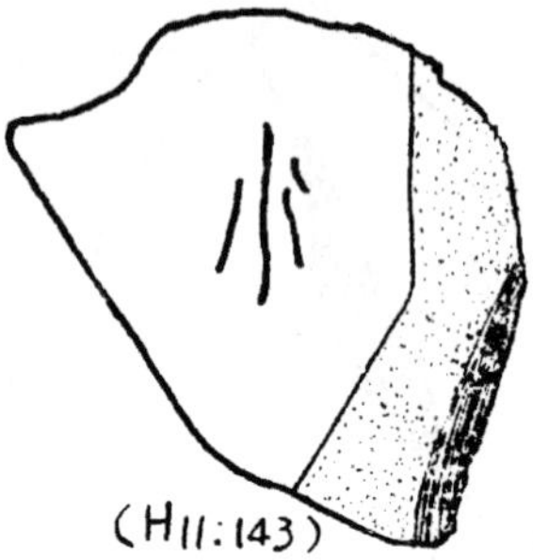

(H11：143)

16：1

231

○

(H11：241) 1：1

232

(H11：146) 16：1

233

○

(H11：71) 4：1

234

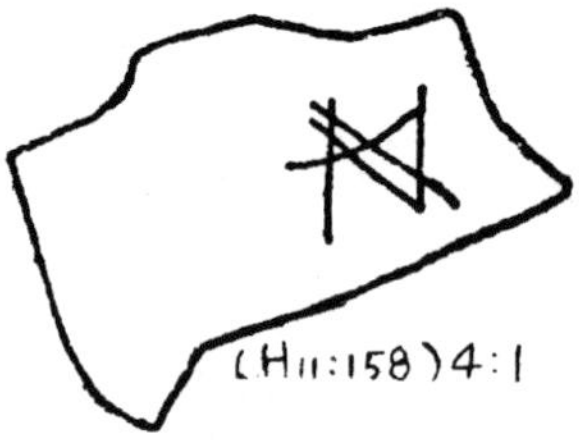

(H11：158) 4：1

235

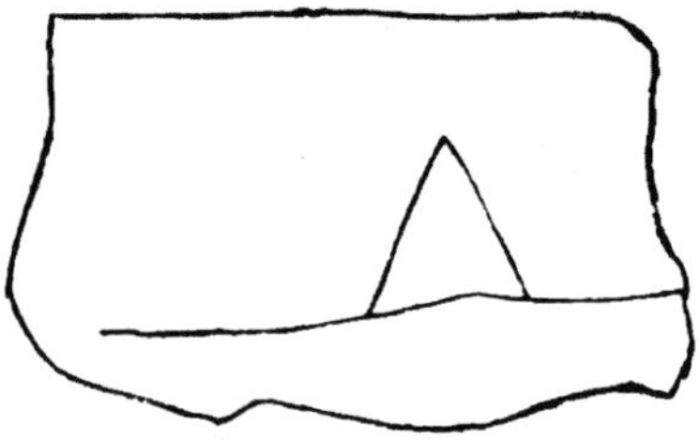

(H11：281) 18：1

236

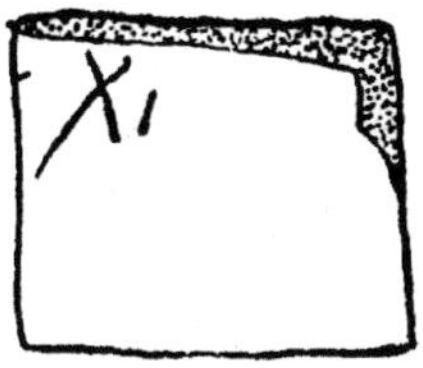
(H11:180) 9:1

237

○

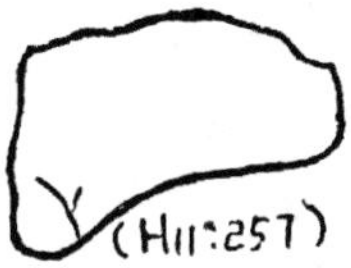
(H11:257)

238

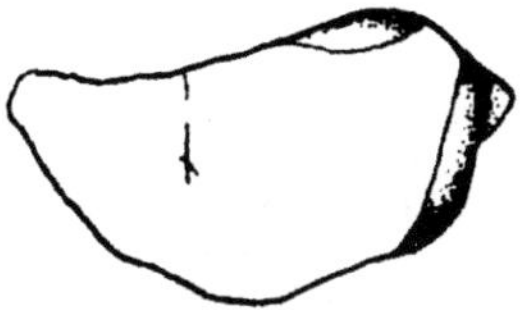
(H11:254) 1:1

239

○

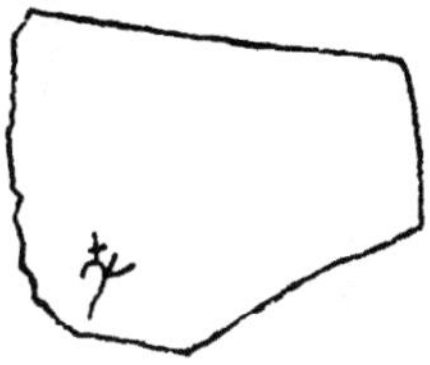
(H11:218) 1:1

240

○

(H11:266) 1:1

241

○

(H11:227) 1:1

242

○

(H11:274) 1:1

243

○

(H11:216) 1:1

244

○

(H11:215) 1:1

245

○

(H11:283) 1:1

246

○

(H11:279) 1:1

247

(H11:226) 1:1

248

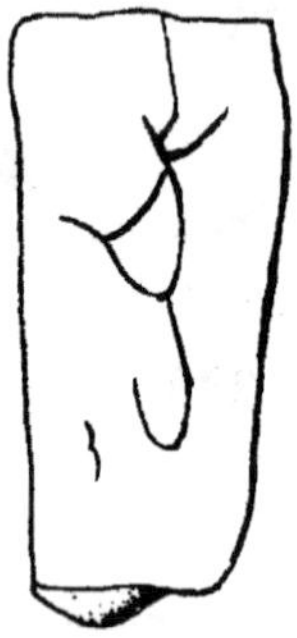

(H11:211) 36:1

249

○

(H11:196) 1:1

250

(H11:217) 1:1

251

○

(H11:197) 1:1

252

○

(H11:33) 1:1

253

(H11:275) 1:1

254

○

(H11:219) 1:1

255

○

(H11:271) 1:1

256

○

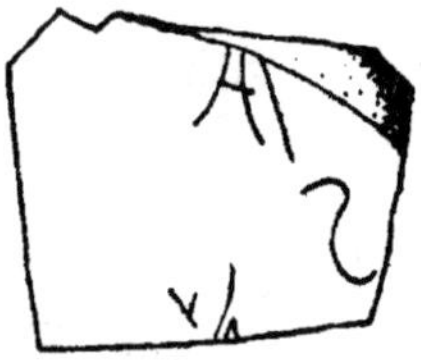

(H11:206) 25:1

257

○

(H11:192) 1:1

258

○

(H11:212) 9:1

259

○

(H11:204) 9:1

260

○

(H11:214) 1:1

261

○

(H11:224) 1:1

262

○

(H11:169) 4:1

263

(H11:140) 16:1

264

○

(H11:137) 1:1

265

(H11:220) 1:1

266

○

(H11:190) 1:1

267

(H11:239) 1:1

268

○

(H11:280) 1:1

269

(H11:205) 9:1

270

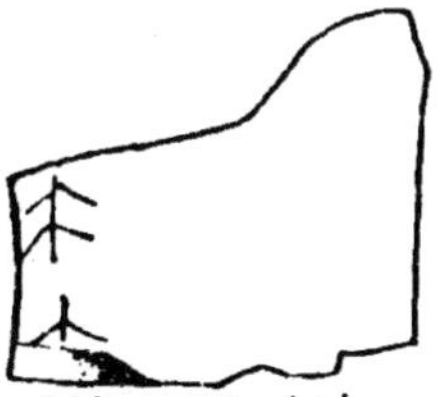
(H11:67) 4:1

271

(H11:194) 1:1

272

○

(H11:267) 1:1

273

○

(H11 : 230) 1:1
274

(H11 : 228) 1:1
275

(H11 : 253) 1:1
276
○

(H11 : 255) 1:1
277
○

(H11 : 270) 1:1
278

(H:249) 1:1
279
○

(H11 : 251) 1:1
280
○

(H11 : 209) 1:1
281

(H11:236) 1:1
282
○

(H11 : 243) 1:1
283

(H11 : 231) 1:1
284
○

(H11:234) 1:1
285
○

(H11 : 260) 1:1
286
○

(H11:258) 1:1
287
○

288（一）

（H31:2）9:1

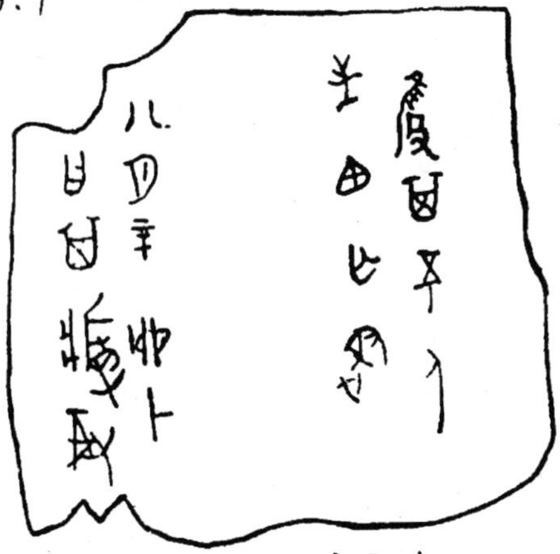

289（三）

（H31:3）9:1

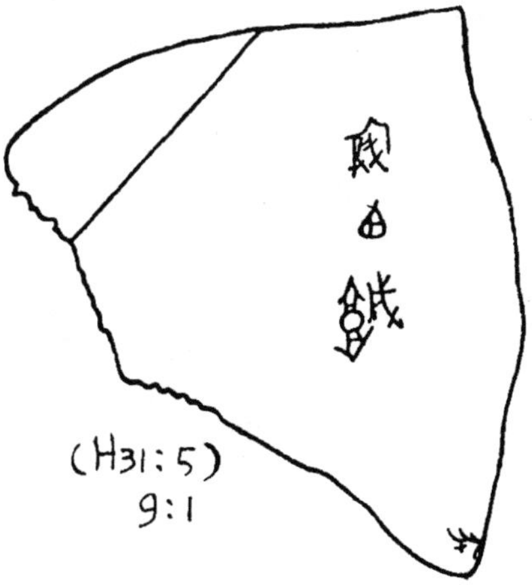

（H31:5）9:1

290（五）

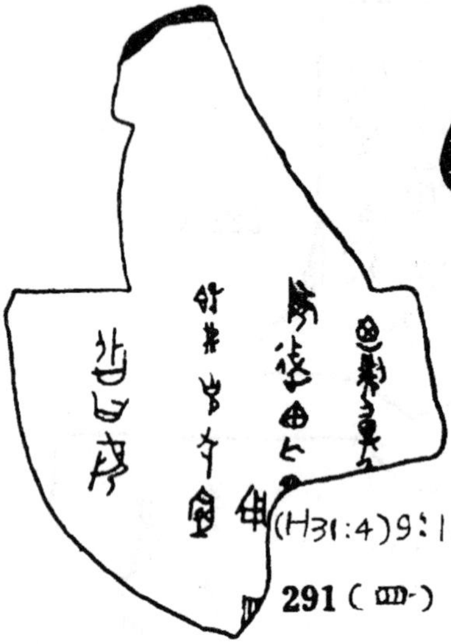

(H31:4)9:1

291（四）

(H31:1)9:1

292（二）

(H31:7)1:1

293（七）

○

(H31:9)1:1

294（九）

○

(H31:8) 1:1

295（八）

○

(H31:6)9:1

296（六）

(H31:10背面)1:1

297（十）

○

(五) 扶风齐家

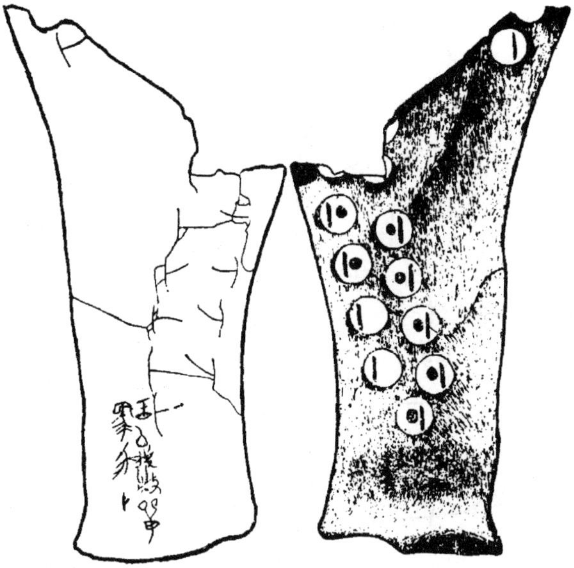

(NH1〔3〕:1)(1/3) 左:正面 右:背面

298（二）

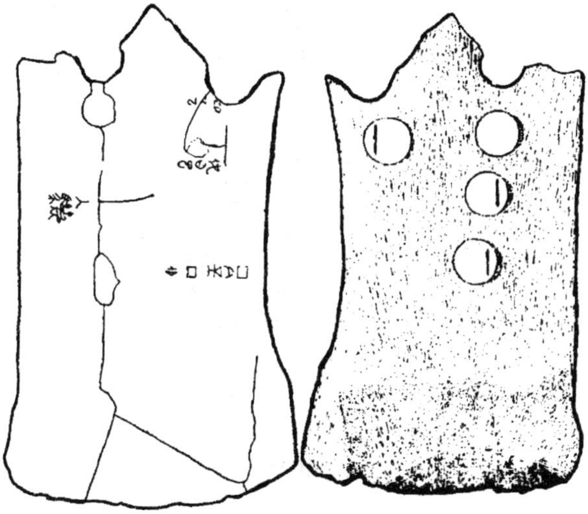

卜骨(采集:94)(1/2) 左:正面 右:背面

299（五）

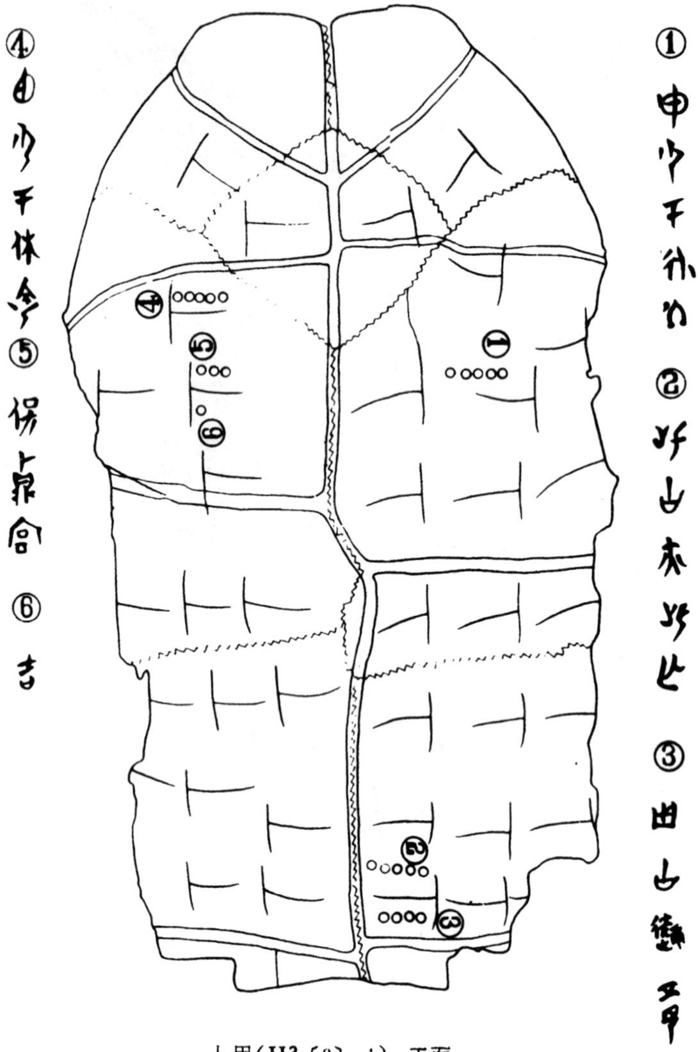

卜甲(H3〔2〕:1) 正面

300（一）

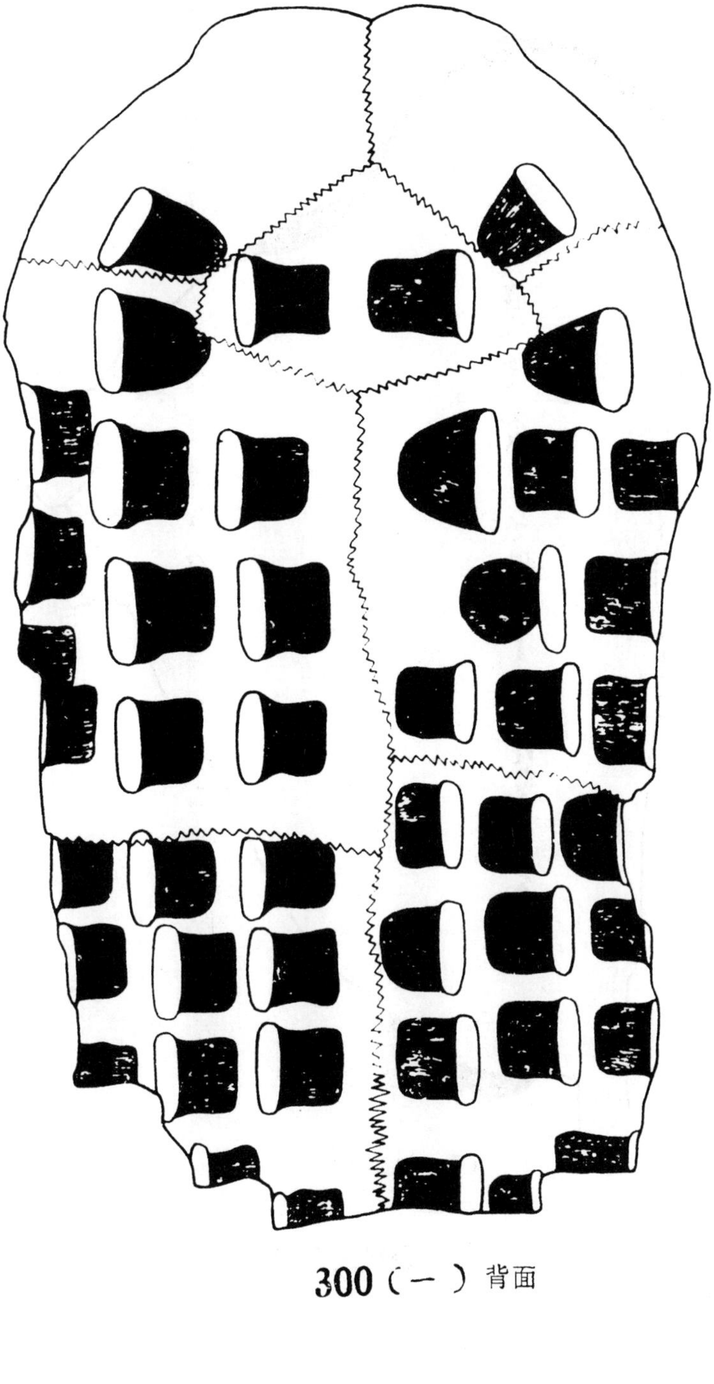

300（一）背面

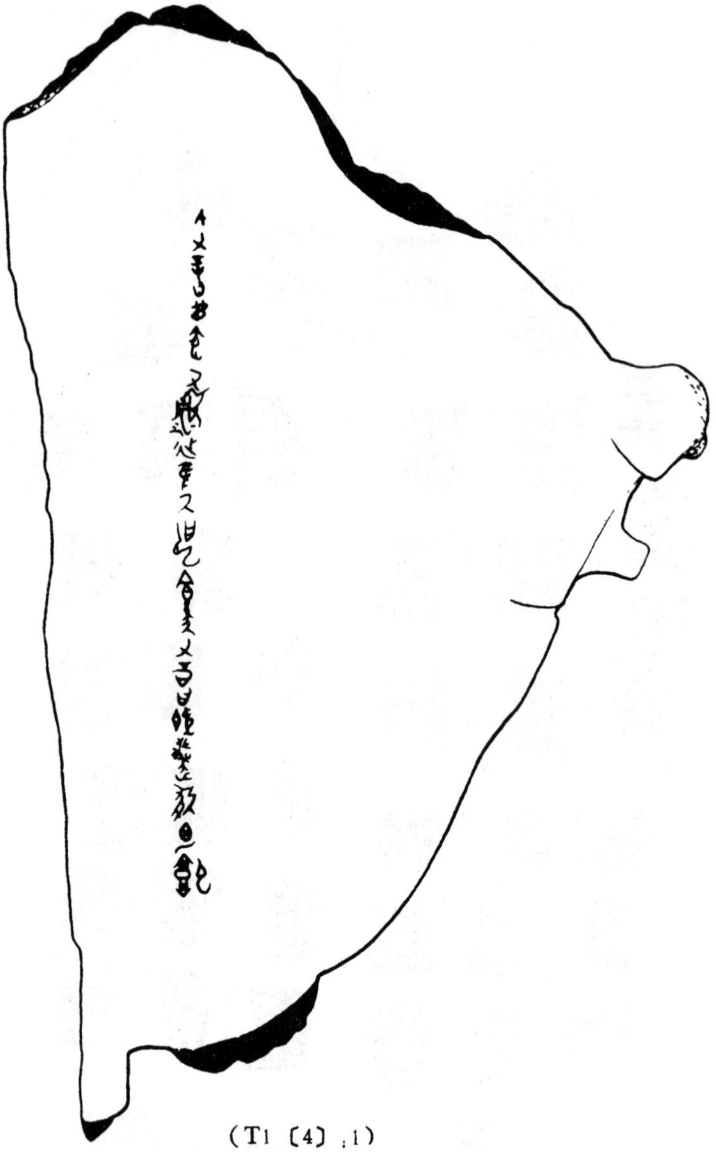

（T1〔4〕:1）

301（三）

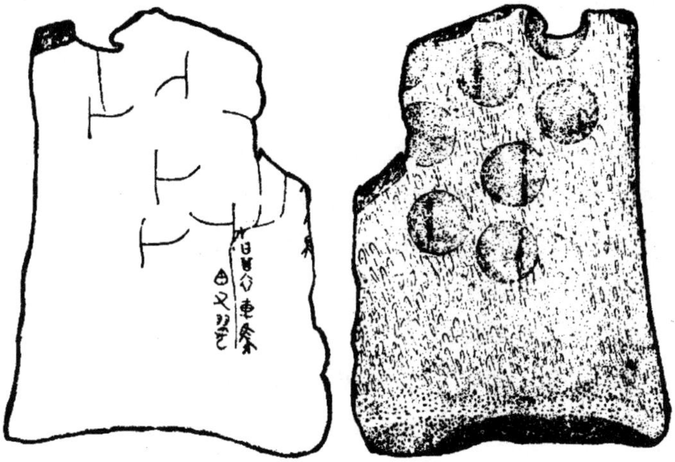

(80FQN采集：112)(1/2)　左：正面　右：背面

302（六）

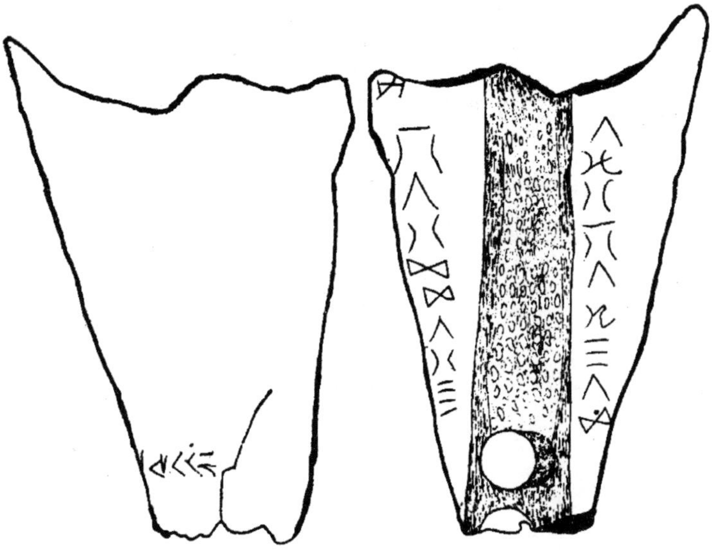

卜骨(采集：108)(1/2)　左：正面　右：背面

303（四）

附：周原凤雏 H11、H31 出土“非刻划”“非字”甲片摹本号

西周甲骨文权威标准本《周原甲骨文》（世界图书出版公司 2002 年版）的整理者，用 20 倍显微镜观察每片甲骨上的每一字，并辨别字的笔画与笔锋；根据有无刻锋和笔画形状的差别，来判断是否为字，并区分字和刻画符号的不同。凡任何工具皆刻不出其形状，非人工行为所致痕迹，称之为非刻划甲骨。笔锋明显但不为字者，称之为非字甲骨。凤雏 H11、H31 原摹本中，有：

（1）非刻划甲骨（共 57 片）

H11：62、79、140、143、146、148、150、156、165、180、182、184、185、191、192、201、203、204、206、207、208、211、212、215、218、219、220、221、223、224、225、227、228、231、233、234、235、238、239、240、250、253、254、255、258、260、262、263、265、266、267、271、272、274、283

H31：7、10

（2）非字甲骨（共 16 片）

H11：149、166、173、190、194、197、199、214、216、217、236、249、251、275

H31：8、9

（3）其余为有字甲骨

注：以上（1）、（2）项已在《摹聚》号下用“○”标出，供研究参考。

（采自曹玮《周原甲骨文》前言第 10 页）

下　编

编前的话

我们曾经指出，“西周甲骨的不断出土，特别是周原遗址成批甲骨的出土，对西周早期的政治、经济、文化的研究以及商周关系和周与一些少数民族关系的研究提供了珍贵的史料。因此，自他一发现起，就愈来愈引起学术界注意”①。由于海内外学者空前的重视和追求、探索，我国的西周甲骨新学科的研究取得了较快的进展和阶段性的成就。即“1956年11月以李学勤先生提出坊堆甲骨为‘周初’说以前为第一阶段的话，那么自1956年12月到1982年5月以前为第二阶级。前一阶段主要是完成了对西周甲骨文从不认识到认识的飞跃，形成了甲骨学研究领域的这一新分支；而第二阶段，就是以西周甲骨材料不断积累和公布为特征，使我们对西周甲骨的认识不断深化。这一阶段的完成，是以1982年5月出版的《古文字研究论文集》全部公布周原凤雏所出289片甲骨为标志的。如果这第二阶段再细分的话，还可以分为前、后两个小段。前段即从1956年到1981年9月底，共公布有字甲骨52片，总字数近376个。②后段即从1981年10月初至1982年5月，又分几批，直到《陕西凤雏村西周甲骨文概论》将H11、H31所出有字甲骨全部发表”③。

在已经开始的第三阶段，学者们依据全部凤雏甲骨文资料，提出并逐渐解决新问题，还要对以前所受材料的局限而得出的看法进行补充、修正和再认识，从而在综合深入研究的基础上，使认识更加全面且深化。拙著《西周甲骨探论》（1984年）一书，回顾了自1956年西周甲骨被认识起，至1982年5月西周甲骨全部公布以后，近三十年来西周甲骨文发

① 拙著:《西周甲骨探论》，中国社会科学出版社1984年版，第20—21页。

② 拙著:《西周甲骨探论》，中国社会科学出版社1984年版，第19页。

③ 拙著:《西周甲骨探论》，中国社会科学出版社1984年版，第29页。

现和研究取得的很大进展和前进。“作为学术界第一部关于西周甲骨的这本著作”，“既是迄今为止一个阶段的总结，又为今后的深入研究提供基础”。①

《探论》这部权当为西周甲骨学史做初步总结的著作，我在简要回顾了“这三十多来（按指1956年12月至1985年5月）西周甲骨研究所经历的两个阶段”的同时，“并把主要成果介绍给关心这一课题的读者，以期引起更多的人参加讨论”② 中来，这就是我写本书的初衷。学者们从西周甲骨研究的第一阶段起，直到周原成批西周甲骨的陆续公布，其主要精力都放在了甲骨材料的整理、文字的考释和篇章的通读上。与此同时，对西周甲骨的特征、性质和用途、分期断代和族属等问题，也在字里行间透露了一些看法（虽然尚无系统论述）。但在西周甲骨研究第二阶段的后期（即从1981年10月至1982年5月以前），学者们开始了对上述问题进行了较为深入的探讨。而《西周甲骨探论》就是1982年5月周原甲骨文材料（主要以凤雏H11、H31出土）全部公布以后，开始的西周甲骨学研究深入发展时期推出的抛砖引玉之作。本书对学术界关心的一些问题，结合前人研究成果和自己的思考，都谈了一些初步的、不成熟的意见，以求教于方家和朋友们指正。

拙著《西周骨骨探论》一些不成熟的看法，随着时间推移和本人对全部公布的凤雏周原甲骨材料认识和理解的进一步深入，也随着学者们在西周甲骨的探索和争论中，不断受到他们高见的多角度深层次启示，使我眼界大开。而全国各地不断发现的新材料（尽管零星而不如凤雏批量大），也给我的研究注入了新活力和前进的动力，举一反三，使我得到了新启示。如此等等，在对西周甲骨文材料（主要是凤雏H11、H31）的再学习、再理解和再认识的过程中，我又陆续写成《试论周原出土的商人庙祭甲骨》等几篇小文，现作为本书的下编，收于书后，以使朋友们较为全面了解我对西周甲骨文学习和研究的一些粗浅看法，不妥之处，切望指正。

2021年5月31日

① 李学勤：《西周甲骨探论·序》，中国社会科学出版社1984年版。

② 拙著：《西周甲骨探论》，中国社会科学出版社1984年版，第32页。

第七篇

试论周原出土的商人庙祭甲骨

西周有字甲骨的发现和研究，是我国近年文物考古工作的重大收获之一。[①] 特别是陕西周原凤雏 H11、H31 有字甲骨的大量出土，引起了国内外学术界的极大兴趣。不少学者根据自己当时所能见到的材料，对这批甲骨的族属问题展开了热烈的争论。主要意见有：（1）多为商族所有说[②]；（2）为周族所有说[③]；（3）多为周人遗物，但也有商人甲骨[④]；（4）为周人所有，但“绝大部分都是文王时代遗物”[⑤]。如此等等。学者们关于周原甲骨的族属问题的认识存有很大分歧。我们认为，这一问题的解决，关键是如何认识凤雏 H11：1、H11：84、H11：112、H11：82 等有关庙祭甲骨上出现的商王宗庙名、受祭商先王名和周方伯名等，也就是周人能否在岐邑为商王立庙以及祭祀商人祖先的问题。关于上述庙祭甲骨的族属及其时代，我们在本书第三篇和第四篇的有关部分做过论述。现在，我们拟从古代礼制、甲骨刻辞本身所反映的史实等方面做进一步的探讨。不妥之处，切望指正。

---

① 参见拙著《西周甲骨探论》，中国社会科学出版社 1984 年版。

② 王玉哲：《陕西周原所出的甲骨文来源试探》，《社会科学战线》1982 年第 1 期。

③ 周原考古队：《陕西岐山凤雏村发现周初甲骨文》，《文物》1979 年第 10 期，及徐锡台《周原出土的甲骨文所见人名、官名、国名、地名浅释》，《古文字研究》第 1 辑，1979 年 8 月；《周原卜辞十篇选释及断代》，《古文字研究》第六辑，1981 年 11 月，及陈全方《陕西岐山凤雏村西周甲骨文概论》，《古文字研究论文集》，1982 年 5 月，及高明《略论周原甲骨文的族属》，《考古与文物》1984 年第 5 期。

④ 李学勤：《西周甲骨的几点研究》，《文物》1981 年第 9 期，及李学勤、王宇信：《周原卜辞选释》，《古文字研究》第四辑，1980 年 12 月。

⑤ 徐中舒：《周原甲骨初论》，《古文字研究论文集》，1982 年 5 月。

一　周人不可能在周原为商王立庙祭商人先王

要辨清周原出土庙祭甲骨的族属，首先就要对我国商周奴隶制时代的祭祀制度进行考察。《左传·僖公》十年载，“晋侯改葬共大子，秋，狐突适下国，遇大子。大子使登仆而告之曰：‘夷吾无礼，吾得请于帝矣。将以晋畀秦，秦将祀余。’对曰：‘臣闻之，神不歆非类，民不祀非族……’”《正义》解释说：“皆谓非其子孙，妄祀他人父祖，则鬼神不歆享之。”《左传·僖公》三十一年，卫成公梦见康叔对他说，夏人的祖先相夺了对他的祭祀。因而卫成公要祭祀夏人之祖相。大臣宁武子不同意，说：“鬼神非其族类，不歆其祀。”《国语·周语》记惠王十五年，丹朱之神降于莘，内史过“使太宰以祝史帅狸姓，奉牺牲粢盛玉帛往献焉”。韦昭注：“狸姓，丹朱之后也。神不歆非类，故帅以往也。”以上事实说明，我国古代一族（姓）是不能祭祀外族（异姓）的祖先的。虽然春秋时代宗法制度已遭到严重破坏，但人们仍抱着“古制”不放，可见商周时代宗法祭祀制度要较春秋时期还要严格。《说文》云：“宗，尊祖庙也。”《白虎通·宗庙》说：“宗者，尊也。庙者貌也，象先祖之尊貌也。”宗庙祭祀是宗法制度的重要组成部分。《国语·周语》“商人禘舜而祖契，郊冥而宗汤”。“周人禘喾而郊稷，祖文王而宗武王。”商周是不同的民族，当然只能各自祭祀自己的祖先。

“天子建德，因生以赐姓，胙之土，而命之氏。”① “选建明德，以藩屏周。”② 周天子把自己的子弟封为诸侯。而各国“诸侯立家，卿置侧室，大夫有贰宗，士有隶子弟”③。周天子以嫡长子继位，是“大宗”，永为天下共主。而各国诸侯为众子，是“小宗”；但诸侯在其国内对卿大夫而言，是为“大宗”。周天子就是这样通过血缘关系，裂土授民，把自己的子弟分封在外。又通过宗法祭祀活动，加强了大宗的“天下共主”地位和对小宗的控制。因此，西周时期的宗法制度是与分封制互为表里的。

---

① 《左传·隐公》八年。

② 《左传·定公》四年。

③ 《左传·桓公》二年。

宗庙祭祀是有一套严密制度的。《左传·襄公》十二年记载，“同姓于宗庙（即所出王之庙），同宗于祖庙（诸侯始封君之庙），同族于祢庙（即父庙，同族即高祖以下）。是故鲁为诸姬，临于周庙；为邢、凡、蒋、茅、胙、祭，临于周公之庙”。为了维持周天子天下大宗的特殊地位，诸侯是不能立王庙的。《礼记·郊特牲》载：“诸侯不敢祖天子，大夫不敢祖诸侯。”注谓：“鲁以周公之故，立文王庙。”疏谓：“正义曰，‘知鲁得立文王庙者，案襄十二年秋，吴子寿梦卒，临于周庙礼也。注云：周庙谓文王庙也。’此经云‘诸侯不敢祖天子’，而文二年《左传》云宋祖帝乙，郑祖厉王。‘大夫不敢祖诸侯’，而庄二十八年《左传》云：凡邑有宗庙先君之主曰都。与此文不同者，此据寻常诸侯大夫，彼据有大功德者……”因此，在周代各国诸侯中，只有鲁国因为是文王所出，并有大功德于西周王朝，所以才能得到周王的特许，在国内破例地立有周庙——文王之庙。而郑国因是厉王所出，所以才能立王庙。如果诸侯没有功德，也未得到周天子的特许而立王庙，那就是“非礼”的。因此，周代同姓诸侯都不能随便在国内为王立庙，那么作为异姓的周人，在周原的岐邑为商王立庙，不仅没有必要，也是不可能的。这就排除了周原出土的庙祭甲骨为周人在岐邑为商王立庙并举行对商王祭祀的可能性。

《左传·襄公》十二年说，“凡诸侯之丧，异姓临于外”。异姓诸侯只能在城外，向其“国”而哭之，是没有资格进入宗庙祭祀的。不仅如此，连司空见惯的会盟活动中，也是“异姓为后”的。[①] 可见，宗法血缘关系支配着商周奴隶社会的一切政治活动。“非我族类，其心必异。”[②] 作为异姓的周文王，也不可能进入商王朝都城的宗庙里参加祭商先王的典礼。更何况商周两大民族结下的深仇和周文王曾一度处在商纣王的缧绁之中呢？因此，无论从古代礼制还是从情理上说，周文王也是不能“占卜举行于商王宗庙”的。

为了论证周原出土的庙祭甲骨为周人所有，有的学者持“周原立商王庙”说，认为“文王在周原建立殷王宗庙，在旧史中也有此事例”[③]。

---

① 《左传·隐公》十一年。

② 《左传·成公》四年。

③ 徐中舒：《周原甲骨初论》，《古文字研究论文集》，1982 年 5 月。

他们的重要依据有两点：其一，是根据《后汉书·南匈奴列传》的材料，即“匈奴俗，岁有三龙神祠，常以正月、五月、九月戊日祭天神。南匈奴既内附，兼祠汉帝”。认为“汉宣帝时匈奴降汉，尚在三龙祠兼祠汉帝。这和周文王在周原建立殷王宗庙，在这里与周大臣杀牲受盟，又有什么不同呢?”[①] 我们认为，这条材料是不足以证明“周原立商王庙”的。首先，这里存在着社会发生变动后与社会发生变动前以及宗法制度及其内容也发生变化的不同。南匈奴兼祠汉帝，距商末周初已有一千多年，此间中国社会早已发生了重大变动。商周以来的血缘宗法制度经过春秋时期的兼并战争，再加上家族的繁衍和宗族内部与宗族之间的斗争，受到了很大的削弱和破坏。不少国家出现了像“晋无公族”[②] 那样的局面，天子、诸侯、大夫、士的地位发生了变化。战国时期以后，我国进入封建社会。这时，国王与臣下的关系已不复是大宗、小宗的宗法血缘关系，分封制已为郡县制所取代，而世卿世禄制也为领取俸禄并可随时罢免的封建官吏所代替。秦汉以后。我国形成了高度中央集权的封建专制的官僚机构。虽然汉初也封“同姓”为王，但他们与商周时期宗法血缘制度下的诸侯不可同日而语了。宗法制度的破坏，祭祀制度和它的内容也发生了变化。汉惠帝即位以后，“令郡国诸侯各立高祖庙，以岁时祠”[③]。“高祖庙”纯粹成了汉中央王朝的象征，与商周时期“诸侯不敢祖天子，大夫不敢祖诸侯”的礼制大不相同了。其次，上引《后汉书·南匈奴列传》中的材料还存在着南匈奴“既内附”以后与“既内附”以前的不同。如所周知，南匈奴之所以“兼祀汉帝”，是因为匈奴统治阶级为争夺单于宝座而发生了内部矛盾，分裂为南北单于。而南单于比为得到汉朝的支持，才表示“愿永为蕃蔽，捍御北虏”的。而在南单于内附以前，《汉书·匈奴传》也有每年五月，匈奴“大会龙城，祭其先、天地、鬼神”习俗的记载，但此时并不祭汉帝。这是因为整个西汉一朝，匈奴经常窜扰汉边境，根本不承认西汉王朝的中央政权。因此持“周原立商王庙”说的学者所举《后汉书·南匈奴传》这条材料，只能说明在宗法制已不复存在的封建社会地方政权对中央王朝的承认，并不能证明

① 徐中舒：《周原甲骨初论》，《古文字研究论文集》，1982 年 5 月。

② 《左传·宣公》二年。

③ 《史记·高祖本纪》。

依靠宗法血缘关系加强自己统治的周人，会在周原的岐邑为异族统治者商王立庙并进行祭祀商王的活动。

持“周原立商王庙”说学者的第二个重要依据就是《战国策·魏策一》所载苏秦为赵“合纵”，说服魏王不要与秦联合，不赞成他“有意西面而事秦，称东藩，筑帝宫，受冠带，祠春秋”及张仪为秦“连横”，魏王表示“称东藩，筑帝宫，受冠带，祠春秋”这两条材料。据缪文远《战国策考辨》（中华书局1984年版）一书第213页及214页考证，苏秦或张仪与秦称帝是风马牛不相及的。因此所谓魏向秦“称东藩”“筑帝宫”“祠春秋”云云，是不足为据的。这些材料并不能说明周人也曾在周原为商王立庙并举行祭祀商王祖先的典礼。

《左传·僖公》二十一年记载：“崇明祀，保小寡，周礼也。”如果说周人曾为异姓立庙的话，是通过分封一些“先圣王”之后来实现的。如封神农氏之后于焦，黄帝之后于祝，帝尧之后于蓟，帝舜之后于陈，大禹之后于杞。商亡以后，曾“封纣子武庚禄父，以续殷祀”。武庚叛乱以后，又“以微子开代殷后，国于宋”（《史记·周本纪》）。这种礼制一直延续到春秋时期，如《左传·僖公》二十一年说，“任、宿、须句、颛顼，风姓也，实司太皞有济之祀”，邾人灭须句，成风请求鲁僖公帮助须句子复国，说：“若封须句是崇皞济而修祀纾祸也。”如此等等，与一些学者所说的周人在周原为商王立庙的性质是完全不同的。

根据以上我们对古代礼制和宗法制度的分析，不仅周人不可能在周原为商王立庙并祭祀商人先王，而且周文王也不可能进入殷都的商王宗庙参与对商王的祭祀并占卜。

二　周原出土庙祭甲骨商王考

在这里，我们拟对周原出土的庙祭甲骨，即H11：82（四十·图14）、H11：84（七·图12）、H11：112（四七·图9）、H11：1（一·图13）等片的刻辞内容略加诠释并分析其族属。上述庙祭甲骨刻辞，不少学者曾进行考证，不仅对其文字，而且对其族属亦存有很大分歧，可参看本书第二篇《西周甲骨汇释》的有关部分。①

第一片（H11：82　四十 · 图 14）

□□〔彝〕文武……王其邵禘……天𠭯（册或典），曹（告）周方伯，囟正亡左……王受又又。

“文武”之前后均残，但以“彝文武丁必”（H11：112　四七 · 图 9）及“癸巳彝文武帝乙宗”（H11：1　一 · 图 13）之辞例例之；“文武”之前当缺“干支彝”三字，“文武”之后可能残去“必”一字或“帝乙宗”等字。“必”亦作祕，“甲骨文以必或祕为祀神之室”②。“文武”据研究，殷墟卜辞“对文丁则称文武丁，还单称文武、文，又称文武帝，共四称”③。我们认为此“文武”应是文丁，而“文武〔必〕”应为文丁之庙［至于为何下残不是“文武（帝乙宗）”的理由，我们将在后面第三节加以说明］。“邵”即“邵”，邵和“禘”均为祭名。“𠭯曹”，𠭯即“古典字。指简册言之”④，典与𠭯通，𠭯亦与册字通用。如殷墟甲骨文中有：

乙卯卜，争，贞沚𢦔称册，王从伐土方，受㞢又。

（《续》3 · 10 · 2、《簠征》36）

壬申卜，㱿，贞□□祸，称𠭯乎从……　（《前》7 · 6 · 1）

□申卜，□，贞侯□称𠭯……　（《京》1880）

殷墟甲骨文常见“称册”之辞，见日本人岛邦男《殷墟卜辞综类》第 422、454 页所列，此处不赘举。所谓“称册”，多与征伐有关。于省吾先生在《双剑誃殷契骈枝》续篇的《释称册》一文中考证说“称，谓述说也。册，谓册策也”，即征伐方国时，“必先称述册命也”。殷墟甲骨文多有“称册，曹某方”之例，如：

……〔沚〕𢦔称册，曹𢀛□……𡆥卒，王从，受㞢又。

（《前》7 · 25 · 1）

① 编号后（括号内之 H11：× × 为甲骨在灰坑 H11 内出土编号），所列汉字数码为拙著《汇释》编号，阿拉伯数码为该片摹本在《摹聚》中编号，可互见查校。

② 于省吾：《释必》，《甲骨文字释林》，中华书局 1979 年版。

③ 常玉芝：《说文武帝》，《古文字研究》第 4 辑，1980 年 12 月。

④ 于省吾：《释曹》，《甲骨文字释林》，中华书局 1979 年版。

□戌〔卜〕，㱿，贞〔沚〕戓称册，𠷎土〔方〕……王从……

(《粹》1098)

此处之“𠷎”字胡厚宣谓：“其义实同于伐。其言𠷎方者，除本辞‘𠷎𢀛’之外，亦言‘𠷎土方’，盖犹言伐𢀛伐土方也。”① 于省吾谓：“其于征伐言𠷎某方，以及祭祀于人牲和物牲言𠷎者，并非𠷎告之义”，“𠷎从册声，古读册如删，与刊音近字通，俗作砍”。② 因此，H11：82（四十、图14）本辞之“□天□𢍰𠷎周方伯”，与上引殷墟卜辞文例完全一致，所记应是称册受命，征伐周方伯之事。

我们通读全辞可以看出，本辞中的“王”，是主持祭典的人，是主体。而周方伯，是被𠷎伐的对象。很清楚，王与周方伯绝不会是同一人。此外，作为被征伐对象的周方伯，也绝不可能置身于商王宗庙中并当着商王的面，从容占卜自己将要被商王朝征伐的事情。因为占卜和契刻文字有一套复杂的程序，非片刻之功所能奏效的。

第二片　（H11：84　七・图12）

贞王其求又大甲，𠷎周方伯，𧷸，囟正不左，于受又又。

此片之“𧷸”字，因字迹不清，各家所释不一。有的认为是“粮食类”祭品。有的认为是人名“周方伯盩”等，详见拙文《汇释》部分所列。高明先生认为应是“盩”字，“读作執，即势”。释此辞之“周方伯盩”为周方伯威胁商王朝安全之势力或形势。认为此片“省略的贞者当为周文王，在他被囚禁于殷的时候，闻知殷纣祈求太甲，并诅咒自己的时候，故进行占卜，贞问殷纣王这一行为，对西方和自己是否有害，能否受到保佑”③。

诚然，这条刻辞不具贞人。这种辞例在殷墟甲骨中是常见的。但我们认为，这个没具名的卜者，为王占卜两件事，一是求又大甲，二是𠷎周方伯。有关𠷎字的解释，我们已在前面谈过，此不赘述。而王对大甲举行求又之祭，正是为了让先王大甲保佑王本人在征伐周方伯的战争中取得胜利。很显然，这个没具名的贞人在占卜时，完全是站在“王”的

① 胡厚宣：《殷代𢀛方考》，《甲骨学商史论丛》，初集二册。

② 于省吾：《释𠷎》，《甲骨文字释林》，中华书局1979年版。

③ 高明：《略论周原甲骨文的族属》，《考古与文物》1984年第5期。

立场上，即希望王对大甲举行求又之祭后，曶伐周方伯时能取得“囟正不左，于受又又”的美妙结果。这个“王”能祭殷人的先王大甲并要曶伐周方伯，必然是商王。而那个被省略的贞人，也绝不会是周文王本人。因为很难想象即将被商王征伐的周文王，会希冀并贞问商王在征伐自己时得到的好结果。此外，王是这条刻辞的主体，他能主持“求又”祭典和“曶周方伯”之事。而周方伯是客体，是被曶伐的对象。王与周方伯身份不同，也排除了他们是同一个人的可能。

高明先生还认为殷墟甲骨“贞王亩望乘从伐巴方，帝受我又”（《乙》3787）的句型与本辞相同，这一点我们并不赞同。就算句型是基本一致的，但也不能证明 H11：84（七 · 图 12）本辞被省略的贞者应就是周文王。我们对《乙》3787 辞的理解是，句中的“王”是本辞的主体，他“从”沚或，即“率领”① 沚或，是为了“伐巴方”，卜问的结果是希冀得到上帝授与“我”以护佑。这个“我”，正是站在商王朝立场上、代王占卜的贞人的代称，他希望在伐巴方战争中，上帝能授与对我〔王〕或我〔商王朝〕的护佑。决不能把《乙》3787 说成是这个被省略了的贞人站在巴方的立场上希望上帝授予“我”〔巴方〕护佑与否。因此，这一类型的例子，只能说明被省略的占卜者是站在商王朝立场上代时王占卜的贞人，而不能佐证 H11：84 本辞中被省略了的贞人，是站在与商王朝敌对立场上的即将被曶伐的周方伯。“囟”即斯，在此为指示代词，在本辞表示“王求又大甲”及“曶周方伯”两层意思完成以后，即可得出“不左，于受又又”的结果。因此，也不能把 H11：84 本辞解释为在“殷王祈求太（大）甲保佑，诅咒周方伯之势以威胁殷王的安全”的原因或条件下，反而会得出“西方能受到保佑”的结果。若此，从逻辑上也是不好解释的。

第三片　（H11：112　四七 · 图 9）

彝文武丁必，贞王翌日乙酉其求称中（𠂤）……文武丁豊……汎卯……左，王□□□

“文武丁”即商王文丁。“彝文武丁必”，即居处商王文丁的宗庙。“中”字唐兰先生谓：“然则中本旂旗之类也。以字形言之，中与㫃相近

① 杨树达：《释从犬》，《积微居甲文说》，中国科学院 1954 年版。

而实异”，“然中虽有九斿、六斿、四斿之异，当以四游者为最古”，“故其字亦以中为最古”。“盖古者有大事，聚众于旷地，先建中焉。群众见中而趋附，群众来自四方，则建中之地为中央矣。列众为阵，建中之首长或贵族，恒居中央，而群众左之右之见中央之所在，即知为中央矣。然则中本徽帜，而其所立之地，恒为中央，遂引申为中央之意，因更引申为一切之中。后人既习用中央等引申之义。而中之本义晦。徽帜之称，乃假常以称之。”① 旗是有不同等级和名目的。《周礼·春官·司常》云：“王建大常，诸侯建旗，孤卿建旜，州里建旟，县鄙建旐，遂车载旞，斿车载旌。”按质料和所画徽帜的不同，又各有专名。即“日月为常，交龙为旂，通帛为旜，杂帛为物，熊虎为旗，鸟隼为旟，龟蛇为旐，全羽为旞，析羽为旌”。H11：112（四七·图9）本片之“称中（）”。即金文《卫盉》铭之“称旂”，唐兰先生谓“是举旗，与建旗意义相近”②。车和旗，是商周奴隶主贵族等级和身份的重要标志之一。《周礼·春官·司常》职云：“司常掌九旗之物名，各有属，以待国事……及国之大阅，赞司马颁旗物，王建大常，诸侯建旗。”王所建的旗叫“大常”，诸侯所建的旗叫“旗”，如此等等，从王以下各级奴隶主贵族各建其旗。

何时才“建旗”呢？《周礼·夏官·大司马》“中秋，教治兵，如振旅之阵，辨旗物之用，王载大常，诸侯载旂……”“中冬，教大阅”。注云：“春辨鼓铎，夏辨名号，秋辨旗物，至冬大阅简军实。凡颁旗物，以出军之旗则如秋，以尊卑之常则冬司常左司马时也”。所谓“大阅”，《春秋谷梁传》桓公六年说：“大阅者何？阅兵车也。修教明谕，国道也。平而修戎事，非正也。”集解谓：“礼因四时田猎以习用戎事，存不忘亡，安不忘危之道。平谓不因田猎，无事而修之。”奴隶主统治阶级四时田猎，一个重要目的是训练军队。中秋教治兵，为了演习出兵，要颁建旗物。中冬教大阅，和中秋一样，所颁旗物如出军之制。可以看出，建旗往往和军事行动有密切关系。《周礼·春官·司常》“凡军事，建旌旗。及致民，置旗，弊之”。也说明了这一点。此外，王和各级奴隶主贵族因不同的需要，在特制的车上也要建旗。一是在祭祀时，《周礼·春官·司

① 唐兰：《殷虚文字记》，中华书局1981年版，第52—54页。

② 唐兰：《陕西省岐山县董家村新出西周重要铜器群铭辞的译文和注释》，《文物》1976年第5期。

常》云："凡祭祀，各建其旗。"注云："王祭祀之车则玉路。"疏谓："偏据王而言，云乘玉路则建大常，经云'各建其旗'，则诸侯以下所得路各有旗。"二是王与诸侯会同或巡守时也要各建其旗，即"会同宾客，亦如之，置旌门"。注谓："宾客朝觐宗遇，王乘金路。巡守兵车之会，王乘戎路，皆建其大常……"疏云："齐仆云'掌驭金路以宾'。又齐右亦云'会同宾客前齐车'，齐车即金路。朝觐宗遇即会同……知巡守兵车之会王乘戎路者，以其同是军事，故知亦皆乘戎路也。知皆建其大常者，此大阅礼。王建大常，即知巡守兵车之会皆建大常也。"因此，H11∶112（四七·图9）本片之"贞王翌日乙酉其求称中（𠁩）"，记的是王建大常之旗的典礼。因为占卜的贞人（虽未具名）能居处在商王文丁的宗庙之中，所以他必然是站在商王朝立场上代王卜问的卜者，因而辞中的王也就必然是商王而不会是周文王（至于这个商王是帝乙抑或帝辛，我们将在后面第三部分论述）。

有人可能会问：《周礼》成书较晚，这种严格的颁旗物之制当为较晚时事，西周早期或商末能否如此？我们认为是有可能的。《史记·周本纪》记商朝被灭后，"武王持大白旗以麾诸侯"，并"以黄钺斩纣头，悬大白之旗"，将纣之二嬖妾"斩以玄钺，悬其头小白之旗"。此事正与《周礼·春官·巾车》"建大白以即戎，以封四卫"之制相合。注云："即戎，即谓兵车。四卫，四方诸侯守卫者，蛮服以内。"但武王建大白与《周礼·夏官·大司马》所记"中秋……王载大常，诸侯载旂"和"中冬，教大阅"注"凡颁旗物，以出军之旗则如秋"的王建大常之旗似相矛盾。故《巾车》疏解释说："殷之正色者，或会师或劳师。不亲将，故建先王之正色异于亲自将。"或解释《周本纪》武王用大白而未用大常是因为"时未有周礼，故武王虽亲将，犹用大白也"。其实，殷末帝乙、帝辛与周文王基本同时，后世的旗制应早已滥觞在商朝。虽然文献中语焉未详，但甲骨文中的"中"和"事"字已经向我们透露了商代出兵打仗要用旗帜的情事。有人考证甲骨文"事"字本意时说，"事字从中带斿，正与卜辞中字结构同"。"事字和中字都是聚众之意，但也有区别。中是建旗以聚众，旗是静止的。事是手举旌旗，象征旗在移动中。战争时，用旌旗以指挥军队进退，不能插在地上固定不动，故用手举。所以，事字表示征战时举旗以导众"[①] 是很有道理的。周武王伐纣时之所以建的是大白，正因为他当时还身为商王朝的诸侯，曾承认商王的共主地位。虽然他此时出兵伐纣，但尚未来得及易车服，改正朔，因此他使用的仍是商朝的旗制，用大白就不足为怪了。"周因于殷礼。"灭商以后，周人继承了商王朝的礼制并加以发展，因此当武王为商诸侯时，建大白之旗伐纣的史实也就如实地保留在《周礼·巾车》职中。而后儒把武王伐商时尚为诸侯的身份与伐商后身为天子混为一谈，从大一统的封建君臣关系看来，《巾车》职的王建大白与《司常》职的王建大常的矛盾就不好解释了，遂用武王时"未有周礼"来调和这一矛盾。

如果武王伐纣时尚无"周礼"（按：实为商礼）中有关旗制的规定，何以他在灭商以后马上就能颁发旗物呢？如"分鲁公以大路大旂"。注谓："鲁公，伯禽也。此大路金路，锡同姓诸侯车也。交龙为旂，周礼同姓以封"；"分康叔以大路，少帛、綪茷、旃旌"。疏谓："正义曰，'《周礼·司常》云：通帛为旜、杂帛为物'。郑玄云，'通帛谓大赤，从周正色，无饰。素帛者，以帛素饰其侧。白，殷之正色'。大赤是通帛，知少帛是杂帛也。綪茷是大赤，大赤即今之红旗，盖王以通帛、杂帛并赐卫也。然则大赤是旃也，于綪茷之下更言旃者，茷言旂尾，旃言旂身"[②]。如此等等，说明周初早就存有一套车旗制度，但这不过是作为方伯、诸侯的周文王，使用的是商王朝颁发诸侯的车旗制度罢了。商朝灭亡，周武王从诸侯一跃为天子，旗制自然会升格为天子颁旗物的规格，他的属国就成了诸侯，这不过是商王朝对周方伯旗制的翻版而已。不然，为何武王伐纣时尚无"周礼"，而伐纣后一夜之间就有了一整套颁旗物的制度呢？经过后来的进一步完善化、复杂化，就成了保存在《周礼》中的一整套车旗制度了。

"豊"字见于殷墟甲骨文，郭沫若谓："豊当读为醴。"[③]《说文》云："醴，酒。一宿孰也。"段注："礼经以醴敬宾曰醴宾。"H11：112（四七·图9）之"……文武丁豊"，即对商王文丁行酒醴之祭。"……左王……"此二字前后均残，但以 H11：82（四十·图 14）之"……囟正

① 杨升南：《卜辞"立事"说》，《殷都学刊》1984 年第 2 期。
② 《左传·定公》四年。
③ 郭沫若：《殷契粹编考释》，科学出版社 1965 年版，第 232 页。

亡左……〔王〕受又又”和 H11：84（七 · 图 12）“囟正不左，于受又又”例之，不能径释为“左王”，而应在“左”与“王”中间断读，应为“〔囟正亡〕左，王〔受又又〕”或“〔囟正不〕左，王〔受又又〕”。H11：112（四七 · 图 9）全辞大意是：居处在商王文丁宗庙里卜问：王在未来的乙酉日求祭并举行建大常之旗的仪式……向商王文丁行酒醴之祭……杀剖了（祭牲）……（这些事情做完）很好，（王会受到保佑吧）？此辞中的商王文丁庙不能立在周原，周人也不会向商王文丁行酒醴之祭，这就排除了辞中的“王”是周文王——周方伯的可能性。此外，根据我们上面的考证，只有王才能建“大常”。而周文王当时尚为西伯，虽然《史记 · 周本纪》云：“西伯盖即位五十年……谥为文王，改法度，制正朔矣。”但正义说：“《易纬》云‘文王受命，改正朔，布王号于天下’。郑玄信而用之，言文王称王，已改正朔布王号矣。按：天无二日，土无二王，岂殷纣尚存而周称王哉？若文王自称王改正朔，则是功业成矣，武王何复得云大勋未集，欲卒父业也？《礼记 · 大传》云‘牧之野武王成大事而退，追王太王亶父、王季历、文王昌’。据此文乃是追王为王，何得文王自称王改正朔也？”因此 H11：112（四七 · 图 9）片上有资格“称中（𠁩）”即建大常的王，只能是商王而不可能是周文王。因此，本片从刻辞内容分析，应属于商族物。

第四片　（H11：1　一 · 图 13）

癸巳彝文武帝乙宗，贞王其卲𠰻成唐（鼒）、禦，𠬝二女。其彝血羊三、豚三，𠧧又正。

本辞之“文武帝乙宗”，即商王帝乙之宗庙。帝乙乃帝辛（纣王）之父，既已立庙，当为死后帝辛即位后之事。有关本片文字，许多学者已有考释，详见拙著第二篇《西周甲骨汇释》有关部分所列。此片的族属，有学者据“周原立商王庙”说并释“囟”为“西”字，“西又正”指周大臣，认为此片应是周人所有。果真如此，把本片刻辞解读为站在周人立场的贞人，“在周原岐邑所建的商王帝乙庙中，卜问：周文王祭祀商王朝的先祖成唐及两个配偶，并杀牲为盟，在殷王祖先神明监临下与周大臣同吃血酒”云云，就可成立。但据本文第一部分的考证，古文献所记载的古代礼制否定了周人在周原立商王庙并祭祀商族的祖先的可能。因此，定本片为周族之物是缺乏根据的。

我们认为 H11：1（一·图 13）本辞所记，应是代商王占卜的贞人癸巳日居处在帝乙宗庙中卜问。所问之事是：商王帝辛祭祀成唐，二嬖妾参与其事，杀了三头公羊和三头小猪做祭牲。上述各事（即“斯”所代表的）完成后，能得到保佑（或安定）否？

高明先生是不赞成“周原立商王庙”说的。但他仍释“囟”为“西”，对 H11：1 本片刻辞“从句法分析，仍是一主从复合句，与前句（按指 H11：84）不同点是，在主句谓语贞字之前，增加了一些状语，以说明贞卜的时间和地点”。“但主语——贞者仍然被省略了。贞卜的事情，即动词贞的直接宾语，当为最后的短句‘西又正’。但是，在什么原因和背景下而问周族的老家西方有无安定呢？即贞的间接宾语所云：‘贞王其邵吼成唐，〔鬻〕祝艮二女，其彝血羊三、豚三。’”以上分析此句的语法关系即可如下表示：

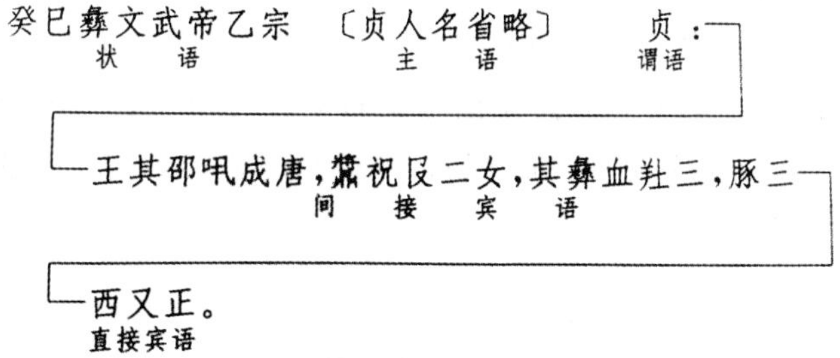

癸巳彝文武帝乙宗
状语
〔贞人名省略〕
主语
贞：
谓语
王其邵吼成唐，鬻祝艮二女，其彝血羊三，豚三
间接宾语
西又正。
直接宾语

因此认为此片是贞问“西有正”，即“主要贞问周族老家西方有无安定”，因此，此辞应是“周文王被囚于殷时所贞卜”①。如此等等。

从文法上研究甲骨刻辞，是很有意义的工作。正如陈梦家先生所指出的：“甲骨出土以后，学者们纷纷去考释单字，很少留意到文法的研究。我们以前已屡次谈到，脱离了文法，我们不能正确的认识单字，也无法考验所认识单字的正确性。”② 但是我们不同意上述高先生对 H11：1 刻辞所进行的语法分析。如所周知，“叙辞”所记的是占卜的时间和贞人，贞人代时王卜问的事情是“命辞”。命辞并不是贞人本身所要做某事的预卜，因此贞人不是句中的主体。叙辞一般都程式化，但可以省略。

① 高明：《略论周原甲骨文的族属》，《考古与文物》1984 年第 5 期。

② 陈梦家：《殷虚卜辞综述》，科学出版社 1956 年版，第 85、410 页。

命辞虽有省略，但不可全部略去，否则就不成其为卜辞了。因此，我们的理解“命辞”不是贞人自己（主语）贞（谓语）：关于自己某事的结果（宾语）。而是他在为时王占卜后，对所卜事情的记录。命辞是不能与叙辞，即贞人和卜问动词“贞”字发生主语—谓语—宾语的语法关系的。在分析卜辞语法时，命辞本身是相对独立的，已构成了一句完整而独立的话。因此，研究甲骨卜辞语法结构的学者，也是多就“命辞”本身的语法结构进行分析的。如管燮初《殷虚甲骨刻辞的语法研究》（中国科学院出版，1953 年）一书的“二、句法”部分和陈梦家《殷虚卜辞综述》第三章文法部分就是这样做的。

我们认为 H11：1（一 · 图 13）本片的“癸巳彝文武帝乙宗，贞”是叙辞，不是这次卜问的内容，因而这一程式化的刻辞不与下面的命辞发生主语、谓语的关系。其后的“王其……囟有正”是命辞，分析语法关系应从这里进行。辞中的“王”是主语，全辞内容由两个并列短句组成，即短句（一）王其……［由并列（1）（2）（3）个短句组成］，短句（二）其彝血……短句（二）主语王字省略，与短句（一）共用。上述各事（即“斯”所代表的）完成后，能得到保佑（或安定）否？全辞的语法关系可表解为：

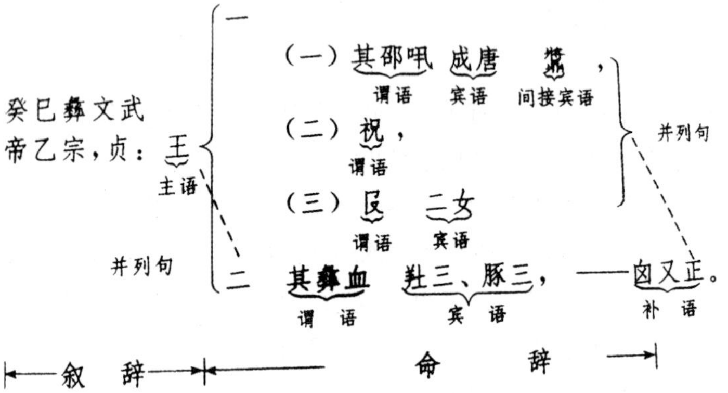

从以上语法分析表明，辞中“囟有正”本身是一个短句，囟即“斯”为主语，“有正”是谓语。这个短句在全辞中主要是为了补充说明“（王）其彝血……”这个动作以后的情况，应是句中的补语。当然，短句一与短句二为并列句，因此“囟有正”当也与短句一有一定的补语关系。“囟”即“斯”，斯即“此也”，为指示代名词[①]，表示短句一、二的事情完成以后，就要“有正”，即受到保佑（或安定）。因此，“斯有正”不是“动词贞的直接宾语”。如释“斯”为“西”，认为是西方周族，从语法关系上分析，也是不好解释的。此外，据 H11：174（四六·图 8），叀与斯共见一辞，我们在前文已指出“可证二字确非一字”，“斯”也不能释为“叀”字。很显然，居处在商王帝乙庙的这个不具名的贞人，应是商王朝的人。从情理上说，站在商王朝立场上的贞人是不会为周族祈求“西有正”的。因此，本辞这个被省略其名的贞人，既不是句中的主语，也不会是周文王。这与我们在第一部分所得出的周文王不能进入商王庙，也不能祭祀商先王的看法是相符合的。本片时代明确，为帝辛时物。

三　周原出土庙祭甲骨与商末乙、辛时期对周人的军事行动

通过以上对刻辞内容的分析，我们可知 H11：82（四十·图 14）、H11：84（七·图 12）、H11：112（四七·图 9）H11：1（一·图 13）等庙祭甲骨都是属于商人的卜辞，其时代为殷墟甲骨文第五期帝乙、帝辛时期，与周文王基本同时。这是因为庙祭甲骨上出现的文丁庙名、帝乙庙名、成唐、大甲等先王和商王所要罾伐的周方伯等内容所决定的。

殷墟甲骨文第五期数量较多（见《甲骨文合集》第十二册）。但何者为帝乙卜辞，何者为帝辛卜辞很难分清。郭沫若早在 1931 年就提出“卜辞乃帝乙末年徙朝歌以前之物”[②]，对有否帝辛卜辞提出了怀疑。1933 年，郭沫若又在《卜辞通纂》“后记”中加以重申。直到晚年，郭沫若还要求参加《甲骨文合集》一书编辑工作的同志们就“到底没有帝辛时的卜辞”进行研究。[③] 有人根据商代周祭制度的研究，进一步考证了《龟》

---

① 杨树达：《词诠》，中华书局 1965 年版，第 322 页。

② 郭沫若：《戊辰彝考释》，《殷周青铜器铭文研究》，1931 年。

③ 引自胡厚宣《郭沫若同志在甲骨学上的巨大贡献》，《考古学报》1978 年第 4 期。

1·13·18“应为帝辛时所卜”[①]。虽然如此，“乙辛”卜辞中何者确为帝辛时物，仍然知之不多。周原凤雏出土的H11：1（一·图13）商人庙祭甲骨，是确定无疑的帝辛时物，使我们增加了对第五期卜辞中帝辛甲骨的认识。

那么其余三片，即H11：82（四十·图14）、H11：84（七·图12）、H11：112（四七·图9）究竟为帝乙还是帝辛时物呢？

首先，从刻辞文字书体作风上看，此三片较为挺直，似出自一人手笔，与文字书体作风较为圆润的H11：1（一·图13）有明显的不同。其次，从刻辞所记事类方面看，三片内容也较为接近。H11：82（四十·图14）有“曾周方伯”，H11：84（七·图12）有“□𢦏，曾周方伯”。据文献记载，商末帝乙、帝辛时商王朝与周人交绥最早只有帝乙时，即“二年，周人伐商”[②]。这是在商王文丁十一年杀了周文王之父季历后，文丁也在同年死去，由其子帝乙即位。周族文王为报父仇，在帝乙二年，不顾国力，匆忙出兵攻打商王朝。商王帝乙对周人的进攻有何反应？文献中却无记载，周原出土的商人庙祭甲骨为我们补充了这一史实。即商王帝乙连忙祭祀祖先大甲，卜问曾伐周方伯之事会顺利否。而H11：82（四十·图14）“□□〔彝〕文武……”虽残，但我们认为应为“□□〔彝〕文武〔必〕”，即文丁之庙，而不能是“□□□□〔彝〕文武〔帝乙必（或宗）〕”也就得到了合理的解释。因为文献中没有关于在帝辛时与周方伯——周文王打仗的记载，所以此片所记“□□（彝）文武（必）”，“……𢦏，曾周方伯……”应为帝乙二年对“周人伐商”反击之事，当为帝乙时物，故称其父文丁庙为“文武〔必〕”或“文武〔宗〕”；如果是“文武〔帝乙必（或宗）〕”，那就应在帝乙死后，由其子帝辛所立庙了。但文献上没有关于帝辛与周文王打仗的记载，因此不可能是“文武帝乙宗（或必）”。

H11：112（四七·图9）的“文武丁必”，即商王文丁之庙。居处文丁之庙，帝乙、帝辛都有可能。因此本片光凭庙名还不能确定帝乙抑或帝辛时物。但此片文字字体与上述二片几乎完全相同，当与“曾周方伯”

① 常玉芝：《说文武帝》，《古文字研究》第四辑，1980年12月。陈梦家《殷虚卜辞综述》曾予指出。

② 范祥雍：《古本竹书纪年辑校订补》，上海人民出版社1962年版，第23页。

的战事有关，为帝乙时物，因而本片之王“称中”即建大常也可得到合理的解释。

《周礼·夏官·司马》大司马职“若大师，则掌其戒令……及致，建大常，比军众，诛后至者”，注云：“大师，王出征伐也。”疏谓：“以上文大师王亲御六军，故司马用大常致众。若王不亲，则司马自用大旗致之。”正因为商王帝乙举行庙祭，要𢦏伐周方伯（H11：82、H11：84），所以又在文丁之庙举行建大常之旗的典礼，自己亲率大军出征，以反击周方伯的进犯，这就是 H11：112（四七·图 9）王“称中”的原因。从文献记载来看，没有关于周方伯参与商王帝乙、帝辛举行的教治兵和大阅的记录，也没有关于周文王参与商王帝乙、帝辛祭祀或会同活动，只有关于帝乙二年周文王伐商的记载。所以为反击周人入侵，建大常之旗以率军的商王，只应是帝乙而不是帝辛。

此外，根据文字书体作风，H11：237（一八三·图 10）之“叀三胄”、H11：174（四六·图 8）之“贞王其师用胄，叀……胄，乎奏，受……斯不妥王”、H11：168 + 268（一六一·图 11）之“叀二胄”等片也与上述三片接近，应为帝乙时物。而辞中关于“用胄”和“×胄”的记载，也正与商王帝乙建大常，亲率军“𢦏周方伯”的战事有关。《说文》云：“胄，兜鍪也。”段注：“古谓之胄；汉谓之兜鍪，今谓之盔。”殷代头盔为铜质，安阳殷墟 1004 号大墓曾发现“数以百计的铜盔层，就其纹饰来分，至少约在六、七种以上”①。这几片甲骨上有关用胄的记载，应与帝乙时对周方伯征伐刻辞为同时所卜。铜盔是重要的防护装备，非为一般奴隶兵士可得。商王出兵𢦏伐周方伯，遣将于庙，颁发甲胄，对他们表示关怀恩宠以激励士气，正是上述有关“胄”字记载甲骨所反映的史实。

值得注意的是，周原出土庙祭甲骨所祭的殷先王主要是唐、大甲和文丁。殷墟甲骨文中，有不少商王与各方国交战的记录。一般说来，以第一期武丁时期征伐方国为最多，《甲骨文合集》第三册予以集中收录。其他各期所见征伐卜辞就不多了，而以第五期帝乙、帝辛征夷方较为集中。𢀛方为第一期武丁时的重要强大方国，对商王朝为患最烈，胡厚宣先

① 胡厚宣：《殷墟发掘》，学习生活出版社 1955 年版，第 83 页。

生有《殷代𢀛方考》一文专门进行了论述。𢀛方直至武丁晚期才被平定。[①] 胡先生谓："殷人既知𢀛方内侵，恐惧怖虑，常祷告于先祖，其祷告之祭，曰告，日求，曰匄"，"皆祷告请求之祭也"。[②] 经查对殷墟卜辞，𢀛方入侵，殷人行告祭以求保佑的先公先王有上甲、报乙、示壬、唐、大丁、大甲、祖乙等；土方也是武丁时对商王朝构成强大威胁的方国之一，当在武丁晚叶前期被平定。[③] 土方入侵，殷人行告祭以求护佑的先公先王有上甲、唐等。方入侵时，还"求方于大乙"（《前》1·3·1），大乙即唐；还有个别的方国入侵，行祭于很少的几个先王。如芫方，"……芫方于大甲……"（《乙》6686）。兊方，曾"畐兊方"于大丁、大甲、大庚。此外，第四期武乙时还有召方来，"告于父丁"（《甲》810、《京人》2520）者，此父丁即康丁。其他许多方国入侵，行告请之祭于先公先王的就不见了。上述先公先王中，行祷告祭于唐的共三个方国（土方、𢀛方、方），于大甲的也有三个方国（𢀛方、芫方、兊方）。此二王在各王中受告请之祭所涉及的方国是最多的。因此他们当与殷人征伐方国关系密切。王国维曾特意提出，"惟告祭者称唐，不知何故?"[④] "汤有七名而九征。"[⑤] 唐即"大乙（天乙）、成、唐（汤）、成汤（成唐）、履等不同名称"[⑥]。关于成唐和大甲，《殷虚卜辞综述》第409—412页、第375—376页介绍颇为详赡，我们于此不再罗列。因为他们是殷代大有作为的名王，在一定程度上，成为殷人心目中的战争胜利之神。因此，在帝乙时，要哲伐周方伯，就要"求又大甲"（H11：84、七·图12）。而在帝乙举行建大常典礼时，祭"文武丁"（H11：112、四七·图9）即文丁，也是因为文丁曾杀死季历，故其子周文王侵商，商王帝乙祭文丁也是冀求文丁的英灵能镇慑周人，至于H11：1（一·图13）虽然所记目的不详，但据辞中祭成唐的记载，我们推测此片也当与战事有关。如果具

① 见拙作《武丁期战争卜辞分期之尝试》，《甲骨文与殷商史》第三辑，上海古籍出版社1991年版。

② 胡厚宣：《殷代𢀛方考》，《甲骨学商史论丛》，初集二册。

③ 见拙作《武丁期战争卜辞分期之尝试》，《甲骨文与殷商史》第三辑，上海古籍出版社1991年版。

④ 王国维：《殷卜辞中所见先公先王考》，《观堂集林》，中华书局1959年版，第429页。

⑤ 《太平御览》卷83引《纪年》。

⑥ 参见拙作《周原出土商人庙祭甲骨来源刍议》，《史学月刊》1988年第1期。

体地说，可能为商王帝辛时周武王伐纣（即“东观兵”或“以东伐纣”）出兵，商王朝对周人军事行动所做出反应的记录。因此，周原庙祭甲骨上所出现的商王成唐、大甲等名王绝不是偶然的。这不仅证明了这些甲骨应为商人所有，而且也是我们分析刻辞内容得出的这些庙祭甲骨与商末帝乙、帝辛时的军事行动有关的重要佐证。

既然庙祭甲骨不为周人所有，而是商人故物，也不是周文王居殷时所卜，那么它们为什么在周原出土？王玉哲先生认为“可能是在殷商末年商纣王时，掌握占卜的卜人投奔周人时，携带过去的”[①]。这是有道理的。我们也曾指出：“这些卜辞都是在占卜后移来周原的。”[②] 周人灭商后，夺取了商王朝的一切权力、财富和奴隶。《史记·周本纪》云：“命南宫括、史佚展九鼎保玉。”《逸周书·世俘》也说：“凡武王所俘商旧玉亿有百万”，因此，作为战利品，把商朝档案库中有关伐周的庙祭甲骨劫回周原，对昔日曾被商王朝砦伐而今日成了胜利者的周人是很有意义的。既可发泄往日与商的不共戴天之仇，一洗耻辱；又作为胜利的纪念品，传之子孙，使他们不忘“小邦周”创业之艰辛。因此，商人庙祭甲骨才在周原发现。当然，为什么这些甲骨的凿钻形态与殷墟甲骨有明显的不同等，还需要我们今后进行合理的解释。[③] 但我们相信，随着今后研究的进一步深入和新材料的发现，将来一定会对周原庙祭甲骨的族属取得较为一致的看法。

---

① 参阅拙著《西周甲骨探论》，中国社会科学出版社 1984 年版，第 19 页。

② 李学勤：《西周甲骨的几点研究》，《文物》1981 年第 9 期，及李学勤、王宇信《周原卜辞选释》，《古文字研究》第四辑，1980 年 12 月。

③ 参见拙作《周原出土商人庙祭甲骨来源刍议》，《史学月刊》1988 年第 1 期。

第八篇

周原出土商人庙祭甲骨来源刍议

不仅从我国古代宗法制度的考察，可以否定周人在周原立商王庙并祭祀商先王的说法，而且 H11：1、H11：84、H11：112、H11：82 等庙祭甲骨本身的解读（特别是祭及商族先王成唐、大甲等）和刻辞行款的分析，也更说明了这些庙祭甲骨应为商人之物。①

但是，这些商人庙祭甲骨在周原出土却是事实。为什么商人庙祭甲骨却在周原出土呢？这是在否定了这些甲骨为周人所有说以后，学者们所必须回答的问题。

我们曾经指出："周原卜辞出土于岐山凤雏，然而其占卜地点并不都在当地。如在文武帝乙宗的卜辞，占卜举行于商王宗庙，帝乙庙自然不会在周原。""这些卜辞都是在占卜后移来周原的。"② 王玉哲先生则认为"这批甲骨很可能是在殷商末年商纣王时，掌管占卜的卜人投奔周人时，携带过去的"；"他们的投奔周族，必须也会载其甲骨档案，挟以俱来"③，云云。

但是，周原出土庙祭甲骨"外来"说虽然解决了这些商人庙祭甲骨在周原出土的原因，却还有一个问题不容易解释清楚，即为什么周原出土的商人庙祭甲骨的整治方凿，竟和殷墟出土的甲骨上枣核形凿作风完全不同，而却与周人甲骨的整治作风完全一致。应该明确的是，我们所讨论的周原出土庙祭甲骨的族属，即所谓商人物或周人物，应指的是商王朝帝乙、帝辛时的商人物，还是指作为商王朝的方国——周方伯文王

---

① 参阅拙作《周原出土庙祭甲骨商王考》，《考古与文物》1988 年第 2 期。《周原甲骨刻辞行款的初步分析》，《人文杂志》1988 年第 3 期。

② 李学勤等：《周原卜辞选释》，《古文字研究》第四辑，中华书局 1980 年版。

③ 王玉哲：《陕西周原所出甲骨文的来源试探》，《社会科学战线》1982 年第 1 期。

时（直至武王灭商以前）的周人物。商人与周人，不是两个并列的概念，而有着中央与方国、宗主国与附属国的不同和从属关系。从这个意义上说，所谓“商人物”，应是商中央王朝之物，而“周人物”却只能作为商王朝方国之一的周方伯文王（直至武王灭商以前）时期的周族人之物。

在商王朝，诸侯国林立。他们对商王朝时服时叛，这在甲骨文中有所反映。商王朝的诸侯国，“对商王室在军事上和经济上的负担是相当重的”。在经济上的榨取是多方面的，“既要贡入奴隶、牲畜，各种玩好之物，又要为王室耕种籍田，还要致送一定的谷类产品”①。甚至“还要派遣贞人”②，输送高级文化人。商王朝武丁时期的贞人亘和我，就有可能商亘方和我方入值王朝的人物。

亘方在武丁时期曾自称王，如《合集》14762、14764、14767 等片之“王亘”即是。亘方曾与商中央王朝交战，甲骨文中记载有：

“癸卯卜，㱿，贞呼雀衒伐亘，𢦏。十二月。
勿呼雀衒伐亘，弗其𢦏。”（《乙》6310）
“戊午卜，㱿，贞雀追亘，㞢隻”。（《乙》5303）
“乙巳卜，争，贞雀弗其隻亘。”（《乙》4693）
“辛亥，贞雀幸亘受又”。（《续存上》638）
“贞犬追亘㞢及。犬追亘亡及。”（《缀合》302）
“乙亥卜，争，贞令弗其执亘。”（《乙》4693）

在雀等人的打击下，亘战败并在武丁前叶臣服了商王朝。③ 此后，商王开始关心其有亡灾祸。

“贞亘其㞢祸。”（《乙》6698）
“壬辰卜，贞亘亡祸。”（《乙》2443）

① 参见杨升南《卜辞中所见诸国对商王室的臣属关系》，《甲骨文与殷商史》，上海古籍出版社 1983 年版。

② 参见齐文心《商殷时期古黄国初探》，《古文字研究》第十二辑，中华书局 1985 年版。

③ 拙作：《武丁期战争卜辞分期之尝试》，《甲骨文与殷商史》第三集，上海古籍出版社 1991 年版。

亘方承认了商王朝的共主地位，常常向中央王朝入贡占卜用的宝龟：

“亘入十。” （《乙》3451）
“亘入二。” （《乙》5204）

亘方的首领还入朝充当史官，甲骨文中有：

“癸巳妇井示一屯。亘。” （《簠典》41）

这是一骨臼刻辞，亘即为签名的史官。“知此官者，乃记事之史。”①亘还充当卜用甲骨的征收者：

“丙戌妇示□□，亘自匿乞。” （《明》2339）

据胡厚宣先生考证，本辞之“乞”字应“读为取”，所记“乃采集龟甲牛骨之事”②。此骨臼刻辞记妇所检示之卜骨，乃为亘自匿地征集索取而来。

亘还参与了商王武丁的占卜，成为甲骨文第一期有名的贞人。有关贞人亘的卜辞所在多有，此处不再列举。

武丁时期还有一个“我方”（《南师》292），我方曾参与了亘方同商王朝的战争：

“辛巳卜，𣪊，贞雀得亘、我。
辛巳卜，𣪊，贞雀弗其得亘、我。” （《丙》119）

我方被平定的时间基本与亘方同时，亦当在武丁前叶。③ 我方被臣服

---

① 胡厚宣：《卜辞记事文字史官签名例》，《史语所集刊》十二本，1948 年。

② 胡厚宣：《武丁时五种记事刻辞考》，《论丛》初集三册。

③ 拙作：《武丁期战争卜辞分期之尝试》，《甲骨文与殷商史》第三辑，上海古籍出版社 1991 年版。

后，向商王朝贡纳龟壳最多，曾几次入贡上千枚：

"我氏千。"（《乙》6967）

我方曾配合商王武丁在南方的征战：

"乙未〔卜〕，贞立事〔于〕南，右从〔我〕，中从舆，左从曾。"（《掇二》62、《南·上》52）

"乙未卜，贞立事〔于南〕，右从我，〔中〕从舆，左从〔曾〕。十二月。"（《虚》2324）

杨升南谓"立事"即"莅于戎事，参与战争"[①]。胡厚宣先生谓史"主要乃是担任国家边防的一种武官"。"我、舆、曾俱为地名，乃从这三方面立史以面向敌方，随时防御抵抗，或向敌方进攻，所谓立三史和立三大史，可能就是这个意思。"[②] 我成为商王朝武丁时期威镇南国的三大史之一，可见地位之重要。

我方与商王朝关系密切，商王武丁曾"使人于我"（《续》5.16.17）。子组卜辞中的贞人名"我"者，很可能就是来自我方国的贞人。

此外，有学者指出："祖庚祖甲时的贞人黄和帝乙帝辛时的贞人黄都是来自黄国。"[③] 如此等等，说明直到商王朝末年乙辛时期，仍有来自方国的人员在中央王朝充当贞人。

鉴于以上方国人物入朝充当贞人的实例，作为商王朝帝乙、帝辛时期的附属国周族人入朝充当贞人，完全是有可能的，这就是庙祭甲骨不具名的那位卜者。当然，他们既然被派遣入朝任职，也就必须和其他来自方国的贞人一样，是作为中央王朝的一员代商王占卜，而不能作为原方国的代表行事了。他们在 H11：1 等庙祭甲骨上卜问的是在商先王的宗庙里，祭祀祖先成唐或大甲等，祈望能得到护佑，取得甾伐周方伯战争

---

① 杨升南：《卜辞"立事"说》，《殷都学刊》1984 年第 2 期。

② 胡厚宣：《殷代的史为武官说》，《全国商史学术讨论会论文集》，1985 年。

③ 参见齐文心《商殷时期古黄国初探》，《古文字研究》第十二辑，中华书局 1985 年版。

的胜利。自然就不能表达自己作为商王朝附属国周族人的意愿，祈求对周族的护佑。这就是出自周人之手的庙祭甲骨却卜问征伐周方伯等事之原因所在。所以从这个意义上说，庙祭甲骨应是商中央王朝之物，也就是我们通常所说的商人物。

但是，这些甲骨毕竟是出自周族入朝的卜官之手，不可避免地保留着周族占卜的某些作风，诸如甲骨整治的方凿，与通常的殷墟甲骨整治作风不同。而作为卜辞的辞例，也与通常的殷墟甲骨不尽相同。但也正因为他们是商中央王朝的贞人，占卜时仍需遵用殷制，故庙祭甲骨上刻写的是卜辞，同于殷墟卜辞自左而右行的行款走向，而不同于周原出土周人甲骨上的记事文字自右而左行的行款。①

商纣王兵败身死，西周王朝建立。周人从附属国一跃而成为天下共主，夺取了商王朝的一切权力、财富和奴隶。《史记·周本纪》云："命南宫括、史佚展九鼎宝玉。"《逸周书·世俘》："凡武王俘商旧玉有百万。"这些来自周族的原商王朝的贞人，自然熟知他们所卜各片的利害关系及其藏处。在周武王灭商以后，设立三监，分封诸侯，西归镐京时，他们献出这些庙祭甲骨并随武王返回故里是顺理成章的事情。因此，这些商人庙祭甲骨在周原出土，也就可以得到合理的解释。而商人庙祭甲骨与殷墟甲骨作风有所不同的矛盾，也就迎刃而解了。所以从这个意义上说，"这些卜辞都是在占卜后移来周原的"②。

---

① 拙作：《周原甲骨刻辞行款的初步分析》，《人文杂志》1988 年第 3 期。

② 李学勤等：《周原卜辞选释》，《古文字研究》第四辑，中华书局 1980 年版。

第九篇

周原出土庙祭甲骨商王考

所谓周原出土的庙祭甲骨，即指岐山凤雏宫殿基址出土甲骨中，在刻辞里出现商先王宗庙名及祭祀唐、大甲和文武丁等商朝先王的几片甲骨。这就是：

第一片（H11：82　四十·图 14）[①]

□□［彝］文武……王其邵禘……天□典，删周方……囟（斯）正亡左……王受又又。

第二片（H11：84　七·图 12）

贞王其桒又大甲，删周方伯，盡（齍），囟（斯）正不左，于受又又。

第三片（H11：112　四七·图 9）

彝文武丁必，贞王翌日乙酉其桒称[illegible]（中）……文武丁豊……汎卯……左，王□□□。

第四片（H11：1　一·图 13）

癸巳彝文武帝乙宗，贞王其邵吼成唐（鬻）禦，艮二女。其彝血羊三、豚三，囟（斯）又正。［以上四片甲骨摹本参见本篇后插图］

上述四片庙祭甲骨族属问题的讨论，是目前关于周原出土甲骨族属问题争论的焦点。我们曾在《试论周原出土的商人庙祭甲骨》（《中国史研究》1988 年第 1 期）一文中指出：不仅根据我国先秦文献中有关宗法制度和祭祀制度的研究，周人不可能（也完全没有必要）在周原为商王立庙并祭祀殷人的祖先（包括文王居殷时）；而且从刻辞内容本身进行分析，也说明它们是帝乙、帝辛时的商人甲骨，而不是周人在周原或周文

---

① 此为拙著：《西周甲骨探论》编号。H11：82 为甲骨出土号，四十为《汇释》各家考释编号，图 14 为本书甲骨《摹聚》编号，各号可互相查校。以下皆仿此，不再注。

王居殷时所卜。特别是辞中出现的“□[illegible]，𠭯周方伯”“𠭯周方伯”及“称[illegible]（中）”——立大常之旗等情事，说明周原出土的庙祭甲骨应与商末帝乙、帝辛时殷周两族间发生的战事有关。

周原出土庙祭甲骨上祭及的商先王有成唐（即大乙）、大甲、文武丁（即文丁）等，充分认识这些商族先王在商王朝与外族战争中的作用及在商人心目中的地位，对判定周原出土庙祭甲骨的族属是很有意义的。

一　商王武丁征伐方国所祭商先王

“国之大事，在祀与戎。”① 祭祀与征伐，是商周奴隶制国家的头等大事。为了掠夺奴隶和财富，扩大自己的疆土，商朝统治者不断向外发动掠夺性的战争，甲骨文中不乏这方面的记载。特别是甲骨文第一期武丁时期，有关征伐战争的卜辞在全部十五万片甲骨文里占有相当大的比重。

每有方国来侵，或治兵征伐方国，或在战争过程中，商王都要进行占卜或要举行专门的祭祀活动，希望得到上帝或先公远祖、先王、先妣、旧臣等对他军事行动的护佑。由于周原出土庙祭甲骨中所祭的商先王只是成唐、大甲和文武丁等，我们不妨把考察的对象只限制在商先王的范围内。

武丁时期与商王朝交战的方国很多，主要有𢀛方、土方、方、[illegible]方、[illegible]方、虎方、羌方、钔方、马方、巴方、夷方、基方、井方、祭方、湔方、卄方、𢦏方、[illegible]方、周方、兴方、缶、蜀、旁方、[illegible]方、下危等。其中所伐方国祭及先王的有：

（一）𢀛方

𢀛方“为武丁时卜辞中最多见之国名”，其地望“在今山西省以西陕西省之地”。甲骨文里有“丁酉卜，出，贞𠂤隹𢀛方”（《录》637）之辞，“出”为武丁晚至第二期祖庚时之贞人，说明𢀛方当在武丁晚叶已被商朝臣服。𢀛方在整个武丁一朝为患最烈，因而“殷人既知𢀛方内侵，恐

① 《左传·成公十三年》。

惧怖虑，常祷告于先祖。其祷告之祭，曰告，曰𠦪，曰匄”[①]。行祷告之祭所祭的先王有：

名唐者

唐即大乙汤，“汤有七名而九征”[②]。据考证，“在文献中他有以下称谓：（1）天乙，见《殷本纪》、《世本》、《荀子·成相篇》等；（2）成汤，见《酒诰》、《多士》、《多方》、《君奭》、《殷武》、《天问》、《殷本纪》等；（3）成唐，见《叔尸镈》；（4）汤，见《烈祖》、《那》、《长发》、《纪年》、《世本》、《鲁语》上、《天问》等；（5）武汤，见《玄鸟》；（6）武王，见《玄鸟》、《长发》；（7）履，见《墨子·兼爱》下引《汤说》；（8）唐，《太平御览》八十二引《归藏》曰‘昔者桀筮伐唐’”。卜辞中汤名有唐、大乙、成、咸等。“大乙、成、唐并是一人即汤”。“成唐犹云武汤。”[③]

征伐𢀛方时，告祭的先王有：

（1）贞告𢀛方于唐。（《续》1·7·2）

（2）贞于唐告［𢀛］方。（《后上》29·3）

（3）贞［勿］葡［告］𢀛［方］于［唐］。（《契》76）

名乙者

（4）贞𠦪𢀛方于乙。（《库》1553）

胡厚宣先生谓此名乙先王“或即大乙之省称，亦即唐也”[④]。

名大丁者

（5）贞［于］大丁告［𢀛方］。（《后上》29·3）

名大甲者

（6）贞于大甲告𢀛方出。（《后上》29·4）

（7）贞于大甲告𢀛。（《龟》1·12·3、《续》1·20·4）

（8）贞［于大］甲告𢀛方。（《续存》上1·553）

名祖乙者

（9）□□卜，𣪊，贞𢀛方还，率伐不，王告于祖乙，其征，匄又。七

---

① 胡厚宣：《殷代𢀛方考》，《甲骨学商史论丛》，初集二册。

② 《太平御览》卷83引《纪年》。

③ 陈梦家：《殷虚卜辞综述》，科学出版社1956年版，第410—412页。

④ 胡厚宣：《殷代𢀛方考》，《甲骨学商史论丛》，初集二册。

月。　　□□卜，㱿，贞𢀛方还，率伐不，王其征，告于祖乙匄又。（《南明》79）

（10）贞𢀛方还，勿告于祖［乙］。（《后上》29·2）

（11）乙酉卜，㱿，贞𢀛方还，王其勿告于［祖］乙。（《续》3·4·2）

（12）告𢀛方于祖乙。（《续》3·7·4、《簠帝》62）

（13）贞告𢀛方于祖乙。（《福》7）

（14）贞告𢀛方于祖乙。（《后上》29·2）

（二）土方

土方与商王朝的战争，在第一期卜辞中也经常见到。据考证，“土方疑即杜，《左传》襄二十四年士匄所说‘在商为豕韦氏，在周为唐杜氏’，杜注云‘唐杜二国名’。《左传》文四有杜祁，是杜为祁姓，亦见西周金文杜伯鬲”[1]。而日本人岛邦男认为土方在“殷的北边，𢀛方的东部”[2]。土方和𢀛方一样是个较为强大的部族，曾对商王朝构成严重威胁。经过武丁的反复征伐后，才在武丁时被臣服。征伐土方时所祭的先王有：

名唐者

（15）贞告土方于唐。（《天》61）

（三）方

方的地理位置“当在沁阳之北，太行山以北的山西南部”[3]。甲骨文中记方与商王朝交绥之事，从第一期至第五期都可见到，不过以第一期武丁时期为最多。与方交战祭及先王只见于第一期卜辞，有：

名大乙者

（16）桒方于大乙。（《前》1·3·1）

（17）乙巳卜，争，贞告方出于祖甲、大乙。（《前》1·3·4）

此片贞人为第一期争，武丁不可能称其子为祖甲。武丁以前之先公先王名甲者有上甲、大甲、小甲、戋甲、羌甲、象甲等。象甲为武丁之父辈，即阳甲。因此本片之“祖甲”应指上甲、大甲、小甲、戋甲、羌

---

① 陈梦家：《殷虚卜辞综述》，科学出版社1956年版，第272页。

② 中译本《殷墟卜辞研究》，鼎文书局1970年版，第385页。

③ 陈梦家：《殷虚卜辞综述》，科学出版社1956年版，第270页。

甲等。小甲、戔甲、羌甲在战争卜辞中从未受祭过，而先公上甲和先王大甲在战争中却经常受祭，因此祖甲当为此中二人。但此片告祭祖甲排在大乙之前，当指先公上甲的可能性大些。

名丁者

（18）贞桒方于丁。（《铁》51 · 4）

武丁以上先公先王名丁者有报丁、大丁、沃丁、中丁、祖丁，此名丁祖先不可确指。

（四）方

字于省吾释芫，谓即“《书 · 牧誓》‘及庸、蜀、羌、髳、微、卢、澎、濮人’之髳”①，其地在殷之西南方。征伐方祭及的商先王有：

名大甲者

（19）……于大甲。（《乙》6686）

（五）方

商王朝与方的战争，见于第一期和第三期卜辞，而祭及先王卜辞只见第一期，有：

名大丁者

（20）……畐方大丁。（《前》1 · 4 · 7）

名大甲者

（21）壬辰卜，畐方大甲。（《续存上》634）

（六）虎方

武丁时商王朝曾用兵江汉。《诗经 · 商颂 · 殷武》：“挞彼殷武，奋伐荆楚。”郑笺：“殷道衰而楚人叛，高宗（武丁）挞然奋扬威武，出兵伐之。”甲骨文里有曾、舆（《摭续》62）、虎方。据考证，“曾”在今“湖北枣阳、随县、京山到河南西南角的新野”一带。“舆”（即举）“应在汉东举水流域”。而虎方与中方鼎铭的夔相近，“夔应即后来楚国熊挚所

① 于省吾：《甲骨文释林》，中华书局1979年版，第17页。

居的夔，地在今湖北秭归东”[1]。商王朝与虎方战争祭及的先王有：

名大甲者

（22）……舆其凫虎方告于大甲。十一月。（《簠帝》37）

名祖乙者

（23）……舆其凫虎方告于祖乙。十一月。

名丁者

（24）……舆其凫虎方告于丁。十一月。（《簠帝》203、《佚》945、《续》3·12·6+1·13·2）

已如前述，此名丁者先王不能确指。

甲骨文第一期以后，征伐卜辞锐减，辞中所记商王朝征伐的方国也所见不多。在以后各期中，除了武丁时代就已出现的羌方、大方、方等外，其他各方多不再见。此外，第三期出现了䰜方、總方、兹方，第四期出现了方、召方，第五期出现了人方、盂方、林方等。而战争时所祭先王的卜辞也极为罕见，只有在第四期征伐召方时，曾告祭父丁。

（25）己酉卜，召方来，告于父丁。（《京人》2520）

（26）乙酉卜，召方来，告于父丁。（《甲》810）

此召方陈梦家释黎方，“黎与羌相提并伐，则两方当相为邻”。“《左传》昭四‘商纣为黎之蒐，东夷叛之’此黎当是卜辞黎方之地。壶关之黎与安阳殷都隔太行山东西相望，西伯戡黎危及殷都，所以祖乙恐告于纣。”[2] 第（25）、第（26）辞之父丁，当是商王武乙告祭其父康丁。

以上便是我们平日翻检所辑的全部征伐方国祭及先王的卜辞。为便于比较，我们把有关被商王朝征伐的方国和所祭先王的关系列表如下：

表1　**被伐方国与所祭先王对照表**

先王＼方名	𢀛方	土方	方	方	方	虎方	召方
大乙（唐）	√	√	√				
大丁	√				√		

① 江鸿：《盘龙城与商朝的南土》，《文物》1976年第2期。

② 陈梦家：《殷虚卜辞综述》，科学出版社1956年版，第287页。

续表

方名 先王	舌方	土方	方	[illegible]方	[illegible]方	虎方	召方
大甲	√			√	√	√	
祖乙	√					√	
康丁							√

此表表明，商王朝在与敌对方国交战时，并不是所有的战争都要祭告先王的，只是众多方国中为患最烈者，如舌方、土方、方等。就是表中所列祭及先王，在全部商先王中所占比例也很小。这些被祭先王所涉及的方国也有多寡的不同，其中以大乙（唐）和大甲为最多。祭大乙涉及被征伐方国有舌方、土方和方等三方，祭大甲涉及被征伐方国有舌方、[illegible]方、[illegible]方、虎方等四方。这很清楚地说明，大乙和大甲等几位为数不多的先王在商王朝对外战争中占有特殊的地位。

二　商朝对外战争所祭先王的重要地位

甲骨文中所反映的大乙、大甲等先王在战争中的重要地位，与古文献所反映的是一致的。《晏子·内篇谏上》："夫汤、太甲、武丁、祖乙，天下之盛君也。"《孔丛子·论书》："汤及太甲、祖乙、武丁，天下之大君。"正因为商汤、大甲和祖乙等是商朝历史上有作为的名王，所以商王朝在与强敌发生战争时，都要对他们行祭告之典，以期得到他们的护佑，并对敌方作壱致祸和从心理上予以镇慑。因此，这些先王既是作为商王朝进行战争的授命者，又是作为商王朝的战神而被崇拜的。这就是殷墟甲骨文征伐卜辞祭祀历史上著名先王原因之所在。

《尔雅·释天》："是禷是禡，师祭也。"注："师出征伐，类于上帝，禡于所征之地。"疏云："禡之所祭，其神不明……其神盖蚩尤或曰黄帝。"古代出兵打仗，是有一套礼制的。出兵时不仅要在南郊祭天，还要在所征之地"立表处"祭祀战神蚩尤或黄帝，以"祭造军法者，祷气势之倍增"。此外，还要祭祀祖先。《礼记·王制》："天子将出征，类乎上帝，宜乎社，造乎祢，禡于所征之地。受命于祖。"注谓："告祖也。"疏云："受命于祖，谓出时告祖，是不敢自专，有所禀承，故言受命。祖祢皆告，以祖为尊，故特言祖。此据以征伐之事，故云受命于祖。"《史记·周本纪》载，周武王在"东观兵，至于孟津"前，就是先"上祭于毕"的。集解谓："马融曰：毕，文王墓地名也。"出兵时，还要"为文王木主，载以车，中军。武王自称太子发，言奉文王以伐，不敢自专"。在正式出兵"以东伐纣"时，仍是打着这次行动"乃遵文王"的旗号的。周武王两次出兵之所以这样做，除了表示他伐商是"师修文王绪业"之外，还表示希望在战争中能得到文王在天之灵的护佑，以"祷气势之倍增"，是把文王作为战神看待的。

这是因为作为战神的蚩尤，在商周之际还没有被人们"造"出来。战神蚩尤的形象，据《史记·五帝本纪》正义引《龙鱼河图》云："黄帝摄政，有蚩尤兄弟八十一人，并兽身人语，铜头铁额，食沙石子，造立兵仗刀戟大弩，威振天下……天遣玄女下授黄帝兵信神符，制服蚩尤，帝因之使主兵，以制八方。蚩尤没后，天下复扰乱，黄帝遂画蚩尤形象以威天下。天下咸谓蚩尤不死，八方万邦皆为弭服。"蚩尤事迹最早出现在《尚书·吕刑》。云："王若曰：若古有训，蚩尤始作乱，延及于平民。"《吕刑》为吕侯奉周穆王之命所制定，成书于西周中期以后。这时的蚩尤，只不过是传说中的犯上作乱的部落首领——九黎之君。其后《山海经·大荒北经》记"蚩尤作兵伐黄帝，黄帝使应龙攻之冀州之野。应龙畜水。蚩尤请风伯雨师，纵大风雨。黄帝乃下天女曰魃，雨止，遂杀蚩尤"。说明在战国时代蚩尤已进一步成为继炎帝后，能与传说中的黄帝相抗衡的重要人物了。正因为蚩尤"作五兵"和英勇善战，战国、秦汉之际就被奉为战神了。《史记·封禅书》记秦始皇统一中国后，曾"东游海上，行礼祠名山大川及八神"。昔时齐地的八神之三"曰兵主，祠蚩尤"。在秦汉之际，刘邦起兵时，也曾"祠黄帝，祭蚩尤于沛庭，而衅鼓旗"①。

正由于商周之际还没有产生战神蚩尤，所以商周统治者为了表明自己进行战争秉承的是先王的意志，"受命于祖"；并希望先王在战争中护佑自己和激励士气，因此要对自己历史上著名的先王进行祭祀，这和后

---

① 《史记·高祖本纪》。

世祭祀战神蚩尤的性质是一样的。

三　周原甲骨庙祭成唐、大甲与庙祭甲骨的族属

周原出土庙祭甲骨中所祭商先王，特别是成唐（即大乙）和大甲，为我们判断这些甲骨的性质和族属提供了重要线索。

本文篇末所列第三片（H11：112　四七·图9）记有“王翌日乙酉其𠦪称㫃”。“称㫃”，唐兰谓“是举旗，与建旗意义相近”[1]。王建之旗，《周礼·春官·司常》谓：“王建太常，诸侯建旗。”王建大常之旗是在下述几种情况之下：第一，《周礼·夏官·司马》云：“中秋，教治兵，如振旅之陈，辨旗物之用，王建大常，诸侯载旂。”“中冬，教大阅。”注云：“至冬大阅简军实，凡颁旗物，以出军之旗则如秋。”治兵和大阅典礼与军事训练有密切关系，这时王要建大常之旗。第二，出兵打仗时王要建大常之旗。《周礼·夏官·司马》大司马职“若大师，则掌其戒令……及致，建大常，比军众，诛后至者”。第三，在祭祀时王要建大常之旗。《周礼·春官·司常》“凡祭祀，各建其旗”。疏谓：“偏据王而言，云乘玉路则建大常。经云各建其旗，则诸侯以下所得路各有旗。”第四，王与诸侯会同或巡狩时也要建大常之旗。“会同宾客亦如之，置旌门。”注谓：“宾客朝觐宗遇，王乘金路。巡狩兵车之会，王乘戎路，皆建大常。”第三片之王“称㫃”，是说王建大常之旗。

从第三片之“彝文武丁必”即居处在文武丁庙和“文武丁豊”，即祭及文武丁（即文丁）看，此片当为商王帝乙祭及其父文丁时所卜。古文献中没有商王帝乙与周方伯——西伯共同田猎或会同、巡狩及祭祀文武丁的记载。而《竹书纪年》却有帝乙二年，周人伐商的记录。所以本片之“称㫃”，当是商王帝乙建大常之旗，与大司马职的“若大师……建大常，比军众……”的军事行动有关。而商王帝乙之所以在建大常之旗的时候祭祀其父“文武丁”（即文丁），是因为“文丁杀季历”[2]以后，周文王即位，他为报父仇，在帝乙二年伐商。商王帝乙建大常之旗召集兵

---

① 唐兰：《陕西省岐山县董家村新出西周重要铜器铭辞的释文和注释》，《文物》1976年第5期。

② 范祥雍：《古本竹书纪年辑校订补》，上海人民出版社1962年版。

众，并祭其父文丁以表示他反击周人是秉承其父遏制周人发展的意志，也希望其父在天之灵能威慑周人并保佑自己在战争中取得胜利。如果像有些学者所说，这片甲骨属于周人的话，那么与商人有杀父之仇的周文王（或者有杀祖之仇的周武王），居然会祭祀起自己不共戴天的仇敌商王文丁，这在脱离“野蛮”畛域不久的周族来说是不可想象的。

与第三片基本同时的还有篇末所列第一片（H11：82　四十 · 图 14）及第二片（H11：84　七 · 图 12）。这两片都有“曹周方伯”。我们同意于省吾先生对曹字的考证，他说：“其于征伐言曹某方，以及祭祀于人牲和物牲言曹者，并非曹告之义。”“曹从册声，古读册如删，与刊音近字通，俗作砍。”[①]“……典，曹周方伯”与“曹周方伯”，当同指帝乙二年商王朝反击周文王入侵之事。如果把“曹周方伯”解释为周方伯被册封之事，不仅与殷墟甲骨文中常见的“曹某方”即指征伐某方而言的卜辞辞义完全不合，而且与同时第三片（H11：112　四七 · 图 9）所记的帝乙为反击周人入侵，庙祭文丁并建大常之旗准备出征的情事也不相合。此外，第二片（H11：84　七 · 图 12）在“曹周方伯”时，还“皋又大甲”，这也为“曹”字与征伐方国有关提供了佐证。大甲在商王朝征伐方国战争中的地位，我们在前面已经谈过。征伐（曹）周方伯并祭祀战神大甲，这才是合乎逻辑的解释。

篇末所列第四片（H11：1　一 · 图 13）的“彝文武帝乙宗”，即居处在商王帝乙的宗庙里。帝乙既已立庙，此片甲骨当为帝辛时物。持周原甲骨周人所有说者，可据此“文武帝乙宗”定此片为与帝辛同时的文王时代物（或定为帝辛末期的武王时代物）。但据我们的考证，周人不可能在周原为商王立庙，周文王居殷时也不能入“文武帝乙宗”并卜祭商族著名先王成唐。[②] 本片只能是帝辛时的商人甲骨。辞中祭成唐的王，只能是帝辛而不可能是周文王（或周武王）。帝辛为什么在其父帝乙的宗庙中占卜，并准备隆重的祭祀先王成唐呢？他希望什么事情能得到成唐的保佑并使之顺利呢？辞中并没有说明。但所祭先王成唐，为我们透露了帝辛这次占卜的目的。

---

① 于省吾：《释曹》，《甲骨文字释林》，中华书局 1979 年版。

② 王宇信：《试论周原出土的商人庙祭甲骨》。《中国史研究》1988 年第 1 期。

成唐是商王朝的开国之君。《诗经·商颂·长发》记他“韦顾既伐，昆吾夏桀”，建立了商王朝。经过商汤的经营，商王朝的版图急剧扩大，正如《诗经·商颂·殷武》所歌颂的：“自彼氐羌，莫敢不来享，莫敢不来王，曰商是常”，成为当时世界上为数不多的奴隶制大国。正因为商汤在对外征伐战争的胜利中建立和加强了商王朝的统治，因此他“号曰武王”。也正是由于商汤的“甚武”①，所以在商王朝与为患最烈的一些雄族，如舌方、土方、方的战争中，他都要受到后世子孙的祭祀，希望他们的“武王”——商王朝的战争胜利之神能使后代取得胜利并励扬卒伍的士气。因此，第四片周原出土庙祭甲骨所记帝辛隆重祭祀成唐是事出有因的，很可能与商末帝辛与周人的决战有关。

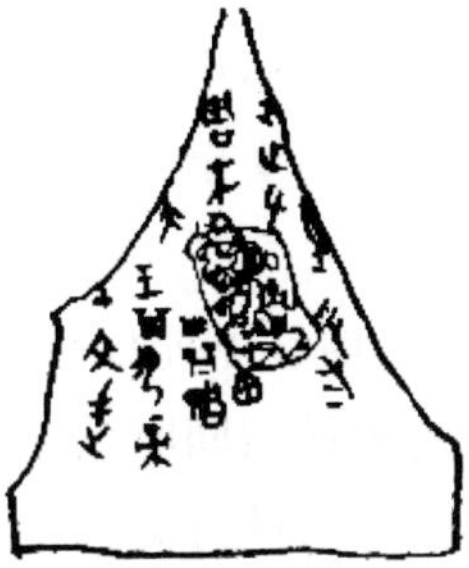

H11:82

1

H11:112　3

H11:84

2

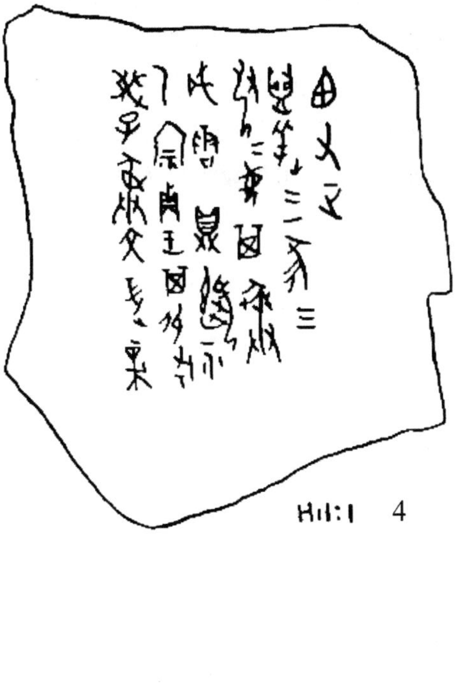

H11:1　4

① 《史记·殷本纪》。

众所周知，商末帝辛时没有与周文王发生军事冲突。只是在周文王死后，周武王才开始大规模对商纣王（即帝辛）用兵。据《史记 · 周本纪》载，一次用兵是“九年……东观兵至于孟津”。一次用兵是“十一年十二月戊午，师毕渡孟津”，直至次年“二月甲子昧爽”，进行了历史上有名的牧野之战，商纣兵败，商朝灭亡。对周人这两次大规模军事行动，商王帝辛作何反应，古籍所记语焉不详。只有第二次伐商，周人陈师牧野时，“帝纣闻武王来，亦发兵七十万人距武王”的记载。第四片周原出土庙祭甲骨为我们补充了史籍的不足。即在第二次周武王“师渡孟津”以后（或第一次“东观兵，至于孟津”时），商纣王闻讯还是认真对付的。他曾在帝乙宗庙行告庙出征之礼，并祭祀战神先祖成唐，然后出兵在牧野与周武王大军决战。因此，本片甲骨祭祀先王成唐，不仅可以使我们推断出此片甲骨应与武王伐纣的战事有关，而且还可以进一步确定此片甲骨的具体时间应在商纣王末年，即周武王第一次出兵之后或第二次正式出兵伐纣的过程中。

总之，我们在研究上述几片周原出土庙祭甲骨时，不能仅限于一字、一辞或一片的考释。而应把一字、一辞或一片的考释与同时的殷甲骨以及古文献所记的历史环境结合起来，做“观其全体”的综合研究。不仅要尽量做到一字、一辞的解释在该片中能文从字顺，而且还要把一字、一辞的解释放到同时的甲骨中去验证并放到当时的历史环境里进行考察，看看这组同时的甲骨的解释是否也文从字顺、互无捍格。只有这样，才会逐步缩小分歧，求得较为接近的看法。

第十篇

周原庙祭甲骨“𠮤周方伯”辨析

1977年，周原凤雏宫殿基址西厢二号房窖穴H11、H31有字甲骨成批出土，引起了国内外学者的极大兴趣和热烈讨论。[①] 对于这批甲骨的族属，学者们的看法有很大分歧。1982年5月，全部有字甲骨材料公布以后，研究日益深入，学者们逐渐把争论的焦点集中到载有殷先王宗庙名和涉及殷先王的几片庙祭甲骨（H11：1、H11：82、H11：84、H11：112）上。

判断这几片庙祭甲骨的族属（周人之物，抑或商人之物），应对我国古代的祭祀制度和刻辞本身的内容，特别是对辞中所祭先王和刻辞行款进行全面分析。而对“𠮤周方伯”的辞意做出较为符合商周之际历史实际的诠释，是解决庙祭甲骨族属问题的关键。

“𠮤周方伯”见于下述两片周原庙祭甲骨：

（1）……文武……王其邵帝□天□𢍰（与“典”字同），𠮤周方……囟（斯）正亡𠂇（左）……王受有佑。（H11：82　四十·14）

（2）贞王其求又大甲，𠮤周方伯，𧖟，囟正不左，于受有佑。（H11：84　七·12）

对“𠮤周方伯”，学术界的诠释有很大分歧。

有学者认为，“𠮤周方伯”“就是把周方伯作为祭牲”，这是因为在殷墟甲骨文里大量存在的𠮤祭“不管是对物牲或人牲真正杀死，或者只做为杀的象征的登记，被𠮤的人或物，总是一种被牺牲的对象”[②]。

---

① 参见拙著《西周甲骨探论》，中国社会科学出版社1986年版，第20—30页。

② 王玉哲：《陕西周原所出甲骨文的来源试探》，《社会科学战线》1982年第1期。

也有学者考证“晋周方伯”与战争有关，辞中周方伯是被晋伐攻战的对象。[①]

上述“用牲说”和“战事说”，都反映了商王朝和周族处于完全敌对的状态。

还有的学者认为“晋周方伯”“即文王往殷王宗庙中拜受殷王新命为周方伯之事”[②]。有的学者更进一步考证“晋周方伯的晋与征伐战争是无关的”，应“作为册封册命解”，乃是指周文王“被商王帝辛册封为方伯”[③] 之事。这种“册封说”认为周文王“未象其父一样，受到商人怀疑”，反映了商周之间的关系较为融洽。

如此等等，一字之异，所得结论截然相反。为了进一步做出诠释，我们以时代相近的殷墟甲骨文中性质相近的辞例，进行比较辨析。

一　关于战事说

殷墟甲骨文中常见“称册”，每与征伐方国的战事有关。如：

（3）乙卯卜，争，贞沚戓称册，王从伐土方，受有佑。（《续》3.10.2）

（4）王其从，望称册，光及伐望，王弗每，有𢦏。（《摭续》141）

（5）□□卜，争，贞沚戓称册，王从伐土方，受有佑。（《库》1549）

（6）……戓称册，今载……土方，受有佑。（《金》384）

（7）□□卜，㱿，贞戓称册，乎从伐巴。（《乙》7732）

以上各辞在“称册”之后，多有“伐”等军事行动。“称，谓述说也。册，谓册策也。”征伐方国时，“必先称册述命”[④]。

甲骨文中也有“称晋”“称典（䢍）”的辞例：

（8）贞兴称晋乎归。（《缀合》223）

① 李学勤、王宇信：《周原卜辞选释》，《古文字研究》第4辑，中华书局1980年版；王宇信：《试论周原出土的商人庙祭甲骨》，《中国史研究》1988年第1期。

② 徐中舒：《周原甲骨初论》，《古文字研究论文集》，1982年5月。

③ 杨升南：《周原甲骨族属考辨》，《殷都学刊》1987年第4期。

④ 于省吾：《释晋》，《甲骨文字释林》，中华书局1979年版。

（9）癸巳卜，贞商称𦉪。（《甲》2123）

（10）壬申卜，㱿，贞……祸。称典，乎从。（《龟》2.11.11）

（11）□申卜，□，贞侯……称典……（《京》1380）

“典（𢍁）”亦“指简册言之”[①]。虽然在甲骨文中所见“称𦉪”“称典（𢍁）”之例不如“称册”为多，而且文意不全，但我们以“称册”辞例例之，当也与战事有关。无论称册、称𦉪或称典（𢍁），都是在与方国交战前所举行的一种仪式，即殷王将书写战争誓词或出兵命令的典册当众宣读并授予领兵之将。商末武王伐纣，在牧野决战前向周师宣读《牧誓》，也就是这种仪式的沿袭。

“称册”又往往与“𦉪某方”相连。如：

（12）……沚或称册，𦉪𢀛〔方〕，其敦卒，王从，下上若，受有佑。（《续存下》293）

（13）……或称册，𦉪𢀛〔方，其〕敦卒，王从，受有佑。（《前》7.25.1）

（14）□戌〔卜〕，㱿，贞〔沚〕或称册，𦉪土［方］，王从，〔受有佑〕。（《粹》1098）

上述诸辞“𦉪”某方之“𦉪”字，胡厚宣师谓“其义实同于伐。其言𦉪方者，除本辞‘𦉪𢀛’之外，亦言‘𦉪土方’，盖犹言伐𢀛伐土方也”[②]，是完全正确的。应该注意的是，卜辞凡“称册，𦉪某方”连言，基本没有将“𦉪某方”之“𦉪”字写作“册”或“典（𢍁）”字的。这也说明它们在一起连用时，意义是有所区别的。

就是单言“𦉪某方”，也与战争有一定关系。如：

（15）……↓盂〔方〕……𦉪盂〔方〕……田甾正……（《合集》36512、《粹》1190，附图4）

（16）丁巳王卜，贞……𦉪人方，余……受又，不……在祸。王占……（《合集》36498，本文后附图3）

盂方、人方是商末帝乙、帝辛时长期征伐的主要对象。（15）、（16）

① 于省吾：《释称𦉪》，《双剑誃殷契骈枝》续编。

② 胡厚宣：《殷代𢀛方考》，《论丛》初集二册。

辞中之“曾盂方”“曾人方”，很显然与商晚期征伐这些方国有关。《合集》3653 还有“……率伐……盂〔方〕……余其……盂方”，“伐”与“曾”同辞，更是指军事行动的直接证据。也有个别言“册方”的。如：

（17）乙丑王卜，禽巫九禽，余其尊遣告侯田，册䖒方、羌方、羞方、辔方。余其从侯田，甾伐四邦方。（《合集》36528）

本辞的“册”字，我们理解与册伐四个方国的军事行动有关，当不悖于全辞辞意。因为所“册”的羌方、羞方等四个方国，正是“余其从侯田”所“甾伐”的“四邦方”。“册”字在这里，不会是册封、册命四个邦方的意思。

我们可以看到，第（2）辞周原庙祭甲骨之“曾周方伯”，与第（15）辞之“曾盂方”、第（16）辞之“曾人方”及第（17）辞之“册䖒方、羌方、羞方、辔方”的辞例基本相同。既然殷墟甲骨文中“曾”某方、“册”某方指与方国的军事行动，那么“曾周方伯”当也应指曾伐周方伯的军事行动。第（1）辞“□典（𢍰），曾周方伯”与上述辞例略有不同，但在殷墟甲骨文中也可找到基本相同的辞例：

（18）……[illegible]典（𢍰），曾羌方，王……（《京人》1876，本文后附图2）

本辞之“曾羌方”，以上述辞例例之，系指伐羌的战事。前面的“典（𢍰）”字，则与前述第（9）辞、第（10），辞的“称典（𢍰）”意义相近。其实，“典（𢍰）”字直接与方国相连时，也与征伐方国的战争有密切联系。如：

（19）贞王从〔沚〕或典（𢍰）伐召方，受佑。

……典（𢍰）伐召方，受又。（《合集》33020，本文附图 1）

本辞不仅证明“典（𢍰）”字与方国相连时与军事行动有关，而且还可印证第（18）辞“曾羌方”就是曾伐羌方的军事行动。试以第（18）辞与第（19）辞对比，在“典（𢍰）”字后，方名前的位置上，前者是“曾”字，后者是“伐”字，这说明“曾”和“伐”字意义应相近。第（18）辞“……典（𢍰），曾羌方”之意已明，与此辞例相同的周原庙祭甲骨“□典（𢍰），曾周方伯”，自然也应理解为曾伐周方伯的军事行动。

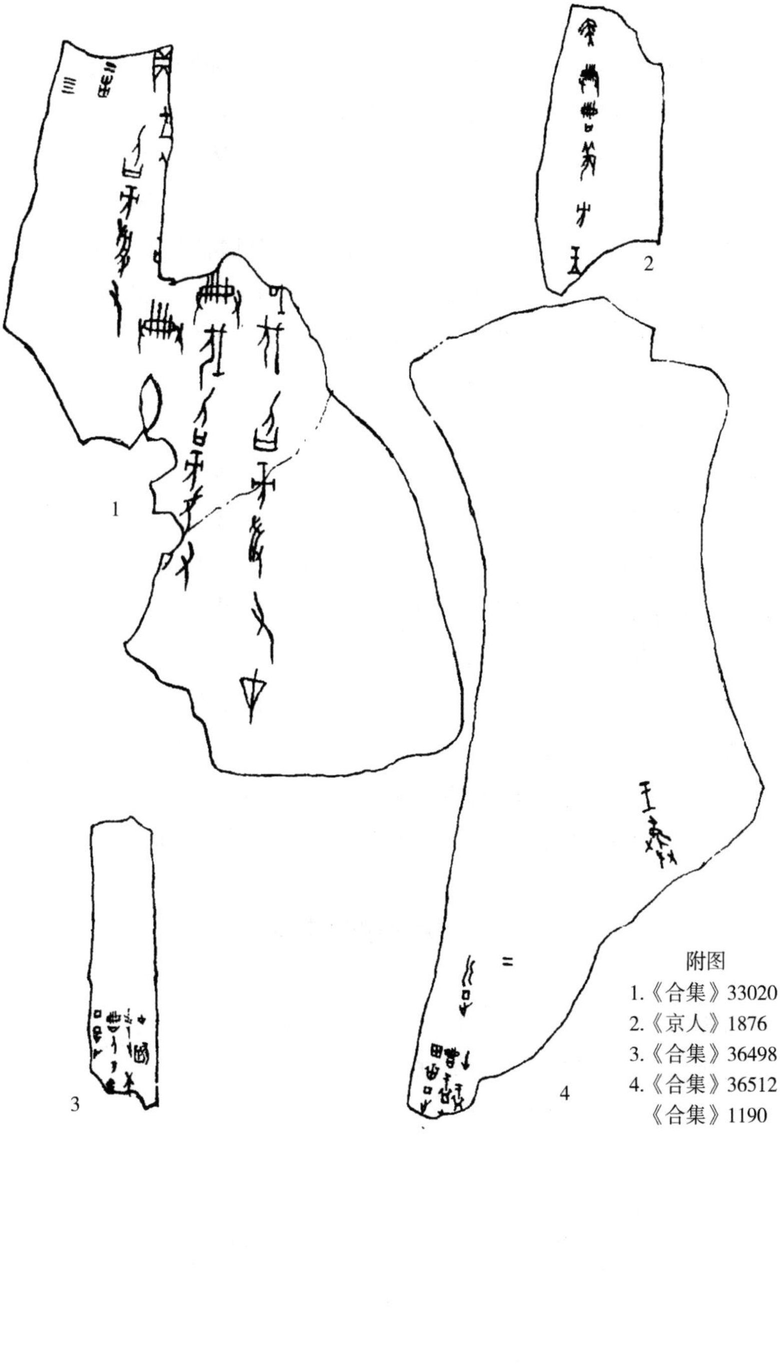

附图
1.《合集》33020
2.《京人》1876
3.《合集》36498
4.《合集》36512、
《合集》1190

二 关于用牲说

于省吾先生根据二百多条“晋”字作为人牲和物牲的用法，指出：“其言晋若干伐或晋伐，以伐为名词，伐指以戈断头的人牲而言。其既言伐又言晋者，这是说，已被断头的人牲又砍断其肢体。”而“晋羌”，“是说砍断羌俘的肢体，与言晋伐者有别”。“其言晋㞢或晋若干㞢者，指砍断降虏之肢体言之。”而“其于物牲言晋者，则物牲的肢体也同样被砍断”①，这是很精辟而全面的见解。有的学者据此认为，“晋周方伯”“就是把周方伯作为祭牲”。② 我们则认为还值得讨论。

用方伯做人牲的例子并不少见，如：

(20) 羌方伯其用，王受又。

其用羌方□于宗，王受又。(《甲》507)

(21) 用危方囟于妣庚，王宾。(《南明》669)

(22) □亥卜，羌二方伯其用于祖丁父甲。(《京》4034)

(22) 丁卯卜，□，贞畀绊伯盔，用于丁。(《合集》1118)

(23) ……畀绊盔。(《合集》1119)

胡厚宣师指出，“殷人征伐方国，俘获了方国的伯长，也常常用以祭祀。或称用、又，或称畲、寻，都是祭祀的名称”③。但在殷墟卜辞中用方伯作祭牲时，尚未见与周原庙祭甲骨上“晋周方伯”相同的辞例。故“晋”祭与用方伯作祭牲无关，“晋周方伯”当不会是以周方伯为祭牲。

三 关于册封说

论者据《说文》“晋，告也”，论证甲骨文“晋”字可“用于册命册封”④。下述二辞曾被学者引为证据：

(24) 乎从臣沚侑晋卅邑。(《乙》696)

---

① 于省吾：《释晋》，《甲骨文字释林》，中华书局 1979 年版。

② 王玉哲：《陕西周原所出甲骨文的来源试探》，《社会科学战线》1982 年第 1 期。

③ 胡厚宣：《中国奴隶社会的人殉和人祭》下篇，《文物》1974 年第 8 期。

④ 杨升南：《周原甲骨族属考辨》，《殷都学刊》1987 年第 4 期。

（25）贞妇翔𦉢册画。（《簠杂》89）

应当指出，上述二辞确实使甲骨学者费解，但与其他辞例相近的卜辞进行比较，其义还是可以基本明确的。甲骨文中常见“侑𦉢”，如：

（26）贞𠨘侑𦉢。（《乙》2210）

辞中之“𠨘”为人名。“侑𦉢”为常见两种相连的祭名。祭名“侑”，有劝、求之意。“𦉢”字在此亦为祭名，“于祭祀言侑册者，皆指简策而言”[①]，即以简策侑告神明。也有侑告于祖先的辞例：

（27）贞子商侑𦉢于父乙，乎酒。（《续》1.28.5）

（28）贞子渔侑𦉢于父乙。（《铁》231.1）

（29）□酉〔卜〕，□，贞子渔侑𦉢于娥，酒。（《铁》264.1）

以上各辞的子商、子渔等，都是主祭的人名。而父乙、娥等，都是被祭的对象。以上述各辞辞例例之，第（24）辞之“臣沚”，当也是主祭之人。“卅邑”应与祭品有关，如何将之用祭尚待研究。第（25）辞之妇某“𦉢册画”，论者举子画与商王朝关系亲密的材料，认为“‘册画’当不是对其宣战的战书，而是册封、册命画”[②]之意。但问题还有另一方面，那就是甲骨文中还有子画曾与商王朝交恶作战的材料，如：

（30）贞……师……屠子画。（《续存下》461）

（31）庚子，贞王、禽屠子画。（《宁》491）

（32）刚令骨屠子画。（《掇一》432）

“屠”字于省吾谓作动词时有“屠戮伐灭”意。商统治阶级内部发生矛盾，子画曾被屠伐。此外，诸如禽也曾被屠伐，如：

（33）贞惟陨令屠禽。（《前》7.32.1）

还有一些方国也曾遭屠伐，如危方（《京》6386、《佚》913等）、虎方（《叕》19）等。

因此，画地与商王朝关系亲善和交恶两种情况都曾存在，我们很难仅凭一二亲善材料，就判断妇某“𦉢册画”为“册命画”。在卜辞中还找不到较为相同的辞例作为册命、册封的直接证据。恰恰相反，第（25）辞辞例却与第（12）、（13）、（14）、（18）辞较为接近，可以理解为与战

① 于省吾：《释𦉢》，《甲骨文字释林》，中华书局1979年版。

② 杨升南：《周原甲骨族属考辨》，《殷都学刊》1987年第4期。

事有关。而第（30）、（31）、（32）辞子画曾被屠伐，也可以视为旁证。

既然卜辞中“侑䶂卅邑”“䶂册画”与“册封、册命”无关，那在殷墟甲骨文中就再也找不到作“册命”讲的其他与“册”字有关的材料了。也就是说，第（1）辞之“䶂周方伯”与第（2）辞之“□典（𠔘），䶂周方伯”在卜辞中没有用作册封、册命意义的例证。

根据上述，可以看出：

第一，确如于省吾先生所说：“甲骨文册与䶂习见，䶂字说文作䶂训告。甲骨文于征伐言称册，于祭祀言侑册者，均指简策而言。”① 甲骨文册、䶂、典意义基本相同，都有典策意。“称册”“称䶂”“称典”都与征伐方国时的“称册述命”有关。

第二，凡“称册，䶂某方”连言时，所称之册、典，与䶂某方之䶂多不相混，说明它们连用时是有区别的。于省吾先生谓：“其于征伐言䶂某方，以及祭祀于人牲和物牲言䶂者，并非䶂告之意。”“䶂以册为音符，应读如删，通作刊，俗作砍。”② 考察“䶂某方”“册方”卜辞，无疑都与征伐方国的战争有关。与其辞例相同的周原庙祭甲骨“䶂周方伯”“□典（𠔘），䶂周方伯”的诠释也应相近，即与对周方伯的军事行动有关。

第三，殷人杀伐被俘方国首领祭祀祖先时，用牲之法多称用、又、𠨍、寻、卯等。䶂祭之法行用对象，多为牲畜和身份较低的人牲，诸如㞢、垂、伐（杀头人牲）、羌、妾，等等，尚未见有某方伯被“䶂”砍的卜辞。故周原“䶂周方伯”“□典（𠔘），䶂周方伯”二辞不应解释为“䶂”砍周方伯为祭牲事。

第四，金文中的“册”字省去了“口”符，用于册封、册命较为习见。但这是较周原庙祭甲骨时间为后的材料，而且文字性质也不尽相同。而与第（1）辞、第（2）辞时代相近、性质相同的殷墟甲骨文中，没有用册、䶂字于册命、册封某方伯的具体实例。因此，“䶂周方伯”“□典（𠔘），䶂周方伯”也不是指册命、册封周方伯之事。

第五，周原出土庙祭甲骨 H11：1 即“癸巳彝文武帝乙宗……”、H11：82 即本文第（1）辞、H11：84 即本文第（2）辞和 H11：112 即

---

① 于省吾：《释䶂》，《甲骨文字释林》，中华书局 1979 年版。

② 于省吾：《释䶂》，《甲骨文字释林》，中华书局 1979 年版。

“彝文武丁必，贞王翌乙酉求，称中（㫃）……”根据我们的考证，应为帝乙、帝辛时（与周文王同时）的商人之物。

这四片庙祭甲骨是应有早晚之分的。我们据 H11：112、H11：82、H11：84 各片字体相近，和 H11：112 的“王……称中（㫃）”即举行建旗典礼、H11：82 的“□典（[illegible]），䎽周方伯”、H11：84 的“䎽周方伯”等内容的考证，认为这三片应划为一组，与帝乙二年周人犯商、商人做出反击的史事有关，是帝乙时物。而 H11：1 的“癸巳彝文武帝乙宗……成唐……”不仅字体与上述三片稍有区别，而且从所记“文武帝乙宗”，即纣父帝乙死后所立之庙判断，此片无疑应为帝辛卜辞。[1]

① 王宇信：《周原出土庙祭甲骨商王考》，《考古与文物》1988 年第 2 期；王宇信：《周原甲骨刻辞行款的初步分析》，《人文杂志》1988 年第 3 期。

第十一篇

周原甲骨刻辞行款的初步分析

周原出土甲骨刻辞，虽然每版字数不多，但辞例、行款却较为复杂。有学者分析了它们的字型与孔型①，有学者研究了它们的文法②，也有学者从辞例、命令副词开首的句子等方面进行了分析③。如此等等。从不同方面对周原出土甲骨刻辞进行分析，对判定它们的用途和族属是有意义的工作。

但迄至目前，还没有人对其行款进行过系统整理和分析。我们拟在这里专就刻辞行款进行初步整理，为学者深入分析提供一些线索。根据我们的整理，周原出土甲骨刻辞的行款，基本可分为下述四种类型：

一　刻辞行款自左始下行再右转行

（1）H11：1（一・13）“癸巳彝文武帝乙宗，贞王其邵吼成唐鬳，禦，𠬝二女。其彝血羊三、豚三，囟（斯）又正”（参见本文图1）。

（2）H11：84（七・12）“贞王其桒（求）又（侑）大甲，𠮷周方伯，盡，囟（斯）正，不𠂇（左），于受又（有）又（祐）”。

（3）H11：112（四七・9）“彝文武丁必，贞王翌日乙酉其桒称𠁩（中）……文武丁豊……氿卯……左，王□□□”。

（4）H11：82（四十・14）“□□〔彝〕文武……王其邵禘……天□册，𠮷周方……囟（斯）正亡左……〔王〕受又又”。

---

① 徐锡台：《周原出土甲骨的字型与孔型》，《考古与文物》1980年第2期。

② 高明：《略论周原甲骨文的族属》，《考古与文物》1984年第4期。

③ 李学勤：《续论西周甲骨》，《人文杂志》1986年第1期。

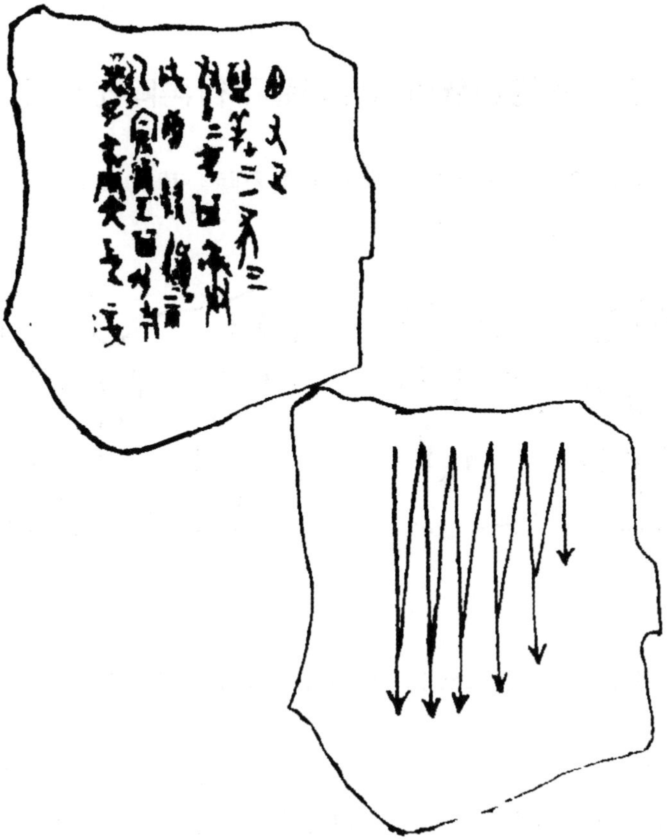

图 1

（5）H11：174（四六·8）“贞王其皀用胄，叀□胄乎奏受，囟（斯）不（丕）妥（绥）王”。

（6）H31：4（四·291）“卲曰毋既克尤宣。用”。

上述各辞，都有叙辞或以“贞”字起首的命辞。我们以殷墟卜辞辞例例之，第（1）—（5）辞应为卜辞。

此外，第（6）辞没有出现“贞”字而以“卲”字起句。有学者考定此字不仅“与‘贞’字的训解相同”，而且“用法确与‘贞’字相同”①。因而可视此类刻辞为与周原甲骨较为典型的卜辞［即（1）—

① 李学勤：《续论西周甲骨》，《人文杂志》1986 年第 1 期。

（5）辞］略有不同的另一种卜辞，在殷墟卜辞中是不见的。

二　有的刻辞行款自右起下行再向左转行

（7）H31：2（一·288）“唯衣鸡子来降，其执罙𠂤事。　在旃尔卜，曰南宫𬱖其乍”（参见本文图2）。

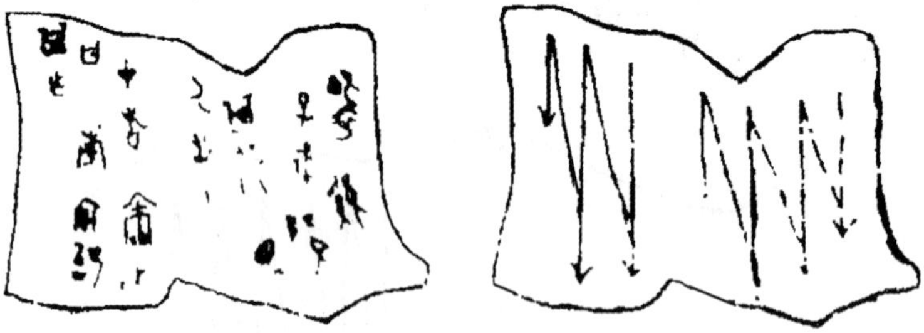

图 2

（8）H31：3（三·289）“其隻五十人往，囟亡咎。　八月辛卯卜，曰其瘦（夢）。”

（9）H11：48（七三·15）“渭渔，既吉。兹用。〔王〕其乎……”

（10）H11：189（一七一·21）“曰吉。其五……正，王〔受〕□□”。

（11）H11：138（三六·22）“今秋王囟克往密”。

（12）H11：80（六九·24）“王其往密山舁”。

（13）H11：3（一一·27）“王隹田至于帛，衣王田”。

（14）H11：113（七二·29）“辛未王其逐戏兕……亡眚”。

（15）H11：4（二·46）“其微楚　𠂤贲师氏舟贲”。

（16）H11：83（九·47）“曰今秋楚子来告父后戈”。

（17）H11：21（五六·49）“舟召囟克事”。

（18）H11：92（九〇·52）“龙乎见莒”。

（19）H11：117（三五·61）“祠自蒿于周”（参见本文图3）。

（20）H11：20（三·65）“祠自蒿于壴”。

（21）H11：98（一〇七·82）“毋公用䚄”。

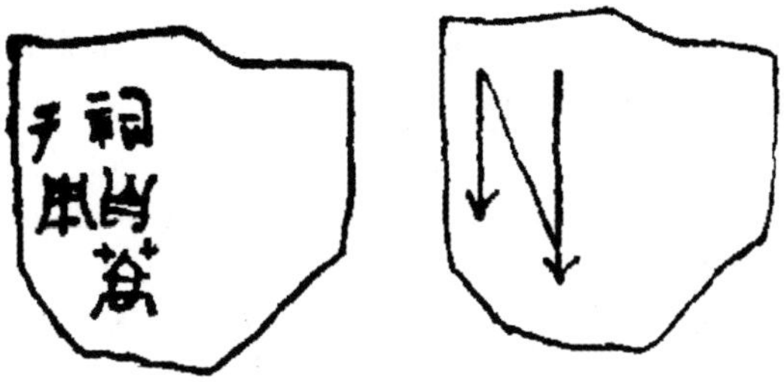

图3

（22）H11：28（一一〇・90）“一戟，囟亡咎”。

（23）H11：35（六二・103）“□车乘，囟亡咎”。

（24）H11：170（七四・102）“庚子……逐其四”。

（25）H11：114（四一・115）“弜巳其若扆，囟正”。

（26）H11：2（二一・122）“自三月至于三月月唯五月囟尚”。

（27）H11：47（二五・130）“大还，囟不大追”。

（28）H11：55（二四・133）“隹十月既死□亡咎”。

（29）H11：6+32（一四・138）“尔囟克事”。

（30）H31：4（四・291）“迺则……墜廼囟亡〔咎〕”。

（31）齐家采：112（六・302）“卜，曰衣车马，囟又瞏”。

在周原出土的甲骨中，这一类行款的刻辞较多，字数也仅次于前述第一种类型的卜辞。它们的行款走向恰恰与第一种类型刻辞的行款走向相反。那么，这种类型的行款是否与第一种类型的行款为左、右对贞呢?我们认为不是的。这是因为其一，西周甲骨文与殷墟卜辞一脉相承，但又形成了自己与殷墟卜辞不同的特征。从齐家出土的较完整有字卜甲 H3〔2〕：1（一・300）看，虽然刻辞守兆，但看不出左右对贞的现象。而凤雏 H11、H31 所出卜甲更为碎小，要想找出对贞关系是不可能的。齐家出土较完整的有字卜甲，如 80FQN 采：112（六・302）、NH1〔3〕：1（二・298）及采：49（五・299）等版看，刻辞虽与卜兆有一定关系，但没有见到刻辞相间或对贞的现象。因此，就据目前我们所能见到的较完整西周卜甲、卜骨材料判断，西周甲骨文例与殷墟卜辞是不尽相同的，即不对贞。这就排除了第二种类型行款刻辞与第一种类型行款刻辞为对贞的可能性。

其二，第（6）、（30）辞为两种不同走向行款的刻辞，共同分布于H31∶4（四、291）片上（参见本文图4）。

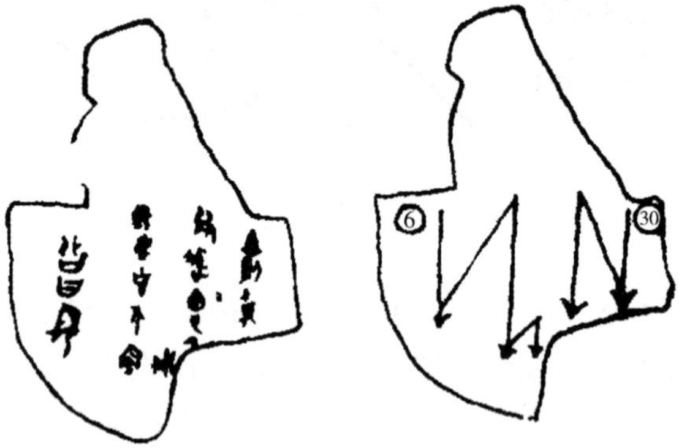

图4

此碎甲片为左下甲近外缘处。第（6）辞自外向内右行，这与殷墟卜辞“在外向内”的作风是相同的。而第（30）辞行款走向与其相对，自右左行。我们之所以说它们不是对贞，因为此甲不是中央“千里路”部分，而且第（6）辞以“卲”字开头，第（30）辞却以“廼”字起首，因此刻辞第（6）与第（30）虽然分布于同版之上，但绝不是对贞卜辞。

其三，从刻辞内容看，这一类型行款的刻辞，不见第一种类型行款刻辞的“前辞”或有可供判断卜辞的起首字“贞”“卲”等，因而不能定其为卜辞。

董作宾先生曾论定，“商代的记事文字，无一非‘下行而左’者”。指出诸如牛头刻辞（《甲》3939）、鹿头刻辞之一（《甲》3940）、鹿头刻辞之二（《甲》3942）、骨柶刻辞之一（《佚》518）、骨柶刻辞之二（《佚》427）、小臣墙刻辞（《合集》36481）、骨简刻辞（干支表）、玉器刻辞、石器刻辞、牛距骨刻辞（《乙》8688）、人头刻辞、金文（小臣邲卣）等，都是自右下行而左的记事文字。[1] 当然，也有极个别的例外，如虎骨刻辞（《安怀》B1915），行款走向与上述记事相反，自上而下向右

① 参见董作宾《殷代文例分“常例”“特例”二种说》，《中国文字》1962年第6期。

转行。

周原甲骨上第二类型行款的刻辞，与殷墟卜辞中的记事文字行款颇相一致。但是，周原甲骨刻辞背面都有凿、灼，正面呈兆，当与占卜有一定联系，这与上述商代各种记事文字刻在没有钻、凿、灼痕的甲骨上或其他与占卜无关的材料上又不完全相同。但是，在殷墟甲骨上，有的背面布满钻、凿和灼痕，正面密布卜辞，在卜辞附近，有一种与占卜有关，但又不是卜辞的记事文字，如《合集》10405 正“己卯媚子寅入图羌十”（参见本文图 5）。

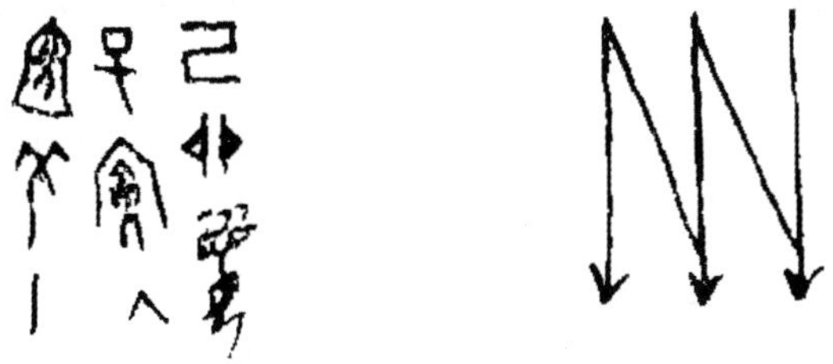

图 5

周原甲骨上的第二种类型行款刻辞，当与殷墟甲骨的这种记事文字性质相近。

此外，就从第二种类型行款的内容考察，文字简明，多为单句或主从附句（即附以“囟”字开头构成的单句）。而句中经常见到的“亡咎”“亡眚”等词汇，在《周易》卦、爻辞中常见。而卦、爻辞就是判断句而不是问句。因此有的学者指出，周原甲骨刻辞中以“‘囟……’或‘尚……’这样以命令副词开首的句子，绝不是问句。这表明，西周卜辞都不是问句”[①]。我们上面分析的第二种行款刻辞为记事之作，与从辞例分析所得出的看法是一致的。

个别的刻辞，如第（7）、（8）、（31）辞都出现了“卜曰”，有学者据此论定其为前辞的一种形式。[②] 我们据后第（49）辞“弗用丝卜”及 H11：38（二八·16）“王卜”及齐家 NH1〔3〕：1（二·图 298）辞

① 李学勤：《续论西周甲骨》，《人文杂志》1986 年第 1 期。
② 李学勤：《续论西周甲骨》，《人文杂志》1986 年第 1 期。

"王⽬我牧单兕豚卜"及第（16）辞"曰今秋楚子来告父后戈"等辞例例之，这一类刻辞应在"卜曰"之间断读。即第（7）辞应读为"在旃尔卜，曰南宫䍃其乍"。第（8）辞应读为"八月辛卯卜，曰……"第（31）辞应读为"卜，曰衣车马……"

殷墟卜辞常有在叙辞、命辞之外记此次占卜举行的地点或时间的记事。如：

有记时间的："戊寅，贞来岁受禾？在六月卜。"（《邺三》39·5）

有记地点的："癸未卜，行，贞今夕亡囚？在自裳卜。"（《录》690）

又有兼记时间、地点的："乙未卜，行，贞王其田亡灾？在二月在𫎵卜。"（《通》729）

以上句末所记虽与占卜有关，但不是卜辞本身所问的内容。而西周甲骨上的"在旃尔卜""八月辛卯卜""王⽬我牧单兕豚卜"等与殷墟卜辞的句末记事文字相近。而第（7）、（8）、（31）辞"曰"后的文字，则不具有卜以决疑的口气，而更多的是叙述记事的意味。殷墟卜辞中也有不多的特例。如《合集》23805片有两条卜辞，一条是"丙寅卜，矣，贞卜竹曰：其⽍于丁宰。王曰：弜祷。翌丁卯止率若？八月"。这是丙寅日矣卜问翌日丁卯止率若否？卜竹和王所说的话，当是贞人矣所转述。另一条是"丙寅卜，贞祸其入？王曰：入。允入"。这是丙寅日矣问：祸其入否？而"王曰：入"，当是贞人矣所转记。"允入"是验词，当然更不是卜问的内容了。此外（7）辞的文字与同版上的"唯衣……"记事文字，（8）辞的文字与其同版上的"其，隻五……囟亡咎"的记事文字行款也完全一样，这也说明了它们的性质和用途是相近的。因此，周原甲骨上这些"……卜"或"……卜，曰……"的刻辞，虽然有学者认为与卜辞辞例接近，但我们更倾向于记事文字。

三 有的刻辞为自上而下的一竖行

根据字数的多少，又可分为下述几种：

（一）四字以上竖行者

（32）H11：11（六五·26）"□子（巳）王其乎更（赓），毕父陟……”

（33）H11：210（一七七 · 33）“今春王其……”

（34）H11：133（四四 · 35）“丁卯王在……”

（35）H11：100（六八 · 36）“其从王□”。

（36）H11：51 + 107（三四 · 63）“尸其丰茲……”

（37）H11：9（八 · 66）“大出于川”（参见本文图 6）。

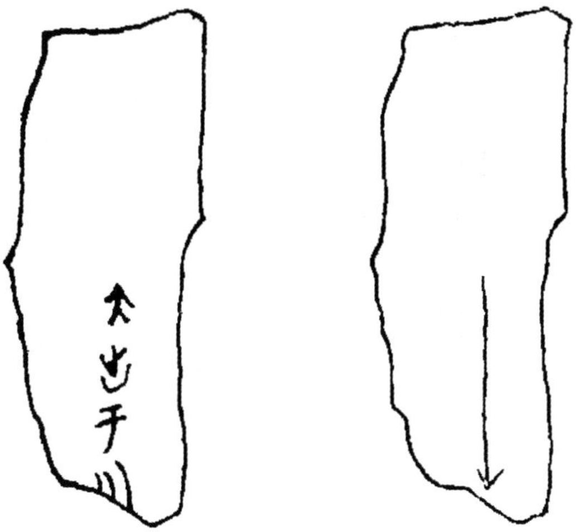

图 6

（38）H11：102（六六 · 69）“见工于洛”。

（39）H11：115（九三 · 77）“……商其舍若”。

（40）H11：59 + 118（四二 · 86）“……天乍，其牛九虢”。

（41）H11：12（四 · 88）“其又大乍其……”。

（42）H11：119（五三 · 92）“□其三牢”。

（43）H11：42（八七 · 107）“……邑迺□□用牲□”。

（44）H11：96（四九 · 108）“川告于天，囟亡咎”。

（45）H11：17（七六 · 172）“族其于□”。

（46）齐家采：94（五 · 299）“卯□王□□”。

（47）齐家 T1〔4〕：1（三 · 301）“今又言，□弗食其褎，延隹乎㝷饫。又言，曰既丧疑迺融”。

（48）H11：5（六三 · 139）“卲曰祀”。　　“卲曰其逐”。

（49）H11：65（一〇三 · 136）“弗用兹卜”。
（50）H11：6 +32（一四 · 138）“卲曰竝囟克事”。
（51）H11：62（八八 · 135）“□乎宝卜，曰……”

（二）三字竖行者

（52）H11：116 +175（九一 · 41）“宬叔族”（参见本文图 7）

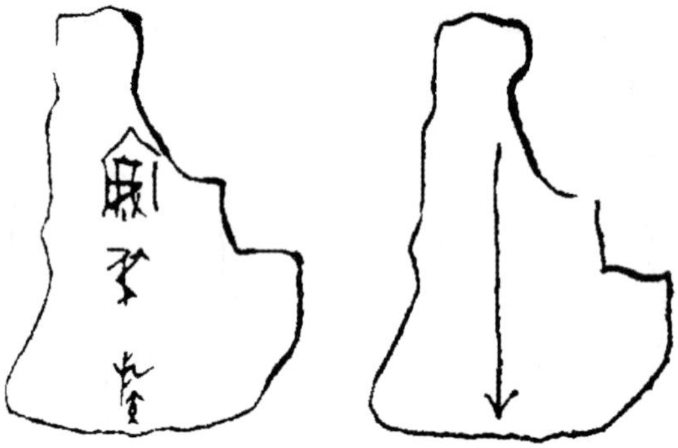

图 7

（53）H11：132（二九 · 25）“王𩛥𣝕”。
（54）H11：261（一六九 · 30）“商王彡”。
（55）H11：30（五 · 67）“𡗞于河”。
（56）H11：23（一九 · 70）“于尚梳”。
（57）H11：18（十 · 72）“出自黽”。
（58）H11：24（三九 · 87）“乍天大……”
（59）H11：125（一〇六 · 89）“五百牛”。
（60）H11：40（二六 · 125）“隹三月”。
（61）H11：222（一六五 · 134）“周隹若”。
（62）H11：127（九八 · 141）“乙卯豚”。
（63）H11：128（九九 · 142）“乙酉豚”。
（64）H11：187（一〇〇 · 143）“□丑豚”。
（65）H11：188（一七〇 · 145）“自不指”。
（66）H11：135（一四四 · 146）“自不〔指〕”。
（67）H11：131（一四三 · 147）“自不指”。

（68）H11：108（一三九·148）“自不杝”。
（69）H11：172（一六三·149）“自指”。
（70）H31：5（五·290）“密囟郭”。
（71）H11：5（六三·139）“卲曰巳”。
（72）H11：168 +268（一六一·11）“叀二胄”。
（73）H11：237（一八〇·10）“叀三胄。

（三）二字竖行者

（74）H11：22（一五·44）“虫伯”（参见本文图 8）

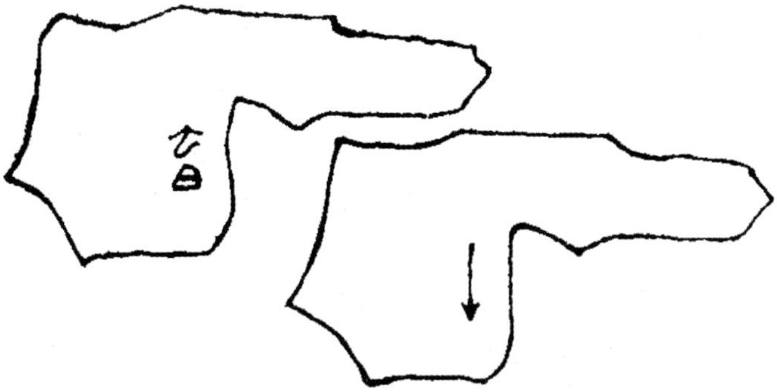

图 8

其他还有 H11：38（二八·16）“王卜”、H11：72（一二八·17）“王用”、H11：246（一九三·18）“王用”、H11：233（二〇二·19）“其王”、H11：134（四五·31）“弜巳。　其卯”、H11：50（一七·38）“大保”、H11：145（一六·39）“毕公”、H11：278（九五·42）“宬叔”、H11：94（八一·45）鼆子、H11：153（一五一·53）“庶蛮”、H11：105（一三六·55）“毕奴”、H11：110（一三·56）“征巢”、H11：68（一二·57）“伐蜀”、H11：31（七〇·60）“于密”、H11：101（七八·71）“利昜”、H11：46（一一七·73）“上隃”、H11：64（二七·75）“亡年”、H11：273（一九九·85）“徝卬”、H11：25（七九·100）“曰貘”、H11：141（五五·119）“弜巳”、H11：26（二三·132）“既吉”、齐家采、94（五·299）“六骊”，等等。

这一类型的刻辞，虽然行款简单，但性质却较为复杂，包含有卜辞和记事文字。如第（72）辞的“叀二胄”、第（73）辞的“叀三胄”，与殷墟卜辞“叀羊”（《续存上》1217）、“叀犯”（《甲》2689）、“叀羊土”（《续存下》797）等辞例相同，当为较典型的卜辞。而（71）辞“卧曰巳”，已如我们在分析第一种类型刻辞时所述，为与较典型卜辞稍异的另一种类型卜辞。

其余各辞，就是记事性质的文字了。这其中，又可分为与准备卜事有关的记事刻辞和与占卜有关的记事文字。

与占卜前准备卜事有关的记事刻辞有第（65）、（66）、（67）、（68）、（69）等辞的“自不楷”，有学者将其与殷墟卜辞中的记事刻辞相比较，认为它们是“记录甲骨的来源和数量”的“记事刻辞”。① 而第（62）、（63）、（64）、（65）辞的文字，有两例“可看出是刻在甲骨凿旁”的。而辞中的“㕟”字，学者考定其为“从‘卜’‘豕’声，字书所无，疑读为‘燧’，《文选·西京赋》薛注：‘火也。’这些刻辞疑系记灼的日期”②。因此，这些也当是与卜前准备卜事有关的记事文字，是周人的特殊记事刻辞。

从上到下竖直行的记事文字，在殷墟卜辞中也经常见到。如：《合集》7780反“□□㞢[?]岁母庚”、《合集》7814反“己卯图刌在苗”、《合集》14938“庚辰子切㞢[?]〔岁〕……”、《合集》3157“（〔子宛〕[?]牡……）”、《合集》3153“壬戌子娗……”、《合集》3138“□子子䵼[?][?]……”等。这些记事文字，有的刻在甲骨的正面，有的刻在甲骨的反面无钻、凿、灼处，但都是刻在占卜用的甲骨上。如《合集》3139的记事文字“□□〔子〕䵼[?][?][?]三”刻在卜骨正面的近边缘处，而左边分布着卜辞“……旬亡𡆥”及“……〔旬亡〕𡆥”等。这说明，这类记事文字，与占卜有一定的关系。在周原出土甲骨中，刻辞一竖直行者，除去我们上面所分析的三条卜辞和九条与占卜前的卜事有关的记事刻辞外，应都是与殷墟卜辞中这类记事文字性质相同。

① 李学勤：《续论西周甲骨》，《人文杂志》1986年第1期。
② 李学勤：《续论西周甲骨》，《人文杂志》1986年第1期。

四　有的刻辞行款极不规整

（一）自上下行，再从下呈直角转向右行

（75）H11：87（一三一・114）"其受異鼎……"

（76）H11：11（六五・26）"□巳王其呼更𢓊𢦏父陟，囟亡……"

（77）H11：61（一二二・32）"王身"。

（78）H31：1（二・292）"巳唯左"。

（79）H11：8（二〇・34）"六年史呼宅商，囟……"（参见本文图9）。

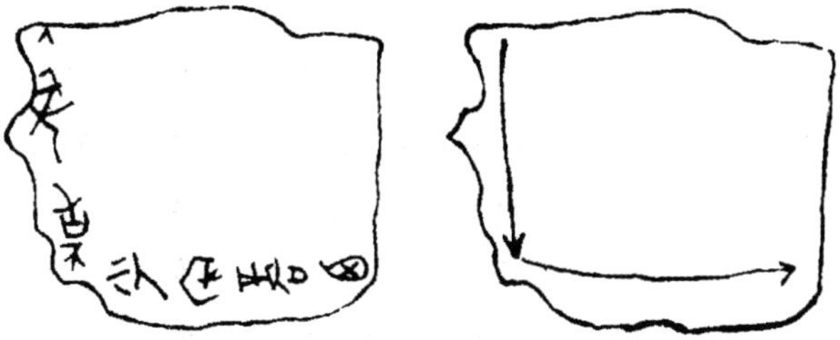

图 9

（二）自上下行，再从下部呈直角转向左行

（80）H11：232（七五・59）"其于伐𢧀〔侯〕"（参见本文图 10）

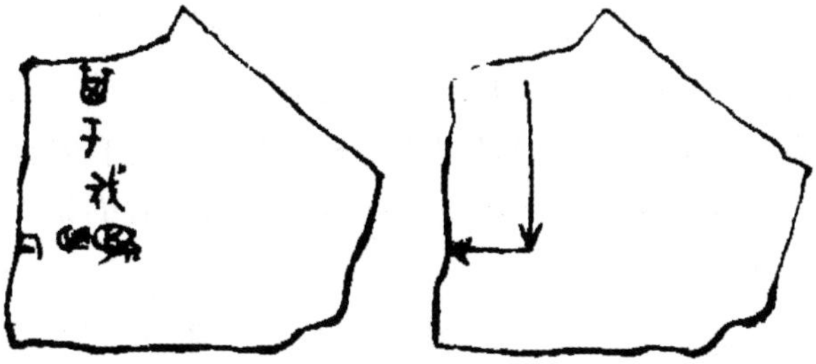

图 10

（三）自左向右横行，再呈直角折向下竖行

（81）H11：15（三二·37）“大保今二月往□……”（参见本文图11）

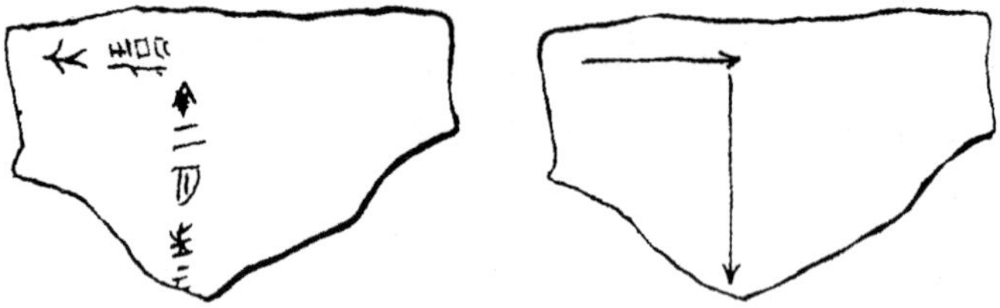

图11

此类型的行款，虽然变化较大，但内容较为明确。殷墟卜辞一般行款整齐，段落清楚，但也有少数不规整者。如《甲》2274及《甲》2356等。周原甲骨这一类型行款与此作风相近。但上述殷墟卜辞，都有叙辞“干支卜”或“干支卜，某”，是确定无疑的卜辞。而周原这一类型行款的甲骨刻辞，却没有可供我们判断其为卜辞的叙辞，而为意义明确的叙述单句，因而有学者指出它们当为非卜辞[1]是有道理的。

我们曾经指出，“西周甲骨刻辞不能统而笼之称为‘西周卜辞’”，而要进行具体分析，“这就是小部分的卜辞和多量的记事刻辞”。还有一部分“与占卜无关，即‘奇’字——筮数”[2]。这是基于我们对刻辞行款等方面进行分析所得出的看法。有学者从刻辞辞例和有关“囟”字进行分析后，也表明了“西周卜辞都不是问句”[3]，与我们的看法基本是一致的。

应该指出的是，周原甲骨中，较为典型的卜辞不多。就是为数不多的几条较为典型的卜辞，根据我们的分析，行款全是自左而右，与大量的记事文字自右下行而左截然相反。这一现象值得我们认真加以研究和做出合理的解释。

饶有兴味的是，周原出土较为典型的卜辞，据我们的考证，毫无例

---

① 严一萍：《周原甲骨》，《中国文字》新一号，台北艺文印书馆1980年版。

② 拙著：《西周甲骨探论》，中国社会科学出版社1984年版，第30页。

③ 李学勤：《续论西周甲骨》，《人文杂志》1986年第1期。

外都是商王朝之物。[1] 而周原出土的记事文字，基本上都是周族或西周王朝物。[2] 刻辞行款和用途的不同，或许反映了殷周两大民族占卜方法和习俗的不同，值得我们深入探索。[3]

董作宾先生认为，“卜辞”应只是商朝占卜时使用文字的一种“特例”。而与占卜文字一起，还应有大量使用于日常生活中的记事文字，这才是商代文字的“常例”。他认为我们因所见卜辞以外的记事文字不多，所以本末倒置了。将卜辞这种“特例”误作为“常例”了。[4]

“惟殷先人，有册有典。”（《尚书・多士》）迄至目前，即殷墟甲骨文发现近九十年，殷墟科学发掘六十多年的时候，在甲骨文、金文、石器、骨器、玉器上文字以外的“典册”仍未发现。就目前甲骨文中所见的殷代记事文字（武丁时与卜材有关的五种记事刻辞除外），以第一期和第五期为多。而第五期的记事文字，不仅比第一期片数要多，而且片上的文字也增多了，内容也要丰富和复杂。而历年出土青铜器上的记事文字，据分析，“第一期礼器上尚未发现铭文”。第二期“铭文已较普遍，各类埋葬几乎都发现有铭铜器”。“铭文一至四字不等，以二、三字最为普遍”。而第二、三期“实用礼器多数铸有铭文。”“一般说来，铭文以二、三字为多见。”第四期“铜器铭文的主要特点是字数增多，内容较为丰富。就发掘而言，铭文最少的一字，最多的三十字（戍嗣子鼎），一般三至 五字”。而“在传世铜器中，属于乙、辛时期的有铭铜器约四十多件，其中有些为短篇记事性铭文，最长的达四十六字”。这“反映出殷人思维能力和记事文字的水平的提高”[5]。青铜器铭文与甲骨刻辞所反映的殷人记事水平基本上是一致的。因此，就我们目前的知识而论，还不能说殷代大量常见的卜辞是“特例”。

入周以后，有长篇铭文的铜器增加，或称扬先祖，或记征伐功烈，或记祭祀封赏、册命诸侯，最长铭文《毛公鼎》长达 497 字。这就是《墨子・鲁问篇》所说的“为铭于钟鼎，传遗后世子孙”。

---

① 拙作《试论周原出土的商人庙祭甲骨》，《中国史研究》1988 年第 1 期；及《周原出土庙祭甲骨商王考》，《考古与文物》1988 年第 1 期。

② 拙作《周原出土商人庙祭甲骨来源刍议》，《史学月刊》1988 年第 1 期。

③ 拙作《周原出土商人庙祭甲骨来源刍议》，《史学月刊》1988 年第 1 期。

④ 参见董作宾《殷代文例分“常例”“例特”二种说》，《中国文字》1962 年第 6 期。

⑤ 参阅郑振香等《殷墟青铜器的分期与年代》，《殷墟青铜器》，文物出版社 1985 年版。

根据我们的考察，周原出土甲骨上多为记事之作，当与商周青铜器铭文所反映的记事之风日盛是相一致的。从这个意义上说，周代甲骨卜辞确实是“特例”，而大量的记事文字才是“常例”。

以上就是我们根据已发表的周原出土甲骨刻辞摹本所做的行款分析。由于我们没有机会再校以实物，因而这一分析难免有不确切之处。这里只不过是提出一些线索，希冀通过对周原甲骨刻辞多方面的研究、比较和讨论，使其用途和族属的探索能有所深入。

第十二篇

读邢台新出西周甲骨刻辞

一　周原甲骨卜辞行款的再认识和邢台西周卜辞的行款走向

正确识读甲骨刻辞的行款走向，对正确理解刻辞的内容有着重要的意义。应该说，历年各地出土的西周甲骨，因为片数较少和内容较为简单，判别其行款走向并不困难。周原凤雏甲骨，虽然文字较其他各地所出甲骨为多，内容也较为复杂，但因破损严重，片形较小，而可资比较的辞例又缺乏“观其全体”的综合工作，所以学者们对一些刻辞行款的走向识读迥然有别，存有很大分歧。

我们曾对周原甲骨刻辞行款走向进行过初步的整理分析①，但限于材料和综合研究尚不够充分，当时的一些意见肯定有加以修正和再认识的必要。我们希望有更多的新材料出土，以期使我们对周原甲骨刻辞行款的认识不断得到验证和深化。

1991 年邢台南小汪西周甲骨的出土，是继 1954 年山西洪赵、1956 年陕西沣西、1975 年北京昌平、1977 年陕西凤雏和 1979 年齐家，以及北京房山②等六处西周遗址出土甲骨以后的又一次重要发现。邢台甲骨刻辞完整清晰，可与周原甲骨同类刻辞相互比较印证并互相发明，为我们认识西周甲骨的行款走向和内容提供了极有价值的新例证。

周原甲骨刻辞，不能笼统称之为西周卜辞或周原卜辞，而需要进行

---

① 王宇信：《周原甲骨刻辞行款的初步分析》，《人文杂志》1988 年第 6 期。

② 承蒙北京市文物研究所赵福生研究员关照，有幸目验房山镇江营所出西周甲骨。

具体分析。“这就是小部分的卜辞和多量的记事刻辞。”① 如所周知，在周原甲骨中，学者们公认的“典型”卜辞，不仅“贞”或“卜曰”出现的卜辞行款走向一般无大分歧；就是出现“卲曰”的另一类卜辞，虽然学者间对其文字的释读有所不同，但关于其行款走向的识读却是基本一致的，为了较为正确地识读邢台西周卜辞的行款走向，我们首先便把注意力集中到周原出土的几片辞例与其相近的“卲曰”卜辞行款走向的分析比较上。凤雏 H31：4（四 · 291）的辞例，与邢台卜辞的辞例较为相近。

有学者释此片为：

卲曰：母（毋）既弗克尢宣（?）用。　　隧迖囟（斯）亡咎，廼则爯。②（参见本文图一 · 3）

也有学者释此片为：

卲曰：毋（女）既弗克衣（殷），安□□□□□□□□。通隹绝（过），西（是）亡（无）咎（凶险）廼鼎刂（则）畀□。③（参见本文图一 · 2）

上述两种关于周原 H31：4 片的释文虽有所不同，但都识读刻辞的行款走向为自左向右。这一出自周原甲骨发现者的重要意见，为多数学者所接受。迄至目前，学术界对 H31：4 自左向右的行款走向尚无任何异议。是否邢台新出西周卜辞行款当以此为依据，释全辞为“卲曰：巳四白驰騩陟其事”④（参见本文图一 · 8），即其行款也应自左向右行呢？在我们将这一尝试进一步与周原卜辞中与 H31：4 片刻辞例基本相同的另一片 H11：6 + H11：32 相印证时，却发现了该片在缀合前和缀合后，学者们关于其行款走向产生了明显的分歧和不同。因而我们重新将 H11：6 + H11：32（138 · 十四，参见本文图一 · 4）片和 H31：4 片与有关周原甲骨刻辞进行深入分析比较后，便对当前并无争议的 H31：4 片行款走向产生了怀疑。

H11：6 + 11：32 片在缀合前，学者们视为不相连的两片。

---

① 王宇信：《西周甲骨探论》，中国社会科学出版社 1984 年版，第 30 页。

② 陈全方：《陕西岐山凤雏村西周甲骨文概论》，《古文字研究论文集》（《四川大学学报》增刊，第十集），1982 年。

③ 徐锡台：《周原甲骨文综述》，三秦出版社 1987 年版，第 115 页。

④ 《邢台南小汪周代遗址西周遗存的发掘》，《文物春秋》1992 年增刊。

以《周原甲骨文综述》（以下简称《周综》）为代表的学者，释 H11：6 片为：

卲曰：竝西（是）克事（吏、使）。

以《概论》为代表的学者，释此片为：

卲曰：竝囟克事。

此片文字竖行直下，学者们对其行款无何争议。而另一片 H11：32《周综》释为：

圉西克事（吏、使）。

《概论》释为：

肹囟（斯）克吏。

虽然学者们对此片文字隶定略有不同，但关于其行款走向，即刻辞自右向左行也是无任何争议的。学者们也发现了，H11：6 和 H11：32 两片卜甲所卜事类基本相同。周原考古队的学者经过上穷碧落的追索和精心的拼对，进一步将这两片卜甲"合二为一"，缀合为 H11：6＋H11：32 片。但在缀合以后，学者们关于缀合版（H11：6＋H11：32　十四·138）刻辞行款的走向的认识就有了很大的不同。

以《周综》为代表的学者，释此缀合版为：

卲曰：并西克事（使），

　　圉西克事。

以《周综》表一"岐山凤雏村扶风齐家村甲骨文时代表"所列各片甲骨释文常例例之，应是学者认为此片为两条卜辞，即第一辞为"卲曰……"第二辞为"圉西克事"。我们从释文的字面上看，全版刻辞顺序是第一辞"卲……"再至第二辞"圉……"即全版刻辞总的走向是自左向右分布的（参见文后图一·5）。而实际在卜甲上的契刻程序是：如果左方一辞"卲……"为先刻，接着就要在右边刻"圉……"一竖直行三字后，再向左转行刻一"事"字。因而此辞在卜甲上的实际走向就与释文自左向右的总体走向相逆了。

《岐山凤雏村两次发现周初甲骨文》[①] 释此缀合版（H11：6＋H11：

① 《岐山凤雏村两次发现周初甲骨文》，《考古与文物》1982 年第 2 期。以下简称《两次发现》。

32）刻辞为：

尔囟（唯）克事（使）。卲曰：竝（并）囟（唯）克事。

《两次发现》认为辞中的“尔、竝（并）等乃是所命使臣之人”，并进一步指出此缀合版与 H11：21 片（即“舟咎囟克事”）的“辞例相同，似为卜问出使外方之人”。很显然，缀合者认为此版上的两段刻辞为一条卜辞，并识读此辞的行款为自右向左走向（参文后图一·6）。上述两种意见，即向右行的行款识读与向左行的行款识读，两种意见可真是“对着干”，左右大相径庭了！

那么，在学者关于 H11：6 + H11：32 缀合版行款走向尖锐“对立”的看法中，究竟哪一种行款识读更为合理呢？我们认为，应以《两次发现》识其行款为自右向左行较有道理。这是因为其一，H11：6 在与 H11：32 的“尔囟克事”缀合以前，学者们都认为它是一段自右左行的完整刻辞。那么在缀合以后，从卜人刻写的实际操作过程来看，亦应是自此片右方首先起刻第一辞的“尔囟克”三字后，再向左转行刻“事”字，全辞刻写完成。再继续在左边刻另一辞“卲曰……”直行。这样，卜者自右边一路刻来，总比自左起刻一辞后，再移刀右边起刻一直行后，再向左转行为一辞，即在全版上忽左忽右的交叉作业更方便得多。因此，即使不把此缀合版读为《两次发现》那样自右向左行的一条卜辞，至少也应读为自右起刻的两辞，即“（1）尔囟克事。（2）卲曰：竝囟克事”，在全版上为从右向左分布的两条。只有这样，《周综》把缀合版（H11：6 + H11：32）上的两条刻辞在释文时作为总体上自左向右的分布，即（1）卲曰竝……（2）圉西（囟）克……的两条，而实际原版却有一条行款与释文总体方向相逆的矛盾，才能得到了解决。

其二，《两次发现》把缀合后的 H11：6 + H11：32 版上的两段刻辞作为一条卜辞是有道理的。因为在两片缀合前，学者们就发现了这两段刻辞事类完全相近［均为卜“囟（西）克事”］，只是人名不同（尔、并），都认为两条刻辞应有着一定的关系。而它们的重新缀合，也说明了学者们的推断是正确的。

虽然西周甲骨与殷墟甲骨有所不同，但也有着一定的联系。特别是较为典型的卜辞，“与殷卜辞的辞例有一定的相同之处”[①]。因而按殷墟卜辞的常例，即一条典型卜辞应包括叙辞、贞辞（或称之为命辞）、占辞、验辞各项（但各项中刻写时或有省略）。据我们对西周甲骨“卲曰”刻辞（我们称其为“卲辞”）的整理和分析（见本文第二部分“邢台南小汪西周卜辞诠释”），西周甲骨中的卲辞虽与贞辞性质相近，但又有所区别，而与殷墟卜辞中的占辞作用相同。贞辞加上卲辞；才是更为完整并与殷墟卜辞可区分清楚的典型西周卜辞。因此，《两次发现》把缀合版 H11：6＋H11：32 的两段刻辞视为一条卜辞，即为我们提供了包括贞辞（尔囟克事）和卲辞（卲曰：竝囟克事）的典型西周卜辞辞例。而且可以说，这样的辞例在西周甲骨中还是有例可寻的（诸如我们即将分析的 H31：4 和邢台西周甲骨）。

H11：6＋H11：32 缀合版这样的行款走向，只能算是初步的解决，还须要在周原卜辞中得到进一步的验证。我们本文所举的第一片甲骨，即周原 H31：4 片上就有与缀合版 H11：6＋H11：32 相同的辞例。我们曾经指出过，虽然以《周综》为代表的学者释此片为一辞，以《概论》为代表的学者释此为二段，但迄至目前，H31：4 全版刻辞都无一例外认为是自左向右的行款走向。我们受到缀合版 H11：6＋H11：32 缀合前后行款认识不同的启示和典型西周卜辞的结构以及同类有关周原甲骨刻辞的分析、研究，是赞成将 H31：4 片上的刻辞分为两段的。但具体读辞时，我们的分段法又与此前学者们的成说完全不同。我们读该片为（1）“迺则畁……肸迭囟亡咎。用”，为一段；而（2）“既弗克尤宣。卲曰：毋”为另一段。由于我们识读此版各辞行款走向与各家完全相反，因而两辞的起句和结句也就与传统的看法不大一样了。我们上述两段刻辞行款的读法，是有周原甲骨刻辞的不少例证为依据的。

根据我们的整理，在周原甲骨中，“囟亡咎”为最常见的用语之一。如：

“一戟，囟亡咎。”（H11：28）（以下皆为文末图二·1）

“□车乘，囟亡咎。”（H11：35）（图二·2）

“隹十月既死……囟亡咎。”（H11：55）（图二·4）

① 王宇信：《西周甲骨探论》，中国社会科学出版社 1984 年版，第 175 页。

“……囟亡咎。”（H11：77）（图二·3）

“川告于天，囟亡咎。”（H11：96）（图二·5）

“隻其五十人往，囟亡咎。”（H31：3）（图二·6）

而在上引诸辞中，无一例外的各辞都是至“囟亡咎”处结束。因此，“囟亡咎”当是周原甲骨用于全句之末的恒语。以此例之，《概论》释此段为“肸囟亡咎，迺则异”，即把周原甲骨的句末恒语放于句中，这在西周甲骨中，是无例可寻的。而《周综》也是把“囟亡咎”这一句末恒语放在整段辞之中，自然也不合“囟亡咎”在周原卜辞中的常用语之例。而我们释 H31：4 片的这一段刻辞为“迺则异……肸迭囟亡咎”，当符合上述以“囟亡咎”为句末恒语的诸例。如果这一理解无大错的话，H31：4 片此段刻辞行款自应是自右再向左。因而此前没有争议的读此段行款为自左向右的方向，自然就需要加以重新认识了。

不仅如此。在周原甲骨以“囟亡咎”为结句的刻辞中，凡是刻辞两行（如前举 H11：28　一一〇·90、H11：55　二四·133、H31：3　三·289 等）或三行者（如 H11：35　六二·103），其行款也都无一例外的是自右向左转行。这也为我们识读 H31：4　四·291 片第一辞的行款提供了旁证。

通过上面的比较和分析，说明我们此前识读 H31：4 片上的行款，至少有一半的刻辞走向有误。而此片上的另一半刻辞行款呢？

我们认为，H31：4 的另一半刻辞，与缀合版 H11：6 + H11：32 的辞例极为相近，即包含贞辞和卧辞的一条典型西周卜辞，全释应读为“既弗克尤宣。卧曰：毋”。我们这样的读法也是与此前有所不同的。现在的关键是，H31：4 片上的“卧曰：毋”，究竟是全辞的起句，抑或是全辞的结束？

我们可以看到，H31：4 片“卧曰毋”的“毋”字之下，留有较大的空隙处（参见文后图一·1），这就说明卧辞至“毋”已结束，而不是“越国以鄙远”地再向右行，与另一行“即弗克尤宣”相接。如果硬将“卧曰：毋”（即隔有较大的间隙）与“既弗克尤宣”连结在一起，不仅不符合本片“毋”字因其下留有较大的空隙为结束字，也是不符合周原甲骨中其他卧辞的常例的。试看周原 H11：5 片上的两条卧辞，其中一辞以“卧曰：子”为一句，“子”字下为较大的间隙，并不再刻任何文字，说明全辞至“子”处已经结束。而另一辞为“卲曰：其豖……”，虽其辞残缺，但文字紧密相连，说明此卲辞尚未收句是很清楚的。（参见文后图二·7）而前面分析的缀合版 H11：6 + H11：32 版上之卲辞，以“卲曰：竝囟克事”为一句，七字紧密相接，其间也没有明显的间隙之处。

即使是周原甲骨中的“曰……”残辞（因残去“曰”上面的文字，故“贞”或“卲”曰不可得知了），如果是以“曰……”为全句结束，其辞下一定留有空处。如 H11：189“曰：吉”（文后图二·8）。“吉”下有较大的空处而再无他字，一看原片便知全辞应到此结束。如果“曰……”以下内容较多，其文字必相接有致，其间没有较大的间距。诸如 H32：2“在旃尔卜，曰南宫奇其乍”、H31：3“八月辛卯卜，曰其疾取”等即如是作。虽然这些是周原甲骨中较为典型的卜辞（有前辞、贞辞），就是非卜辞的筮数 H11：85“七六六七一八曰其大既鱼”，也是全段文字疏密有致，其间没有较大的空格之处的（文后图二·9）。这一切，都给西周甲骨以一段文字后留有较大空处，以示该辞的结束提供了旁证。

既然 H31：4 片的另一段刻辞不能以“卲曰毋”为全辞之始，即该辞不能从左边向右边刻写了。那么我们释此段刻辞的行款为自右向左刻写全辞，就应是较为合理的了。

H31：4 片还有一个“用”字，《概论》把它隶在“卲曰……”条之末。由于我们讨论了该片上的四行刻辞应是两两为自右向左行的两条卜辞（文后图一·7），那么介于两辞之间的“用”字的归属和意义也就明确了。周原甲骨中，有“弗用兹卜”（H11：65），是记某次占卜不用。H31：4 片两辞行款均自右向左行的情况下，介于中间的“用”字，自应属于“廼则……囟亡咎”辞之后，才与全版方向一致。如将此“用”字归于其左边的“即弗克……宣”条的“宣”字之下，则比辞行款就是自“即……”直下至“宣”字，再转向右边的“用”字。然后再转向左，刻“卲曰毋”直行。这样的忽右忽左的行款，不符该辞在卜甲上自右向左行的款式。“用”字应属“囟亡咎”条既明，那么“用”字在此处的作用，就应与殷墟甲骨上的“用辞”[1] 有着同样的意义，即记此版上的

---

① 胡厚宣：《释兹用兹御》，《中央研究院历史语言研究所集刊》八本四分，1940 年。

“囟亡咎”条和“尤宣”条两次卜问，“囟亡咎”条施行、施用了。

值得高兴的是，1991 年邢台西周甲骨的出土，又为我们识读周原甲骨刻辞行款提供了新例证。邢台甲骨上共有两段刻辞，《邢台发掘》释为：

1. 其……

2. 卧曰巳四白驳骓陟其事（文后图一·8、10）。

此甲骨第一辞仅余一“其”字，与第二辞文字相背。值得注意的是，“其”前无字，有较大空处。而“其”字之后，文字已残去。很显然，如将甲骨调转方向，“其”字就为正刻，这是一条以“其”字起句的卜辞，如文字不残缺，全部行款应为自右向左行（文后图一·9）。

第二段刻辞，十字四行，我们认为全辞亦应自“其”字起句，而至“卧曰巳”结束的。此卜辞应隶定为“其事骓陟四白驳。卧曰巳”，其行款应自右左行（文后图一·11）。我们之所以认为“卧曰巳”为全辞之尾而不是全辞之始，是因为邢台甲骨这“一组十个字”的刻辞，有三行的最末一个字，诸如“事”“陟”“驳”等，字划临近骨边。特别是“陟”“驳”二字，字划已超出骨边并刻至骨缘之上。而另一行的末尾“巳”字，其下却较上述三字有稍大空间，说明此“巳”字应为全辞的结束。此外，准于周原甲骨卧辞常例，邢台卜辞的“卧曰巳”作为卧辞，也应在“贞辞”“其事骓陟四白驳”之后。

此外，邢台甲骨这段完整刻辞以“其”字起句，也反证了“卧曰巳”应为全辞之末而非全辞之始。我们曾说过，这片甲骨的另一条残卜辞就是以“其”字起句的。如将甲骨调转方向，这条残卜辞应是自“其”字始，行款是自右左行的。因而这条残辞也可证明我们认为这条完整卜辞自“其”字起句是合理的。而其刻辞行款也是自右向左转行。此外，卜辞以“其”字起句，在殷墟也常见到。“其”字常用于加强“贞辞”不定的语气。学者指出：“‘其’字加重的表示疑惑的语气。《经传释词》‘其，犹将也若也’，《词诠》‘其，抑也（选择之词）’，《古书虚字集释》其有期望之意。”① 因此，邢台甲骨这组完整的刻辞，是一条包括贞辞和卧辞的较为完整的西周卜辞。

---

① 陈梦家：《殷虚卜辞综述》，科学出版社 1956 年版，第 87 页。

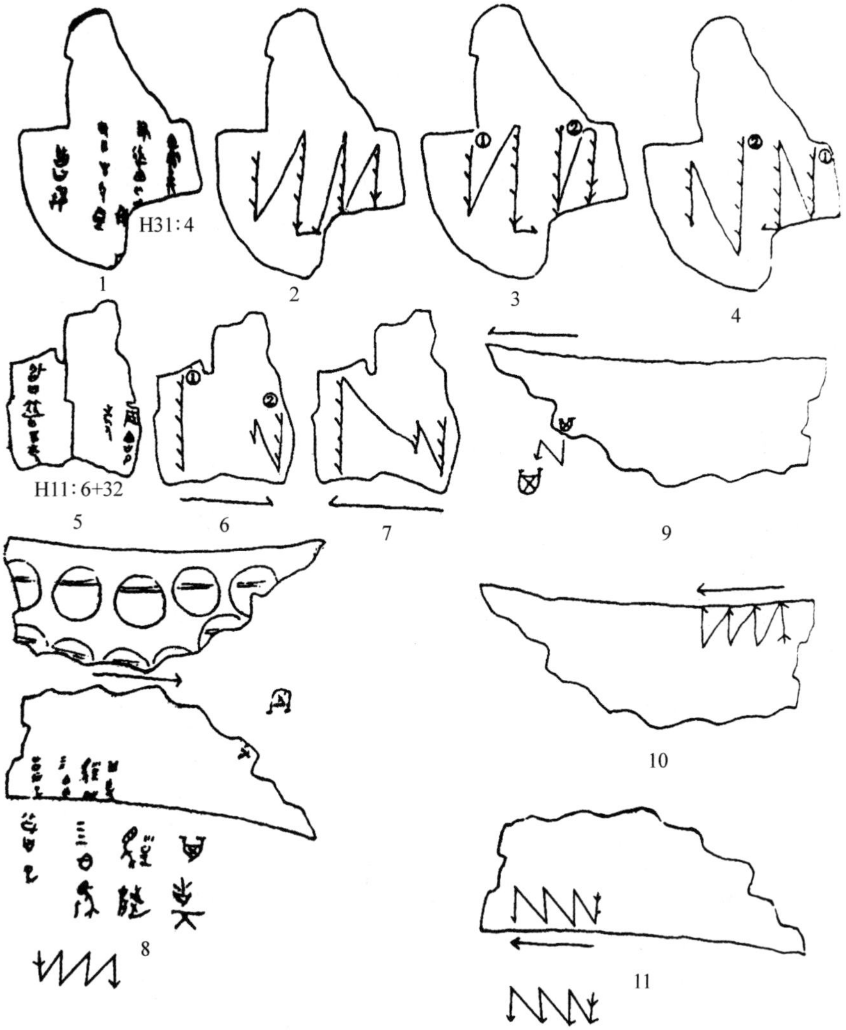

图一

综上所述，周原甲骨典型的西周卜辞，即包括贞辞和卧辞的辞例，为我们认识邢台甲骨刻辞行款提供了依据。特别是周原甲骨 H31：4 片以卧辞为结句，使我们得以判明邢台甲骨的卧辞也应是全辞的结束而不是开始；而邢台甲骨以“其”字起句，其卜辞行款自右向左转行，也给我们提供了典型西周卜辞行款的新证据，从而使学者识读周原较为典型卜辞行款，诸如 H11∶6 + H11∶32 和 H31∶4 片等，得到了新的启示。周原甲骨的进一步深入综合研究并将其与邢台甲骨相互勘证，互相补充和发明，会使我们的西周甲骨研究取得新的认识。

值得注意的是，在没有争议的较为典型的西周卜辞中（无论是在周原，还是在几千里外的邢台），其刻辞行款几乎都是自右向左行。而学者间关于其族属争议较大的另一类典型卜辞（即周人之物，抑或商人之物），其行款走向都与典型的西周卜辞（即含贞辞、卧辞）不同，即均为从左向右。谓予不信，请翻检周原出土有字西周甲骨摹本！这一现象究竟说明了什么，值得我们进一步加以深思和研究。

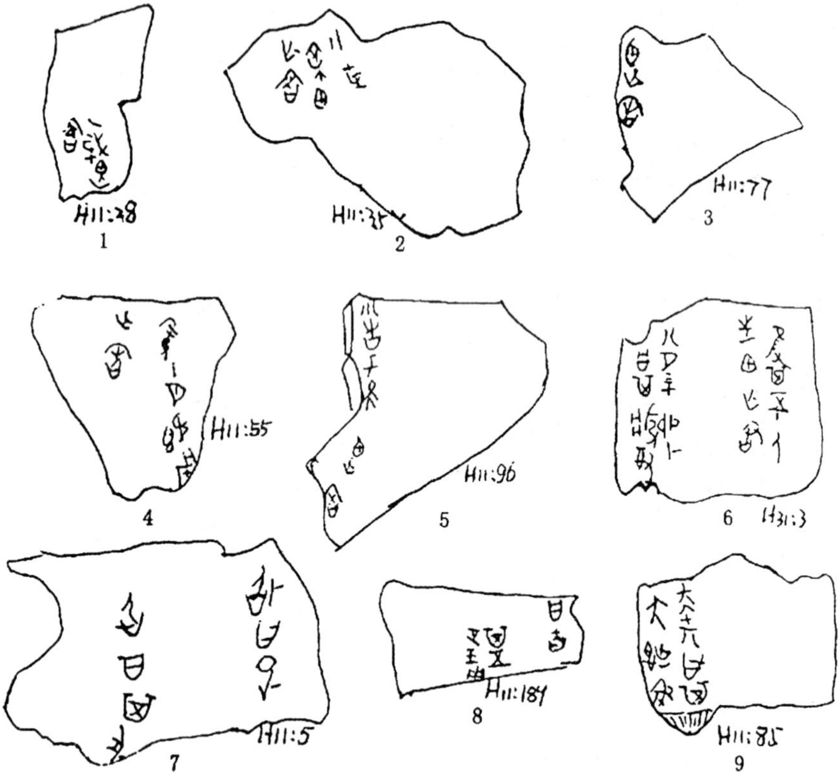

图二

二　邢台南小汪西周卜辞诠释

根据我们在上一节的分析，邢台南小汪出土的西周甲骨卜辞行款应为自右向左行。因此，这条卜辞应隶定为：

其事騜陟四白驼。卧曰：巳（祀）。（上文图 1·11 所示）

我们在此对这条卜辞略作诠释。

（一）其事

“其”字在这条卜辞的开头，用于“加强命辞不定的语气”。关于此，我们在分析刻辞行款时已经指出过，此不赘述。

本片的“”字，又见于周原所出甲骨刻辞 H11：21（）、H11：6+32（）、H31：2（）等片，学者释为“事”字。事字于殷墟甲骨文中亦常见，字写作“”（《乙》2766）、“”（《铁》250.1）等形，基本结构与周原甲骨无异。王国维释此字为“史”；谓：“史为掌书之官”，“史之本义，为持书之人。引申为大官及庶官之称。又引申为职事之称。其后三者各需专字，于是史吏事三者于小篆中截然有别。持书者谓之史，治人者谓之吏，职事者谓之事。此盖出于秦汉之际，而诗书之文尚不甚区别”。“殷人卜辞皆以史为事，是尚无事字。周初之器，如毛公鼎番生敦二器，卿事作事，大史作史，始别为二字。”[①] 此后，学者多宗王氏之说。

《甲骨文编》将这一批字形相同字，根据学者们对其在卜辞中所起作用的不同的分析，分别部居在卷一“吏”下和卷三“史”及“事”字之下。但学者们在释读卜辞时，往往史、吏不加区分，而吏、事互相混用，因此同一条卜辞的隶定，经常因人而异，给理解卜辞造成了一定的困难。

杨升南先生最早在《卜辞“立事”说——兼谈商代的战法》[②] 一文中，对王国维氏有关“史”字的本义提出了异议。他指出，“卜辞中、

① 王国维：《释史》，《观堂集林》，中华书局 1959 年版，第 270 页。

② 杨升南：《卜辞“立事”说——兼谈商代的战法》，《殷都学刊》1984 年第 2 期。

字的本义是事而不是史，史使吏等用法是由事义派生出来的。事字的最初义当与军旅征伐之事相关”。甲骨文中有的“事字从中带斿，正与卜辞中字结构同”。“征战时必先建旗聚众。事字从中，当亦是聚集众人之意。”进一步分析了“中”和“事”的区别在于“中是建旗以聚众，旗是静止的。事是手举旌旗，象征旗在移动中。战争时，用旌旗以指挥军队进退，不能插在地上固定不动，故用手举。所以，事字表示征战时举旗以导众。可见事字与‘记事’的史是没有直接关系”。

但何以从“事字的本义是戎事”之中，演化出史、使诸义呢？杨升南先生认为：“戎事之中文书当不可少：出师前预卜吉凶，出师时登记人数，册命将领，战争结束时所获战利品清点登记、献祭于祖庙……所以戎事的事，就假为‘记事’的‘史’。各方国之间，使者往返，当有文书，是史又假为有‘派遣’意的使而作为动词，并将被派遣者称为‘使’而作为名词。使者必有一定的身份，故‘使’字在甲骨文中也是一种官职，后来人们常用事字的引伸义，而其本义则晦。”

胡厚宣先生 1984 年在河南安阳召开的全国商史学术讨论会上，提交的论文《殷代的史为武官说》①，则对前人有关“史”字的研究作了通盘考察。他不仅全面整理了前人皆以“史官的初职，本以记事为务”，而且还从“史字”在文字上的意义方面，发现前人“无论从中为笔聿，为简册，或为盛筭之器，然其最后结论，仍是以史为记事之官”。与此同时，他又对自王国维氏《释史》发表以来国内外学者有关“史”字的考证进行了分析。胡厚宣先生不囿于旧说，在文中提出了与前人完全不同的看法。他指出：“殷代的史，尚非专门记言记事，掌握国家文书诏令簿书的文官，也不是专门担任着王朝钻龟占卜，钻燧取火以及国家庶事的任务。主要乃是担任国家边防的一种武官”。史从又持干，或又从斿，像史官奉命出使。因而“由甲骨卜辞看来，史官者正是出使的或驻在外地的一种武官”。“史在卜辞有用为事者，如言‘叶王事’，‘叶朕事’、“叶我事’，皆言协服殷王战事之意。”“或言‘我有事’、‘我亡事’、‘今岁有事’、‘今秉有事’，有事无事，亦多指战事而言。”

---

① 胡厚宣：《殷代的史为武官说》，《全国商史学术讨论会论文集》，《殷都学刊》1985 年增刊。

近年学者们关于史为“武官说”和“卜辞皆以事为史，是尚无史字”，即事字的本义是“戎事”说的提出，突破了自王国维氏以来的“史为记事之官”的传统看法，因而推动了关于商代战争史和战争卜辞的整理和研究。近年不断推出的商代战争史和战法研究的新作，就反映了研究的不断深入。

《左传》成公十三年“国之大事，在祀与戎”。疏谓：“宗庙之祀，则有执膰。兵戎之祭，则有受脤。此是交神之大节也。”在我国夏、商、周奴隶制时代，戎事是为了开疆辟土，掠夺奴隶和财富，巩固和发展奴隶制国家政权的需要。而祀事活动，则是为了给奴隶制王权涂上神秘的色彩，即使是战争也每有“兵戎之祭”，是巩固和维持奴隶主贵族国家政权另一种重要手段。因此，“祀与戎”恩威并用，文武结合，二者既相辅相成，又互相依存，是我国古代奴隶制国家的头等“大事”。

在殷墟甲骨文中，“祀与戎”作为“国之大事”，有充分反映。近年学者们专就“事”字的本义源于戎事以及有关战事活动及军事制度等方面，已有不少新的发现。但应该指出，迄至目前，关于“事”的另一重要方面，即指祭事活动却注意不够。虽然陈梦家早在1936年就有所涉及，曾指出殷人“是以祭事为有事，而战争亦曰有事”①。但后来改从王国维之说，因而没有把这一研究深入下去。诚如胡厚宣先生指出的：“今案陈梦家氏前说本不误，不知何以后来又复更改。”② 其实，甲骨文中所反映的祭事活动所在皆有，我们不妨在这里再加以整理申述之。

在古代文献中，“事”字还有一个重要方面，是指祭事活动。《尚书·说命》“事神则难”。孔传：“事神礼烦则乱而难行，以戒之。”《春秋公羊传》庄公四年：“（齐）哀公亨乎周，纪侯谮之。以襄公之为此焉者，事祖祢之心尽矣。”《左传》昭公七年：“侯主社稷，临祭祀，奉民人，事鬼神，从会朝。”《礼记·表记》记夏商周对祭祀鬼神之事时说，“夏道遵命，事鬼敬神而远之，近人而忠焉”。郑注：“远鬼神近人，谓外宗庙而内朝廷。”疏谓：“宗庙在外是远鬼神也，朝廷在内是近人也”；“殷人尊神，率民以事神。”疏谓：“此一节明殷代尊而不亲之事。尚虚无

---

① 陈梦家：《史字新释》，《考古学社社刊》1936年第5期。

② 胡厚宣：《殷代的史为武官说》，《全国商史学术讨论会论文集》，《殷都学刊》1985年增刊。

之事，故率民以事神。”而“周人尊礼尚施，事敬鬼神而远之”。《礼记·祭统》“既内自尽，又外求助，昏礼是也。故国君取夫人之辞曰：请君之玉女，与寡人共有敝邑，事宗庙社稷。此求助之本也。夫祭也者，必夫妇亲之，所以备外内之官也。官备则具备”。疏谓：“正义曰：此一节，以上文孝子事亲，先能自尽，又外求伉俪供粢盛之事。”“粢盛之事”，即为“事宗庙社稷”的祭祀之事。因此，古文献中的这些所谓“事”，当为祭事活动。正如学者所指出过的，“事”字造字之初，指手持旗帜或田猎、战争之工具进行的戎事活动。但是，每有战争发生，则必先于宗庙“尚虚无之事”，即行祭于鬼神，命将建旗，以求得神明、祖先的护佑。而战争结束，则告庙献馘，亦举行盛大祭典。因而祭祀活动也引申为“事”。它和戎事活动一样，成为奴隶制王朝的“国之大事”了。

在殷墟甲骨文中，我们也常见商王有关“大事”的卜问。

(1) 贞其大事于西，于下乙匄。(《合集》1672)

(2) 贞于来丁酉酒大事，易日。(《合集》25934)

(3) 丙戌卜，大，贞于来丁酉酒大事，易日。(《合集》25950)

(4) 贞于来丁酉酒大事，易日。八月。(《英藏》2179)

(5) □□卜，出，贞大事其酒告于血室。十月。(《合集》25950)

上述各辞说明，商王每有“大事”，则要举行隆重的祭祀活动。唯从(1)辞可知，“大事”于西方，向先王下乙（即祖乙）乞求护佑。祖乙为商代发生重大战争时，行祭于大乙唐和大丁等为数不多的先王之一①，说明此辞“大事”当与战争有关。至于其他各辞之“大事”，具体不可得其详了。我们有一点却很明确，即“大事”均与祭祀是有关的。而《屯南》2838云：

(6) 翌日乙大事祖丁又去，自雨，启。

此辞之“大事”，应与对先王祖丁的祭祀有关。对商王来说，祀、戎诸事均可统称为“事”：

(7) 贞其事。(《合集》26872)

(8) 壬戌卜，我……弗入商，我有事。(《合集》21716)

商王的各级臣下，则将商王朝的祀、戎诸事称之为“王事”。如行祀

---

① 王宇信：《周原出土庙祭甲骨商王考》，《考古与文物》1988年第2期。

事者有：

（9）弜执乎归，克飨王事。（《甲》427、《合集》27796）

更多的“王事”活动与战事有关，如：

（10）贞令多子族眔犬侯寇周，叶王〔事〕。贞令多子族从犬眔亩𠬝，叶王事。（《通》538）

由于学者对戎“事”研究较为充分，对祀“事”活动不免有所忽略了。应该说，甲骨文中的不少“事”，是为祀事活动的。诸如：

祭先公高祖的“事”：

（11）于丁丑祝夒事。（《怀特》1461）

（12）叀上甲事遘酒。（《合集》27051）

（13）贞上甲事五牢。（《合集》27052）

（14）上甲事其祝父丁必。（《合集》32390）

上述各片皆为第三期廪辛、康丁卜辞，从其上下文意看，所谓“夒事”“上甲事”，当为祭祀之事无疑。而（14）为四期卜辞，“父丁必”为文丁之庙。

也有祭先王、先祖和先妣的“事”，诸如：

大乙事：

（15）先酒大乙事，又正。（《合集》27106）

（16）大乙事王飨于𠂤。（《合集》27124）

（17）大乙事王其飨。（《合集》27125）

上述各片为第三期卜辞。大乙即成唐，在卜辞中又称为唐、成等。“大乙是庙号而唐是私名，成即可能是生称的美名。”[①] 从以上各辞上下文意看，“大乙事”当系祭祀大乙的活动。

小丁事：

（18）丁丑卜……小丁事，有正。（《合集》32642）

郭沫若谓：“武丁以前殷王之名丁者为大丁、沃丁、中丁、祖丁，沃丁乃旁系，余三丁盖以大中小为次，则小丁舍祖丁莫属矣。”[②] 陈梦家也

---

① 陈梦家：《殷虚卜辞综述》，科学出版社 1956 年版，第 411—412 页。（以下简称《综述》）

② 《卜辞通纂》，第 223 片考释。

指出："小丁之名不见于廪辛卜辞，但康丁、武文卜辞中则常常出现。"①此片为第四期武、文卜辞，小丁即指祖丁。

小乙事：

（19）甲申卜，小乙事其祉。（《合集》27355）

此为第三期卜辞。此"小乙"，即为武丁之父小乙。在卜辞中："自祖庚以后，小乙的名称一直用到乙辛，然中间还有别的名称。"② 也有称祖乙者。

（20）甲甲卜，□，贞祖乙事……（《合集》27203）

此片为第三期卜辞。辞中之祖乙，应为廪辛，当即为小乙。对此，学者早已指出。③

象甲事：

（21）象甲事其祉盘庚、小辛，王受又。（《屯南》738）

此片为第三期卜辞。郭沫若考证"象甲若喙甲即阳甲矣"④，阳甲、盘庚、小辛、小乙为商代名王武丁之诸父，"武丁卜辞中亦偶作象甲的，在武丁晚期较多些，但武丁时代宾组卜辞中则仍以称父甲为普遍"⑤。此辞的"象甲事"并延祭于"盘庚、小辛"等，说明直至廪辛、康丁时，也称先祖为象甲。

祖丁事：

（22）戊戌卜，祖丁事其祉妣辛、妣癸，王……（《合集》27367）

此片为第三期卜辞，"祖丁"即廪辛、康丁称其祖父辈武丁的称谓，而妣辛、妣癸乃武丁的法定配偶。此辞是说，祭事于武丁，并延及其配偶妣辛、妣癸者。

除了祭事先王，延及先妣者外，还专有"先妣事"之卜。

（23）壬辰卜，妣辛事其祉妣癸惟小宰。（《屯南》323）

（24）丁丑卜，妣庚事叀蓴用佳。（《屯南》2363）

上述二辞均为第三期物。（23）辞是廪辛、康丁行祭事于武丁之配妣

---

① 陈梦家：《殷虚卜辞综述》，科学出版社 1956 年版，第 425 页。

② 陈梦家：《殷虚卜辞综述》，科学出版社 1956 年版，第 417 页。

③ 陈梦家：《殷虚卜辞综述》，科学出版社 1956 年版，第 417 页。

④ 《卜辞通纂考释》，第 118 片。

⑤ 陈梦家：《殷虚卜辞综述》，科学出版社 1956 年版，第 408 页。

辛，并祉及其另一法定配偶妣癸；而第（24）辞，是行祭事于先妣卜用黄色的牛牲。在殷墟卜辞中，殷先王法定配偶名庚者，有示壬奭、祖乙奭和四祖丁奭（祖丁）、小乙奭等。[①] 而在第三期“廪辛卜辞很少发见祭先妣而附夫名者，我们只找到一条例子：丁未卜，何，贞钔于小乙奭妣庚，其宧乡司（《甲》2799）”[②]。因本辞所祭妣庚未附王名，故不能确知此妣庚为上述诸王中何王之配偶。

在殷墟卜辞中，还有时王行祭事于其父、兄的。

卜“父其事”的有：

（25）□□卜，王其祉事父甲。（《合集》27475）

（26）……祉事父丁。（《怀特》1732）

第（25）辞为第三期所卜，廪辛、康丁延祭事于其父名祖甲者。第（26）辞之父丁，乃第四期武、文卜辞称其父名康丁者，卜延其祭事于康丁。

有卜“兄某事”的：

（27）辛未卜……事其祉三兄，王受□。（《合集》27636）

此为第三期卜辞。廪辛、康丁之诸兄有多人，名甲、丙、丁、己、庚、辛、癸者皆见于卜辞。[③] 此（27）辞之所谓“三兄”，不能确知为何许人。

由上述各辞可知，殷王事祭的先公高祖有夒、上甲等，先王和先祖有大乙、小丁（祖丁）、小乙、象甲、祖丁（武丁）。先妣有妣辛、妣癸、妣庚等。殷王事祭于其父、兄的有父甲、父丁、三兄等。商王举行祭事，是有固有的专门场所的：

（28）乙酉卜，兄……丁亥事其酒告南室。（《合集》24940）

（29）贞事其酒于血室。十月。（《合集》24944）

所谓“南室”“血室”，学者认为“都是祭祀所在的宗室”[④]。

虽然学者们根据“”字在卜辞中的不同作用，经过分析、比较，从字形相同的“”中分辨出了“史、卿史、御史”似皆主祭祀之事。

① 陈梦家：《殷虚卜辞综述》，科学出版社1956年版，第383页。

② 陈梦家：《殷虚卜辞综述》，科学出版社1956年版，第382页。

③ 陈梦家：《殷虚卜辞综述》，科学出版社1956年版，第465页。

④ 陈梦家：《殷虚卜辞综述》，科学出版社1956年版，第476、477页。

"'朕御史''我御史'指王及商国的御史。'北御事'似指派遣于北土的御史，'美御史'则是邦方的御史。"① 但因"史"的本义仍未考订明确，所以每每史、吏、事仍混淆不清。如释《续》2·6·3为"丁酉史其酒告（于）南室"、《甲》1949为"史其征三兄"等的史为主祭祀事的史官。根据我们上引诸辞判断，这里的""不是史官之史，而应是祭事之"事"。

自史为"武官说"指出以后，明确了史的本义是戎事，卜辞皆以事为史字，从而使自王国维以来的史为记事之官的传统看法有了突破，并把卜辞中的"国之大事"——戎事活动战争卜辞从史官的活动中区别出来。但对"国之大事"的另一方面，"事"为祭事活动却完全忽略了。经过我们的整理，甲骨文中的"事"除了为戎事以外，还专指祭事活动是确定无疑的。

（二）騜与白牝

邢台甲骨有""字，从马从皇，即騜字。《尔雅·释畜》"黄白騜"。騜为毛色不纯马的颜色。疏引孙炎说："有黄处有白处曰騜。"《诗经·豳风·东山》"之子于归，皇驳其马"。传曰："黄白曰黄。"

騜字在本辞，既为马色，又可为身有白色、黄色之处马的马名。在殷墟甲骨文里，以马的毛色为马命名有不少例证。经整理，有"用铜、白、赤、深黑、黄、杂色来形容马或为马名"的。②

""即为牝，为母马。白牝，即白色的母马。殷墟卜辞中也有白色的马：

（1）甲辰卜，𣪊，〔贞〕奚来白马。王占曰：吉，其来。

甲辰卜，𣪊，贞奚不其来白马五。(《丙》157)

（2）贞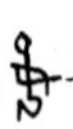乎取白马氏。(《乙》5305)

（3）……白马……（《龟》2·15·4）

《礼记·檀弓上》"殷人尚白"，以白马为珍贵，但在卜辞中所见不

① 陈梦家：《殷虚卜辞综述》，科学出版社1956年版，第520页。

② 王宇信：《商代的马和养马业》，《中国史研究》1980年第1期。

多。“周人尚赤。”曾有学者指出：“金文用白为白色义者罕见。乍册大鼎云：‘公赏作册大白马’，仅此而已。”[①] 但后又有𩰫尊铭中出现一例“白懋父易懋白马敏黄发散”[②]。因此，邢台甲骨上又出现一例白色的马（母马），就很有意义了。

这是因为，周代青铜器上罕见的白马，都出现在重要典礼上（公束赏作册大、白懋父赏𩰫）的大贵族间的授受活动中。以此律之，邢台甲骨的占卜用白驼者，其身份当也是地位不低的奴隶主贵族。

（三）陟

邢台甲骨的“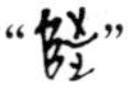”即“陟”字，在周原甲骨 H11：11 片上也曾出现。殷墟甲骨中也常见此字，学者在考释《天》44“戊戌卜，喜，贞告自丁陟。贞告自唐降”时说，“陟，升也。降，下也。告自丁陟自唐降者，此贞告祭由于丁升乎，抑由成汤下降乎？”[③] 自此以后，学者多释此字为祭名。一般理解为自某王起，上祀以前的诸王。但果真如此否，未再加以深究。

《说文》云：“陟，登也。”段注：“《释诂》曰：‘陟，陞也’。《毛传》曰：‘陞，升也’。陞者，登之假借。《礼·丧服》注曰：‘今文礼皆登为升’，俗误已行久矣。则古文礼皆作登也。许此作登不作升者，许书说解，不用假借字也。”“陟”象以足登陵阜，《说文通训定声》“登也，从阜，从步，会意”；“陟”训陞、升为引申。《说文通训定声》，“《虞书》‘汝陟帝位’，传：升也。《诗·闵予小子》‘陟降庭止’，笺：陟降，上下也。《东京赋》‘省幽明以黜陟’，注：升也。《夏小正》‘鱼陟页冰’，传：升也”；“陟”又可假借为骘。即《夏小正》“执陟攻驹”。《定声》“按：执陟，即《礼记·月令》之絷腾驹。《周礼·廋人》之佚特”，即可假借为公马之“骘”字。

“陟”在殷墟卜辞中，当为一种祭名，学者早已指出。其所用陟登之祭的对象主要有高祖王亥、上甲等。

---

① 郭沫若：《金文余释》，《金文丛考》。

② 白川静：《金文通释》卷 7，第 17 页。

③ 杨树达：《卜辞求义》德部第十五，《耐林庼甲文说》，群联出版社 1954 年版。

（1）□□，贞陟大钟于高祖王〔亥旨戚〕。(《合集》34286)

（2）□亥，贞陟大钟于高〔祖王亥〕旨戚。(《合集》34287)

（3）庚辰，贞其陟……高祖上甲。兹用。王占：兹……（《屯南》2384）

也有殷人的先王：

（4）癸酉卜，宾，贞陟岁于唐。(《合集》1292)

（5）其陟于大乙。(《合集》32029)

（6）其陟于大乙祖乙。(《合集》32420)

（4）、（5）辞中的唐、大乙，即商代开国名王成汤。如释"陟"为上升，（4）、（5）辞可解释为"自唐（或大乙）上升乎？"似与甲骨文中的"逆祀"① 同，即上祀大乙以上的先公。但第（6）辞却说明不能如此理解。此辞为第 4 期卜辞，武乙文丁所称的"祖乙"，当为"中丁子的称谓"②，如"陟"自大乙上升，其前的先公先王应为上甲、三报（乙、丙、丁）、二示（壬、癸）等。但此辞祖乙为大乙以后的先王，其顺序为大乙、大丁、大甲、大庚、大戊、中丁、祖乙，祖乙为大乙之后的第六王，可见陟大乙、祖乙为顺祀。这就使我们明确了"陟"某先王，并不是自某王上升，与"逆祀"是完全不同的。

（7）……勿萠陟用于下乙，丁未允用。一月。(《合集》1667)

此"下乙"即祖乙③。

（8）辛酉卜，出，贞其带新□陟告于祖乙。(《合集》24356)

此为二期卜辞，祖乙当为祖庚、祖甲的祖辈小乙，或其祖辈为中丁子祖乙。

（9）贞陟于丁用。(《英藏》1969)

（10）戊戌卜，喜，贞告自丁陟。(《合集》22747)

（9）、（10）二辞为第二期卜辞，祖庚、祖甲之祖辈先王名丁者有大丁、中丁、祖丁，其父武丁亦名丁。因此，辞中所祭名丁者不能确指。

（11）乙未卜，其集虎陟于祖甲。(《合集》27339)

---

① 裘锡圭：《甲骨卜辞中所见的逆祀》，《出土文献研究》（第一辑），文物出版社 1985 年版。

② 陈梦家：《殷虚卜辞综述》，科学出版社 1956 年版，第 413 页。

③ 胡厚宣：《卜辞下乙说》，《骨学商史论丛初集》（上），河北教育出版社 2002 年版。

此为三期卜辞，廪辛、康丁称阳甲为祖甲[①]，即为武丁之诸父阳甲、盘庚、小辛、小乙之阳甲。

我们可以看到，上述各辞的陟、陟岁、陟用、陟大钔、其陟、陟告、告陟、集陟等，均与祭祀先公高祖和先王有关。“陟”不同于自某王“上升”的逆祀，而应是陟登祭于某祖先。而在举行陟登之祭时，还用各种品物。主要有：

虎：如上引第（11）辞。

鬯酒：（12）癸丑卜，贞翌乙卯多宁其征陟鬯自……（《合集》19222）

贝币：（13）贞勿……陟贝，我……乑。三月。（《英藏》771 正）

羌奴：（14）□酉卜，□羗其陟用。（《合集》32020）

刍奴：（15）……米刍陟于西示。（《合集》102）

以上陟品物之祭，与甲骨文“登”进品物之登意相同。其区别，登以双手，陟强调以双足。因此，甲骨文中的陟，不能理解为自某先王上升的逆祀，而是陟登某种品物之祭。

（四）卲辞相当殷墟甲骨文的占辞

邢台甲骨的“𠬝”字，学者依《说文》“卲，卜问也，从卜召声”，都释此字为“卲”。卲字不见于殷墟甲骨文，但在周原甲骨中屡有出现。如下述各片：

（1）尔囟克事。卲曰：竝囟克事。（H11：6＋32）

（2）卲曰：子。（H11：5）同版另一辞被释为“引（矧）……”[②]，实引字为卲字缺刻（或误释）。其辞应为：“卲曰：其豕。”

（3）既弗克尤宣。卲曰：毋。（H31：4）

（4）卲。（H11：43）

在周原甲骨中，“卲”字有卜问的意思。但这类刻辞的性质并不一定与“贞辞”（即命辞）的性质相同，我们不妨称之为“卲辞”。我们可以将卲辞与贞辞加以比较。

---

① 陈梦家：《殷虚卜辞综述》，科学出版社 1956 年版，第 408 页。

② 《陕西岐山凤雏村西周甲骨文概论》，《古文字研究论文集》（《四川大学学报》增刊，第十集），1982 年。

有周原甲骨中，有性质与殷墟卜辞相近的贞辞，这就是“贞……”和“卜曰”类刻辞。《说文》云：“贞，卜问也。”周原甲骨的“贞”字从鼎从卜，虽然写法与殷甲骨不同，但在卜辞中的用法几乎是相同的。如下述各辞：

（5）贞王其自用胄……（H11：174）

（6）彝文武丁升，贞王翌日乙酉其求爯旗……（H11：32）

（7）贞王其求又大甲䀠周方伯……（H11：84）

（8）癸巳彝文武帝乙宗，贞王其邲祝成唐……（H11：1）

（9）保贞宫。［齐家 H3〔2〕：1 · 300（一）］

（10）贞。（H11：10）

此外，山西洪赵和北京昌平白浮的西周甲骨上也有“贞”字出现。

（11）化宫鼎三止又疾贞。（洪赵）

（12）贞。（昌平）

很显然，（5）、（6）、（7）、（8）、（9）各辞贞字之后为贞辞，与殷墟甲骨的卜辞命辞的结构基本相同。

在周原甲骨中，还有一类与贞辞性质相近的“卜曰”刻辞。

（13）□乎宝卜曰……（H11：62）

（14）在旃尔卜曰：南宫啻其乍。（H31：2）

（15）八日辛卯卜曰：其獲取。（H31：3）

这类刻辞，在殷墟甲骨中也不难找到与此类结构基本相同的辞例：

（16）庚寅卜，𣪊，贞来辛丑卜曰……（《乙》5411）

（17）丁丑卜，大，贞卜曰：其㞢汎彡岁自上甲，王……（《金》122）

（18）□□王卜曰：兹卜若，自求于王帝。（《续存上》1594）

（19）甲子王卜曰：翌乙丑其酒䀠唐，不雨。（《续存上》1489）

（20）辛未王卜曰：隹余告多君曰：朕卜有祟。（《后下》27 · 13）

因此，周原甲骨中的“卜曰”类刻辞，也应为较典型的卜辞，即“卜曰”之后为“命辞”。

那么，西周甲骨的“卧辞”，即“卧曰”之后的文字，是否也和较为典型的“贞”和“卜曰”刻辞一样，即为“贞辞”（或称之为命辞）呢？让我们考察一下周原甲骨中“卧辞”的辞例及作用。

首先，“卧辞”在刻辞中的结构与“命辞”不同。在较为典型的卜辞中，应包括叙、命、占、验各项。在周原甲骨的贞辞中，有叙辞和贞辞（即贞……、卜曰……），但没有验辞。根据我们在上节中的分析，上引第（3）辞的“既弗克尤宣。卧曰：毋”全辞的行款走向应是自右向左，因此“卧曰：毋”是全辞的结束而不是它的开始。而“卧曰：毋”之前的文字，不同于“叙辞”，而与“贞辞”性质相同。因此，（3）辞应是包括“贞辞”和“卧辞”结构的典型西周卜辞。这一辞例，现又得到了邢台甲骨的印证，即“其事騳陟四白驰。卧曰：祀”。

其次，我们可将西周甲骨的“贞辞＋卧辞”的典型辞例与殷墟甲骨相比较：

《合集》11497正：“丙申卜，㱿，贞来乙巳酒下乙。王占曰：酒惟㞢祟亦有酘。乙巳酒，明雨。伐，既雨。咸伐亦雨。𢼄卯鸟星。”《合集》11498正：“丙申卜，㱿，贞来乙巳酒下乙。王占曰：酒惟㞢祟亦㞢酘。乙巳明雨。伐，既雨。咸伐亦雨。𢼄卯鸟星。”

上述二辞，是包括叙、命、占、验诸项的最完整卜辞。但实际在占卜时，可视情况之不同，省去一些项目。一般说来，卜辞的占辞内容都是与其前的贞辞内容相呼应的。如上述二辞的贞辞都是问“酒”祭，而占辞所问也是“酒”而与其前相同。而周原甲骨“卧辞”前的部分，即贞问的内容也是与“卧曰”后的内容相呼应和一致的。如（3）辞的“既弗克……”与“卧曰：毋”，邢台甲骨贞辞的“事（祭）”“陟（登）”与卧辞“巳（祀）”等即是如此。就是第（1）辞的“尔”囟克事，与卧辞的“竝”也是人名虽异，事类相同的。因此，“卧辞”在周原甲骨卜辞中的作用和位置，是与殷墟甲骨中的占辞性质相同的。

学者指出，“卜辞通例，凡命辞都是发问，占辞都是预测也是发问。《说文》云：‘贞，卜问也’，‘占，视兆问也’，是对的”①。虽然西周甲骨的“卧曰”不见殷墟甲骨，而且“卧”意为“卜问也”，与殷墟甲骨的“占”为“视兆问”略有不同，但“卧辞”在西周卜辞中的位置和作用，是与殷墟甲骨中的占辞相近的。

在殷墟甲骨中，占辞也和西周甲骨的“卧辞”一样，与占卜有着密

① 陈梦家：《殷虚卜辞综述》，科学出版社1956年版，第86—87页。

切的关系。如《库》1535 说："壬戌卜，穷，贞王占卜曰：子罒其隹丁娩，其隹不其妫。"因此，我们不能拘执于"卲，卜问也"，而把"卲曰"从句中提前为"贞辞"。这不仅是因为卲辞在卜辞中的位置与占辞相当，而且上引的"占卜曰"也说明占辞与卲辞（卜问）性质是相近的。在殷墟甲骨中，未见"卲曰"云云。而在西周甲骨中，未见"占曰"而常见"卲曰"云云。这应是西周甲骨卜辞与殷墟甲骨卜辞的不同。所以应该说，"贞辞＋卲辞"的句式，才是与殷墟卜辞不同的周人特有的"典型卜辞"。

（五）祀

邢台甲骨上的""字，即为祀字，《释诂》"祀，祭也"。周原甲骨上的诸"祀"字与邢台甲骨上的"巳"（祀）字同形，如：

（1）弜巳（祀）。（H11：134）

（2）弜巳（祀）其若艮，囟正。（H11：114）

（3）〔曰〕其巳（祀）。（H11：76）

（4）……巳（祀）其……从。（H11：200）

（5）弜巳（祀）。（H11：141）

（6）巳（祀）唯左。（H31：1）

以上各片之"巳"，学者都释为祀。西周甲骨以巳作祀，与殷墟甲骨同。常见祀事活动的殷卜辞如：

（7）弜巳（祀）求，于之若。（《合集》27370）

（8）弜巳（祀）兄（祝），于之若。（《合集》27553）

（9）弜巳（祀）钔。（《合集》30759）

（10）弜巳（祀）又。（《屯南》1116）

（11）弜巳（祀）用。（《屯南》2219）

（12）贞賁巳（祀）用。（《合集》21110）

以上巳（祀）常与求、祝、钔、又、用、賁等祭名连用，其祀祭对象有先王和土（社）等。

（13）弜巳（祀）告祖辛。（《屯南》656）

（14）弜巳（祀）告小乙。（《屯南》656）

（15）……土（社）巳（祀）。（《合集》14403）

巳（祀）祭所用的品物有羌和珏等：

(16) 弜巳（祀）用羌。(《屯南》4235)

(17) 王占曰：巳（祀）珏。(《合集》5611 反)

邢台西周甲骨上的“巳”（祀）与周原甲骨的“巳”（祀）字用法和意义相同，为祭祀之意。而殷墟甲骨的“巳”（祀）字用法，也使西周甲骨的“巳”（祀）为祭祀得到了证明。

此外，从周原卜辞的结构上看，邢台甲骨卲辞的“巳”也应释为祀。我们前面已经分析，西周甲骨的卲辞性质与殷卜辞的占辞性质相近，所问的内容是与前面的贞辞内容相呼应的。邢台甲骨的贞辞是贞问事祭和陟登之祭的，那么与此内容相呼应的卲辞内容，也应是关于祭祀方面。因此，邢台甲骨上的“巳”，从卜辞的结构上看，也应是祭祀之祀，才能与前面的贞问内容相呼应。

综上所述，邢台西周卜辞，应是一条较为完整的西周卜辞，即包括贞辞和卲辞的卜辞：

贞辞：其事騩，陟四白驼。

卲辞：卲曰：巳（祀）。

全辞为：其事騩陟四白驼。卲曰：祀。

这种结构的句式，与殷墟卜辞完全不同，当为周人特色。这才是典型的西周卜辞。全段邢台卜辞，翻译为现在的白话，就是某卜人贞问：“是不是行祭事用黄白色块的马并陟登四匹白色的母马为祭呢?”另一位卜人又对有关这次问疑继续卜问（即卲曰)：“祭祀还是不祭祀呢?”

三　邢台西周甲骨发现的几点启示

通过上面的分析，我们可以看到：

第一，邢台甲骨卜辞的出土，使周原出土同类卜辞有了可资比较的新例证。邢台甲骨与周原出土同类甲骨互相发明，从而使我们对西周甲骨刻辞的行款走向和卲辞性质有了新的认识。而贞辞加卲辞，应是周人特有的典型卜辞格式。

第二，通过我们对殷墟卜辞中有关“事”祭的分析，使我们进一步对奴隶制社会的“国之大事”，即祀事与戎事有了进一步的认识。把祀事活动从“吏”（或“使”）中剔梳出来，不仅使这一批祀事卜辞有了新的价值，而且也为我们认识邢台卜辞的事祭活动有了重要依据。而殷墟卜辞中的“陟”祭，笼统地理解为“上升”是不确切的。甲骨文中有专门的“逆祀”，陟祭与此完全不同，当是一种陟登某种品物之祭。这对我们认识邢台甲骨的“陟四白驮”为祭祀活动，也提供了重要的启示。

第三，我们已经指出过，西周铜器铭文中用白色形容马色的例证较为少见。这罕见的白马，又多出现在大贵族间的授受活动中。而邢台甲骨占卜一次用四匹白马（母马）陟登以祭的人，可以反证其身份当为地位较高的周王朝大贵族。

不仅如此。邢台甲骨卜辞的行款与结构基本与周原出土卜辞同。如所周知，周原甲骨出土于周人发祥地岐邑的宫殿基址西厢二号房的 H11、H31 之内，当为王室之物。而邢台南小汪竟出土与西周王室卜辞辞例极为相近的卜辞，说明这一地带在西周时期当也极为重要。它预示着有可能会像周原一样，这一地带会有重要西周建筑遗址发现，也为考古学者关于“邢国的初封地就在今天的邢台”① 的探索，提供了重要的线索。

① 《邢台南小汪周代遗址西周遗存的发掘》，《文物春秋》（1992 年增刊）。又，拙文《读邢台新出西周甲骨刻辞》曾在 1993 年于西安召开的“周秦文化国际学术讨论会”上提交。甲骨发掘者段宏振等的研究论文《河北邢台南小汪遗址西周刻辞卜骨浅识》一文，在《文物》2008 年第 5 期发表，请参阅。

第十三篇

邢台南小汪西周甲骨出土的意义

1991 年春，河北邢台南小汪西周遗址灰坑 H75 出土了一块有字卜骨，由于其重大的学术价值，立刻引起了国内外学者的瞩目。

这块有字卜骨，系牛胛骨制成，打磨光滑平整。此骨出土时已残，缺骨臼及相近之上部和骨扇部分之下部，残存为肩胛骨的中段部分。骨残长 8.7 厘米，残宽 3.1 厘米。卜骨的背面有规整的圆站，钻窝底部近三分之一处有与骨长同方向的竖槽，呈所谓“猫眼状”，并在其旁施灼。卜骨的正面有两组刻辞，一组残泐过甚，仅余一“其”字。而另一组较为完整，计四行十字。学者认为：“完整的一组卜辞行款自左方起，行文与骨宽同向，推测该组卜辞是骨面向左刻制而成。这组卜辞的内容是：

卲曰巳四白驳骢陟其事

字体小而纤细，与周原等地出土的西周甲骨文刻辞风格完全相同。同时，H75 出土不少典型的西周陶器，因此，这片卜骨的时代属西周时期当无疑。”①

虽然自 1956 年西周甲骨被认识以后，全国各地屡有西周甲骨出土，但多为卜甲，而有文字卜骨较少，因而以成段完整卜辞著称的邢台南小汪卜骨就更显得弥足珍贵。这对于西周卜辞行款的识读和卜骨契刻文字的认识，并对估计邢台南小汪遗址在周初历史上的地位，都是很有意义的。

---

① 河北省文物管理处、邢台市文物管理处：《邢台南小汪周代遗址西周遗存的发掘》，《文物春秋》增刊，总第 15 期，1992 年。

一　南小汪卜骨刻辞行款校正了周原卜辞行款中的误读

南小汪卜骨刻辞，学者解释已如前述，其行款是左向右释读，或可称之为“卲曰句”。这样行款走向的相同辞例，在周原甲骨刻辞中亦见。如凤雏 H31：4，有学者释为：

卲曰：毋（毋）既弗克尤宣（?）用。

隧迭囱（斯）亡咎，廼则異。①

读其行款为自左向右行的两段。也有学者释此片为：

卲曰：毋（女）既弗克衣（殷），安□□□□□□□□□通隹绝（过），西（是）亡（无）咎（凶险）廼鼎（则）畁□。②

将此版读为一辞。虽然两家在文字隶定和划分段落上不尽相同，但读此版自“卲曰”起句，其行款自左向右却是共同的。

此外，凤雏 H11：6 + H11：32 片，《陕西岐山凤雏村西周甲骨文概论》（以下简称《概论》）未缀合，读为两辞。《周原甲骨文综述》（以下简称《周综》）释为：

卲曰：并西克事（使）。

圉西克事。

我们从《周综》解释此版段落上看，读此版的顺序是第 1 辞“卲曰……”再读第二辞“圉西……”即全版刻辞的总分解还是自左向右的。但该片的缀合者陕西周原考古队的学者，却释此版为：

尔囟（唯）克事（使）。卲曰：竝（并）囟（唯）克事。③

很显然，《岐山凤雏村两次发现周初甲骨文》（以下简称《两次发现》）读此为一条卜辞，其行款自右向左行，不是从“卲曰”起句，而是自“尔囟……”向左行，“卲曰”是在句子之中。这与当前学者通行的“卲曰句”自左向右的行款恰恰相反。这类所谓“卲曰句”究竟应如何识读

---

① 陈全方：《陕西岐山凤雏村西周甲骨文概论》，《古文字研究论文学》（《四川大学学报丛刊》第十辑），1982 年 5 月。

② 徐锡台：《周原甲骨文综述》，三秦出版社 1990 年版，第 15 页。

③ 《岐山凤雏村两次发现周初甲骨文》，《考古与文物》1982 年第 2 期。

其行款呢？邢台南小汪卜骨的发现，促使学者再认识和研究这一问题。

我们是赞成并支持《两次发现》释 H11：6 + H11：32 为一条自右向左行的行款的。并指出，“这样的辞例在西周甲骨中是有例可寻的”，周原 H31：4 就是与此基本相同的佳例。遗憾的是，过去学者却把它作为自“卧曰”左起向右行的行款的。我们经过分析研究，虽然认为《概论》将 H31：4 片上刻辞分为两段是正确的，但在“具体读辞时，我们的分段法又与此前学者们的成说完全不同”。我们读为二辞：（1）“迺则……囟亡咎。用”。（2）“既弗克……卧曰：毋”。因“识读此版各辞行款走向与各家完全相反，因而两辞的起句和结句也就与传统的看法不一样了”。周原甲骨文常见 H31：4 片上出现之“囟亡咎”，诸如 H11：28、H11：35、H11：55、H11：77、H11：96、H31：3 等片，“无一例外的，各辞都是至‘囟亡咎’处结束。因此，‘囟亡咎’当是周原甲骨用于全句之末的恒语”。以此例之，《概论》把“囟亡咎”放于一辞之中，《周综》把这一句末恒语放在整段卜辞之内，显然是不合周原卜辞的常例的。因此，H31：4 我们读第（1）辞至“囟亡咎”处结束，应比较附合实际。而我们读本版上的第（2）辞，为“既弗克……卧曰：毋”，行款自右左行，这是有 H11：6 + H11：32 行款为证的。此外，本版上第（1）辞的行款自右向左行，也是第（2）辞行款走向应与（1）辞一致的旁证。至于 H31：4 片上的“用”字，由于行款走向不明，《概论》放在了“卧曰……”辞之末，而《综述》释为“安”字置于辞中。现既已辨清 H31：4 两辞行款走向，“用”字所在位置及用途自不必犹豫。原来，应放在第（1）辞“囟亡咎”之后，其作用与殷卜辞的“用辞”相当，即表示此卜施行、施用了。

周原甲骨行款走向的纠误探讨，得到了邢台甲骨的证明。这就是邢台甲骨第一辞以“其”字起句，其下残。再将卜骨调转方向，第二辞也自应从“其”字起句，自右左行，读为“其事𩡧，陟四白牝。卧曰：祀”。这样的行款走向，可与周原的辞例相同的甲骨相印证。邢台甲骨上的“其事”“陟”皆为祭名。[①]“𩡧”“白牝”皆为祭牲。而“卧曰”，即“西周甲骨中的卧辞虽与贞辞性质相近，但又有所区别，而与殷墟卜辞中

① 王宇信：《说邢台西周甲骨“其事”》，《中原文物》1994 年第 4 期。

的占辞作用相同"[①]。这是一条较为典型的西周卜辞，即"贞辞"为"其事騂陟四白牝"，而"卧辞"为"卧曰：祀"。贞辞加卧辞，才是典型的西周卜辞。其全辞大意是：是不是行祭事用黄色斑的马，并陟登四匹白色的母马为祭呢？看了卜兆以后判断说：还是祭祀吧。

卜辞行款的正确识读，对我们正确理解卜辞的内容意义重大。如果我们把刻辞行款走向读反了，全段卜辞就会成为难以理解其内容的一堆文字堆砌。自周原甲骨出土后，由于材料局限，一般都认为所谓的"卧曰句"自"卧曰"起句，自左向右行。正是由于邢台南小汪卜骨的出土，学者才开始进一步深入研究这类卜辞的行款走向问题。可以说，西周卜辞行款的再认识，正是受到邢台甲骨出土的启示。而周原甲骨行款走向的纠误，又得到了邢台卜骨的有力证明。两者互相发明和勘校，从而把西周甲骨学研究向前推进了一步。

二　西周卜骨文字契刻的新认识

如所周知，殷墟卜骨的文字契刻一般是以骨臼一方为上，有关卜辞刻在骨版的近缘部位，刻辞迎兆，自上而下契刻文字再转行。在骨面中部的刻辞，也是以骨臼一方为上，文字自上而下，再向左或右转行的。

西周有字卜骨发现较少，虽以陕西周原扶风齐家村发现为最多，但也仅只五版而已，这就使对卜骨卜毕契刻文字的认识受到了一定的局限。学者在总结周原甲骨刻辞部位时说，扶风齐家村卜骨，"刻辞都是于骨臼一方为下"。即"周原卜骨以肩胛骨一端向骨臼一端竖刻"。虽"也有横刻的，但不见从骨臼的一端向肩胛扇一端竖刻的，这是周人卜骨的又一特征"[②]。具体地说，周原卜骨契刻文字可分下述情况：

（1）以骨臼一方为下。如扶风 NH1③：1"王巳我牧單豕豚卜"、扶风采：112"卜曰：其衣车马，囟有蠆"，就是以骨臼一方为下，骨扇一

---

① 王宇信：《周原甲骨卜辞行款的再认识和邢台西周卜辞的行款走向》，《华夏考古》1995年第2期。及《读邢台新出西周甲骨刻辞》，1993年陕西西安《周秦文化国际学术研讨会论文集》，陕西省考古所。裘锡圭：《释周原甲骨文中的"卧"字》，《第三届中国古文字学研讨会论文集》，香港中文大学1997年版。

② 徐锡台：《周原甲骨文综述》，三秦出版社1990年版，第151页。

方为上，文字自骨扇向骨臼契刻，再向左转行。而卜骨上的“筮数”，如齐家采 108、其背面的两组也是以骨扇一方为上，骨臼一方为下契刻的。至于“横刻”者，如齐家采：94、299（五）又有以下两种情况：

（2）有骨臼一方向左，使骨呈横长平置，再在近骨臼的第一圆钻正面，刻辞迎兆“卯□王曰”的。而齐家采集 108 卜骨，虽然背面“筮数”契刻同（1）种情况。但正面的“筮数”在契刻时，是再将骨臼向左，使骨呈横长平置，“筮数”自上至下契为一竖行，与（2）种情况相同。

（3）刻毕再将骨臼向右，使骨呈横长平置，在第一行第三圆钻的正面顺兆刻“伐曰巳”。再在另一行圆钻的正面处刻“六骊”，走向与兆枝相反。

周原卜骨将骨臼向左或再向右，并使骨呈横长平置再契刻文字的用法，得到了邢台西周甲骨的印证。邢台甲骨卜毕契刻文字时，也是将骨臼一方向左，使骨呈横长平置，再从上（近骨中部）向下（近骨缘），呈逆兆方向，自右向左刻“其事……”四行十字的，同于周原第（2）种情况；然后再将骨臼方向向右，呈逆兆方向刻“其……”，同于周原卜骨第（3）种情况。

不仅如此。陕西长安张家坡出土西周有字卜骨情况也基本如此。有同于周原第（1）种情况者，在卜骨自骨扇一方（为上）向骨臼（为下）方向契刻一组“筮数”。而在契刻另一组“筮数”时，则同于周原卜骨第（2）种情况，即将骨臼向左，将骨呈横长平置，自上缘向下缘方向竖刻一组“筮数”。在两组“筮数”之间，划一连接记号。① 北京房山镇江营西周卜骨上的筮数，是以骨臼一方为下，自骨扇一方（为上）向骨臼（为下）契刻“筮数”二行，同于周原甲骨第（1）种情况。

虽然周原尚未发现以骨臼一方为上，将骨平置，再自上向下竖刻文字，与殷墟卜骨同制者，但也不能一言以概之说“这是周人卜骨的又一特征”。如山西洪赵西周有字甲骨，就是以骨臼为上，自上而下契刻一行文字的。② 可以说，这应是西周甲骨卜毕契刻文字的第（4）种情况。

---

① 陕西省文管会：《长安张家坡村西周遗址的重要发现》，《文物参考资料》1956 年第 3 期。

② 山西省文物管理委员会：《山西洪赵县坊堆村古遗址墓葬群清理简报》，《文物参考资料》1955 年第 4 期。

综上所述，我们可以看到，西周卜骨文字契刻似无殷墟卜骨那样严格的制度，即以骨臼一方为上，刻辞迎兆，自上而下契刻文字。西周卜骨在契刻文字时，或以骨臼一方为下，或以骨臼一方为上，使骨面呈竖长方向平置，再刻文字。或骨臼一方向左，将骨扇一方向右，将骨面呈横长平置，再在上面契刻文字。或骨臼向右，将骨扇一方向左，使骨面呈横长平置，再在上面刻契文字。刻辞虽然守兆，但有的迎兆，有的顺兆，与殷墟甲骨刻辞一律迎兆不同。因而可以说，西周卜骨契刻文字的随意性很大，只不过是在卜毕信手刻上所卜之事而已。此外，西周卜骨的卜辞所见不多，且多不具叙、命、占、验的一套完整程式，而多为文辞简约的记事。

邢台南小汪和其他遗址出土的有字西周卜骨，使学者据周原齐家卜骨总结出的甲骨契刻文字使用方法得到了印证、补充和丰富，从而使认识更为全面。

三　邢台西周卜骨与周初邢地研究

《左传》僖公二十四年“凡、蒋、邢、茅、胙、祭，周公之胤也”。西周邢国乃周公之后，周公东征胜利后为“蕃屏周”并镇抚商祖乙故都邢地民众所封。但由于殷代邢地所在说法不一，因而对今河北邢台为西周邢国所在就有不同看法。邢地所在还有今山西河津县说（《帝王世纪》）、山东定陶说（丁山《商周史料考证》）、河南省温县平皋说（王国维《观堂集林·说耿》）等。但据学者考订，“以上四说，惟邢台一说不仅文献记载明确，更重要的是还有较多的考古资料作为旁征”。甲骨文材料表明，“至迟在商代晚期，邢地仍是商王朝防御羌方侵犯的一个重地，这个邢地应当就是周初邢国所在，也就是现在的邢台地区。根据考古资料和文献记载，它也应是商王祖乙所迁的邢地”。此外，邢台地区历年所出铜器，也“进一步证明了在西周初期，这里确已成为邢国所在地”[①]。

---

① 郑杰祥：《殷墟卜辞所记商代都邑探讨》，《甲骨文发现一百周年学术研讨会论文集》，台湾师范大学国文系，1998年5月。

不仅如此。近年河北省考古研究又取得重大成果，这就是在邢台市区西北部发现一处范围很大的周代遗址，即南小汪遗址。虽然大部分遗址已经被建筑所压，但“时有周代遗物出土，如在郭守敬大街左右两侧的市一中附近、中华宿舍区、团结路南侧等地，均曾发现大量的周代陶器鬲、盆、豆、罐等，有的地方还发现马坑和小型墓葬等。这些都表明南小汪遗址是一处规模较大、埋葬丰富的遗址”①。此外，集中二百多座墓葬的贵族墓地又有新的收获；而河津、温县、定陶等地，不仅没有有关井侯铜器在附近出土，也没有如此规模之大的西周遗址与之相匹。因此，考古成果也证明了邢台为西周邢国所在说的确切。

不仅如此，南小汪西周甲骨的出土，也为邢台地区就是周初邢国所在再一次提供了新证据。这就是其一，历年出土西周甲骨的地点，有西安丰镐遗址、河南洛阳泰山庙和北窑、陕西周原凤雏和齐家、北京昌平白浮、房山琉璃河燕都遗址、镇江营、山西洪赵坊堆村等西周遗址。其中，多为西周王朝建立前后的政治中心和诸侯国的都邑遗址，或少数的西周聚落遗址（或墓葬）。邢台甲骨的发现，表明了此地区在西周王朝地位的重要，这就比古邢国地望的其他诸说，诸如河津说、温县平皋说、定陶说等，增加了新的有力证据；其次，西周中心地区出土的甲骨上，都记有重要的内容。诸如周原岐邑宗庙出土的“这批甲骨文涉及王室的内容不少，且直接记述了周初王室最高统治阶级的政治活动，这是迄今我国发现的金文中所没有的”②。而北京房山琉璃河燕都城址内，出土的甲骨上有“成周”等字样，为周初燕国都城的始建年代提供了重要依据。③ 邢台甲骨上的内容也很重要，卜问祭事和陟祭的祭牲竟然是色泽不同的马。如所周知，商代的马匹十分珍贵，尤以名马为甚。④《礼记·檀弓上》“殷人尚白”，商人白马自应为最受珍爱，卜辞中“白马”稀如凤毛麟角。“周人尚赤”，在金文中“白马”也所见不多。有学者指出：“金文用白为白色义者罕见。乍册大鼎云：‘公赏作册大白马’仅此而

① 河北省文物研究所：《邢台南小汪周代遗址西周遗存的发掘》，《文物考古》1992 年增刊。

② 陈全方：《周原与周文化》，上海人民出版社 1989 年版，第 147 页。

③ 雷兴山等：《北京琉璃河遗址新出卜甲浅识》，《中国文物报》1997 年 3 月 30 日。

④ 王宇信：《商代的马和养马事业》，《中国史研究》1980 年第 1 期。

已”[1]。但后又有召尊铭中出现一例“白懋父锡懋白马敏黄发微”[2]。因此，“邢台甲骨上又出现一例白色的马（母马），就很有意义了。这是因为，周代青铜器上罕见的白马，都出现在重要典礼上（公束赏作册大、白懋父赏召）的大贵族间的授受活动中。以此律之，邢台甲骨占卜用白驼者，其身份当也是地位不低的奴隶主贵族”[3]；其三，邢台西周卜辞的行款结构基本与周原出土典型西周卜辞“贞辞+卧辞”的结构相同，而与一般西周邑落遗址出土的甲骨刻辞辞例结构差距较大。西周初期的邢地出土卜骨辞例竟与西周王室卜辞结构相同，不仅表明今邢台地区在西周初的重要地位，也说明此地与西周中央王朝政治文化上联系的密切。这也为关于周初邢地诸说中，只有今邢台地区才可能堪为邢国都城所在提供了有力的证据。这预示着河北邢台地区会像陕西周原、丰镐地区和北京房山琉璃河等西周遗址一样，将会有周初邢国重要遗迹面世。

① 郭沫若：《金文全释》，《金文丛考》，1932 年。

② 白川静：《金文通释》卷七，第 17 页。

③ 王宇信：《说邢台西周甲骨“其事”》，《中原文物》1994 年第 1 期。

第十四篇

一部西周甲骨研究里程碑式的著作

——读曹玮著《周原甲骨文》

1899 年殷墟甲骨文的发现，开辟了中国近代学术史的新纪元。经过几代学者的努力，一百多年来甲骨学研究取得了辉煌的成就，并成为与历史学、考古学、汉语史和语言学以及古代科技史有着密切联系的学科。与此同时，甲骨学成为吸引海外学者探索博大精深的中国古代文明的一门国际性学问。

而 1949 年以后的西周甲骨发现和研究，扩大了甲骨研究的领域，打破了凡谈甲骨则必殷商的传统看法，从而形成了一门全新的分支学科——西周甲骨学，是新中国甲骨学研究取得的重要成就。特别是 1977 年陕西周原成批有字甲骨的重大发现和陆续公布，把西周甲骨学的研究从“认识阶段”“形成阶段”推进到“深入研究阶段”，而作为“夏商周断代工程丛书”考古报告系列之一的《周原甲骨文》（2002 年版）的出版，是 50 年来西周甲骨研究取得蓬勃发展的里程碑。它继往开来，必将推动 21 世纪西周甲骨研究的“全面深入发展”。

一　西周甲骨研究全面而科学的总结

周原成批甲骨文发现以前，虽然有学者“推测”陕西应有西周甲骨文的发现，而且在殷墟以外的遗址也屡有甲骨出土，但囿于传统，却还是一见甲骨则必归之于殷商系统的。直至 1956 年李学勤教授首次指出山西洪赵出土字骨为西周初期物以后，学术界关于西周甲骨的研究才渐被提上议事日程。此后，全国各地不断有甲骨出土，诸如北京昌平白浮、房山琉璃河、镇江营，陕西岐山凤雏、扶风齐家、强家、西安丰镐地区，河北邢台南小汪等 9 处西周遗址都发现了有字甲骨文。其中以陕西岐山凤雏遗址出土数量最多且内容丰富。随着这批甲骨的陆续公布，在学术界形成了一股“西周甲骨研究热”。《周原甲骨文》的“大事记”式的总结性“前言”，历数了西周甲骨的“认识和再认识”的不断把研究推向前进的历程。从 1978 年 11 月徐锡台教授撰文“拉开了周原甲骨研究的序幕”以后，学者们继之就 1979 年《文物》第 10 期公布的凤雏 H11：1、4、20 等 30 多片甲骨展开了初步的讨论。而 1981 年《文物》第 9 期公布齐家村出土完整龟腹甲和卜骨等 20 余片材料后，学者们的探索就逐步深入了。随着 1982 年《考古与文物》第 3 期公布周原两次出土而尚未发表的有字甲骨 78 片和在同年 5 月陈全方教授在《四川大学学报丛刊》第十辑上“将两次发现的西周甲骨全部公布于世”以后，西周甲骨的研究结束了以不断积累和公布材料为标志的第二阶段，从而进入了根据全部材料，提出和解决新问题，并对以前受材料的局限而得出的看法进行修正和再认识，补充和再论证的“深入研究阶段”。

此后，不少著名学者都参与了西周甲骨的研究和争论，从而“增大了西周甲骨文在甲骨学中的比重，使过去零星出土的西周甲骨与周原甲骨共同构筑了西周甲骨的特点”。该书“前言”全面地展示了“深入研究时期”的成就，即“除了字的隶定、字义阐释、考订方国、研究商周关系等问题外，焦点集中在甲骨的族属上”。作者认为，学者间关于周原甲骨族属的种种不同看法，诸如“出自商人之手”“出自周人之手”“庙祭甲骨出自商人之手，记事刻辞出自周人之手”等分歧，关键是对几个核心，即“王与周方伯”“‘宗’的位置”“‘㞢周方伯’之‘㞢’字的诠释”等问题的理解上。因此，作者通过科学地总结成就，找出了今后研究的方向。

与此同时，该书“周原甲骨文论著目录”，收入了自 1977 年周原甲骨公布至 1998 年二十多年间的研究论著共 82 种，其本身就是对西周甲骨研究成就的充分展示。据我们不完全统计，自 1951 年至 1976 年间，涉及西周甲骨的著作仅 12 种左右。这也充分反映了周原甲骨的发现，对西周甲骨这一新分支学科形成的巨大推动作用。

二　西周甲骨“全面”深入研究的新起点

以上存在的种种争议和分歧的解决，诚如《周原甲骨文》的“前言”中所说，“课题的解决，一方面有赖于深入研究，但首先要保证被研究材料的可靠性”。在深入研究的过程中，“学者首先感觉到的”是以往发表的材料，“没有也不可能像殷墟甲骨那样的拓本发表”。此外，甲骨放大照像受当时技术条件限制“模糊不清”。而陈全方、徐锡台两位教授公布的摹本，“在一些关键字上相互抵牾，给学者的研究带来一定的困难”（第9—10页）。我们在《甲骨学一百年》中也曾指出：“当前最迫切和根本的问题是提供给学术界一份较为准确的甲骨摹本。”而《周原甲骨文》一书，正是海内外学术界所迫切“期望不久将来出版一部著录周原甲骨的权威性版本，这对推动西周甲骨研究的发展和各种争论问题的解决，必将大有裨益”。这表现在：

其一，该书“重新对周原出土的每一片甲骨进行照相，以弥补无法拓印的不足”。而且不少有字甲骨的放大照片，除共59片未照反面外，其余所附反面照相下均有比例尺，既可观察甲骨反面的钻凿形态，又可据其比例推知正面甲骨的大小。这就比其前附有照片的陈、徐著作只列正面照相（多模糊不清）要大大前进了一步，极便于今后进一步做“观其全体”的全面研究工作。该书还将FQ4、FQ5、FQ6、FQ2等片的文字部分进行局部放大，从而为文字的释定和内容的研究提供了极大便利。

其二，作者在整理这批甲骨时，“用20倍显微镜观察每片甲骨上的每一个字，辨别字的笔画与笔锋；根据有无刻锋和笔画形状的差别，来辨别是否为字，并区分字和刻划符号的不同”。从周原甲骨中剔除了“非刻划甲骨”58片，“非字甲骨”16片。这74片“非文字”甲骨的剔除，应是文字研究的一重大成果，免除了今后学者再在这些片上做徒劳无益的文字辨识工作，从而更集中精力对那些真正文字下功夫①。

① 为便于研究者查校方便，我们将此项重大研究成果，在拙著《探论》（增订本）《摹聚》的有关号下将“非刻划”和“非字”甲骨共74片标出，即阿拉伯字码顺序号下标一“○”，以示与刻字甲骨相区别。

其三，该书所收放大甲骨均为彩色照相，不仅字迹较为清晰，真实感强，具有权威性；而且“根据照片”所做释文，也充分吸收了前人成说而较为准确。特别有意义的是，每片甲骨的释文，不是按辞条做出并加以标点，而是依文字在甲骨上所在自然位置隶定。如所周知，周原甲骨上的一些文字应左行或右行，学术界存有极大分歧。这样的释文处理，为今后的深入讨论留下了余地。

其四，该书的释文坚持了“缺疑待问”的科学态度，即作者在“凡例”中所说，“甲骨文中的缺字用‘□’表示”，“不能释出的字也用‘□’表示”。我们可以看到，除了一些缺字确是短缺或笔画不清而不能释出外，但有一些应是作者刻意空缺所致。就以学界争议较大的几片“庙祭甲骨”，即凤雏 H11：1、H11：84、H11：112 等片来说，所空之处的文字笔划，远较前人摹本清晰。作者之所以不释，是为了不给研究者留下“先入之见”。这种审慎的态度，为今后学者的创造性研究，留下了广阔的思考天地。

其五，《周原甲骨文》一书，总结前人研究的成就，是为了使今后的研究从最前进的一线而再前进。不仅准确的照片体现了这一精神，书后所作“周原甲骨文摹本著录表”和“周原甲骨文释文对照表”也体现了这一精神。前表将书中所收甲骨，可与陈全方、徐锡台、王宇信、朱歧祥著作中所收摹本相勘校，使研究者在认真分析比较文字的结构和点划的异同之后，得出较为准确可信的文字结构与字形来，从而为文字的重新释读奠定基础；而后表，将该书各片的文字释定与陈、徐、王、朱各家释文相对应，从而使今后的文字考释工作可以从前人的研究中受到有益的启示，对文字考释的再前进和省去不必要的重复劳动是很有意义的。

其六，该书将 H11、H31 窖穴内与甲骨共出的陶片、石鸟、石饰制片、贝壳等遗物的照片公布，也是很有意义的。这些一直被“搁置于一边”的“有助于断代的最佳材料”（“前言”第 9 页）的刊出，无疑有助于对周原甲骨进行考古学考察，从而促进多角度、全方位对周原甲骨进行断代研究，这就将使此前学者们“多囿于甲骨文字本身的研究”要向前推进了一步。

如此等等。《周原甲骨文》一书，继往开来，不仅是“深入研究阶段”取得丰硕成果的标志，也是21世纪“全面深入研究阶段”的起点。因此，有志于“郁郁乎文哉”西周文明研究和发掘周王室文献材料的学人，都应认真读读它！作为一个曾涉猎过西周甲骨的过来人，我竭诚推荐这部好书！

第十五篇

凤雏（H11、H31）成批甲骨公布后各地（特别是周公庙）西周甲骨的大发现

1982年5月，陈全方教授《陕西岐山凤雏村西周甲骨文概论》（《四川大学学报丛刊》第十辑《古文字研究论文集》1982年版）把周原岐山凤雏村西周宫殿基址西厢二号房内H11、H31所出有字甲骨292片（H31出土10片），分卜祭、卜告、卜年、卜出入、卜田猎、地名、人名、官名、月相、杂卜等十类作有考释并公布。自此以后，学者们或对前一阶段因材料不全，而得出的认识进行修订、补充或再认识。或在全部材料的基础上，研究再深入和前进。因而在西周甲骨研究的深入发展阶段，涌现出了一批著作，西周甲骨得到全方位、多角度的继续发展。

与此同时，西周甲骨在各地也时有发现。虽见诸报端的报道多为零散发现，但也有像凤雏H11、H31那样的成批发现，诸如岐山周公庙遗址2003年至2008年间的重大发现。

一　零散发现与成批发现西周甲骨的报道

（一）零散发现

1. 河北省文物研究所：《邢台南小汪周代遗址西周遗存的发掘》，《文物春秋》1992年增刊，总第15期。又，张渭莲、段振宏：《河北邢台南小汪遗址西周刻辞卜骨浅识》，《文物》2008年第5期。

2. 《北京房山镇江营出土卜骨》，《北京文博》1997年第4期，封二刊彩色照片。

3. 琉璃河遗址考古队：《琉璃河遗址发掘又获重大成果》，《中国文物报》1997年1月12日。

4. 雷兴山：《北京琉璃河遗址新出卜甲浅识》，《中国文物报》1997年3月30日。

5. 琉璃河遗址考古队：《琉璃河遗址1976年度发掘简报》，《文物》1997年第6期。

6. 周原考古队：《2002年周原遗址（齐家村）发掘简报》，《考古与文物》2003年第4期。

7. 雷兴山：《论周公庙遗址卜甲坑H45的期别与年代》，《古代文明》（第5卷），文物出版社2006年版。

8. 蔡运章：《洛阳新获西周卜骨文字略论》，《文物》2008年第11期。

9. 《山东高青陈庄西周遗址考古发掘获重大收获》，《中国文物报》2010年2月5日。

10. 方辉：《对陈庄西周遗址的几点认识》，《中国文物报》2010年3月5日。

11. 宁夏考古研究所：《宁夏彭阳姚河塬发现大型商周遗址》，《中国文物报》2010年3月5日。

12. 宁夏考古研究所：《宁夏彭阳姚河塬西周遗址》，《考古》2021年第8期。

（二）成批发现

1. 北大考古队：《岐山周公庙遗址去年出土大量西周甲骨文材料》，《中国文物报》2009年2月20日。

2. 陕西考古所：《周公庙遗址新出西周甲骨专家座谈会在北京举行》，《中国文物报》2009年3月18日。

二 各地点西周甲骨出土情况概述

（一）1991年河北邢台南小汪西周遗址发现甲骨

1991年，河北省邢台市南小汪有西周有字卜骨的出土。据河北省文物研究所《邢台南小汪周代遗址西周遗存的发掘》（《文物春秋》1992年增刊，总第15期）披露，“在H75中发现一片刻辞卜骨残片。卜骨系牛胛骨制成，修磨光滑，现存的仅是一小部分的残片，长8.7厘米，宽3.1

厘米，背面有规整的圆钻，钻窝底部三分之一处有与骨长同向的小凹槽，有灼。正面现存两组卜辞，一组完整有十个字，另一组已残缺，仅存一个‘其’字”。并论证说，“H75 出土不少典型的西周陶器，因此，这片卜骨的时代属西周时期当无疑”。

南小汪刻辞西周甲骨上有二辞，发掘者释为：

1. 其……

2. 卲曰巳四白乢騜陟其事。

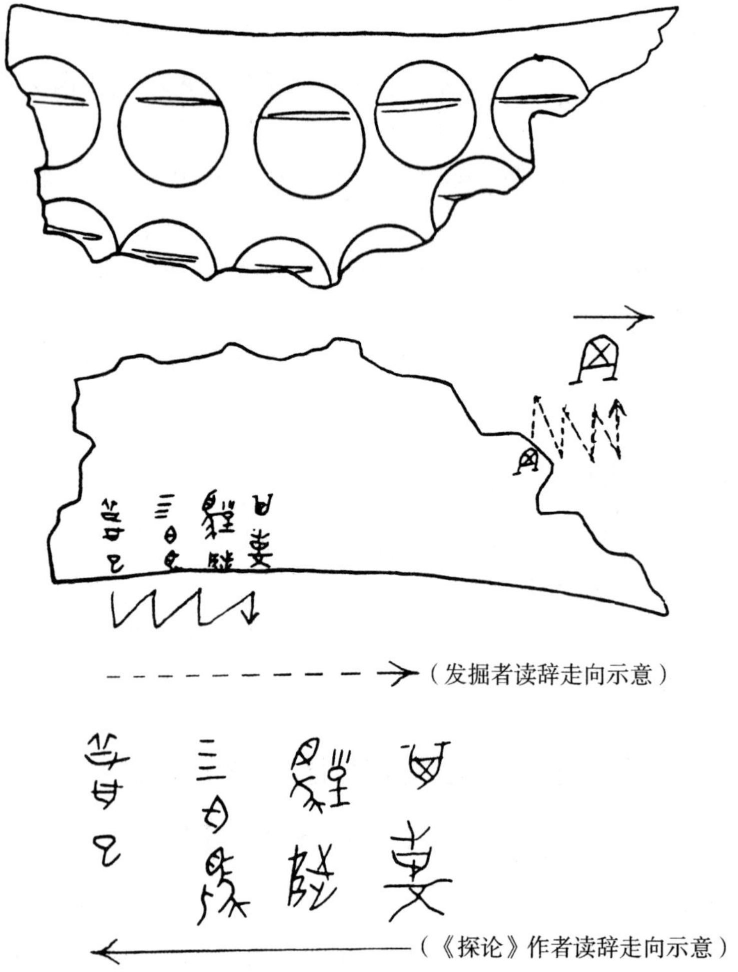

图 1　南小汪西周甲骨摹本

（二）1996 年北京房山琉璃河燕都遗址发现西周甲骨

1996 年，北京房山琉璃河燕都遗址出土西周甲骨，出土甲骨的灰坑 G11H108 “呈不规则形……西北部被 H109 打破，东北部新坑底呈斜坡状，坑底不平。坑内堆积可分为三层，第一层土质较硬，土色驳杂，出土卜甲、蚌刀、石片等”。在灰坑 G11H108 内甲骨共“出土数十片，其中三片刻有文字”。标本 G11H108①：4 为腹甲甲首部分，正面刻“成周”二字[①]；另一片为龟右尾甲，整治方法与以上两片相同，H108①：5 片上刻“其𣪕”，H108①：10 片上刻“用贞”二字。这三片甲骨，“至少分属两个以上个体”[②]。

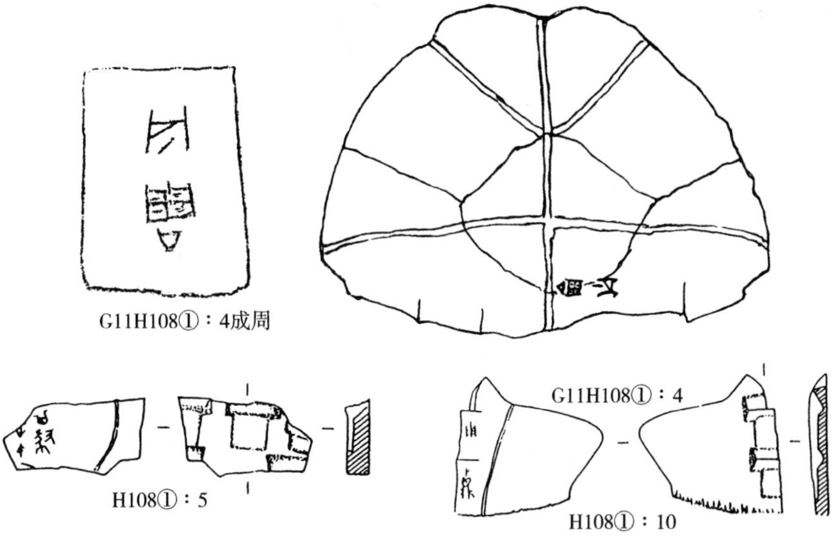

图 2　琉璃河出土有字卜甲摹本

（三）北京房山镇江营西周遗址发现甲骨

镇江营西周遗址 20 世纪 80 年代末曾出一块西周卜骨（T0226⑥：

① 琉璃河遗址考古队：《琉璃河遗址 1996 年度发掘简报》，《文物》1997 年第 6 期。

② 琉璃河遗址考古队：《北京琉璃河遗址发掘又获重大收获》，《中国文物报》1997 年 1 月 12 日。

1），为牛胛骨上部，残长 13 厘米、残宽 9 厘米左右。正、反面均经修整，近上部两圆钻已残（内包摄长凿）。骨宽处有六个数字组成的“筮数”两行（或有学者称之为“数字卦”或“重卦”）①。

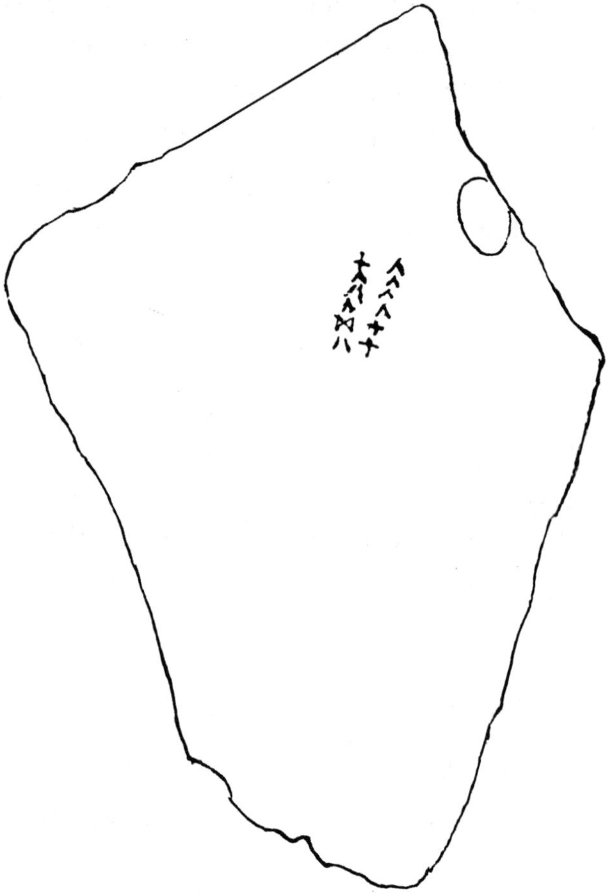

图 3　房山镇江营筮数卜骨摹本

（四）2003 年扶风齐家 H90 西周甲骨的发现

2002 年至 2003 年初，扶风齐家西周中期晚段灰坑 H90 出土卜骨 12

---

① 《十年来北京考古新成果》，《文物考古工作十年（1979—1989）》，文物出版社 1990 年版，第 6—7 页。镇江营西周甲骨彩色照片已发表在《北京文博》1997 年第 4 期封二上。

件，其中有字者1件2002Q11A3H90：79）[1]，上有文字37个，刻辞自右向左，分为6行契刻。这次甲骨是在“科学的发掘中取得的，不仅层位清楚，有可参考的层位关系，而且层位出土的包含物有明确的相对年代”（图4·1）。此字骨“骨扇正面的中部偏上有浅钻痕迹”。此前北吕、齐家村等西周遗址出土的卜骨上已有发现，为西周卜骨特征的探索又增加了新例。[2] 此外，“卜骨上卜筮相间的文字记录，是周原第一次出土先秦时期有关卜筮同位的记录，为研究先秦时期的卜筮活动增添了珍贵的材

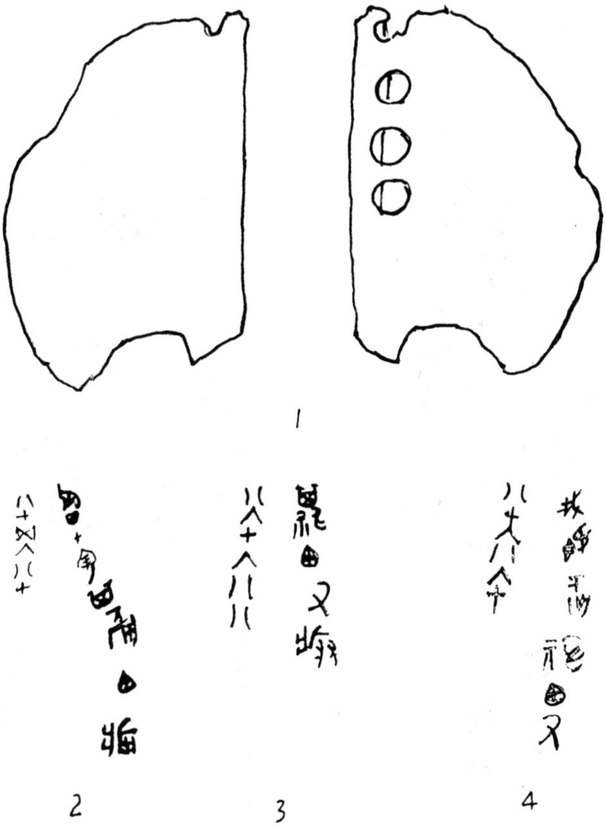

图4　扶风齐家2003年H90出土西周甲骨

① 周原考古队：《2002年周原遗址（齐家村）发掘简报》，《考古与文物》2003年第4期。
② 罗西章、王均显：《周原扶风地区出土西周甲骨的初步认识》，《文物》1987年第2期。

料”（图4·2、3、4）。不仅如此，历次考古发掘表明，周原扶风齐家村周围的文化遗址，可能为与王室联姻的某非姬姓贵族家族遗存。此地出土甲骨内容为筮占贵族病愈记录，因而甲骨当为非王室之物。[①] 西周非王室的贵族家族卜骨的发现，值得我们认真加以注意和思考。

（五）2008年河南洛阳东郊西周甲骨的发现

2008年元月初，洛阳东郊一民房的地基内，出土了一件西周有字卜骨。这应是西周都城洛邑——今历史文化名城洛阳出土的第一块有字西周甲骨。此骨为牛右肩胛骨，臼角保存完好，肩胛冈被削平，骨背面的骨脊也已锯去，并有明显的锉磨痕迹。在靠近臼部的一端有三排圆形钻

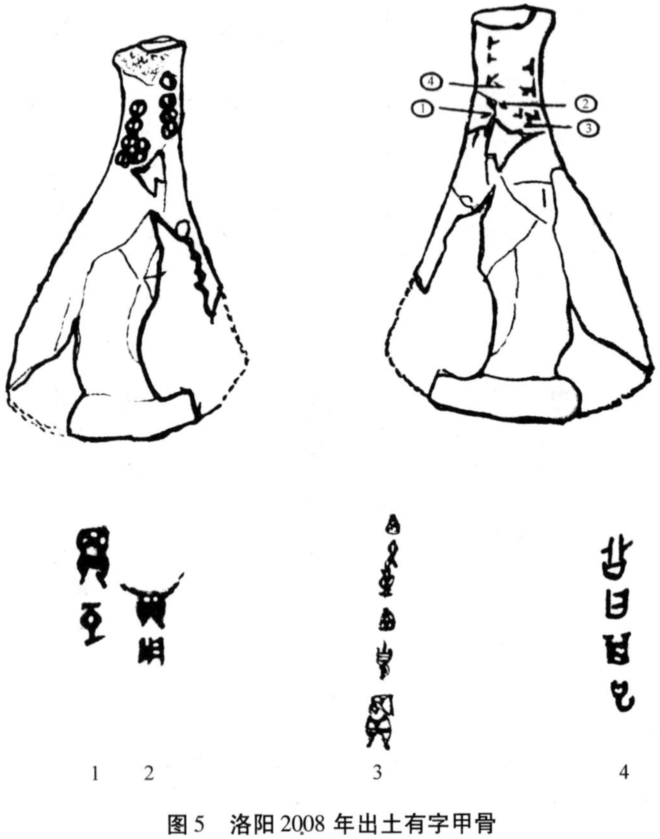

图5 洛阳2008年出土有字甲骨

① 曹玮：《周原新出西周甲骨文研究》，《考古文物》2003年第4期。

孔，每排二至四个。骨扇下部右侧，另有一排五个钻孔，钻孔排列整齐，孔壁略垂直、平底。每个钻孔底部在近骨缘约三分之一处，刻有一极细的竖槽，呈所谓的“猫眼状”。钻孔内皆有较轻的灼痕，呈黑褐色小圆点。在近上部二排钻处骨正面 ，有明显的兆枝，方向皆与骨缘相反而向内，左右相对。卜骨长 38. 9 厘米、柄部宽 7. 2 厘米、扇部最宽 23. 5 厘米（图 5）。卜骨正面近臼处刻有三组卜辞，共 14 字（图 5 · 1、2、3、4）。

随蔡运章《洛阳新获西周卜骨文字略论》（《文物》2008 年第 11 期）一文，发表了该卜骨的摹本及卜骨的彩色图版可供参考。

（六）2008 年山东淄博高青陈庄西周遗址出土甲骨

2008 年 10 月至 2010 年 1 月，山东省文物研究所对山东省淄博市高青县陈庄西周早期遗址的考古发掘中，有重大考古发现，即发现一座西周早期城址、西周贵族大墓多座、祭坛和多座马坑、车坑等重要遗迹和有齐公铭文的重要铜器，以及大量玉器、骨器、陶器等珍贵遗物。与此同时，还发现了西周卜甲、卜骨。“其中一残片上残存有刻辞，这是山东地区发现的首例西周刻辞卜甲。”① 学者研究，此甲为右尾甲，上刻数字‘一八八一八八’②，即为我们所说的“筮数”（也有学者认为是“数字卦”或“重卦”）。

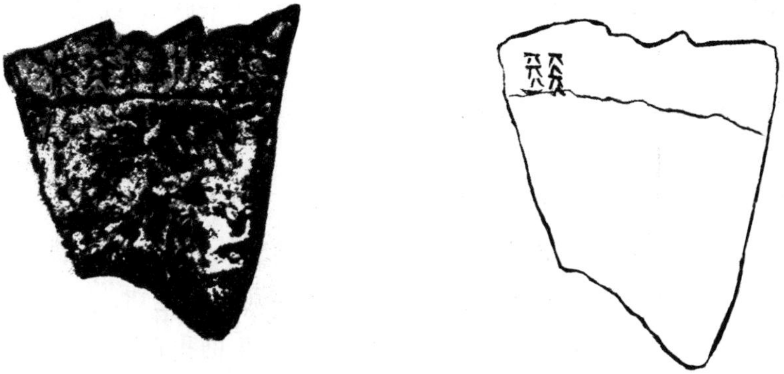

图 6　高青出土西周龟甲及摹本筮数

① 李立新：《试论山东高青陈庄所发现西周刻辞甲骨》，张光明主编：《97 山东桓台中国殷商文明国际学术研讨会论文集（夏商周文明研究）》，中国文联出版社 1999 年版。

② 方辉：《对陈庄西周遗址的几点认识》，《中国文物报》2010 年 3 月 15 日。

（七）2017 年宁夏彭阳姚河塬大型商周遗址发现西周有字甲骨

彭阳县位于宁夏东南部，六盘山东麓。这块沃土历史悠久，文物遗存丰富。20 世纪 80 年代，固原孙家庄西周早期墓葬的发掘，以及在彭阳新集一带零星出土的西周陶鬲、铜戈等文物，揭示了周人可能在西周早期就已涉足陇山东西。

姚河塬遗址位于李儿河和小河、大河切割形成的黄土台塬区的东部，整体呈西北高东南低的缓降地势。2017 年，宁夏考古研究所在调查过程中，发现了这处遗址并进行了发掘，确认了这处商周时期，尤其是西周时期的大型遗存，发现功能结构复杂的聚落形态、带墓道的高等级墓葬、掌握高技能工艺的铸铜作坊和一批高等级文物。该遗址可能为一处西周封国的都邑遗址，进一步证明周王朝对这一地区实现了有效的统治和管理。该遗址灰坑内发现无字卜骨二件，圆形钻。值得注意的是，在一座尚未发掘到底的甲字形大墓（M13）的墓道填土中，出土刻字的卜骨一件（图 7）。卜骨正面左侧兆痕旁，有刻字两行，共三十三字，其中含合文二字，总计三十五字。刻辞的内容大意是：“卜问派遣名瞍和名□（?）的两人，分别率三十人□（巡?）于夜、宕等五地，其无灾祸么?”（图 7·1、2）卜骨的背面有钻、凿，并有灼痕，与周原所出基本相同。左侧还有墨书文字，下部一横为红色（朱砂?）线条（尚未释读）。[①]

姚河塬所出三十五字西周甲骨，是目前所知西周甲骨发现于最西北边陲者。

讫至目前，仅见随文甲骨照片。但因文字细小，不可卒读，故亦尚未见摹本发表。本书所附图 7 摹本，是据文物出版社许海意先生手机所发微信照片速摹。因本人老眼昏花，更不能准确描出笔划，不少当是自己的理解和意摹，仅供参考而已。感谢许海意先生助我先睹为快！

---

① 宁夏文物考古研究所：《宁夏彭阳姚河塬发现大型商周遗址》，《中国文物报》2018 年 1 月 26 日。又，宁夏文物考古研究所：《宁夏彭阳县姚河塬西周遗址》，《考古》2021 年第 8 期。

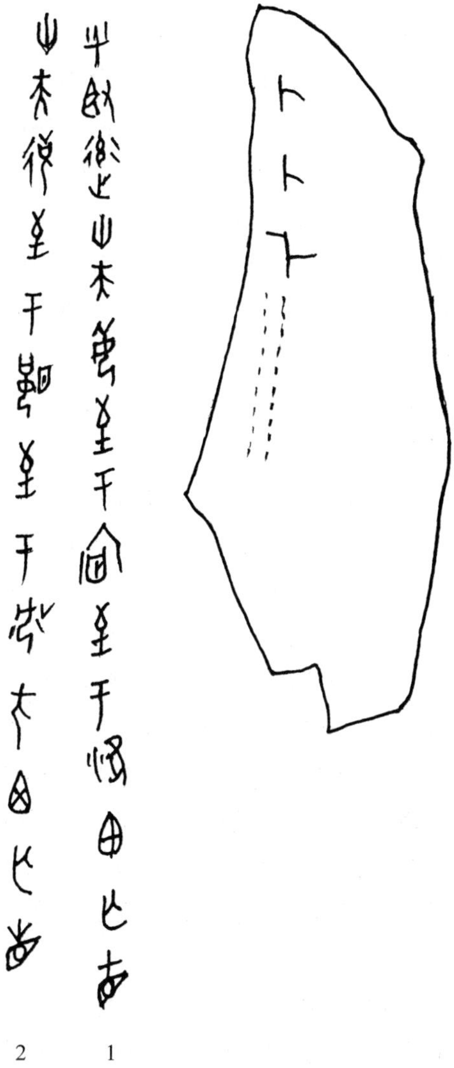

图 7　2017 年宁夏姚河塬西周甲骨速摹示意

三 《周原甲骨文》与周公庙成批甲骨再发现

周原出土甲骨（主要为凤雏 H11、H31 所出），自 1982 年 5 月全部公布以后，学者的西周甲骨研究，诸如在文字的释读、族属及分期断代、商末周初历史等方面的研究，都有所深入并取得了一批成果。虽然如此，但由于周原甲骨在公布过程中多以摹本发表，因甲骨上的文字细小和笔画纤细，或因摹写者学养和理解水平的不一，致使“不同版本的摹本文字点划不一，出现了较大的差异。缺乏权威性的反映周原甲骨真实性的标准本，给学者的文字考释和分期研究带来了很大不便”，因而同一个文字的考释众说纷纭，或同一版甲骨的分期因人而异，其“更主要的原因是学者们研究所依据的摹本材料，已经是摹写者的理解和经过整理过的周原甲骨第二手资料了”。因此，缺乏“标准本的西周甲骨，成了周原甲骨进一步全面深入研究的‘瓶颈’”①。

曹玮教授《周原甲骨文》（世界图书出版公司 2002 年版）一书，就是一部使学者的西周甲骨研究突破研究的“瓶颈”，推动西周甲骨研究全面深入发展的“里程碑”式著作。该书的最重要内容，是在“周原甲骨及同坑出土器物部分”，公布了全部凤雏 H11 出土甲骨 1—283 号、H31 出土甲骨 1—10 号、周原齐家出土甲骨 1—7 号等。全书所收 300 多版周原甲骨皆为彩色放大照片（个别粉化，现已不存者，皆用发掘者陈全方、徐锡台所作摹本代替），部分重要甲骨旁或再制全版放大照片，或在骨旁附“局部”放大照片。每页之眉上皆置毫米单位标尺，以供研究者比对原骨尺寸大小。全书彩照印刷精良，甲片整体显示效果颇佳，真实感强。甲片上的文字字口刻锋深刻，笔划清晰，代表了当代摄影和印刷技术的新水平。《周原甲骨文》著录的甲骨，是第一次全部以放大彩色照片公布的周原甲骨的第一手原始资料，堪称一部周原甲骨著录的标准本和权威性的著录。

《周原甲骨文》还对西周甲骨研究作了全面科学的总结。该书的“前言”以“大事记”的叙述形式，全面总结了对周原甲骨研究的认识和再认识的过程，展示了 1982 年 5 月周原甲骨材料全部公布以后，学者们在文字的隶定、考释与考订方国，商周关系及甲骨族属等方面的研究所取得的不少成果，并把研究的焦点圈定在“王与周方伯”“宗的位置”“冊周方伯之‘冊’的诠释”等几个问题上。因而学者指出，“该书不仅为西

① 王宇信：《新中国甲骨学六十年》，中国社会科学出版社 2013 年版，第 410 页。

周甲骨研究作了总结，还为全面深入研究西周甲骨指明了方向”[1]。

《周原甲骨文》著录甲骨材料的科学性和权威性，是西周甲骨全面深入研究的新起点和归宿。该书在材料整理过程中，重新对周原出土的每一片甲骨进行了照相，从而弥补了无法拓印的不足。有的还把有字甲骨放大照片的反面照片附于其后，并有比例尺（去除59片未照反面）。这就比徐锡台、陈全方两位教授出版的书中，仅有骨的正面照片（多印制的漆黑一片）要前进了一大步，为研究提供了对该片钻凿形态观察的方便，从而便于进一步做“观其全体”的全面深入研究工作。

《周原甲骨文》在整理周原甲骨时，“用20倍显微镜观察每片甲骨上的每一个字，并区分字和刻划符号的不同”，从原发表的甲骨中剔除了“非刻划甲骨”58片，“非字甲骨”16片。[2] 这74片“非文字”甲骨的剔除，应就是文字考辨研究的最大成果！此外，该书据放大照片的研究并在充分参考、吸取前人研究成果的基础上所作出的释文，依文字在甲骨原片上所分布的原始位置加以隶定，不进行人为意志的标点和分行处理，为行款的深入讨论和研究留下了广阔的余地。对一些笔划残缺之字，《周原甲骨文》坚持“阙疑待问”的科学态度，坚持有意空缺而不弥补，诸如学界争议较为集中的“庙祭甲骨”H11：1、H11：84、H11：112等片。尽管书中“待问”之空处文字笔划，已较前人摹本清晰，但该书释文仍留以□（空）处而不加以强释，是为了不给研究者留下“先入之见”而影响创造性思考。此外，书后作有《周原甲骨摹本著录表》和《周原甲骨文释文对照表》，也体现了该书承前启后，促进西周甲骨研究全面深入发展的初衷。据前表，可将《周原甲骨文》所收甲骨标准放大照片，与陈全方、徐锡台、王宇信、朱歧祥诸书中所收摹本相勘校，从而得出较为准确可信的文字结构与字形来；而后表，将《周原甲骨文》各片文字的释定可同时与陈、徐、王、朱诸氏专著的释文相对应，从而使今后文字考释工作在比较中得到启发和补苴，在疑辨中有所放弃和匡正，在探索中有所发现和前进。

综上所述，《周原甲骨文》一书，是西周甲骨深入研究阶段所取得丰

① 王宇信：《新中国甲骨学六十年》，中国社会科学出版社2013年版，第411页。

② 曹玮：《周原甲骨文》，世界图书出版公司2000年版，第10页。

硕成果的“标本式”总结，也是西周甲骨研究全面深入研究时期开始的新起点。它继往开来，将在岐山周公庙遗址西周甲骨再一次大发现公布的基础上，掀起研究的新热潮！因而从这个意义上说，《周原甲骨文》是继《西周甲骨探论》（1984 年）之后的又一部西周甲骨研究发展史上的“里程碑式”著作。

继 1982 年 5 月周原甲骨（凤雏 H11、H31 所出）全部公布后，历年各地继续出土西周甲骨统计如下：

时间	出土地	片数	字数	地层与时代	备考
1991 年	河北邢台南小汪	1	11	西周	
1996 年	北京琉璃河	3	8	G11H108　周初	
20 世纪 80 年代	北京镇江营	1	2	T0266①　西周地层	筮数　组计　字
2008 年 1 月	河南洛阳	1	14	采集	
2008 年 10 月	山东高青陈庄	1	1	西周地层	筮数　组计　字
2017 年	宁夏彭阳姚河塬	1	35（含合文 2）	西周 M12 墓道	
2003 年	扶风齐家	1	37	H90　西周中期晚段	
2003 年 12 月	岐山周公庙	2	56	H45　西周初	
2003—2008 年	周公庙 5 处地点	685	2200	一、四地点西周初、二地点西周中偏早、三地点先周	

2003 年 12 月，陕西周原的岐山周公庙遗址，发现了有字卜龟 2 版。其卜甲（10④：1）为龟甲右侧下部，尚存多半。残长 19.6 厘米，最宽处 11.6 厘米。龟背隆起，自臀板处纵向割开，甲之内面经削锯、刮磨处理。各肋版上所施钻凿数目有 1、4、6 个不等，并成行向中心纵向排列，现共存 17 个。方凿以龟脊为中心，其外侧有略宽于凿宽的竖槽，其底深于凿底，部分可见施灼的焦痕。此卜甲上刻两段卜辞共 17 字；另一版 C10④：2 为龟右侧上部之少半，残长 7 厘米、最宽处 9.8 厘米。整治方法除颈部第一肋版施椭圆钻，其外侧施竖槽外，内理削、磨及方凿皆与上版相同。背甲上面共刻两条卜辞 39 字。此次甲骨出土处是一个灰坑。考古学家 2003 年曾“试掘探方的第 4 层，即为 H45 的第一层”。学者根

据灰坑出土陶器分析，得出2004年出土此卜甲灰坑H45的期别与年代“已属西周初年”①。据研究，此二片为一龟右背甲之上、下部。背甲施钻凿并刻字，为西周甲骨发现以来之第一例，其重大意义自不待言，值得我们认真加以思考（图8·1、2、3、4、5）。

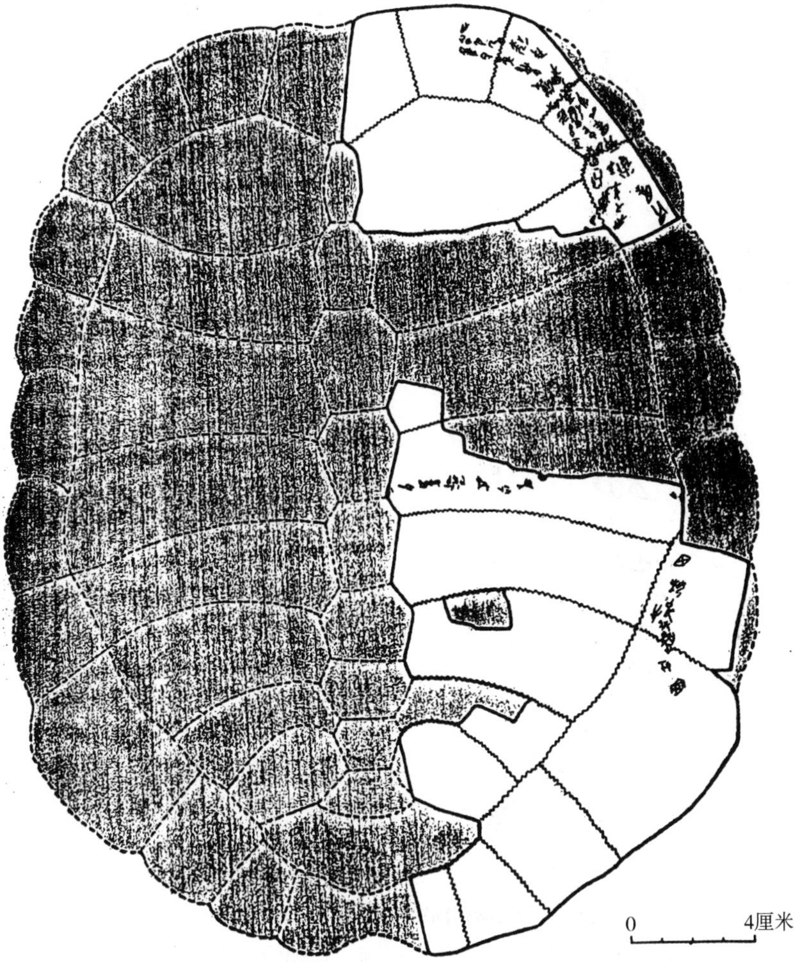

图8·1

① 雷兴山：《论周公庙遗址卜甲坑H45的期别与年代》，《古代文明》（第5卷），文物出版社2006年版。

图8·2

图8·3

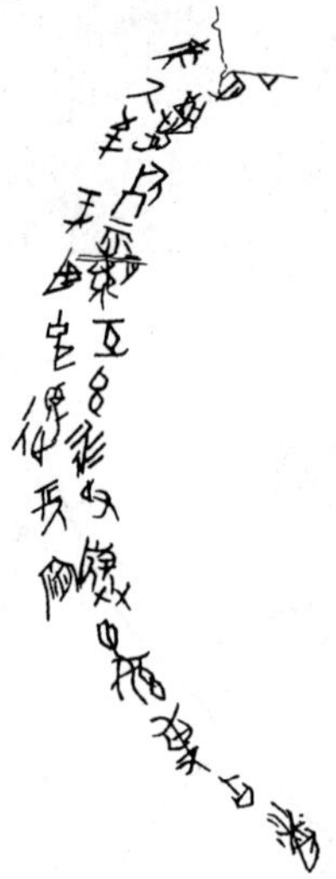

图8·4

图8·5

图8　岐山周公庙2003年H5出土甲骨

注：8.1. 岐山周公庙1、2号卜甲的遥缀（正面）（采用《古代文明》第5卷，文物出版社2006年版，第181页）。

8.2、3：岐山周公庙1号卜甲（C10④：1）卜辞摹本（采自《古代文明》（第5卷），文物出版社2006年版，第177页。

8.4、5：岐山周公庙2号卜甲（C10④：2）卜辞摹本（采自《古代文明》（第5卷），文物出版社2006年版，第179页。

2005年夏，北京大学考古系、陕西省考古研究所继续对周公庙遗址进行考古发掘工作。在周公庙遗址核心区域5平方公里左右范围内，先后在几个地点进行了考古发掘工作，情况是：

第一地点，即为祝家巷遗址，2003年周原出土甲骨即在此处（H45），这次发掘又出土龟腹甲10余片，其中一片2字。

第二地点，即为庙王村北，共有灰坑2座（已遭现代遗址破坏），共出卜甲700余片，主要为腹甲，初步辨识出文字440个。

第三地点，位于陵坡墓地南，发掘了遗址及灰坑1座。在遗址考古调查时，采集卜骨一块，上有2字。发掘得卜甲34片，但无字。

第四地点，位于白草坡墓地南，即2004年所发掘之H45之北。共发掘灰坑3座，出土卜骨四五十片，共得30字。

经学者研究，第一地点（祝家巷）时代为西周初。第二地点（庙王村北）灰坑为西周中期偏早，出土甲骨较其他地点为多，文中常见人名为周公，地名有新邑、薄姑及唐等十分珍贵，文字大小与祝家巷H45所出卜甲同。第三地点为先周灰坑，第四地点发掘灰坑皆为西周初期。①

据报载，2008年周公庙遗址又有西周甲骨的大批发现，现考古学家正在对出土甲骨进行整理、清刷发现文字的过程中，据称，在G2的填土中，发现卜甲绝大部分为碎小残片，一般在3平方厘米左右。所见卜甲的整治与钻凿制作，基本与周原、洛阳北窑西周卜甲特征相同。目前，共清理出有字卜甲685片，共辨出文字约1600个。卜辞完整者少，内容涉及人物、方国、祭祀、战争、纪年与历法、占梦、筮法等。②

岐山周公庙遗址再次成批发现西周甲骨的重大消息公布以后，引起了海内外学术界的极大关注。周公庙遗址周原甲骨再次成批发现者——北京大学考古系和陕西省考古研究所的专家，对周公庙遗址自2003年发现周原甲骨后，发掘和整理的西周甲骨成果在北京召开的专家座谈会上进行了介绍和展示，并将2008年新出土的688片卜甲实物、照片、摹本向学术界加以展示。据最新统计，5处出土西周甲骨的地点，共出土7561

---

① 参见《岐山周公庙遗址去年出土大量西周甲骨文材料》，《中国文物报》2009年2月20日是。

② 《岐山周公庙遗址去年出土大量西周甲骨文材料》，《中国文物报》2009年2月20日。

片卜甲（含无字者），总字数共2200余个。应注意的是，这批甲骨中的“王季”“叔郑”等称谓，在古文字材料中当为首见。而西周初年的一些重要历史人物，诸如周公、毕公等名字却在甲骨中屡见（图9），表明这批甲骨的占卜主体等级较高。周公庙甲骨文中有关月相、筮数等对数字占卜系统和历法的研究也很有意义。①

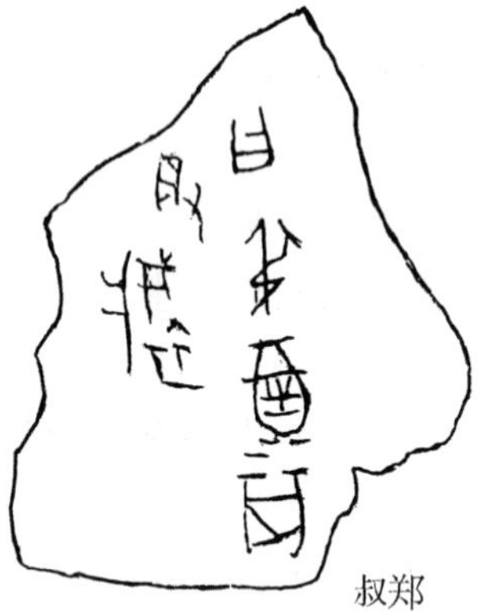

叔郑

图9·3

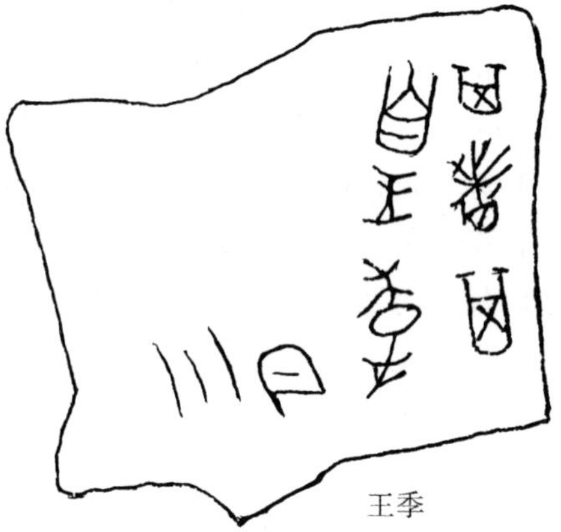

王季

图9·1

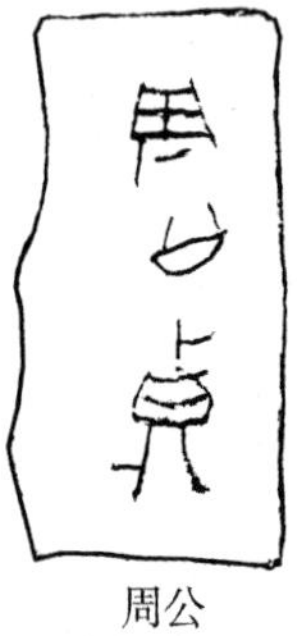

周公

图9·4

文王

图9·2

① 《周公庙遗址所出西周甲骨专家座谈会在北京召开》，《中国文物报》2009年3月18日。

克保自

图9·7

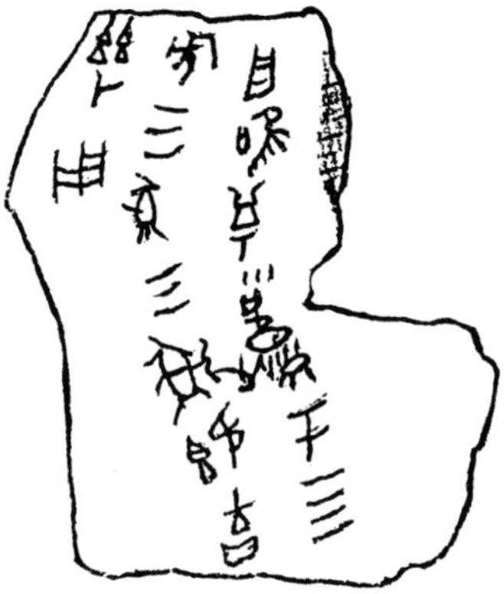

宁风

图9·5

郭萝庙

图9·6

图9　2005—2008 年周公庙甲骨再发现选粹

附录：

为了纪念殷墟甲骨文发现 120 周年，中宣部、教育部等八部委于 2019 年 11 月 1 日联合组织了在人民大会堂召开的“纪念甲骨文发现 120 周年座谈会”。会上，国务院副总理孙春兰宣读了国家主席习近平的贺信，并发表了重要讲话。为了迎接这一甲骨学发展史上的隆重盛会，郑州大学李运富主编了《甲骨春秋——纪念甲骨文发现 120 周年》、国家博物馆王春法主编了《证古泽今——甲骨文文化展》在座谈会上发布，并在国家博物馆举办了《证古泽今——甲骨文化展》。周公庙出土若干重要西周甲骨，得以第一次在国家博物馆和上举二专书中，与广大人民群众见面。我们在下面，把入选参展并编入二书中部分西周甲骨的释文列出，以飨关注周公庙甲骨，而无缘与周公庙甲骨得见的广大学者们。

1.《证古泽今——甲骨文文化展》（北京时代华文书局 2019 年版）九、西周甲骨（岐山县周公庙出土，陕西省考古研究院藏）。

页 212“……其者（燎），其自王季”（图 9·1）；

页 213 片右“文王”（图 9·2），片左“北”；

页 214“曰：叔郑其取妆（装）”（图 9·3）；

页 215“戎囟弗克保师”（图 9·7）。“戎囟弗克系师”；

页 216“周公贞……叔卜……”；

页 218“新邑”；

页 219“曰：唯宁风于四方，三犬三彘。即吉，兹卜用”（图 9·5）；

页 224 反“周”；

页 225 正“曰：郭梦庙，女（毋）自周”（图 9·6）、“曰女（母）囟弗每（悔）”“令（只）”。

2.《甲骨春秋——纪念甲骨文发现 120 周年》（商务印书馆 2019 年版）

页 108“成周”卜甲（1996 年房山琉璃河 H108 出土）。

页 109“宁风”卜甲（2008 年陕西岐山公庙遗址出土）。

“周公卜甲”（侧视图）（图 9·4）（2008 年陕西岐山周公庙遗址出土）。

附录一

重要文字索引

几点说明：

1. 本索引将西周甲骨文字隶定为汉字，主要参据本书第二篇《西周甲骨汇释》（简称《汇释》）所列之各家说法。

2. 本索引所收文字按所隶汉字之笔划多寡类次。笔划相同者再按第一笔为“一”“丿”“丨”“、”之顺序分先后。

3. 每一单字如多次出现，则按该单字在本书第六篇《西周甲骨摹聚》（简称《摹聚》）所收甲骨上出现的次序编排，并注明出现此字之片号（即阿拉伯数码1、2……）及《汇释》对此片考释编号（即括弧内之汉字数码一、二……）、出土编号（即H××：××）。凡此，读者研究时，可据此号查对《摹聚》原片和翻检《汇释》号所列诸家之说。一号而三用，即“汇释号、摹聚号、出土号”合而为一也。

4. 筮数系由若干个数字组成，我们在此作为“合文”处理，即每条筮数作一个合文。

5. 本索引所谓“重要文字”，即指甲骨上出现频率较高并有成说者。至于一些不可辨识或显系刻划者，本索引付之阙如，不予入录。

三画

四画

五画

六画

七画

八画

九画

十画

十一画

十二画

十三画

十四画

十五画

十六画

十七画

十八画

十九画

二十画

二十一画

二十五画

三十一画

合文

附录二

西周甲骨论著简目
（1951—2021）

1951 年

郭宝钧：《一九五〇年春殷墟发掘报告》，《中国考古学报》第五册，1951 年。

1954 年

陈梦家：《解放后甲骨的新资料和整理研究》，《文物参考资料》1954 年第 5 期。

1955 年

山西省文物管理委员会：《山西洪赵县坊堆村古遗址墓葬群清理简报》，《文物参考资料》1955 年第 4 期。

郭宝钧、林寿晋：《一九五二年秋季洛阳东郊发掘报告》，《考古学报》第九册，1955 年。

1956 年

陕西省文物管理委员会：《长安张家坡村西周遗址的重要发现》，《文物参考资料》1956 年第 3 期。

陈梦家：《殷虚卜辞综述》，科学出版社 1956 年版。

畅文斋、顾铁符：《山西洪赵县坊堆村出土的卜骨》，《文物参考资料》1956 年第 7 期。

李学勤：《读安阳小屯以外出土的有字甲骨》，《文物参考资料》1956年第11期。

1957 年

唐兰：《在甲骨金文中所见的一种已经遗失的中国古代文字》，《考古学报》1957年第2期。

1963 年

中国科学院考古研究所：《沣西发掘报告》，文物出版社1963年版。

1972 年

郭沫若：《古代文字之辨证的发展》，《考古学报》1972年第1期。

又：《奴隶制时代》，人民出版社1973年版。

1977 年

《洛阳发现西周前期青铜器铸造遗址》，《文物特刊》1977年8月15日。

《我省周原地区发现一万多片西周甲期甲骨》，《陕西日报》1977年10月17日。

新华社：《陕西周原地区发现一万多片西周早期甲骨》，《光明日报》1977年10月17日。

新华社：《陕西周原地区发现西周早期甲骨》，《人民日报》1977年10月19日。

1978 年

裘锡圭：《汉字形成问题的初步探索》，《中国语文》1978年第3期。

《陕西出土一万余片周初甲骨》，《文物特刊》第43期，1978年3月15日。

严一萍：《甲骨学》，艺文出版社1978年版。

1979 年

李学勤：《古文字学术讨论会与古文字学的发展》，《中国史研究动态》1979 年第 3 期。

《周初甲骨文的发现》，《人民画报》1979 年第 8 期。

徐锡台：《探讨周原甲骨文中有关周初的历法问题》，《古文字研究》第一辑，中华书局 1979 年版。

徐锡台：《周原出王的甲骨文所见人名、官名、方国、地名浅释》，《古文字研究》第一辑，中华书局 1979 年版。

陈全方：《陕西周原考古的新收获》，《光明日报》1979 年 7 月 25 日（《文物与考古》，第 107 期）。

文物编辑委员会：《文物考古工作三十年》，文物出版社 1979 年版。

1980 年

严一萍：《周原甲骨》，《中国文字》新一号，艺文出版社 1980 年版。

徐锡台：《周原出土甲骨的字型与孔型》，《考古与文物》1980 年第 2 期。

王宇信：《周代的甲骨文》，《中国史研究》1980 年第 3 期。

张政烺：《试释周初青铜器铭文中的易卦》，《考古学报》1980 年第 4 期。

李学勤、王宇信：《周原卜辞选释》，《古文字研究》第四辑，中华书局 1980 年版。

《扶风县发现西周甲骨文》，《文汇报》1980 年 9 月 7 日第二版。

辛向东：《扶风县发现西周甲骨文（附图）》，《陕西日报》1980 年 9 月 16 日第三版。

徐锡台、楼宇栋：《西周卦画探源——周原卜甲上卦画初探》，《中国哲学》第三辑，1980 年。

徐锡台、楼宇栋：《西周卦画探源——周原出土卜甲上卦画初探》，《中国考古学会第一次年会论文集（一九七九）》，文物出版社 1980 年版。

1981 年

顾铁符：《周原甲骨文“楚子来告”引证》，《考古与文物》1981 年第 1 期。

单晴：《周原出土甲骨片水垢清除》，《考古与文物》1981 年第 1 期。

范毓周：《试论灭商以前的商周关系》，《史学月刊》1981 年第 1 期。

张亚初、刘雨：《从商周八卦数字符号谈筮法的几个问题》，《考古》1981 年第 2 期。

王宇信：《建国以来甲骨文研究》，中国社会科学出版社 1981 年版。

陕西周原考古队：《扶风县齐家村西周甲骨发掘简报》，《文物》1981 年第 9 期。

李学勤：《西周甲骨的几点研究》，《文物》1981 年第 9 期。

管燮初：《西周甲骨和青铜器上的卦爻辨识》，《古文字研究》，第六辑，中华书局 1981 年版。

徐锡台：《周原卜辞十篇选释及断代》，《古文字研究》第六辑，中华书局 1981 年版。

仵君魁：《试论“周方伯”——兼与范毓周先生商榷》，《〈考古与文物〉丛刊》第三号，1982 年。

田宜超：《“王旨我枝單䍃勿卜”解》，《古文字研究》第六辑，中华书局 1981 年版。

1982 年

王玉哲：《陕西周原所出甲骨文的来源试探》，《社会科学战线》1982 年第 1 期。

王宇信：《西周史话》，中国青年出版社 1982 年版。

陕西周原考古队、周原岐山文管所：《岐山凤雏村两次发现周初甲骨文》，《考古与文物》1982 年第 3 期。

李学勤、唐云明：《河北藁城台西甲骨的初步考察》《考古与文物》1982 年第 3 期。

徐锡台：《周原出土卜辞选释》，《考古与文物》1982 年第 3 期。

徐中舒：《周原甲骨初论》（《古文字研究论文集》（《四川大学学报丛刊》第十辑），1982 年 5 月。

缪文远：《周原甲骨所见诸方国考略》，《古文字研究论文集》（《四川大学学报丛刊》第十辑），1982 年 5 月。

陈全方：《陕西岐山凤雏村西周甲骨文概论》，《古文字研究论文集》（《四川大学学报丛刊》第十辑），1982 年 5 月。

赵诚：《甲骨文资料的搜集、整理和出版》，《古籍整理出版情况简报》1982 年第 93 期。

1983 年

王宇信：《西周甲骨的发现与研究》，《史学月刊》1983 年第 1 期。

肖良琼：《周原卜辞和殷墟卜辞之异同初探》，《甲骨文与殷商史》，上海古籍出版社 1983 年版。

1984 年

王光镐：《甲文“楚”字辨——兼论正足不同源》，《江汉考古》1984 年第 2 期。

刘荣庆：《周原甲骨文》，《人文杂志》1984 年第 5 期。

高明：《略论周原甲骨文的族属》，《考古与文物》1984 年第 5 期。

陈全方：《周原新出卜甲研究》，《〈人文杂志〉丛刊》第二辑，1984 年。

徐锡台：《周原齐家村出土西周卜辞浅释》，《〈人文杂志〉丛刊》第二辑，1984 年。

1985 年

徐锡台：《周原出土卜辞选释》，《出土文献研究》，1985 年。

林向：《周卜辞中的“蜀”》，《考古与文物》1985 年第 6 期。

唐嘉弘：《也谈周王与楚君的关系——读周原甲骨“楚子来告”扎记》，《文物》1985 年第 7 期。

1986 年

王宇信：《西周甲骨述论》，《甲骨文与殷商史》第二辑，1986 年。

王宇信：《周原甲骨的发现、研究及其学术价值》，《文史知识》1986 年第 5 期。

连劭名：《谈周原出土的甲骨刻辞》，《古文字研究》第十三辑，中华书局 1986 年版。

徐锡台：《试释周原卜辞的“”字》，《古文字研究》第十三辑，

中华书局1986年版。

李学勤：《续论西周甲骨》，《人文杂志》1986年第1期。

孙斌来：《对两篇周原卜辞的试读》，《考古与文物》1986年第2期。

1987年

罗西章、王均显：《周原扶风地区出土西周甲骨的初步认识》，《文物》1987年第2期。

杨升南：《周原甲骨族属考辨》，《殷都学刊》1987年第4期。

徐锡台：《周原甲骨文族属及时代的探索》，《中国考古学研究论文集》，三秦出版社1987年版。

仵君魁：《周原甲骨来源辨》，《中国考古学研究论文集》，三秦出版社1987年版。

徐锡台：《周原甲骨文综述》，三秦出版社1987年版。

1988年

李学勤：《周文王时期的卜甲与商周文化关系》，《人文杂志》1988年第2期。

王宇信：《周原出土庙祭甲骨商王考》，《考古与文物》1988年第2期。

王宇信：《试论周原出土的商人庙祭甲骨》，《中国史研究》1988年第1期。

王宇信：《周原甲骨刻辞行款的初步研究》，《人文杂志》1988年第3期。

王宇信：《周原庙祭甲骨“𠭯周方伯”辨析》，《文物》1988年第6期。

1989年

夏含夷：《试论周原卜辞“”字——兼论周代占卜之性质》，《古文字研究》第十七辑，中华书局1989年版。

葛志毅：《周原甲骨与古代祭礼考辨》，《史学集刊》1989年第4期。

1992 年

河北省文物研究所:《邢台南小汪周代遗址的发掘》,《文物春秋》增刊总第 15 期，1992 年。

1993 年

庞怀清:《周原甲骨文》,《文博》1993 年第 6 期。

1994 年

田昌五:《周原出土甲骨文中反映的商周关系》,《考古学研究》，三秦出版社 1994 年版。

1995 年

王宇信:《周原甲骨卜辞行款的再认识和邢台西周卜辞的行款走向》,《华夏考古》1995 年第 2 期。

1997 年

《北京房山镇江营出土卜骨彩色照片》,《北京文博》1997 年第 4 期，封二。

雷兴山:《北京琉璃河遗址新出卜甲选释》,《中国文物报》1997 年 3 月 30 日。

琉璃河遗址考古队:《琉璃河建地 1976 年度发掘简报》,《文物》1997 年第 6 期。

琉璃河遗址考古队:《琉璃河遗址发掘又获重大收获》,《中国文物报》1997 年 1 月 12 日。

裘锡圭:《释西周甲骨文的“卟”字》,《香港第三届中国古文字学研讨会论文集》，中文大学出版 1997 年版。

朱歧祥:《周原甲骨研究》，台湾学生书局 1997 年版。

1998 年

王晖:《周原甲骨属性与商周之际祭礼的变化》,《历史研究》1998

年第3期。

2002年

曹玮：《周原甲骨文》（夏商周断代工程丛书），世界图书出版公司2002年版。

2003年

张永山：《周原卜辞中殷王庙号与“民不祀非”辨析》，《商承祚教授百年诞辰纪念文集》，文物出版社2003年版。

陈全方：《周原甲文注》，学林出版社2003年版。

周原考古队：《2002年周原遗址（齐家村）发掘简报》，《考古与文物》2003年第4期。

曹玮：《周原新出西周甲骨文研究》，《考古与文物》2003年第4期。

2004年

《陕西发现周代甲骨文——专家惊叹，学术界震动》，《北京晚报》2004年1月2日。

2006年

雷兴山：《论周公庙遗址卜甲坑H45期别与年代》，《古代文明》（第五卷），文物出版社2006年版。

2008年

蔡运章：《洛阳新获西周卜骨文字略论》，《文物》2008年第11期，图一及封三1正、2背。

段振宏：《河北邢台南小汪遗址西周刻辞卜骨浅识》，《文物》2008年第5期。

2009年

北大考古队：《岐山周公庙遗址去年出土大量西周甲骨文材料》，《中国文物报》2009年2月20日。

陕西考古队：《周公庙遗址新出西周甲骨专家座谈会在北京举行》，《中国文物报》2009 年 3 月 18 日。

2010 年

《山东高青陈庄西周遗址考古发掘获重大收获》，《中国文物报》2010 年 2 月 5 日。

方辉：《对陈庄西周遗址的几点认识》，《中国文物报》2010 年 2 月 5 日。

宁夏考古所：《宁夏彭阳姚河塬发现大型商周遗址》，《中国文物报》2010 年 3 月 5 日。

2019 年

李运富等：《甲骨春秋——纪念甲骨文发现 120 周年》，商务印书馆 2019 年版。

王春法：《证古泽今——甲骨文文化展》，北京时代华文书局 2019 年版。

2021 年

王建宏：《2020 年中国考古新发现》评选活动揭晓，宁夏彭阳姚河塬西周遗址入选（《光明日报》2021 年 4 月 13 日讯）。

宁夏文物考古研究所：《宁夏彭阳县姚河塬西周遗址》，《考古》2021 年第 8 期。

初版后记

本书定稿讨印前夕，觉得还应在这里说几句话。这就是我除了再次感谢“前言”中所提到的各位师友对我的鼓励和帮助外，还应提到的是我们中国社会科学院历史研究所名誉所长侯外庐教授，他在病中为本书封面题签，表达了他老人家对我们这些“中年”后辈寄予的关怀和期望。中国社会科学出版社的任晖同志，在接受了我这史学界后辈的《建国以来甲骨文研究》一书后，这次又为《西周甲骨探论》的修改提出了不少建设性的意见。丁叔雄同志则不嫌印刷之苦，为它的出版花费了巨大的劳动。

还应提到的是，我国的考古学家、特别是周原考古队的同志们，用他们辛勤的汗水，浇灌出西周甲骨这朵世界文化宝库中大放异彩的奇葩。他们的科学发掘和资料的研究整理，为西周甲骨的研究奠定了基础。学术界，特别是甲骨学界向他们致敬！

韩树绩先生缮写了全部书稿，陈健敏同志为我提供了资料，于此谨致谢忱！

限于水平和经验的不足，在本书的编写过程中一定会发生不少的缺点和错误。我热切地期望前辈和读者予以批评，并将把这些作为我今后学习和研究道路上的鞭策和动力！

作者
1983 年 6 月于中国
社会科学院历史研究所

增订本后记

西周甲骨文的发现和研究，是新中国考古学取得的重大成果。由于有1899年以来殷墟甲骨学研究的经验可资借鉴，所以1956年西周甲骨被学者认识以来，直到2002年10月权威的标准本研究著作《周原甲骨文》（曹玮著）的出版，是近五十多年来的西周甲骨研究，经历它发展道路上的“形成时期”“发展时期”和“深入发展时期”研究的总结，并将随周公庙遗址成批甲骨的再公布开启的研究“全面深入发展时期”奠定了基础。我们期待着周公庙遗址出土的成批甲骨早日公布，也只有公布周公庙成批甲骨材料，才能使西周甲骨研究的“全面深入发展时期”早日到来！需知，只有在现实中这种研究繁荣场面的再出现，《周原甲骨文》才能成为矗立在西周甲骨学发展史上的里程碑！

在50多年来的西周甲骨研究道路上，洒满了几代考古学家、古文字家、古史专家、甲骨学家辛勤劳动的汗水和开拓榛莽的探索精神。心细如发的定力和锲而不舍的韧劲，使学者们的西周甲骨追求不断有所收获。不少学者参加了西周甲骨文的讨论，诸如李学勤、畅文斋、顾铁符、石兴邦、徐锡台、陈全方、罗哲文、王宇信、严一萍、庞怀靖、罗西章、辛向东、楼宇栋、袁仲一、范毓周、单玮、田宜超、徐中舒、缪文远、肖良琼、忤君魁、王光镐、周苏平、刘荣庆、刘亮、高明、曲儒、林向、唐嘉弘、连劭名、孙斌来、刘楚堂、王均显、杨升南、夏含夷、葛志毅、刘信芳、田昌五、谭步云、朱歧祥、裘锡圭、王晖，等等。而就在《周原甲骨文》2002年出版后，我们期待着周公庙成批甲骨公布，再出现周原甲骨文研究新高潮的（2003年至今）近二十年来，西周甲骨研究史上又增加了一批新人，诸如雷兴山、蔡运章、方辉、郑文兰、马强、侯富任、马天行、门艺，等等。虽然在七十多年西周甲骨学发展史上，一些先辈和师友已先后离开了我们，但他们的著作在学术史上永远闪光，并成为宝贵的精神财富。而年轻的朋友们在发现中探索，在探索中前进，在前进中提出新问题，取得了新的成就。近年的周原周公庙成批甲骨的新发现，如何与《周原甲骨文》总结性的权威标准本材料相结合，进行统一的、综合的西周甲骨学研究，以掀起研究的新高潮，是大家翘首以盼的。而近年来，各地（包括周原周公庙）的西周甲骨发现，都有明确时代的灰坑（H）或地层、墓葬，诸如北京琉璃河、邢台南小汪、扶风齐家村、周公庙的五个地点、高青陈庄及彭阳姚河塬遗址等。因此，结合西周甲骨出土的地层（或灰坑、墓葬）进行分期断代研究当有了可能。不仅如此，各地出土西周甲骨遗址的性质，目前多已明确。结合遗址的性质，进行甲骨文字的释读，即与出土环境结合起来进行研究，才不致使文字释读与环境背景不符，造成风马牛不相及之嫌。此外，一些出土甲骨遗址的性质、等级已经明确，诸如周原齐家村遗址，考古学家判断为与王室联姻的非姬姓贵族家族遗存。这里出土的甲骨，自然当是非王室之物。其占卜内容与筮占贵族病愈的记录就是证明。因此，各地出土甲骨主人及特点的研究，需要我们今后结合遗址性质加以注意。此外，各地出土西周甲骨有一个共同现象，也应加以注意，这就是“马”在西周甲骨中，多次在不同地点出现。诸如邢台南小汪、洛阳新出西周甲骨、扶风齐家 FQ4、凤雏 H11：150（193·一四八）等，甲骨上均有“马”字出现。因此，西周甲骨和铜器铭文中的“马”和“马文化”，也值得我们在今后的研究中应加以注意。

感谢中国社会科学出版社的领导赵剑英教授，在我的《西周甲骨探论》出版近四十年后，为了推动甲骨学研究领域新分支学科——西周甲骨学的发展和传承、弘扬，又增订出版了这部《西周甲骨探论》。我还是希望，通过这部《西周甲骨探论》的增订再版，能使更多的读者了解和认识 1956 年西周甲骨被认识以后，并自 1978 年开始分批公布凤雏甲骨材料，持续到 1982 年材料全部公布完成的过程中，学者们追随材料的陆续发表，对西周甲骨认识日趋全面和研究的不断深化，从而走过了西周甲骨的“形成阶段”“发展阶段”和“深入发展阶段”。而曹玮教授的《周原甲骨文》于 2002 年 10 月的出版，标志着西周甲骨学“深入发展阶段”的完成，并为下一阶段的“全面深入发展”打下了良好的基础。而我本人在此期间，继《西周甲骨探论》（1984 年）出版以后，研究和认识又有一些新的深入，我又把一些不成熟的看法写成几篇习作，或能为推动西周甲骨学研究“深入发展”做出些许贡献。现增订版的《西周甲骨探论》将其收入，希望能与西周甲骨学发展史上里程碑式著作《周原甲骨文》一道，迎接周公庙成批西周甲骨的正式公布，并期待着材料公布后，使研究在二十多年前的原点上踏步不前的状况有所改观，借助周公庙成批材料的活力，把研究向“全面深入发展阶段”大大推进一步！但现实的情况是，使人倍感失望。即周公庙甲骨 2002 年 11 月发现，2005 年发掘五个地点，2008 年发掘完毕并进入长时间的“整理”阶段，至今年（2021 年）已过去了近十五年，但材料还是在“整理”中，不能出版与世人见面。巧妇难为无米之炊。多少对周公庙西周甲骨心向往之的学者，摩拳擦掌，准备借助周公庙甲骨的新动能，推动现处于停滞状态的西周甲骨研究动起来、活起来和重新“热”起来。但在这十五年来望眼欲穿的期待中，时不假人，无情的岁月剥夺了不少人见到这批宝贵材料的机会和展露才华，在西周甲骨片的方寸中，描绘西周大千世界的可能，是十分令人遗憾的……

这部《西周甲骨探论》，能在四十多年后增订出版，首先应感谢中国社会科学出版社安芳同志，她为增订此书大力呼吁，并为此书的修改、体例的增补，提出了许多宝贵的意见。我更应感谢郭鹏同志为增订本的出版，默默所做的大量工作。此外，我还应感谢我的诸位朋友和学生们，诸如徐义华、徐海意、具隆会、李雪山、郭旭东、朱彦民、韩江苏、马季凡、张光明、张坚、郭胜强、刘宏和雷兴山等，他们支持和建议修订此书，还为本书的增订提供了不少资料和提出了不少好的建议。因此，这本书的完成，与他们的大力支持和鼓励是分不开的……

多年来，中国社会科学出版社推出了一批有世界影响的高精尖著作，为积累民族文化财富作出了贡献。与此同时，出版社领导和编辑还是学者们的好朋友和老师，结下了深厚的友谊和彼此间真诚的帮助。我走入学术生涯的第一本著作——《建国以来甲骨文研究》（1981 年），就是在中国社会科学出版社建社伊始的困难条件下出版的。自此以后，我和中国社会科学出版社的历届领导和编辑同志在多年合作中成了好朋友。一些大的项目，诸如胡厚宣主编、王宇信和杨升南总审校的《甲骨文合集释文》，就是中国社会科学出版社出版的。此外，我多部专著，诸如《甲骨学通论》《新中国甲骨学七十年》《甲骨学发展 120 年》等，也是中国社会科学出版社出版或再版的。可以说，是中国社会科学出版社，把我推向了学术的前台。因此，中国社会科学出版社对我学术道路上的大力支持，是永远心怀感激，没齿不忘的！这次《西周甲骨探论》的修订再版，就是赵剑英社长和安芳同志大力支持下进行的。这本四十多年前的旧作，是我在中国社会科学出版社出版的第二部著作。当年我 41 岁，意气风发，激扬文字。如今我已年愈八旬，但仍紧随时代的脚步，在奋斗中享受快乐，享受获得感，享受幸福感和安全感！天假我年，我还有一些力所能及的事情要做！我在此向多年支持和关心我学术研究事业的师友们和赵剑英社长再一次表示衷心的感谢！

希望这部《西周甲骨探论》增订本的出版，能打破西周甲骨研究二十多年的沉寂！也希望能为“不久将来”周公庙成批甲骨公布后，掀起的西周甲骨全面深入发展的研究热潮预热！

2021 年 6 月 1 日

于方庄芳古园“入帘青小庐”居室

后记之后

2022年6月20日收到社科出版社本书责编安芳女士寄来的《西周甲骨探论》增订本二校小样后，至今（2022年8月21日）已是两个多月过去了。在此期间，我把安芳女士花了很大力气的二校样稿，又认真校对了一遍，并就她提出的一些宝贵意见作了确定和修改。也真是难为出版社的同志们了！1984年版的《西周甲骨探论》是手写影印繁体字版，而这次改为规范简体字版，并把原汉字码的年月改为阿拉伯字码，其间的复杂转换存有多大困难啊！不仅如此，一些西周甲骨文的隶定字、原形字、汉语古字、冷僻字，手写影印时照猫画虎，还能临摹个八九不离十，但重新排印时，在电脑上制作这些怪字、未见字就是相当困难的了……但社科出版社的年轻人，硬是迎着困难上，克服了这一在排版过程中他（她）们很少遇到和见过的困难，出色地完成了这一巨大"转化"的复杂过程。再加上安芳同志的精心校对，所剩下的"失误"、遗漏之处也就不是很多了。我在此向这些年轻朋友们致敬并深表慰问！

我收到这份二校小样后，自2022年7月1日起，集中全力，至7月20日认真校对了一遍。本想把二校稿交出，但还是有些不放心。因为著作也往往是和艺术作品一样，完成后总是留有某些"遗憾"，所以应再花些工夫把书稿的不足和错字压缩在最低限度，争取少留些无法补救的"遗憾"，因此我又继续把书稿做些处理、补充。也是在7月20日至8月20日这一段期间，我又在校对过程中，再把书稿加强和充实了一番……本书自1984年初版至今的增订再版，一晃已过去了38年，因而我在校对过程中，已感觉一些内容已很陌生，需要认真回忆和材料的比对，才能把它们彼此关系和逻辑恢复起来。作者本人尚感如此，又何况阅读此书的他人呢?！因此，我把书中所收西周甲骨《汇释》统编号与甲骨摹本统编号即《摹聚》号，在《汇释》的汉字码编号与《摹聚》的阿拉伯码编号的对应关系，在有关几处地方加以重申，就是为了方便读者利用本书提供的《汇释》与《摹聚》，在研究时，利用前人文字的考释成果与该片甲骨摹本上文字进行互校，并受到启示；此外，在一些篇章中还有一些附图，为使读者参阅时不感突兀，或将其图号与《摹聚》编码混淆，特意不厌其烦地注明“参见本书第×页附图×”以示区别等。经过这样一番再处理，书中所列有关字码（汉字码、阿拉伯字码等）就“各司其职”，不致使读者不明就里而相混淆了；其二，周原甲骨文研究“里程碑”式著作——曹玮著《周原甲骨文》（2002 年版），在全面整理周原出土甲骨时，用 20 倍放大显微镜观察每片甲骨上的每一个字，并根据有无刻锋和笔划形状的差别，来判断是否为字，并区分出字和刻划符号的不同。将“非刻划甲骨”共 58 片和“非字甲骨”共 16 片的出土号列出，这是周原甲骨文字考释的一大成果！我们将此成果，在《探论》（增订本）的《摹聚》所收该片序号下，画一“○”标出，以提示研究者注意，以免再孜孜矻矻对其继续做徒劳无益的考释之功！其三，自凤雏 H11、H31 有字甲骨全部公布以后，西周甲骨研究进入了“深入发展时期”，而曹玮《周原甲骨文》（2002 年）堪为这一时期的总结性著作。此后历年各地虽仍陆续有零星西周甲骨出土，诸如 1991 年河北邢台南小汪、1996 年北京琉璃河和 80 年代末房山镇江营、2003 年陕西周原齐家、2008 年河南洛阳和山东高青陈庄、2017 年宁夏彭阳姚河塬、2003 年陕西周原周公庙 H45 等遗址有西周甲骨新发现，但由于出土地点分散，且多是零星出土，因而没有起到推动研究向“全面深入发展阶段”前进的作用。而 2003 年至 2008 年周原周公庙遗址有成批西周甲骨的重大发现，从而使研究者看到了推动西周甲骨研究向“全面深入研究时期”前进的新曙光。但这批材料，自 2008 年发掘完毕，至今（2022 年）的 14 年来仍在“整理”之中。关心这一重大发现的研究者，只在 2009 年 3 月《中国文物报》载《周公庙遗址新出西周甲骨专家座谈会在北京举行》才知此重大讯息。此外，为了纪念殷墟甲骨文发现 120 周年和庆祝习近平同志致信祝贺甲骨文发现和研究 120 周年，中国国家博物馆举办了“证古泽今——甲骨文文化展”。广大观众在这个盛大展览上，见到有几片周公庙和琉璃河等地出土的西周甲骨入展。此外，《甲骨证史》（2019 年版）、《甲骨春秋》（2019年版）也收入几片有代表性的西周甲骨，这才使广大研究者，得以一睹“千呼万唤”不出来的西周甲骨部分“芳颜”！为了迎接周公庙成批西周甲骨公布后，全面深入研究阶段的早日到来和为这一阶段的研究热潮“预热”，我们把搜集到的周公庙 H45 出土甲骨和 2003 年至 2008 年期间人们耳熟能详的王季、文王、叔郑、周公、宁风等“名”甲骨，根据我们目力所及，做出摹本供大家一睹为快。有的甲骨由于我们水平和条件局限，文字不能辨识出来，只好付之阙如。而宁夏彭阳姚河塬西周甲骨，直至目前仅见照片发表（上面文字纤小不辨），只知张懋镕教授的意译文句，而尚没见正式释文与学界见面。承蒙文物出版社许海意先生为我找到姚河塬西周甲骨照片一桢，并用微信发至我手机之上，供我辨图。我如获至宝，对着手机反复认真观察，连蒙带猜地做出“速写”式（或“写意”式）释文二段，将其在书中刊出，权供大家参考。或在正式释文公布前，使您能对这片甲骨有个初步印象。不仅如此，周原凤雏 H11、H31 甲骨公布后，其他地点历年零散出土甲骨，我也作出摹本一并收入拙著之中。因此可以说，这些新出甲骨摹本，是初版本《西周甲骨摹聚》所收 1984 年前甲骨的补充和延续。得此《西周甲骨探论》（增订本）一编，迄至目前出土的西周甲骨悉数展现在你的面前（当然，只有周公庙 2003 年至 2008 年发掘所得甲骨收集不全），或将给您的西周甲骨研究带来一些参考方便！我就深以为幸了！

时隔近四十年，中国社会科学出版社之所以把我这部旧作《西周甲骨探论》（1984年版）增订重印，就是为了迎接不久的将来，周公庙成批甲骨公布后，即将出现的研究“全面深入”的新高潮；与此同时，也是为了把我继 1984 年《探论》出版后，又追踪西周甲骨研究写出的几篇新作提供给同好，以期推动研究的前进。自 2003 年至 2008 年周公庙甲骨的成批发现和整理研究，至今也已经过去十四个年头了。虽然周公庙成批甲骨的发现，以其内容重要和批量大，给“全面深入发展”带来了希望，但“好箭！好箭！”周公庙西周甲骨尽管内容十分重要且有不少文字为新见，但发掘者“引而不发”，长时期的不公布材料，使研究处于停滞状态。这次《探论》（增订本）把各地新出西周甲骨摹本公布，就是为了在目前较为“平静”的西周甲骨学问之渊，搅起一番波澜！如能为西周甲骨研究的新高潮“预热”，或“倒逼”周公庙成批西周甲骨的早日面世，就算实现了本书出版的初衷！

俗话说，“光阴似箭，日月如梭”。人生能有几个四十年！因而我面对《探论》（增订本）二校小样，不少篇章和内容都感到很陌生了。靠努力的回忆和材料的比对、发掘，内容和线索才一点点活起来、连起来，想起来……我都如此，何况他人！因此我在甲骨释文的《汇释》部分，反复强调汉字数码之所指代；在甲骨摹本的《摹聚》部分，也反复强调阿拉伯字码之所指代，及强调两者在书中可互相勘校，从而发挥本书专设《汇释》和《摹聚》篇章的作用和意义。而随着篇章所附的一些例图，也注之尤详，以免发生把例图号与《摹聚》号误混的情况……总之，为研究者提供方便，这就是我在编校《探论》（增订本）时的出发点和归宿。

我再一次感谢出版社的领导赵剑英教授、郭鹏编审和安芳编辑，他们的学识和西周甲骨研究新热潮即将到来的预见性，使近四十年前的这部曾引人注意的旧著《探论》，在新时代又进行一番充实、增订，再总结、再提高，从而以焕然的面貌，迎接西周甲骨研究“全面深入发展”新高潮的到来！

2022 年 8 月溽暑之时
写于方庄芳古园“入帘青小庐”居室
又于 2023 年 1 月 27 日（农历癸卯年正月初六）四校
毕凛风窗外写此存照